VOCABULAIRES COMPARATIFS

DE PLUS

DE 60 LANGUES OU DIALECTES

PARLÉS A LA COTE D'IVOIRE

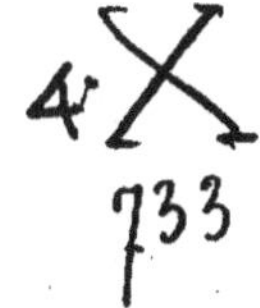

ANGERS, IMP. ORIENTALE A. BURDIN ET Cⁱᵉ, RUE GARNIER, 4.

VOCABULAIRES COMPARATIFS

DE PLUS

DE 60 LANGUES OU DIALECTES

PARLÉS A LA COTE D'IVOIRE

ET DANS LES RÉGIONS LIMITROPHES

AVEC DES NOTES LINGUISTIQUES ET ETHNOLOGIQUES
UNE BIBLIOGRAPHIE
ET UNE CARTE

PAR

MAURICE DELAFOSSE

ADMINISTRATEUR-ADJOINT DES COLONIES
ANCIEN CHARGÉ DE COURS A L'ÉCOLE DES LANGUES ORIENTALES VIVANTES

PARIS
ERNEST LEROUX, ÉDITEUR
28, RUE BONAPARTE, 28
—
1904

INTRODUCTION

Cet ouvrage n'a pas la prétention de suffire à l'étude des soixante-six langues ou dialectes dont il traite; il faudrait d'abord, s'il avait cette prétention, qu'il eût au moins le format d'un gros dictionnaire; il faudrait ensuite et surtout, pour prétendre publier une œuvre de cette envergure, que l'auteur eût séjourné au moins une année dans chacune des soixante-six régions où sont parlés ces différents idiomes, car ce n'est qu'après un séjour prolongé dans le pays même où se parle une langue donnée que l'on peut se risquer à publier de cette langue une grammaire et un vocabulaire à peu près complets et exacts, notamment lorsqu'il s'agit, comme c'est le cas présentement, de langues qui ne s'écrivent pas : or mon âge ne me permet pas d'affirmer, avec quelque chance d'être cru, que j'aie passé soixante-six ans dans l'Afrique occidentale.

J'y ai simplement, depuis 1894, passé exactement six ans et demi, séjournant et voyageant à la Côte d'Ivoire, au Libéria, à la Côte d'Or et dans le 2ᵉ territoire militaire du Soudan Français. J'ai pu durant ce temps m'assimiler à peu près complètement une langue indigène, l'*agni*, et plus imparfaitement deux autres, le *mandé* et le *haoussa*.

Mais j'ai pu aussi mettre à profit mes voyages, et la présence auprès de moi d'étrangers venus de contrées diverses, pour recueillir le plus possible de vocabulaires et de notes linguistiques et ethnologiques. J'en ai perdu, lors d'un incident malheureux survenu en 1899, une partie assez notable, notamment un recueil de notes et de vocabulaires concernant sept langues ou dialectes du Libéria et un vocabulaire gouro, et je n'ai pas eu, depuis, l'occasion de réparer ces pertes.

Néanmoins, ce qui reste aujourd'hui de la moisson me paraît assez considérable et assez important pour qu'il soit utile de le publier.

Je ne me cache pas à moi-même et je ne cherche pas à cacher au lecteur que cet ouvrage doit renfermer beaucoup d'erreurs. Mais j'estime que cette considération ne mérite pas que l'on s'y arrête trop longtemps. Lorsqu'il s'agit d'une science aussi neuve que l'est encore actuellement la linguistique africaine, si l'on ne livrait à la publicité que des résultats absolument certains et intangibles, cette science risquerait fort de ne jamais parvenir à la maturité, faute d'aliments. Il me semble qu'au contraire il est bon que chacun fasse part loyalement de ce qu'il a trouvé ; d'autres viendront après lui qui corrigeront ses erreurs et mettront les choses au point, et ainsi on aura fait faire quelques pas en avant à la science.

On s'aperçoit d'ailleurs soi-même, à mesure que l'on étudie plus à fond son sujet, des erreurs que l'on a commises. Je reconnais, sans aucune honte, qu'il s'en trouve dans mes ouvrages précédents ; que celui qui n'en a jamais commis me jette la première pierre. Je me contente de les relever et de les corriger chaque fois que l'occasion s'en présente, aussi bien d'ailleurs que je me permets de relever et corriger celles de mes devanciers.

Ce qui précède explique pourquoi je n'ai pas craint de publier les vocabulaires qui suivent, même ceux qui ont été recueillis dans des conditions défavorables. Mais je prétends aussi que ce livre est un livre de bonne foi : j'ai indiqué, avec la conscience la plus scrupuleuse, où et par qui m'ont été communiqués les renseignements consignés dans cet ouvrage, et quelle part de confiance on peut accorder à chacun d'eux. Il va sans dire, par exemple, que tel vocabulaire recueilli dans le pays même où se parle la langue dont il traite, au cours d'un séjour ou d'un voyage de plusieurs semaines dans ce pays, contrôlé presque journellement auprès d'informateurs nombreux, a beaucoup plus de valeur qu'un autre recueilli auprès d'un informateur unique vivant dans une région où sa langue n'est pas comprise, et surtout qu'un vocabulaire recueilli auprès d'un individu dont la langue étudiée n'est pas la langue maternelle.

Autant qu'il m'a été possible, je me suis toujours attaché :

1° à n'interroger mes informateurs que sur leur langue maternelle ;

2° à contrôler auprès d'autres indigènes les renseignements donnés par mes premiers informateurs ;

3° à rejeter comme sans valeur tous renseignements provenant d'informateurs qui auraient quitté depuis plus d'un an le pays où se parle leur langue maternelle ;

4° à n'employer jamais, comme langue intermédiaire entre l'informateur et moi, qu'une langue nègre, comprise soit de l'informateur et de moi, soit de l'interprète et de moi ; j'ai reconnu en effet que, sauf lorsqu'on a affaire à des gens supérieurement doués, il est beaucoup plus difficile d'obtenir des renseignements exacts en employant une langue européenne comme langue intermédiaire : les langues nègres peuvent différer énormément les unes des autres, tant au point de vue grammatical qu'au point de vue morphologique ; mais elles ont toutes entre elles un point de contact, qui est le génie même de la race ; elles expriment différemment la même idée, mais elles expriment les mêmes idées ; ce point de contact, d'ordre pour ainsi dire moral, n'existe pas entre une langue européenne et une langue nègre quelconques. Les indigènes ont beau parler notre langue, nous avons toujours beaucoup de mal à nous faire comprendre d'eux et à les comprendre ; et comme il n'est pas naturel, puisque nous nous estimons supérieurs à eux, que ce soit eux qui se mettent dans notre peau, c'est à nous de nous mettre dans la leur.

Je pense que ces vocabulaires comparatifs, outre l'intérêt qu'ils présentent au point de vue scientifique pur en permettant un essai de classification des langues dont ils traitent, peuvent avoir une utilité pratique. Ils donnent en effet les mots les plus usuels et la manière la plus générale de les assembler, pour une soixantaine de dialectes : celui qui, se trouvant en un pays où se parle l'un de ces dialectes, voudra l'apprendre, sera certainement aidé dans son étude par ce rudiment, si incomplet soit-il.

C'est dans le double but de rendre service à la philologie africaine et aux Européens résidant à la Côte d'Ivoire et dans la Boucle du Niger que j'ai entrepris la publication de cet ouvrage.

Avant de clore cette introduction, je tiens à adresser de vifs remerciements à M. le gouverneur Clozel, dont l'aide m'a permis de faire voir le jour à ce livre, et à mes excellents amis l'administrateur Thomann, le capitaine Le Magnen et le lieutenant Schwarz, qui ont mis très obligeamment à ma disposition des notes et documents précieux.

Paris, 1er septembre 1903.

L'impression du présent ouvrage n'ayant pu être achevée avant mon départ de France, mon excellent ami, le Capitaine Le Magnen, a bien voulu accepter la tâche ingrate de corriger les dernières épreuves : les remerciements bien sincères que je lui adresse à ce sujet ne sont que l'expression très imparfaite de ma vive reconnaissance.

Côte d'Ivoire, janvier 1904.

M. DELAFOSSE.

VOCABULAIRES COMPARATIFS

DE PLUS

DE SOIXANTE LANGUES OU DIALECTES

Parlés à la Côte d'Ivoire

ALPHABET ADOPTÉ

M'étant rendu compte après bien d'autres que l'orthographe dite figurée, consistant à représenter les sons des langues étrangères à l'aide des lettres de notre alphabet en leur laissant la valeur qu'elles ont en français, est absolument impraticable lorsqu'il s'agit de langues nègres, pour peu que l'on vise à l'exactitude, et considérant d'autre part que le *Standard alphabet* du Dr Lepsius, recommandé par plusieurs auteurs, est souvent déconcertant et inharmonieux à l'œil, j'ai suivi dans cet ouvrage les mêmes principes qui m'ont guidé dans l'adoption de l'alphabet employé dans mes ouvrages précédents.

L'idéal serait de n'employer qu'un seul caractère pour représenter un seul son : malheureusement le nombre restreint des caractères de notre alphabet ne permet pas de réaliser cet idéal et j'ai dû employer parfois des consonnes doubles, ne voulant pas faire usage de lettres pointées ni de caractères empruntés à un alphabet étranger, dans l'intérêt de la commodité du lecteur et de l'esthétique de l'impression. J'ai employé, il est vrai, des voyelles accentuées et le ñ espagnol : mon excuse est que notre œil y est accoutumé.

En tout cas, je suis arrivé à employer toujours le même caractère pour la représentation du même son et à conserver toujours à chaque caractère sa valeur alphabétique, quelle que soit sa place dans le mot. L'alphabet adopté permet de représenter tous les sons de toutes les langues nègres que je connais, sauf les sons musicaux (en usage par exemple dans les dialectes des Kroomen), et qu'il est impossible de représenter exactement, à moins d'employer une notation musicale. Le cas est d'ailleurs assez rare dans les langues qui nous occupent, et il suffit, lorsqu'il se présente, d'attirer par une note spéciale l'attention du lecteur, sans autrement compliquer le système alphabétique.

VOYELLES :

a se prononcera toujours comme a dans « chat ».

è — — — è — « mère ».

e — — — é — « été ».

i — — — i — « midi ».

o — — — o — « mot ».

ò se prononcera toujours comme o dans « motte » ou mieux comme aw dans le mot anglais « law ».

ó se prononcera comme un o très fermé (presque « ou »).

u — toujours comme ou dans « chou ».

ü — — — u — « but, lui »[1].

œ — — — eu — « heureux », et comme œ — « Goethe ».

ā — — — an — « sang ».

ē — — — em — le mot portugais « bem » (é nasalisé).

ī — — — un i fortement nasalisé, presque comme igne dans « digne ».

ĩ — — — in dans « vin ».

õ — — — on — « bon ».

ũ — — — um dans les mots portugais « um, algum » (ou nasalisé, son intermédiaire entre on et oune).

1. Le son ü (u) peut en effet être une véritable voyelle, comme en français dans « but », en agni dans alüsu (a-lu-sou), ou jouer le rôle de consonne comme dans les mots français « lui, nuit, suer, etc., » le mot agni süi, qui se prononcent d'une seule émission de voix.

Lorsqu'il est important, pour l'intelligence du mot, que la voyelle soit allongée ou au contraire prononcée très brièvement, il est fait usage des signes ordinairement usités en pareil cas, $\bar{a}$, $\acute{e}$, $\bar{e}$, $\bar{\imath}$, $\bar{o}$, $\bar{u}$, pour les voyelles longues, ă ĕ ĭ ŏ ŭ, pour les voyelles brèves.

Quant à l'accent tonique ou plutôt l'intonation, dont l'importance est souvent considérable dans les langues nègres, aussi bien que pour les sons à prononcer sur une note élevée ou sur une note basse, il est impossible de donner ces indications au moyen de signes alphabétiques. Des notes spéciales indiqueront les cas principaux ; seul l'usage, doublé d'une oreille exercée, peut enseigner les autres.

CONSONNES. — ' indique un simple arrêt de la voix, sans aspiration appréciable, comme le *humza* arabe ou l'esprit doux en grec[1].

' est le ع arabe ou l'esprit rude en grec ; le son qu'il représente s'obtient à l'aide d'une constriction du gosier.

b se prononcera toujours comme b dans « bébé ».

ch — — — ch — « cheval ».

d — — — d — « dedans ».

f — — — f — « feu ».

g — — — g — « garçon » et jamais comme g dans « gémir » ; ainsi *ge*, *gi*, se prononceront comme « gué, gui ».

gh représente un son intermédiaire entre *g* et *rh*, c'est-à-dire entre le g dur et l'r gras ; souvent d'ailleurs, on lui substitue le son *rh* (Taghadi ou Tarhadi).

h représente une expiration ; prononcer comme h dans le mot anglais « house ».

j se prononcera toujours comme j dans « jardin ».

jh est un *h* chuinté : faire une expiration en appuyant en même temps le bout de la langue contre les dents inférieures.

---

1. Ce signe, qui, dans le cas présent, ne représente en réalité aucun son et n'a qu'une valeur scientifique (par exemple pour expliquer la formation des mots en peul ou foulan), sera employé aussi comme apostrophe, pour représenter une lettre élidée.

k se prononcera toujours comme k dans « képi ».

kh est le ‌ز arabe ou la *jota* espagnole ou encore le ch dur allemand ; il représente exactement le son que l'on émet lorsqu'on se prépare à cracher ; on confond souvent à tort ce son avec *rh* ou r gras, écrivant par exemple « Pakhalla » ce qui doit s'écrire « Parhalla » ou mieux *Kparhala*, « mokho » ce qui doit s'écrire *morho*, etc.

l se prononcera toujours comme dans « alité », jamais mouillé.

m se prononcera toujours comme dans « amour », jamais comme dans « temps ».

n se prononcera toujours comme dans « animal », jamais comme dans « enfant ».

nh est un *h* nasalisé : faire une expiration d'air à la fois par la gorge et les narines ; c'est le son qu'on émet souvent dans le rire ou dans le doute.

nhw est simplement un *w* (w anglais) accompagné d'expiration et de nasalisation : avancer les lèvres et expirer de l'air à la fois par la gorge et les narines.

ñ se prononcera toujours comme gn dans « dignité » ou comme l'ñ espagnol dans « señor ».

p se prononcera toujours comme p dans « papa ».

q est un k légèrement chuinté (son intermédiaire entre tch et kch).

r se prononcera de la langue et des lèvres, sans rouler ni grasseyer ; la différence entre le son *r* et le son *l* est en général peu sensible dans la plupart des langues nègres, et on peut presque toujours les remplacer l'un par l'autre, à condition de ne pas agiter la langue en prononçant l'*l*.

s se prononcera toujours comme dans « savoir » et jamais comme dans « maison » : *Bammaso*, prononcer « Bamma-so » et non « Bamma-zo ».

sh est un *s* légèrement chuinté, moins fortement que *ch* ; pour le prononcer, émettre le son *s* en projetant les lèvres en avant, le bout de la langue appuyé contre les dents inférieures.

t se prononcera toujours comme t dans « tenir, tien » et jamais comme dans « patience ».

ü se prononcera comme u dans « puits » (voir la note plus haut).

v se prononcera toujours comme v dans « vivant ».

w se prononcera comme ou dans « oui, ouate » ou comme w dans le mot anglais « water ».

y se prononcera comme y dans « Bayonne », jamais comme dans « payer » ou comme dans « saynète ».

z se prononcera comme z dans « zéro ».

zh est la douce de *sh*, soit un z légèrement chuinté, moins fortement que *j*; prononcer comme pour *sh*, en émettant le son z au lieu du son s.

Nota. — Si une consonne est doublée, il faut la prononcer doublement : on n'a pas fait usage de lettres inutiles.

Il importe absolument de se bien pénétrer de la valeur de chacune des lettres de l'alphabet adopté avant d'étudier les vocabulaires. Il m'est arrivé d'entendre dire que dans les ouvrages où, comme dans celui-ci, il est fait usage d'un alphabet spécial, le lecteur ne sait jamais comment prononcer les mots : il le saurait toujours, au contraire, s'il s'était donné la peine de lire les quelques pages que l'auteur, lui, s'est donné la peine de consacrer à l'explication de l'alphabet qu'il a adopté.

Tous les mots appartenant à des langues indigènes qui sont imprimés en caractères italiques doivent être prononcés d'après les observations qui précèdent. Les mots imprimés en caractères romains seront prononcés d'après les règles ordinaires de la prononciation française.

Remarque. — Je tiens à faire observer que la similitude des noms d'animaux, de plantes, de parties du visage, à plus forte raison de vêtements, d'outils, de termes techniques, entre plusieurs langues, ne prouve rien ou presque rien à elle seule pour ce qui est de la parenté de ces langues. En effet ces noms proviennent le plus souvent soit d'une onomatopée identique (noms d'animaux, noms du nez, des dents, etc.), soit d'un emprunt fait à

la langue du peuple par lequel on a connu l'objet (animal, plante,
vêtement, outil, science). Seuls les radicaux désignant les idées
et les êtres communs à toute l'humanité et les particularités de
la grammaire et de la syntaxe méritent d'être pris comme termes
de comparaison.

CHAPITRE I

Langues des lagunes.

Dans un précédent ouvrage [1], je disais : « Le groupe *kwakwa* des lagunes de la Côte d'Ivoire, qui semble comprendre des tribus d'origines diverses et mal définies sur lesquelles l'influence d'un élément *nta* [2] s'est fait plus ou moins directement sentir,... peut servir de transition pour passer de la famille agni-achanti à la famille krou. »

Il est en effet indiscutable que le vocabulaire de ces différentes langues renferme de nombreux points de ressemblance avec le vocabulaire des langues agni-achanti. Mais d'autre part beaucoup de mots usuels, le plus grand nombre souvent, présentent des différences essentielles avec les mots correspondants agni ou achanti. De plus, si l'on rencontre des analogies entre quelques-unes des langues parlées dans la région des lagunes, on trouve entre la plupart d'entre elles encore plus de dissemblances, tant au point de vue morphologique qu'au point de vue grammatical.

La conclusion qui s'impose naturellement à l'esprit est que ces langues proviennent de deux ou trois langues primitives de familles différentes, qui devaient être, dans un temps fort reculé, parlées par les autochtones de la Côte d'Ivoire orientale. Les invasions des peuples du Nord, en refoulant vers la mer les populations du Sud, les comprimèrent dans une région restreinte où, faute de place, elles se pénétrèrent les unes les autres, s'unissant par le mariage, se déchirant par des guerres intestines, se détrui-

1. *Essai de manuel de la langue agni*. Paris, 1901, in-8, page 192.

2. Le nom de *nta* est donné, peut-être à tort d'ailleurs, à l'élément primitif d'où sont sortis l'*asanti* ou achanti et les dialectes de même famille. Quant au nom de *kwakwa*, je l'avais adopté, à défaut d'appellation commune plus exacte, pour désigner ce groupe, parce que les anciens navigateurs appelaient ainsi plusieurs des tribus qui le composent, notamment les *Avikam* de Lahou et les *Alagya* de Jacqueville.

sant ou s'assimilant entre elles. De ce contact intime de fractions d'origines diverses devait naturellement résulter une influence réciproque des langues primitives les unes sur les autres. C'est ainsi qu'à ces langues primitives de familles nettement différentes se sont substituées des langues secondaires qui présentent à la fois entre elles des analogies résultant du contact et des divergences rappelant la diversité des origines.

Plus récemment, le grand courant de conquête achanti (ou plus exactement *kyi*) venant de l'est en absorbant sur son passage tout ou partie des coutumes et des parlers autochtones, finit par s'abattre sur la région des lagunes, où vivaient, comprimés pêle-mêle, les restes des populations primitives. Sauf aux environs de la lagune Abi et dans les forêts des Abè et des Abigui, il n'y eut guère d'absorption politique des peuples des lagunes par les envahisseurs agni-achanti, à cause de la résistance acharnée des premiers. Mais il y eut, tant par la guerre d'abord que par les relations commerciales ensuite, des contacts fréquents et durables, et il est tout naturel de penser que les dialectes des envahisseurs, soit Agni, soit Zéma (Apolloniens), qui tendent de plus en plus à se fondre en une langue unique qui deviendra la langue commerciale le long de la côte est et des lagunes, — il est tout naturel de penser que ces dialectes agni et zéma ont laissé des traces profondes dans le vocabulaire des autochtones, notamment en ce qui regarde la numération, les pronoms et les mots servant à désigner les articles de traite.

Jusqu'à ce qu'une étude plus approfondie des langues de la lagune permette une classification plus scientifique, je crois donc qu'on peut faire de ces langues un groupe, d'ailleurs fort peu homogène, provenant d'origines primitives diverses, et où un semblant d'unité a été apporté par des emprunts plus ou moins importants faits aux langues agni-achanti, notamment à l'agni dans l'ouest et au zéma dans l'est.

Dans cette région pourtant restreinte, on rencontre à l'heure actuelle onze tribus parlant onze langues nettement distinctes les unes des autres. Je dis « onze langues » et non pas « onze dialectes », car bien qu'on puisse ranger dans un même groupe plusieurs de ces idiomes, il serait bien téméraire d'avancer que les divers parlers d'un groupe fussent simplement des dialectes d'une même langue. Pour plus de précision, disons qu'un indigène parlant l'une quelconque de ces onze langues ne peut pas être compris d'un autre indigène parlant l'une quelconque des dix autres [1].

Plusieurs de ces langues, notamment l'*Akyè* (ou Attié) et le *Kyama* (ou Ebrié), renferment en outre chacune plusieurs dialectes qui présentent parfois entre eux des différences assez sensibles.

Les tribus parlant ces onze langues sont les suivantes :

1° Les *Mekyibo* (appelés *Ewutre* ou *Ewutile* par les Agni, *Vyetre* ou *Byetri* ou *Vetere* par les Abouré, généralement désignés par les voyageurs sous le nom de Vétéré), semblent être les plus anciens habitants des lagunes d'Assinie et de Grand-Bassam. Ils ont dû, à une certaine époque, former une véritable population lacustre. Actuellement encore, on ne les rencontre que dans les îles et sur les bords immédiats des lacs et canaux dont l'ensemble forme les lagunes; dès qu'on s'éloigne vers les hautes terres, les Mékyibo font place à d'autres tribus. Tous sont pêcheurs et navigateurs; ils font très peu de cultures et n'ont pas de bétail. Les points principaux où se parle encore la langue *mekyibo* sont, de l'est à l'ouest : Eboko et Ebouindo sur la rive nord de la lagune Tano ou Tendo; Mborakyi (ou Mborati), Ekounougbé, Nzoupoulo, Ekuaboué, Elima (en partie), Eklegbé, Eliapé, Abièti (ou Abigui), sur la rive est de la lagune d'Abi, Eya-ndo (ou Byanouan), à l'embouchure de la rivière Bya; Epièfé, Eplémnon (ou Eplémlan), Adiéké, Ataguié, Assomonon (ou Assomlan), Garoua, Aklaguié, et en général tous les villages situés sur la rive ouest de la lagune d'Abi; Assoko (en partie) et Ebouendo, dans les îles situées entre Assinie et la lagune d'Abi; puis le groupe des villages de Byétri ou Bra (île Morin), les villages de l'île de Petit-Bassam et quelques hameaux de pêcheurs, dans la lagune Ebrié ou lagune de Grand-Bassam, où l'on appelle parfois les Mékyibo *Papaïré*. En résumé leur vrai domaine consiste dans les rives et les îles de la lagune d'Abi, à l'exception des villages de la rive sud (Keïna,

---

1. Je n'ai pas fait entrer dans le groupe des langues des lagunes les idiomes parlés dans les lagunes de Yokoboué et de Fresco et qui appartiennent au groupe oriental de la famille krou. D'autre part j'y ai fait entrer des langues, comme l'*akyè*, l'*abigui* et l'*abè*, dont le territoire ne fait pas partie à proprement parler de la région des lagunes.

Mama, etc.) qui sont peuplés de Zéma, et de Mo-oua, Elima (en partie), Abi, Ëïboué ou Boué, Até-ngré et Guiemvyessou, qui sont peuplés d'Agni. Mais, comme on le voit, les populations insulaires de la lagune Ebrié sont aussi en grande partie de langue mékyibo. Je dois ajouter qu'un grand nombre de Mékyibo parlent, outre leur langue propre, le zéma, l'agni, l'abouré ou le kyama (ébrié), suivant la région qu'ils habitent.

2° Les *Abure* (souvent appelés Akapless par les Européens) ont un lien de parenté assez sensible avec les Mékyibo. Ils sont sans doute les plus anciens habitants de la région qu'ils occupent aujourd'hui, et formaient probablement, sous le nom de Kompa, la population autochtone d'une partie au moins du Samvi (ou Sauwi) avant les Agni. Actuellement ils habitent le pays compris entre Assuendi ou la barre d'Assinie à l'est, la barre de Grand-Bassam et la Comoé à l'ouest, la mer au sud, et le parallèle passant par Krinjabo au nord ; à l'est, ils atteignent la lagune d'Abi près de l'embouchure du Gandaganda ; à l'ouest, on les rencontre de l'autre côté de la Comoé à Mouossou et dans le groupe des villages d'Abra. Leurs villes principales sont Mouossou (qu'ils appellent eux-mêmes *Ejhye* ou *Ehye*) et Bonoua (qu'ils appellent *Abonwă*) ; les Abouré s'y trouvent mélangés à un grand nombre de Zéma ou Apolloniens. Aussi beaucoup d'entre eux, outre leur langue, comprennent le zéma. Autrefois régnait à Bonoua un roi puissant et fameux nommé Nda-Aka ; on appelait *Aka-pokò* (pays d'Aka en abouré) toute la région soumise à son autorité ; les gens de la côte sachant un peu d'anglais traduisirent cette expression en *Aka-place* aux Européens qui leur demandaient le nom de la contrée, et c'est de là que vient l'appellation d'Akapless encore usitée aujourd'hui pour désigner le pays de Bonoua et ses habitants.

3° Les *Akyè* (appelés *Akye* par les Agni de l'est, *Kurobu* par les Baoulé, Attié par les Européens), habitent un territoire limité à l'est par la Comoé depuis Alépé inclus jusqu'à Abradine exclus (en excluant aussi l'enclave agni de Bettié), au nord par le Moronou, à l'ouest par le pays des Abè, et au sud par une ligne qui irait d'Anyama à la lagune Potou et le long de laquelle les Akyè se rencontrent avec les Kyama (Ebrié) et ensuite les Goua (Mbâto). Les Akyè se divisent en plusieurs familles, dont les deux principales sont celle des *Budě* ou *Bodě* (ou Bodé) ou encore *Akyè-Ko-*

toko et celle des *Nedï* ou *Memmi* ou *Elèpè*, et les autrescelles des *Atobu*, des *Ngadye* et des *Kete*. Le dialecte *Budè*, parlé à l'ouest de la rivière Mé, diffère légèrement du dialecte *Nedï*, lequel est parlé à Elèpè (ou Alépé), à Memni, à Agbin, à Mélézua, etc. Les Nédin ne se donnent pas à eux-mêmes le nom d'Akyè, le réservant pour les familles de l'ouest et du nord. La langue akyè, bien que très différente du mékyibo et de l'abouré, a cependant plus de rapports avec ces deux idiomes qu'avec les autres langues du groupe des lagunes. Il est probable qu'à une époque éloignée les Mékyibo, les Abouré et les Akyè ont dû former un groupement autochtone homogène, qui a été bouleversé depuis par les invasions agni-achanti et les mélanges avec les tribus de l'ouest.

4° Les *Gwa* (appelés *Mbato* par les Akyè, les Kyama (Ebrié) et les Agni) habitent les bords de la lagune Potou; comme les Mékyibo, ils forment une population exclusivement riveraine, sinon lacustre, et n'ont pas de villages dans les hautes terres; cependant ils ont des cultures à une certaine distance de la lagune. Ils forment deux tribus, les *Dabre* et les *Ndomã*, qui parlent la même langue. La langue des Goua se rapproche beaucoup de celle de leurs voisins de l'ouest, les Kyama ou Ebrié. Les Goua appellent leur langue *ñgora*.

5° Les *Kyama* (appelés *Ebrie* par les Abouré et les Zéma) habitent une région limitée au sud par la lagune Ebrié, à l'est par la lagune Potou, au nord par le pays des Akyè qu'ils rencontrent à Anyama, et à l'ouest par la rivière Agnéby. De plus ils ont sur la mer un village à l'est d'Eyouré ou Petit-Bassam, et une partie de Petit-Bassam et du village situé à l'ouest de ce dernier, l'autre partie étant habitée par des Alaguian. Au point de vue linguistique, les Kyama forment un même groupe avec les Goua.

6° Les *Alagyä* ou *Aragyä* (appelés Jack-Jack par les anciens navigateurs) occupent toute la bande de terrain sablonneux comprise entre la mer au sud, la lagune Ebrié au nord, le village d'Eyouré ou Petit-Bassam à l'est, et le village de Krafi (exclus) à l'ouest. La population de Petit-Bassam est moitié alaguian et moitié kyama; celle de Krafi est avikam. On rencontre encore des colonies alaguian à Grand-Bassam, à Dabou et à Lahou. Beaucoup d'Alaguian comprennent, outre leur langue, le kyama; un certain nombre comprennent l'adyoukrou; un grand nombre parlent le *Pigeon-*

English ou anglais de la côte. La langue alaguian, proche parente de l'avikam, semble avoir eu à l'origine des relations avec le mékyibo, l'abouré et le kyama; elle paraît avoir subi l'influence de l'adyoukrou et, plus récemment, celle de l'agni, lorsque l'invasion agni a refoulé vers le sud les Ari et les Adyoukrou.

7° Les *Avikam* ou *Gbãnda* (appelés *Briñã* par les Agni, les Zéma, les Alaguian et les Kyama) habitent le long de la côte la région de Lahou, depuis Krafi inclus jusqu'à Dibou inclus; leur tribu proviendrait d'une ancienne migration d'une partie des Alaguian vers l'ouest ; ils ne s'étendent pas au nord des lagunes de Lahou, où ils font place, ainsi qu'à l'ouest de Dibou, à des tribus de famille krou, mais on les rencontre, mêlés à des Agni, des Adyoukrou et des Ari, sur les deux rives du bas Bandama jusqu'à Aouèmou ou Ahouem. Leur langue, qui fait partie du même groupe que l'alaguian, a subi, plus encore que ce dernier idiome, l'influence de l'agni. Beaucoup d'Avikam d'ailleurs comprennent l'agni ; un grand nombre parlent le *Pigeon-English*.

8° Les *Ari* (appelés *Abigi* par les Agni, *Abidji* par les Adyoukrou) occupent actuellement un territoire assez étroit allant du Bandama à l'Agnéby et renfermant entre autres les villages de Sikanzi et de Bessédi (sur la route de Dabou à Tiassalé). Ils ont comme voisins au sud les Adyoukrou, à l'est les Kyama (Ebrié), au nord les Agni-Agbègnyaon et les Abè, à l'ouest les Agni d'Ahua, Broubrou, Ahuakré et Aongnyafoutou, villages qui ont été fondés aux dépens des Ari et où la langue ari est parlée concurremment avec l'agni. Beaucoup d'Ari d'ailleurs comprennent l'agni. Leur tribu, déjà singulièrement diminuée par les invasions agni qui se sont glissées entre elle et celle des Abè, tend de plus en plus à être absorbée dans le sein de la famille agni. La langue ari, bien que différant beaucoup de l'adyoukrou sous le rapport phonétique, renferme un grand nombre de radicaux adyoukrou; mais elle a subi une influence agni assez considérable : peut-être pourrait-on la considérer comme un dialecte d'anciens autochtones modifié successivement par des influences adyoukrou et agni.

9° Les *Abè* sont les habitants de la région comprise entre l'Agnéby à l'est, le Bandama puis le Nzi à l'ouest, les Agni-Agbégnyaon et les Ari au sud, et les Agni-Moronou au nord. Ils ont été fortement pénétrés à l'ouest (région de *Nüãmvwe* ou Nianvoué) par les Baoulé (tribus des Aloumoua et des Ahua) et sont plus ou moins sous la dépendance politique des Agni. Aussi leur langue a-t-elle été influencée par l'agni, qui est compris par beaucoup d'Abè de l'ouest et du nord-ouest. Originairement, il semble que l'abè devait être un dialecte voisin de l'ari primitif; comme l'ari, l'abè a reçu un grand nombre de radicaux adyoukrou, tout en conservant une phonétique différente.

10° Les *Adyukru* ou *Agyukru* ou *Adjyukru* ou encore *Ogyukru*, (souvent appelés Boubouri par les Européens du nom de l'une de leurs tribus) habitent la région comprise entre la lagune Ebrié au sud, l'Agnéby à l'est, les Ari au nord, le Bandama et les Avikam à l'ouest. Leurs centres principaux sont Dabou, Débrimou, Lopou, Boubouri, Toupa, etc. Ils ne semblent pas être originaires du pays qu'ils habitent. Certaines traditions les font venir de l'ouest; cependant leur langue n'a aucune analogie avec les langues de l'ouest ou langues krou. Je dois dire d'ailleurs que la principale particularité de l'adyoukrou, qui réside dans le caractère phonétique de cette langue et consiste dans le fait que beaucoup de mots très usuels sont terminés par une consonne, souvent une consonne double, ne se rencontre dans aucune autre langue de la région et, d'une manière plus générale, n'existe que dans un nombre très restreint de langues nègres. Tout le monde connaît la difficulté qu'ont les nègres en général à prononcer correctement les mots européens terminés par des consonnes; ils évitent la difficulté en ajoutant une voyelle à la fin du mot, disant *asyeti* pour « assiette », *flaga* pour « flag », *kèsu* pour « caisse », etc. On rencontre bien en fanti, en assanti, en avikam et dans quelques autres parlers indigènes de l'Afrique occidentale, des mots terminés par un *m* ou un *n*, mais c'est à peu près la seule désinence consonnantique que l'on entende dans ces langues. Au lieu qu'en adyoukrou, on a des mots comme *ègn* (prononcez « èg-ne »), *lis*, *gbel*, *okitsh*, *ligbileb*, *lètembar*, *nūk*, *lākr*, *līkr*, *ăkpol*, etc., qui détonnent singulièrement au milieu des désinences uniquement vocaliques des langues voisines et qui rappellent à l'oreille des sons entendus chez les Ouolofs, les Sérères ou les Foulbé, et aussi chez certaines populations côtières répandues depuis la Casamance jusqu'à Sierra-Leone. D'autre part, si la grammaire adyoukrou renferme quelques règles assez particulières, elle n'a rien qui la différencie profondément de la grammaire des parlers voisins, et quant aux radicaux, sous une forme distincte, ils sont en grand nombre identiques aux radicaux correspondants de l'ari et de l'abè, en plus petit nombre identiques à des radicaux avikam ou alaguian. C'est ce qui me conduit à penser que les Adyoukrou, tribu éminemment guerrière et d'une constitution physique très robuste, ont dû, à une époque inconnue, et venant d'une contrée non encore déterminée, à la suite de circonstances qu'il est difficile de conjecturer, s'emparer par la force de la région qu'ils habitent, traversant le pays des Abè et celui des Ari et y laissant de fortes traces, et repoussant de l'autre côté de la lagune les Avikam et les Alaguian, en leur empruntant un certain nombre de mots et d'expressions. Voilà aussi pourquoi je suis amené à ranger, dans le même groupe que l'adyoukrou, l'ari et l'abè, bien que d'après leur génie phonétique, ces deux langues semblent plutôt se rattacher, originellement, à l'avikam et à l'alaguian. Il est à souhaiter qu'une étude plus approfondie de l'histoire et des migrations des peuplades de la lagune Ebrié permette d'apporter une solution au problème de la langue adyoukrou qui, dans une sphère plus restreinte, est aussi intéressant et aussi peu résolu que le problème de l'origine et de la langue des Foulbé[1].

11° Les *Ahizi* ou Aïzi forment, d'après mon collègue et ami M. l'administrateur Lamblin, une tribu de langue spéciale, qui habite une quinzaine de villages sur les bords nord et sud de la lagune entre Dabou et Krafi, le groupe Lélé habitant sur la rive nord (à Tiakba notamment) et le groupe Gobo sur la rive sud. Les Ahizi seraient originaires de la région de Lozoua, située au nord-ouest de Grand-Lahou et dont les habitants actuels parlent un dialecte appartenant au groupe oriental des langues krou.

N'ayant pu me procurer aucun vocabulaire du langage parlé par les Ahizi, je ne les mentionne ici que pour mémoire, sans prétendre les rattacher à tel ou tel groupe. Il serait fort intéressant de connaître leur langue.

---

1. Au point de vue physique, les Adyoukrou ne se distinguent pas sensiblement des peuplades qui les entourent, des Kyama et des Ari principalement. Pourtant ils sont en général plus musclés et plus barbus, et surtout de couleur plus foncée que les Ari, qui sont en général d'un rouge assez clair. Leurs femmes sont mieux faites que les femmes kyama.

Pour la commodité de l'impression, j'ai partagé en deux séries les vocabulaires des langues des lagunes qui vont suivre ; la première renferme le groupe formé par le mékyibo, l'abouré et l'akyè, et celui formé par le goua et le kyama ; la deuxième série renferme le groupe formé par l'alaguian et l'avikam, et celui formé par l'ari, l'abè et l'adyoukrou.

Le vocabulaire *mekyibo* a été recueilli en 1903 à Assinie auprès de deux femmes mékyibo habitant Eÿa-ndo (nord de la lagune d'Abi) et d'une femme de l'île Morin (lagune de Grand-Bassam) ; mes informatrices remplissaient toutes les qualités qu'on peut attendre d'informateurs noirs.

Le vocabulaire *abure* a été recueilli en 1903 à Assinie auprès d'une femme abouré habitant Mouossou, et revu avec deux indigènes de Bonoua : même observation que précédemment pour les qualités des informateurs, sauf que l'informatrice de Mouossou était peu intelligente et fort âgée.

Le vocabulaire *akyè* a été recueilli en 1902 à Bondoukou auprès d'une femme de la tribu des Nédin donnant toutes les garanties désirables.

Le vocabulaire *gwa* a été recueilli en 1903 à Bingerville auprès de deux indigènes goua donnant également toutes les garanties.

Le vocabulaire *kyama* a été recueilli en 1903 à Bingerville, c'est-à-dire en pays kyama, auprès de deux indigènes dont l'un, très intelligent, était un informateur de toute sécurité.

Le vocabulaire *alagyă*, recueilli en 1900 à Dabou auprès d'un Agni, a été complètement revu en 1903 à Bingerville auprès d'un Alaguian d'Ada dans les informations duquel on peut avoir confiance.

Le vocabulaire *avikam* a été recueilli en 1903 à Assinie auprès d'un indigène de Grand-Lahou donnant toutes les garanties désirables.

Le vocabulaire *ari*, recueilli en 1894 à Bessédi, c'est-à-dire en pays ari, auprès d'une vingtaine d'indigènes, mais dans des conditions d'interprétation assez défectueuses, a été revu en 1900 à Agbégnyaon, auprès de trois Ari de Sikanzi.

Le vocabulaire *abè* a été recueilli en 1900 à Dabou auprès d'un Agni de Tiassalé qui habitait une partie de l'année en pays abè et qui était un bon informateur ; cependant je ne garantirais pas l'exactitude absolue de certains mots fournis par lui.

Le vocabulaire *adyukru*, recueilli en partie en 1894 à Lopou et Akakrou, c'est-à-dire en pays adyoukrou, auprès de dix ou douze indigènes, mais dans des conditions d'interprétation défectueuses, a été revu et complété en 1903 à Bingerville auprès d'un jeune adyoukrou de Débrimou offrant toutes les garanties désirables[1].

Nota. — Je recommande instamment au lecteur, avant de passer à l'examen des vocabulaires, de revoir attentivement l'explication de la valeur des caractères alphabétiques adoptés.

REMARQUES. — I. Les mots suivis de la lettre (A) sont des mots empruntés à la langue agni ou, plus généralement, des mots provenant d'un radical identique à celui dont dérivent les mots agni correspondants.

II. Lorsque deux mots sont employés dans la même langue pour désigner le même objet ou la même idée, ils ont été placés l'un à la suite de l'autre, séparés par une virgule.

[1]. Quelques notes concernant l'alaguian, l'avikam et l'adyoukrou, recueillie à Grand-Lahou par M. le capitaine Le Magnen, ont été très obligeamment mises par lui à ma disposition.

VOCABULAIRES MÉKYIBO, ABOURÉ, AKYÈ, GOUA ET KYAMA

I. — NUMÉRATION

	Mékyiko	Abouré	Akyè	Goua	Kyama
1	eko, oku (A)	oku (A)	ekă	dogbo, logbo	be
2	ăñyŏ (A)	añyŏ (A)	emwĭ	nwă	mŏ
3	ăkă	nhñga [2]	enhĭ [2]	nwăñgye	gbādya
4	ayne	enă (A)	egyi [3]	nwăni	bodi
5	annu (A)	enu (A)	ebŏ [4]	nwănă	mwană
6	ahyĕ	enqye	emŏ	okwa	akwa
7	ăfa	enqyŏ	enso (A)	obise	akwasi
8	enamă	mokwe (A)	moqŭe (A)	obwi	abya
9	buruku	pwārajhŏ	ŏñgoră (A)	otŭru	abro
10	edi	obunŏ (A)	kĕu	owa	awo
11	. . . . . .	. . . . .	. . . . .	. . . . . .	awo-bre
12	. . . . . .	. . . . .	. . . . .	. . . . . .	awo-mŏ
20	efe	efĭ	aburu-mwĭ [5]	opĭ	apĕ
30	fe-re-di [1]	ahunuñă	abura-nhĭ [2]	opĭ-ri-wa [1]	apĕ-na-wo [1]
40	efābo	obŏ	abura-gyi	mpibŏ [6]	agrebe
50	aburenu (A)	aburanu (A)	abura-b)	aburenu (A)	agrebe-na-wo
60	. . . . . .	. . . . . .	abura-mŏ	mpibŏ-ri-pĭ	mo-gbādya [7]
70	. . . . . .	. . . . . .	abura-nso	mpibŏ-ri pĭ-ri-wa	mo-ghādya-na-wo
80	. . . . . .	. . . . . .	abura-moqŭe	mpi-anwă	mo-bodi
90	. . . . . .	. . . , . .	abura-ŏñgoră	mpi-anwă-ni-wa [7]	mo-bodi-na-wo
100	ĕya (A)	ĕya (A)	abura-hĭ	ĕya (A)	mo-mwană

Notes. — 1. *Fe-re-di, opĭ-ri-wa, apĕ-na-wo,* veulent dire
« vingt et dix ». De même *mpibŏ-ri-pĭ, mpibŏ-ri-pĭ-ri-wa,* en goua,
veulent dire « quarante et vingt, quarante et vingt et dix » ;
agrebe-na-wo, en kyama, veut dire « quarante et dix », etc. —
2. *nh* dans *nhñga, enhĭ, abura-nhĭ,* représente un son unique, un
h expiré du nez et de la gorge (voir l'explication de l'alphabet. —
3. Le *g* suivi de *y,* en akyè, est mouillé : *egyi* se prononce presque

« egji ». — 4. Le mot *ebò* « cinq » signifie à proprement parler « une main ». — 5. De 20 à 100 la numération akyè fait usage du mot agni *buru*, pluriel *abura*, qui veut dire « dix ». A noter que pour 100 on dit *abura-hĭ*, *hĭ* remplaçant *kèu* pour exprimer la dizaine. — 6. Il est probable qu'à l'origine, et avant l'importation des termes dérivés de l'agni, « deux » se disait *bo* ou *bò* en mékyibo et en goua ; de là *efäbo* (pour *efe-bo*) et *mpibò* (pour *opĭ-bò*), « deux fois vingt, quarante ». A rapprocher du mot abouré *obŏ* « quarante ». — 7. En composition « quatre » en goua se dit *anwă* et non *nwăni* ; après la voyelle nasale *ă*, la particule d'union *ri* se change en *ni* : d'où *mpi-anwă-ni-wa*, pour *opĭ-nwăni-ri-owa* « quatre vingts et dix ». — 8. Le kyama a un mot spécial, *agrebe*, pour « quarante » ; ensuite on reprend la numération par vingtaines, mais le mot *apĕ* se transforme en *mo*.

Remarques. — I. L'*e* ou *è* initial des noms de nombre, dans toutes ces langues, tombe lorsque le nom de nombre est précédé d'un substantif ; ainsi en akyè on dira *tsa mwĭ* et non *tsa emwĭ* « deux hommes » ; il en est de même de l'*o* initial en goua, et de l'*a* initial en kyama. Mais l'*a* ou l'*o* initial subsistent toujours en mékyibo, en abouré et en akyè.

II. Dans les langues où les substantifs forment leur pluriel par l'addition d'un suffixe, on n'exprime pas ce suffixe devant un nom de nombre ; si au contraire le pluriel est indiqué par une modification de la forme du singulier, on emploie la forme plurielle devant les noms de nombre. Exemples : en abouré : *kya* « un homme », *kya-me* « des hommes », *kya nu* « cinq hommes » ; en mékyibo : *ebra* « une femme », *mbra* « des femmes », *mbra annu* « cinq femmes ».

III. Dans toutes ces langues, le nom de nombre se place toujours après le nom de l'objet nombré.

II. — LA NATURE

	Mékyibo.	Abouré.	Akyè.	Goua.	Kyama.
terre	eñgi, engye	betye	dzape	odŏ	aita
eau	enzu (A)	nshŭe (A)	sŭ (A)	ndu	ndu
mer	. . . . .	bufye	. . . .	ogwe	gwe [1]
lagune	asu (A)	asŭe (A)	. . . .	odu	anduko
rivière	asu-baha	komwe	sŭ-bye	mpio, odu-bè	ndube
feu	esi (A)	sĕ (A)	syʃ (A)	odde	atj, atĕ
bois (matière)	eduŏ	eli	dzakwè	oyoku	aya
arbre	id.	elibe	id.	oyoku	id.
bois (morceau de)	id.	id.	id.	id.	id.
bois à brûler	eemŏ	ele	tsŏ	nnā	ñki
feuille	. . . . .	. . . . .	bati	. . . . .	mbi
herbe	. . . . .	. . . . .	. . . .	ogu	nãku [2]
forêt	uborŏ	. . . . .	pla	obuti	abiti
chemin	atemye	. . . . .	bosŏ	oserĕku	asito, asi
ciel	. . . . .	ñyanyame(ʌ)	. . . .	yeke	nyaka
soleil	eyileyi	eyŭe	ke	eginãmi	akyime
lune	èfĕ.	añyŭŏ	po	bî	pè [3]
jour (lumière)	ale (A)	ñya	ke	ogye	akye
nuit	. . . . .	ñqyŭbo	. . . .	umunti	melekyi
pierre	. . . . .	kāqyene	. . . .	obu	abu
sable	. . . . .	bètye	. . . .	. . . . .	ntu
montagne	. . . . .	. . . . .	. . . .	ogba	abobo
or	esigè (A)	. . . . .	sika (A)	ñgi	ñkyi
fer	bulare (A)	. . . . .	lokj	oddĕ	ntune
cuivre	. . . . .	. . . . .	ayaba (A)	. . . . .	asŭpre
argent	. . . . .	. . . . .	gŭete (A)	gŭete (A)	dŏra (A)
zinc	. . . . .	. . . . .	. . . .	. . . .	kpŏkpŏ

Notes. — 1. « Plage » se dit en kyama *gwe-gye*. — 2. « Savane » se dit en kyama, *nãkute*. — 3. « Étoiles » se dit en kyama *pé-mwe*, de *pè* « lune »; comparez en agni : *sara* « lune », *sara-ma* ou *nzrama* « enfants de la lune, étoiles ».

III. — LES HOMMES

	Mékyibo	Abouré	Akyè	Goua	Kyama
homme (être humain)	ènza	kya	tsa	gwé	lepă
homme (mâle, mari)	emye	veni, benyă	sĭ, să	se	sè
femme	ebra (A)	varé	si	bwe	. bye
homme mûr	. . . . .	. . . . .	. . . .	. . . .	sè bĕrŭku
jeune homme	emye atĭgbave	. . . . .	. . . .	. . . .	sè taku
jeune fille	ebra atĭgba	. . . . .	. . . .	. . . .	bye taku
enfant (jeune)	. . . . . .	rebe	. . . .	yaʃa	ipo
père	ye	yi, aho	ye	nti	nti
papa, mon père	me ye	aho	mè ye	me nti	me nti
mère	ni (A)	li	ne	mă	ma
maman, ma mère	me ni	me li	mè ne	m mă	me mma
fils, fille	aba (A)	va	bye, byĭ	mi	mi
Européen	ènza-boronu	kăga	tsa-nă	kăñgă	kăgă '
frère	. . . . .	. . . . .	. . . .	muse	. . . . .

Note. — 1. Le mot *kăga*, *kăgă*, (*ăga* chez les Alaguian) sert à désigner les Européens dans presque toute la région des lagunes ; je ne connais pas l'origine de cette appellation. On y ajoute souvent le mot « rouge », comme en goua *kăñgă-nwĭ*, en kyama *kăgă-nana* ; l'expression *kăgă-bŭro* (les Kangan noirs, en kyama) sert à désigner les Noirs vêtus à l'européenne et venus en Afrique par mer. Quant aux expressions *ènza-boronu* (en mékyibo), *tsa-nă* (en akyè), elles signifient littéralement « hommes rouges ». C'est en effet la couleur rouge, bien plus généralement que la couleur blanche, qui, aux yeux des Noirs, caractérise les Européens.

IV. — LES ANIMAUX

	Mékyibo	Abouré	Akyè	Goua	Kyama
animal	nāme	ènăme	nană, nani	ennă (A)	ennă (A)
mâle	emye	veni	sĭ, să	se	mi
femelle	ebra (A)	varé	si	bwe	bye
petit	atĭgba	va	bye	bi	mlĭ
bœuf	ène	ènahă	nhuwu	otŏ	ntua

	Mékyibo	Abouré	Akyè	Goua	Kyama
taureau	ène-mye	ènahā-veni	nhuwu-sā	oto-se	ntua-mi
vache	ène-bra	ènahā-varè	nhuwu-si	oto-bwe	ntua-bye
veau	ène-atīgba	ènahā-va	nhuwu-bye	oto-bi	ntua-mli
mouton	ebwāne	owŏne	gbā	bwiya	ñgbāgrā
chèvre	esire	swaviri	akoti	agòti	kye
chien	amorŏ	. . . . .	adüa (A)	osŭogbo	gba
éléphant	. . . . .	oswa (A)	tsü (A)	gyŏ	gyŏ
hippopotame	. . . . .	. . . . .	sè-tsü	ndu-gyŏ	ndu-gyŏ
oiseau	èse	. . . . .	be	kologye	kokyī
poule	èiko	akò (A)	kwā	kosò	kosò
œuf (de poule)	ekire-bikyè	kurufwe (A)	kwā-tsè	ozo-mwe	kosò-mwe
caïman	elèngye (A)	aneñge (A)	sogbŏ	bu	dubu
serpent	. . . . .	owo (A)	. . . . .	kòdyò	du
poisson	èta	ta	kā	ogyŏ	akyŏ
lamantin	. . . . .	. . . . .	. . . . .	otere (A)	. . . . .

V. — LES ALIMENTS

	Mékyibo	Abouré	Akyè	Goua	Kyama
igname	èfè	. . . .	sye	inne	enne
banane (grosse)	koko	kóko	demŏ	ñgogo	koko
manioc	bedè (A)	hedè (A)	vedè (A)	vedè (A)	bedè (A)
taro	ebreğüe	. . . .	yatā	morogbè	mŏnŏkpè
piment	eizamŏ	. . . .	byeko	nnijhè	ñgesye
palmier (à huile)	. . . . .	. . . .	. . . .	odde	ade
amande de palme	abe	ave	shyè	osi	agyi
huile de palme	uñwā	ñgbo	gbā	nnŏ	nnŏ
vin de palme	nzè	. . . .	. . . .	ende	ñgosè*, nde
alcool d'Europe	id.	. . . .	. . . .	kāñgā-ndc	kāgā-nde
viande	nāme	ènāme	nanā	ennā (A)	ennā (A)*
sel	mye	me	dzhyī	uñgye (A)	nnye
pain indigène¹	èsa	ètuā	vè	oyi	nne
sauce	ñifye, èsa-ifye	. . . .	vè-sü	ndu-püre	nte ndu

Notes. — 1. Par « pain indigène » il faut entendre la pâte
d'igname, banane ou manioc bouilli qui fait le fond de la nourriture; la sauce est le mets dans lequel on trempe les boulettes de
pâte avant de les porter à la bouche. — 2. Le mot *ñgosè* désigne
le vin tiré du palmier à huile; le vin de raphia se dit en kyama

ñkyo. — 3. Les Kyama ont un mot spécial pour désigner le gibier : *brã*.

VI. — L'HABITATION, LE MOBILIER, ETC.

	Mékyibo	Abouré	Akyè	Goua	Kyama
village	*mónõ*	*pokò*	*koa*	*okobè*	*akube*
maison	*esu*	*sa*	*sõ*	*okõ*	*ñku* [5]
plantations	*èüœ-ro* [1]	. . . . .	*gbã*	*ogi*	*atï*
mortier (à piler)	. . . . .	. . . .	*ogbose*	*agbosõ*
pilon	. . . . .	. . . .	*odetĕre*	*adorã*
corbeille	. . . . .	. . . .	*okre*	*akõre*
cruche	*ātò*	*okŭruwo kĩ*		*agbru*	*akpru*
assiette	*ākia*	*fefèri*	*tõ*	*oprege*	*diprã*
houe	*dsuï*	*asò*	*si*	*nne*	*adrõ*
coupe-coupe	. . . . .	. . . .	*oddĕra*	*dugba*
couteau	*kuto*	*kākra*	*shò*	*kakra*	*kakra*
manille	. . . . .	. . . . *ka* (A)	*mbodu*	*mburu*
pirogue	. . . . .	*enyene*	. . . .	*uhõnõ*	*ahãnã*
pagaie	. . . . .	*pa* [2]	. . . .	*opõ*	*apè* [4]
porte	. . . . .	. . . . . [illegible]	*po*	. . . . . ,
tissu (indigène)	*èta*	. . . .	*nshümï*	*oddekĕ*	*betema-ndagõ*
tissu (européen)	id.	. . . .	id.	id.	*kãgã-ndagõ*
pagne	id.	. . . .	id.	id.	*adagõ*
vêtement	. . . . .	. . . .	*trarye*(A)	*tradye* (A)
perles	*māmvrè*	*nanye* [3]	*saba*	*ñyofu*	*abwãbe*
calebasse	*awa* (A)	. . . .	*awa* (A)	. . . .	. . . . .
gourde à injections	*bengerye* (A)	. . . .	*bwè*	. . . .	. . . . .

Notes. — 1. Le mot *èüœ* veut dire «.champ » ; le suffixe *ro* indique le lieu : *èüœ-ro* « dans les champs, lieu des champs ». — 2. La perche de raphia qui sert à manœuvrer les pirogues se nomme *òrò* en abouré. — 3. Le « papier » se dit *ayüe* en abouré (de *aywe* « peau »). — 4. La perche qui sert à manœuvrer les pirogues se dit *bogè* en kyama. — 5. Pour désigner l'ensemble d'une habitation, le « chez soi », on se sert en kyama du mot *wõatu*.

VII. — LES PARTIES DU CORPS

	Mékyibo	Abouré	Akyè	Goua	Kyama
tête	kyi	te (A)	nhwĭ	u	ehi, hi
cheveux	eñgŭo	te-ntwĭ	nhwĭ-pŏ	u-ñye	hí-ñru
visage	. . . . .	. . . .	hi (A)	he	eme
yeux	ñi (A)	enyĭ	himbè (A)	hemi	emebi
nez	n̄üò	ungyĕ	uwĭ	fŏ	efŏ
oreille	eō	owè	te	ñgye	ñgye
bouche	èndo	onwă (A)	me	mè	ème
dents	anne	ñye	nhĭ	nŏñgŏ	nnò
langue	annè	nane	nŏ	eddè	ène
menton	. . . . .	. . . .	. . . .	. . . .	agu
cou	kwomene (A)	. . . . .	bwè	bwa	èbwa
nuque	. . . . .	. . . .	. . . .	bwa-amle	èbwa-gi
poitrine	emmo	da	kimŏ	ñgère	èntĭ
seins	. . . . .	. . . .	. . . .	iñye	èñye
ventre	epu	. . . . .	pi	me	èlabe
nombril	. . . . .	. . . .	. . . .	. . . .	mpañya
dos	agyülo	amesi	. . . . .	koko	mañgi, magyi
épaule	. . . . .	. . . .	botă	. . . . .	. . . . .
reins	. . . . .	. . . .	kiyè	di	adi
derrière	. . . . .	. . . .	. . . .	obuta (A)	ntapènĭ
main	eyamŏ	mpè	bò	mu	mŭ
— droite	eyama-ñgè	niva	bò-ñgba	eddiri-mu	adye-mŭ [1]
— gauche	eyama-ñgyo	ebèni	me-mbò	umu-nŭghĭ	mu-ruku
doigt	. . . . .	. . . .	fi	byò	kwè
pénis	. . . . .	. . . .	le	oke	akĕ
testicules	. . . . .	. . . .	le-bè	oke-mwo	nke-ma
vagin	. . . . .	. . . .	kpe	obi	ata
cuisse	. . . . .	. . . .	. . . .	ndapò	ntabo
jambe	sò	. . . . .	wè	nda	nta
pied	sò	nampè	wè	ndadi	ntati
sang	eñga	ñgara	vă	uñgănă	ñkă
graisse	donŏ	. . . . .	nă	. . . . .	. . . . .
poil	eñgŭo	entwĭ	pŏ	ñye	ñĭru
peau	euè	aywe	kporc (A)	uhĕ	ahoro

Note. — 1. En goua *eddiri-mu* et en kyama *adye-mŭ* signifient « la main qui sert à manger ». On sait que les Noirs, réservant la main gauche pour les soins de toilette qui nécessitent des attouchements impurs, ne portent jamais que la main droite au plat et à la bouche.

VIII. — NOMS DIVERS

	Mékyibo	Abouré	Akyè	Goua	Kyama
chose	eta, nere	rike (A)	ka	nā	ayi
fois	mmāla	. . . . . .	ka	bo	lo
jour (date ou durée de 24 h.)	mennūa	lekyī [3]	lakè	ñgyibi	akyibi
matin	. . . . . .	. . . . . .	ke-gba [4]	ñgusü	eñkyünŏ
soir	. . . . . .	. . . . . .	ke-uwo [5]	ñgyŏ	. . . . . .
aujourd'hui	eñgye	ñi	ne (A)	ñgye	ñkyi
hier	āsŏhā	ahimē	fa	mbye	mpi
demain	āsŏhā [2]	ahimē (A) [2]	fa [2]	mbye [2]	mpi [2]
après-demain [1]	. . . . . .	ahimosi (A)	. . . . . .	mbye-muntuŏ	mpi-magyi
nom	. . . . . .	dide	nhesi	hŏ	. . . . . .
langage	. . . . . .	. . . . . .	. . . . . .	warè	. . . . . .
palabre, affaire	qüè	süī	. . . . . .	. . . . . .	. . . . . .
parole	. . . . . .	mī	bi	. . . . . .	bwe
prix, valeur	. . . . . .	. . . . . .	ba	gye	gyè
salut	ahi o (A)	. . . . . .	añi o (A)	. . . . . .	. . . . . .
bienvenue!	mvre o (A)	. . . . . .	akwābo (A)	. . . . . .	. . . . . .
merci	nase o (A)	. . . . . .	nase (A)	. . . . . .	. . . . . .
quoi de nouveau?	. . . . . .	. . . . . .	amanye (A)	. . . . . .	. . . . . .

Notes. — 1. La semaine kyama ne se composerait que de cinq jours, qui seraient : *abi, abikyo, asò, agu* et *apò*. Le lundi 11 mai 1903 était un *abi*. Je n'ai pas de renseignements sur les noms des jours de la semaine dans les autres langues. — 2. Il est à remarquer que « hier » et « demain » s'expriment par le même mot dans toutes ces langues. — 3. Peut-être faut-il voir dans *lekyī* les deux radicaux agni *le* et *kyī* qui, tous deux, signifient « jour » ; peut-être aussi la racine du mot abouré *lekyī* est-elle la même que celle du mot akyè *lakè*. — 4. Mot à mot : « le jour se lève ». — 5. Mot à mot : « le jour baisse ».

REMARQUES SUR LES NOMS. — 1° *Composition*. — Dans les cinq langues qui nous occupent présentement, les substantifs composés se forment par juxtaposition, le nom du possesseur précédant

toujours le nom de l'objet possédé. Ex. : *te* « tête » et *ntwĩ* « poil »
en abouré donnent *te-ntwĩ* « poils de la tête, cheveux »; *mpi*
« demain » et *magyi* « dos » en kyama donnent *mpi-magyi* « le
dos de demain, après demain », etc.

Beaucoup de substantifs commencent par une voyelle qui ne
fait pas partie du radical, et qui est principalement : *e* ou *è*, plus
rarement *a*, en *mekyibo* ; — *e* ou *è*, plus rarement *a* et *o*, en *abure* ;
— *e* (dans les noms de nombre) et *a* (dans des mots étrangers) en
akyè où les substantifs indigènes commencent presque tous par
une consonne ; — *o*, plus rarement *e* et *a*, en *gwa* ; — *a*, plus rarement *e* ou *è*, en *kyama*. Si ces voyelles sont longues, ou suivies
d'une consonne redoublée, comme dans *ātò* « assiette » (mékyibo),
ennã « animal, viande » (goua et kyama), *emmo* « poitrine »
(mékyibo), elles subsistent toujours. Si elles sont brèves et suivies, soit d'une consonne simple, soit de deux consonnes différentes, comme c'est le cas le plus fréquent, elles peuvent disparaître : d'abord au pluriel dans certaines langues, ensuite lorsque
le mot qu'elles commencent se trouve placé en composition après
un autre substantif, ou est précédé d'un régime, d'un adjectif possessif ou déterminatif, ou même quelquefois lorsque ce mot suit un
verbe dont il est le régime. L'*e* et l'*è* disparaissent en général
dans les cas qui précèdent, quelle que soit la langue; l'*o* et l'*a*
disparaissent le plus souvent en goua et en kyama, mais subsistent généralement dans les autres langues. Exemples : en
mékyibo : *emye* « homme, mâle », *ène-mye* « taureau » ;
mye gètĩ « tous les hommes » ; *wo mye* « ton mari » ; au
contraire *aba* « fils », *wo aba* « ton fils » ; — en abouré : *ètuã*
« pain, nourriture », *vè ri tuã* « viens manger » ; au contraire
onwã « bouche », *v' onwã* (pour *ve onwã*) « leur bouche » ; — en
goua : *okŏ* « maison », *ogi-kŏ* « campement de cultures » ; — en
kyama : *agu* « menton », *lepã gu* « le menton d'un homme » ;
akyibi « jour », *kyibi mwanã* « cinq jours ».

Souvent aussi un nom commence par un *n*, un *ñ* ou un *m* qui
est purement euphonique et peut disparaître, sans que sa présence ou son absence soit déterminée par des causes faciles à
préciser. Ainsi on a en kyama *nne* « pain » et *ba di ne* « viens
manger »; *ñku* « maison », *me kù* « ma maison » et *e ñku* « ta
maison ».

2° *Rapport de possession ou de dépendance*. — Comme on vient de le voir, ce rapport s'exprime par une simple juxtaposition, le nom de l'objet possédé ou dépendant se plaçant le second, avec retranchement de sa voyelle initiale s'il y a lieu : « la maison de mon père » se dira, en mékyibo *me ye su* (*esu* « maison »), en abouré *mè yi sa*, en akyè *mè ye sŏ*, en goua *me nti kŏ* (*okŏ* « maison »), en kyama *me nti ñku*.

3° *Pluriel*. — L'emploi d'une forme spéciale pour le pluriel des noms ne semble pas être indispensable dans les langues qui nous occupent. Cependant on peut dire que, *en général* :

En *mekyibo* les noms commençant par *e* ou *é* forment leur pluriel en supprimant cette voyelle et, parfois, en la remplaçant par un *n*, *ñ* ou *m* euphonique; la forme plurielle s'emploie même lorsque le substantif est déterminé par un nom de nombre; les noms commençant par une autre voyelle, une voyelle longue, un *e* suivi d'une consonne redoublée, ou par une consonne, ont le pluriel identique au singulier : *emye* « homme », *mye gètĭ* « tous les hommes »; *ebra* « femme », *mbra annu* « cinq femmes »; *mmāla oku* « une fois », *mmāla āñyŏ* « deux fois »; *mennüa* « jour », *mennüa āhā* « trois jours »;

En *abure* le pluriel des noms se forme en ajoutant le suffixe *me* au singulier (désinence empruntée à l'agni), mais le nom reste au singulier devant un nom de nombre ou un adjectif indiquant la pluralité : *kya* « homme », *ne kya-me* « ces hommes »; *kya kotĭ* « tous les hommes »; *lekyĭ oku* « un jour », *lekyĭ nă* « quatre jours »;

En *akyè*, j'ignore s'il existe une forme du pluriel pour les noms isolés, mais en tout cas le pluriel est semblable au singulier devant un nom de nombre : *tsa* « homme », *tsa mwĭ* « deux hommes »;

En *gwa*, mêmes remarques que pour le mékyibo, sauf que c'est la voyelle initiale *o* qui disparaît au pluriel : *opĭ* « vingt, une vingtaine », *mpi anwā* « quatre vingts »; *otŏ* « bœuf », *ntŏ nwānā* « cinq bœufs »; *mbodu logbo* « une manille », *mbodu pĭ* « vingt manilles »;

En *kyama*, mêmes règles, sauf que c'est la voyelle initiale *a* qui disparaît au pluriel : *akyibi be* « un jour », *kyibi bodi* « quatre jours », *lepă* « homme », *lepă wo* « dix hommes ».

4° *Comparaison des radicaux, en goua et en kyama.* — On a pu voir que la plupart des radicaux sont identiques en goua et en kyama ; les différences morphologigues les plus frappantes entre ces deux langues consistent en ce que l'*o* initial des noms goua se transforme généralement en *a* en kyama, et que, là où le goua emploie une consonne faible, le kyama emploie très souvent une consonne forte, ou inversement. Ex. : « feu » se dit *odde* en goua et *atĕ* en kyama ; « lune » se dit *bĩen* goua et *pè* en kyama ; « jour » (opposé à « nuit ») se dit *ogye* en goua et *akye* en kyama ; « cuisse » se dit *ndapò* en goua et *ntabo* en kyama, etc.

IX. — ADJECTIFS QUALIFICATIFS

Note. — Ce tableau ne renferme que des adjectifs proprement dits, très rares dans les langues qui nous occupent. Les adjectifs à forme verbale figurent au tableau des verbes.

	Mékyibo	Abouré	Akyè	Goua	Kyama
blanc	*ufu* (A)	*fufue* (A)	*fi*	*mpupu*(A)	*popo*
rouge	*boronu, bronu*	*pempere*	*nă*	*nnwĩ*	*nana*
noir	*birenu* (A)	*beble* (A)	*bi*	*umbŭru*	*bŭro*
grand	. . . .	. . . .	. . .	. . . . . .	*bĕrŭku, ñko*¹
petit	*atïgba, atïgbave*	*tekeba*	. . .	*fa*	*taku, mli*²
proche	. . . .	. . . .	. . .	*kokwe* (A)	*nkuku* (A)
long, lointain	. . . .	. . . .	. . .	. . . . . .	*kö*
tout, tous	*gĕtï*	*kotį*	. . .	*kora* (A)	*kukuku*
bon	*kpa* (A)	*indè*	*gyă*	. . . . . .	*ñyö*
mauvais	. . . .	*wutue*	. . .	. . . . . .	*bwau*³

Notes. — 1. Le mot *bĕrŭku* s'applique aux personnes, pour indiquer l'âge plutôt que la taille ; *ñko* a un sens plus général. — 2. Le mot *taku* veut dire « petit » par l'âge ou par la taille ; *mli* a un sens plus général. — 3. Le mot *bwau* ne s'applique qu'aux personnes. — 4. L'adjectif se place après le nom et reste invariable : *ènza boronu* (mékyibo) « un homme rouge, un Européen » ; *kyame beble* (abouré) « les hommes noirs » ; *ka-fi* (akyè) « une chose blanche » ; *ckobè fa* (goua) « le petit village » ; *bye taku* (kyama) « une jeune fille ».

X. — PRONOMS ET ADJECTIFS DÉTERMINATIFS

	Mékyibo	Abouré	Akyè	Goua	Kyama
moi (sujet)	n, ñ, m, m e'	me	me	ma, uñ "	me, n "
moi (régime)	mi	mi	mè	mŏ	mi, me
toi (sujet)	e, a '	wo (A)	bo, bó, bu	a	e
toi (régime)	wo (A), e	wo	bó	a	e
lui, elle (sujet)	o, a '	o, a, e "	o, e "	o, e "	a, e "
lui, elle (régime)	o	e	e "	i, u	a, ă, ï "
nous (sujet)	ye, ame (A) '	e, ame'	an, a	do	o
nous (régime)	id.	id.	a	id.	lo
vous (sujet)	ama	amʌ, ve'	mune, mun	u "	o
vous (régime)	id.	id.	une	bo "	lo
eux, elles (sujet)	wa	ve	ba	u	o
eux, elles (régime)	fa	vwe	ba	bo	lo "
mon, ma, mes	me, m', mi '	me, m' '	mè	mi, me	me
ton, ta, tes	wo	wo, w' '	bó	a	e, è
son, sa, ses	a	i, u	e	e	mi
notre, nos	ye, ame (A) '	e, ame'	a, an	do	lo
votre, vos	ama	ama, ve'	mune	bo "	lo, o
leur, leurs	fe, f' '	ve, v' '	ba	bo	lo, o
le mien, à moi	. . . .	m'ŏwŏ	. . . . . .	mi yè	me i-kè "
le tien, à toi	. . . .	w'ŏwŏ	. . . . .	a yè	e i-kè
le sien, à lui	. . . .	i ŏwŏ	. . . . . .	e yè	meñ i-kè
le nôtre, à nous	. . . .	e ŏwŏ	. . . . . .	do yè	lo i-kè
le vôtre, à vous	. . . . . .	ama ŏwŏ	. . . . . .	bo yè	o i-kè
le leur, à eux	. . . . . .	v'ŏwŏ "	. . . . . .	bo yè	o i-kè
ce, cette, ces	. . . .	ne '	. . . . . .	nne, gbō "	lekŏ, ne "
celui-ci, ceci, cela	. . . .	. . . . . .	. . . . . .	nne, enne, une	. . . . . .
quel?	. . . .	sŏ	kè	. . . .	. . . . . .
qui?	. . . .	. . . . .	. . . . . .	dugwa	abï "
quoi? ·	wo	de	kăne, kănu	nene, ni	kătŏ "
qui, celui qui	o	o, e	o	o, e	a
aucun	fʉ (A)	. . . . .	ki, ke	. . . .	. . . . . .
rien	nere fè	. . . . .	ka ki	. . . .	. . . . . .
moi-même	mi-e	mi-e	. . . . . .	. . . . . .	. . . . . .
un peu	. . . .	ñgra	. . . . . .	gbè	. . . . . .

Notes. — Mékyibo. — 1. L'*e* s'élide devant les voyelles initiales des noms, lorsque celles-ci ne disparaissent pas (voir plus haut) :

m'aba « mon fils », D'autres fois l'*e* se change en *i* : *mi agyülo*
« mon dos ». — 2. Le pronom *n* se change en *m* devant *m*, *b*, *p*, *f*, *v*
et en *ñ* devant *g*, *k*; la consonne qui suit ce pronom s'adoucit généralement : *su* « venir de », *n zu* « je viens de »; *ba* « arriver »,
m ba re ou mieux *m ma re* « je suis arrivé »; on emploie aussi la
forme *me* : *me ko* « je vais ». — 3. Il semble que la forme *e* s'emploie dans les phrases affirmatives et la forme *a* dans les phrases
interrogatives ou négatives; mais cette règle n'a rien d'absolu. —
4. Même remarque pour les formes *o* et *a* que pour les formes *e*
et *a*; d'ailleurs *a* ne s'emploie à la 3ᵉ personne que lorsque le sujet
est indéterminé : *a ägba* « ce n'est pas loin ». — 5. Le mot *ye* indique qu'une partie au moins des personnes à qui l'on parle ne
prend pas part à l'action; *ame* désigne l'ensemble des personnes
qui parlent et à qui l'on parle : « nous partirons, vous resterez
ici », *ye ko, ama iñyere ñyomü*; « nous partirons », *ame gèti ame
ko*.

Abouré. — 6. Même remarque que pour l'*e* de *me* et *fe* en mékyibo (note 1) : *m' onwä* « ma bouche », *w' ungyë* « ton nez ». —
7. Contrairement aux autres déterminatifs, *ne* se place, comme
les adjectifs possessifs, avant le nom : *ne rike* « cette chose »; souvent l'*e* disparaît et l'*n* peut se changer en *ñ* devant une gutturale : *ñ kya* « cet homme »; mais on dit aussi *ne kya-me* « ces
hommes ». — 8. Même différence entre les pronoms *e* et *ame*
qu'entre les pronoms mékyibo correspondants *ye* et *ame* (note 5).
— 9. En abouré, comme d'ailleurs dans beaucoup de langues
nègres, on substitue souvent, au pluriel, le pronom de la 3ᵉ pers.
à celui de la 2ᵉ. On emploie aussi les deux concurremment : « vous,
allez-vous en », *ama ve hò*. — 10. Les pronoms *o* et *e* semblent
s'employer indifféremment; la forme *a* paraît ne s'employer que
dans les phrases interrogatives ou quand le sujet est indéterminé.
— 11. Le mot *öwò* signifie « propriété » : *m' öwò* « ma propriété,
le mien, c'est à moi ».

Akyè. — 12. Le pronom *e* ne s'emploie que lorsque le sujet est
indéterminé : *e la gyä* « c'est bon ». — 13. Le pronom régime de
la 3ᵉ pers. du sing. s'exprime très rarement en akyè, ainsi d'ailleurs qu'en abouré : *nèdze pò* « va le chercher », *ba kä* « ils l'ont
tué ».

Goua. — 14. Il semble assez difficile de déterminer les cas où l'on emploie la forme *ma* et ceux où l'on emploie *uñ* ; quelquefois aussi on emploie la forme *n* ou *ñ* ; *nde ma ñgyä* « je veux du vin de palme » ; *uñ wuo* « je le connais » ; *uñ yō* « je ne comprends pas » ; *ñ yo* « je comprends » ; *n nä ndu o* « je ne bois pas d'eau ». — 15. Les formes *o* et *e* semblent s'employer indifféremment ; pourtant *o* est plus fréquent. — 16. La même forme s'emploie indifféremment au pluriel, en goua, pour la 2ᵉ et la 3ᵉ pers. — 17. Le mot *nne* se place devant le nom qu'il détermine et le mot *gbō* se place après : *nne nä* « cette chose », *warè gbō* « cette langue ».

Kyama. — 18. La forme *n* semble ne s'employer que devant un verbe commençant lui-même par un *n* : *n nä* « je bois ». — 19. La forme *e* est plus rare que la forme *a*. — 20. On emploie la forme nasale *ä* ou *ï* lorsque la voyelle finale du verbe est elle-même une nasale : *bi a* « demande-le », *gyï ï* « coupe-le ». — 21. Il semble qu'on fasse peu de différence au pluriel entre les trois personnes. — 22. Le mot *i-kè* est un dérivé de *ayi* ou *yi* « chose » : *me i-kè* « ma propre chose, ma propriété, c'est à moi ». — 23. Les mots *lekö* et *ne* se placent après le mot qu'ils déterminent : *lepä lekö* « cet homme » ; *ipo ne* « cet enfant ». — 24. « A qui ? » se dit *abï i-kè* ?

Remarques générales. — 25. Voici comment se place le mot qui veut dire « quoi ? » dans les différentes langues. En mékyibo : *e ge re wo* ? « qu'as-tu dit ? » (tu as dit quoi ?) ; en abouré : *u mï de* ? « que dit-il ? » (sa parole quoi ?) ; en akyè : *käne bó nhesi* ? « quel est ton nom ? » (quoi ton nom ?), *känu bo djò* ? « que dis-tu ? » (quoi tu dis ?), *ka kè bó ko* ? « que veux-tu ? » (chose quelle tu veux ?) ; en goua : *nene a ñyyä* ? « que veux tu ? » (quoi tu veux ?), *a hö di ni* ? « quel est ton nom ? » (ton nom est quoi ?) ; en kyama : *è ñgè kätö* ? « que dis-tu ? » (tu dis quoi ?).

26. — Dans toutes les langues qui nous occupent, l'adjectif possessif se place avant le substantif ; cela est conforme à la règle qui veut que le nom du possesseur précède celui de l'objet possédé : « mon père », *me ye* (mékyibo), c'est-à-dire « le père de moi ». De même *ne rike* « cette chose » (abouré) peut se traduire par « la chose d'ici ». Les adjectifs proprement dits au contraire se placent après le nom : *nere fè* « aucune chose » (chose aucune) (mékyibo), *ka ki* (même sens) (akyè).

XI. — VERBES

Note. — Dans plusieurs des langues qui nous occupent, certains verbes revêtent des formes différentes selon qu'ils sont ou non à un mode personnel, ou suivant qu'ils se trouvent dans une phrase affirmative ou dans une phrase négative. Dans les vocabulaires qui suivent, les verbes sont donnés à leur forme la plus simple, qui est celle de l'infinitif ou de l'impératif affirmatif. Pour les modifications, voir les tableaux de la conjugaison et les phrases et exemples.

	Mékyibo	Abouré	Akyè	Goua	Kyama
aller (qq. part)	*ko* (A)	*ko* (A)	*nèdze, dze*	*nŏ, na, no*	*nŏ, nu*
s'en aller	id.	*hŏ, wŏ* (A)	*dze, zi*	*nŏ, no*	*do, du; nu*
venir (de qq. part.)	*su*	. . . . . .	*tsho*	. . . . . .	. . . . . .
venir, arriver	*ba* (A)	*vė, va* (A)	*wŏ*	*mo, bo*	*ba*
s'arrêter	*iñyere*	*ñinĭ* (A)*	*tshofė*	*yira*	*ya, teme*
rester (debout)	id.	id.	id.	id.	id.
s'asseoir	*papė*'	*wāhe*	*poŏ*	*ye*'	*siri*°
rester (assis), demeurer	id.	id.	id.	id.	id.
se coucher	*sŭ*	*sĭ*	*lao*	*sade*	*darya*
dormir	. . . . . .	*lapi* (A)	. . . . . .	*denne*	*dana*
se réveiller	. . . . . .	*tiwañye*(A)	. . . . . .	. . . . . .	. . . . . .
se lever	*so*	*sŏ*	*ñyĭfŏ*	*soñ*	*fė*
tomber	*tere*	. . . . . .	*tsa*	. . . . . .	*hari*
tomber (par terre)	*tere-ñgye*	. . . . . .	*tsa-bulo*	. . . . . .	. . . . . .
courir	*fere*	*vèti*	*nafŏ*	*wė*	*wa*
être (en un lieu)	*wo* (A)	*hŏ, wŏ* (A)	*ba, nhŭ*°	*ge*	*ma*
être (verbe attributif)	. . . . . .	*ti* (A)	*la*	*ĭi* (A)	*di*
ne pas être (en un lieu)	*dini*	*mŏ*	*ma*	. . . . . .	*ni ma*
ne pas être (verbe att.)	. . . . . .	. . . . . .	*lla*	. . . . . .	. . . . . .
manger (avec régime)	*di* (A)	*ri, di* (A)	*si*	*di* (A)	*di* (A)
manger (sans régime)	*di èsa*	*ri tuŭ*	*sŭ vė*	*dini*	*dine*
boire (avec régime)	*nŏ* (A)	*nŏ* (A)	*mŭ*	*nŭ*	*nŭ*
boire (sans régime)	*nŏ nzu*	*nŏ nshüe*	*mŭ sŭ*	*nŭ ndu*	*nŭ ndu*
ouvrir	. . . . . .	. . . . . .	. . . . . .	*pwĭso*	. . . . . .
fermer	. . . . . .	. . . . . .	. . . . . .	*bŭru, se*°	. . . . . .
couper (avec un couteau)	. . . . . .	. . . . . .	. . . . . .	. . . . . .	*gyĭ*
couper (avec une hache, un coupe-coupe, etc.)	. . . . . .	. . . . . .	. . . . . .	*gŏo*	*ki*

	Mékyibo	Abouré	Akyè	Goua	Kyama
frapper	. . . . . .	. . . .	. . . . . .	. . . .	sra, ha [16]
tuer	ku (A)	. . . . . .	kū (A)	bwe, gbwe	hu
mourir	u (A)	. . . . . .	uwo	ku	ku
voir	mu	. . . . . .	hĩ	wuo	wou, wi
connaître	eyine	. . . . . .	lo	wuo	ñye
comprendre	te (A)	tè (A)	tĩ (A)	yo. yŏ	yi, ye, ñye
entendre	id.	id.	id.	id.	id.
parler	kè	tyĩ	djò	ndè	kyü
dire	ge	mi	gyü, djò [4]	gwĩ	ñgè [15]
attendre (verbe neutre)	iñyere	ñinĩ (A)	tshofè	yira	ya
attendre (verbe actif)	. . . . .	. . . . . .	. . . . . .	pwa	gbo
chercher	ne	. . . . . .	pò	. . . .	. . . .
prendre	mu	pa (A)	ne	bo	bo
attraper, saisir	yi	. . . . . .	pò	. . . .	hŏ
laisser	kiri	. . . . . .	fãhü	dogya	yo
attacher	püo	. . . . . .	. . . . . .	. . . . . .	. . . .
donner	ma (A)	ni	dzè	so	se
apporter	brè (A)	vrè (A)	. . . .	. . . .	. . . .
appeler	de	prè (A)	. . . .	sŏ	shi
nommer	id.	de	. . . . . .	. . . . . .	. . . . . .
demander	. . . . .	. . . . . .	. . . . . .	. . . . . .	bi
montrer	ya	. . . . . .	ka [8]	gye	die
aimer	kuru (A)	. . . . . .	. . . . . .	. . . . . .	pò
vouloir	id.	. . . . . .	ko	ñgyã	ñga
acheter	. . . . . .	. . . . . .	fe	pè	pè
être à (appartenir)	. . . . .	ŏwŏ [3]	. . . .	yè [8]	i-kè [3]
être bon	kpa (A)	. . . . . .	la gyã	fĕ, ñ	ñyŏ
être grand	. . . . .	bre	. . . . . .	gba	. . . .
être petit	. . . . .	. . . . . .	. . . .	fa, ti fa	. . . .
être loin, long	agba	. . . . . .	du	twa	kŏ
être proche, court	. . . . .	. . . . . .	. . . . . .	ti kokwe	. . . .
être cher	. . . . .	. . . . . .	kasho	ba	kumã
se lever (le jour)	kye (A)	. . . . . .	gba	gi	kyi
baisser (id.)	wu (A)	. . . . . .	uwo	gu	gu
être fini [4]	kya	yō	gbĩ	pu	pu
être blanc	. . . . .	. . . . . .	ñ	. . . . . .	. . . .
être rouge	. . . . .	. . . . . .	nã	. . . . . .	. . . .
être noir	. . . . .	. . . . . .	bi	. . . . . .	. . . .
commencer	. . . . .	. . . . . .	gba	. . . . . .	. . . .

	Mékyibo	Abouré	Akyè	Goua	Kyama
finir	.....	......	*gbĩ*	......	....
rester (être de reste)	.....	......	....	*ka* (A)	....
défricher	.....	......	....	......	*tĩtĩ*
manquer de, avoir besoin de	.....	......	....	......	*ne*
être cassé	.....	......	....	......	*bu* (A)
fendre	.....	......	....	......	*nără, năra*

Notes. — 1. « S'asseoir par terre » se dit en mékyibo *papè niñgye* ; « se coucher par terre » se dit *sü niñgye*. — 2. De là l'expression *ñya-ñini* « le jour s'arrête » pour désigner midi en abouré. — 3. Voir le tableau des pronoms possessifs et les notes qui l'accompagnent. — 4. Le verbe *gyü* s'emploie pour signifier « dire à quelqu'un de faire quelque chose » ; *djò* signifie « dire un mot, dire que ». — 5. Avec le verbe *ka*, il faut faire suivre le régime indirect de *yi* : « montre-le moi », *ka mè yi* ; « je ne te le montrerai pas », *me kka bó yi*. — 6. Le verbe *nhü* s'emploie dans le sens de « y en avoir » : « il y en a ici », *e nhü bè*. — 7. « S'asseoir par terre » se dit en goua *ye dŏ*. — 8. Le verbe *büru* s'emploie en parlant d'une caisse, le verbe *se* en parlant d'une porte. — 9. « S'asseoir par terre » se dit en kyama *siri te*. — 10. Le verbe *sra* veut dire « frapper avec une arme, le poing, donner un coup » ; le verbe *ha* veut dire « frapper par punition, fouetter ». — 11. Le mot abouré *mĩ* et le mot kyama *ñgè* sont en réalité des noms : *u mĩ de? mi ñgè kătŏ?* signifient littéralement « sa parole quoi ? », c'est-à-dire « que dit-il ? ». On fera donc précéder ces mots de l'adjectif possessif et non du pronom sujet.

XII. — CONJUGAISON

Note. — Les tableaux qui suivent s'appliquent à la totalité des verbes actifs ou neutres ; il suffira, pour avoir les temps et les personnes de n'importe quel verbe, de remplacer par l'infinitif de ce verbe celui du verbe « partir », choisi comme exemple, et par le pronom convenable celui de la 1ʳᵉ pers. du singulier. On se rappellera cependant qu'en mékyibo la consonne initiale du verbe, si c'est une forte, s'adoucit, *b* se changeant en *m*, *f* en *v*, *k* en *g*, *p* en *b* ou en *m*, *s* en *z*, *t* en *d* ou *nd*, lorsque le radical du verbe suit immédiatement la forme élidée du pronom de la 1re pers. du singulier ou la négation *n* ou *ăn* ; ce pronom et cette négation deviennent *m* (ou *ăm*) devant *b*, *m* et *v*, *ñ* (ou *ăñ*) devant *g*, *n* (ou *ăn*) dans les autres cas.

Certains verbes, en goua par exemple, subissent des modifications que seul l'usage semble régler ; le verbe « être » et les verbes analogues revêtent souvent des formes particulières à la voix négative : on trouvera ces exceptions dans les phrases et exemples.

	Mékyibo	Abouré	Akyè	Goua	Kyama
partir	*ko*	*hò*	*dze*	*no* [1]	*nu*
je pars	*me ko* ou *ñ go*	*me hò*	*me dze*	*ma no* ou *uñ no*	*me nu*
je suis parti	*me ko re* ou *ñ go re*	*me hò re* ou *me hò le*	*me dze*	*ma no* ou *n no*	*me nu*
je partirai	*me ko*	*me hò* ou *m'a hò*	*me dze*	*ma no*	*me ma nu*
que je parte	*me ko*	*me hò* ou *m'a hò* [2]	*me dze*	*ma n no*	*n nu*
pars	*ko* [3]	*hò*	*dze*	*a no* ou *no*	*nu* ou *e nu*
ne pas partir	*na ko*	*na hò*	*ma dze*	*sa no*	*le nu*
je ne pars pas	*me ñgo* [4]	*me n hò*	*me ddze* [5] ou *me ma dze*	*uñ nō* [6]	*me le nu* ou *me ne nu*
je ne suis pas parti	*m'a ko* ou *m'ăñ go*	*me n hò vè*	*me ddze* ou *me ma dze*	*uñ nō*	*me le nu*
je ne suis pas encore parti	*me ni ko re*	*katye m'ma hò re* ou *katye n hò vre*	*me pa dze*	*mă ge nō ñ ka nu*	
que je ne parte pas ou je ne partirai pas	*me ñ go*	*m'ăñ hò*	*me ddze*	*ma n nō*	*n le nu*
ne pars pas	*na ko*	*na hò*	*ma dze*	*sa no*	*e le nu*

Notes. — 1. La forme la plus ordinaire du verbe « partir » en goua est *nŏ* : j'ai choisi la forme plus rare *no* simplement à cause de la facilité qu'elle offre d'indiquer typographiquement l'allongement de la voyelle, caractéristique de la voix négative. — 2. Le verbe *va* ou *vè* « venir » prend au subjonctif la forme *vra* ; comparez en agni *me ba* « je viens », *m bra* « que je vienne ». — 3. On dit souvent *ka* au lieu de *ko* à l'impératif, mais c'est là une irrégu-

larité spéciale au verbe *ko*. — 4. Il existe quelques cas en mékyibo
où la négation s'exprime par *kè* ; ainsi on a : *o kpa* « c'est bon »,
kè o kpa « ce n'est pas bon ». — 5. Le redoublement de la consonne
initiale du verbe est, en akyè, le mode de négation le plus souvent
employé ; lorsque le verbe commence par une voyelle ou une consonne difficile à doubler, on a recours à une modification spéciale :
ainsi *uwo* « mourir » donne *o wuwo* « il n'est pas mort », ou simplement *o ŭwo* (prononcé très rapidement) ; *e gbĭ* « c'est fini »,
e e gbĭ « ce n'est pas fini ». Pour être sûr d'être compris, il est
toujours bon, en akyé et en goua, d'accompagner d'un hochement
de tête horizontal l'énoncé d'un verbe à la voix négative. —
6. L'allongement de la voyelle, seule marque de la négation en
goua au présent, au passé ordinaire et au futur, doit être très sensiblement marqué ; quelquefois il est accompagné d'une légère
modification du radical : ainsi *gbwe* « tuer » devient parfois *mbuē*
à la voix négative.

XIII. — PLACE DU RÉGIME

1° Dans les cinq langues qui nous occupent, le régime indirect
se place toujours après le verbe, ainsi que l'attribut.

2° Le régime direct se place : après le verbe en mékyibo, en
abouré, en akyè et en kyama ; avant le verbe et son sujet prono-
minal en goua, si le régime est un nom et si le verbe est à un
mode personnel ; après le verbe en général, dans la même langue,
si le régime est un pronom ou, quel que soit le régime, si le verbe
est à l'infinitif : *nde ma ñgyă* « je veux du vin de palme » (vin je
veux), *a pwa mŏ* « attends-moi », *a nŏ gwo nnă* « va couper du
bois ».

3° Lorsqu'on a un régime direct et un régime indirect, si l'un
des deux est un pronom, on place celui-ci le premier ; si les deux
régimes sont des noms, on place le premier celui qui est le plus
court, en général.

XIV. — PHRASES ET EXEMPLES DIVERS

1° *Mékyibo.*

C'est bon, *o kpa* ; ce n'est pas bon, *kè o kpa*.

C'est loin, *atemye o agba* (le chemin il est long); ce n'est pas loin, *a ăgba* (pour *a n agba*).

Le jour se lève, *ale kye re*; le jour baisse, *ale wu re*.

Viens ici, *ba ñyomŭ*; je suis venu deux fois, *m ma re mmăla ăñyŏ*; je viendrai dans trois jours, *eñgye mennüa ăhă me ba* (aujourd'hui jours trois je viendrai); d'où viens-tu? *a su punuñgu?* je viens du village, *n zu mŏnŏ ro* (je viens-de village dans); où vas-tu? *e ko punuñgu?* je vais aux plantations, *me ko éüœ ro* (je vais champs dans).

Va me chercher une chaise, *ko mu biya brè mi* (va prendre chaise apporte moi); donne-la moi, *mu ma mi* (prends donne moi); ne la prends pas, *na mu*.

Il a tué un homme, *o ku re ènza*; il ne l'a pas tué, *o ăñ gu o*; il est mort, *o u re*; il n'est pas mort, *w'a u* (pour *o a u*).

Viens manger, *ba di èsa* (viens manger nourriture); viens boire du vin de palme, *ba nŏ nzè*.

Va l'attraper, *ko yi o* ou *ka yi o*; ne l'attrape pas, *na yi o*; va me chercher quelque chose, *ka ne nere brè mi* (va chercher chose apporte-moi); je ne l'ai pas vu (ou je ne l'ai pas trouvé), *m'a mu o*; je n'ai rien vu, *m'a mu nere fè*.

Je ne l'aime pas, *me ñ guru*; moi, je l'aime bien, *mi-e kur'o kpa* (pour *mi-e me kuru o kpa*).

J'ai compris, *n de re*; je n'ai pas compris, *m'ăn de* ou *m'an de*: as-tu compris? *e te re?*

Je ne sais pas *m'a eyine*; je le connais, *mi eyin'o*.

Que dis-tu? qu'as-tu dit? *e ge re wo?* je dis que... *me g'ayo...* raconte ton affaire, *kè wo qüè*.

Montre-moi le chemin, *e ya mi atemye* ou *ya mi atemye*; va appeler ton père, *ka de wo ye*.

Comment t'appelle-t-on? *wa de le wo?* (ils ont appelé quoi? ou *wa de l'e wo?* (ils ont appelé toi quoi?); on m'appelle Kofi, *wa de mi Kofi*; comment appelle-t-on cela? *wa de o lo?* (ils appellent lui comment?) ou *wa de l'o wo?* (ils ont appelé lui quoi?)

Où est-il? *o wo punuñgu?* il est ici, *o wo ñyomŭ*; il n'y est pas, *o dini*; c'est fini, *o kya re*; ce n'est pas encore fini, *o ni kya re*.

2° *Abure*.

Viens manger, *vè ri tuä* (viens manger nourriture); donne-moi un peu d'eau à boire, *ni nshüe ñgra me nŏ* (donne eau un peu je boirai); apporte-moi quelque chose, *pa rike vré mi* (prends chose apporte-moi); emporte-le, *pa hò* (prends va).

Que dis-tu? *wo mĭ de?* je dis que... *me mĭ...* que dit-il? *u mĭ de?* que disent-ils? *ve mĭ de?* que disent ces gens? *ne kya-me ve mĭ de?* raconte ton affaire, *tyĭ wo süĭ* ; je comprends, *n tĕ*; je n'ai pas compris, *me n tè vé*.

Quel jour pars-tu? *lekyĭ sò wo hò?* (jour quel tu pars?) je partirai demain, *ahimĕ kè m'a hò* (demain que je partirai); je ne partirai pas, *m'òñ wò* ou *m'òñ hò*.

Où est-il? *a hò be?* il est ici, *o wò keme*; il n'est pas ici (ou) il n'y en a pas, *o mò keme*.

Il est venu, *e va re*; il n'est pas encore venu, *katye e ma va re* ou *katye e ma v're*.

A qui sont ces perles? *ne nanye kya sò ŏwò?* (ces perles homme quel propriété?) c'est à moi, *m'ŏwò*.

Comment appelle-t-on cela? *ve de za rik'asò?* (ils appellent cette chose comment?) mon nom est Kofi, *me dide ti Kofi* ou *me dide Kofi*.

Va appeler cet homme pour qu'il vienne, *ko prè ñ kya e vra* (va appeler cet homme qu'il vienne).

C'est fini, *yō le*; je n'ai pas encore fini, *katye ñ yō vre*.

C'est bon, *e ti indè*; c'est mauvais, *e ti wutue*; il est gros, *e bre* ; il est petit, *e ti tekeba*.

Les gens de Mouossou et de Bonoua sont tous des Abouré, *Ejhye kya-me one Abonwă kya-me Abure kotị* (Mouossou hommes avec Bonoua hommes Abouré tous).

3° *Akyè.*

C'est bon, *e la gyă* ; ce n'est pas bon, *e lla gyă* ; c'est loin, *e du*; ce n'est pas loin, *e ddu*.

Viens, *wò* ; va-t-en, *nèdze* ; arrête-toi, *tshofè*; je suis tombé par terre, *me tsa bulo* ; ne tombe pas, *ma tsa* ou *ma wa tsa*.

Viens manger, *wò di an si vè* ou *wò di a si vè* (viens ici nous mangerons nourriture) ; je n'en mange pas, *me ssi e* ; donne-moi de l'eau pour boire, *dzè mè sü me mă* (donne-moi eau je boirai).

Va le chercher, *nèdze pò* ; prends-le, *ne* ; je veux quelque chose, *me ko ka* ; je ne veux rien, *me ko ka ki* ; que veux-tu ? *ka kè bó ko* ? (chose quelle tu veux ?).

Je comprends, *me tĭ* ; je ne comprends pas, *me tĭ* ou *me ma tĭ*.

Quel est est ton nom ? *kăne bó nhesi* ? comment appelle-t-on cela ? *kăne ka nhesi* ? (quoi chose nom ?) mon nom est Seï, *me nhesi Sèyi*.

Va dire à cet homme de venir, *nèdze gyü sĭ o wò* (va dire homme il vienne).

Que dis-tu ? *kănu bó djò* ? je ne dis rien, *me djò bi ke*.

Où vas-tu ? *bobo bó zi* ? je vais à mon village, *me dze mè koa* ; d'où viens-tu ? *bobo bó tsho* ? je viens des plantations, *me tsho gbă*.

Où est-il ? *bobo ba* ? il est ici (ou) il y en a, *e nhŭ bè* ; il n'est pas ici (ou) il n'y en a pas, *e ma bè*.

Je l'ai vu, *me hĭ* ; je ne l'ai pas vu, *me hhĭ* ou *me nhĭ* ; me connais-tu ? *bó lo mè* ? je ne te connais pas, *me llo bó* ; je te connais, *me lo bó*.

Le jour se lève, *ke gba* ; le jour baisse, *ke uwo*.

Ils ont tué un homme, *ba kŭ tsa* ; ils ne l'ont pas tué, *ba kkŭ* ; ils ne l'ont pas encore tué, *ba pa kŭ* ; ne le tue pas, *ma kŭ* ; il est mort, *o uwo* ; il n'est pas mort, *o wuwo* (prononcer rapidement).

C'est fini, *e gbĭ* ; ce n'est pas fini, *e e gbĭ* (prononcer rapidement).

Montre-moi ta maison, *ka mè yi bó sŏ* ; je ne te la montrerai pas, *me kka bó yi*.

J'achète quelque chose, *me fe ka* ; c'est cher, *e ba kasho* (son prix est cher) ; ce n'est pas cher, *e ba kkasho*.

Allons, *an dze* ou *a dze* ; allez, *mune dze* ou *mun dze*.

4° *Gwa.*

C'est bon, *o fĕ* ou *o fĭ* ; ce n'est pas bon, *o fĕ* (*ĕ* long) ou *o fĭ* ; c'est loin, *o twa* ; c'est tout près, *o ti kokwe* ; c'est grand, *o gba* ou *one o gba* ; c'est petit, *o ti fa* ou *o fa*.

Le jour se lève, *ogye gi*, le jour tombe, *ogye gu*.

Viens, *a mo* ; viens ici, *a mo mekuge* ; va-t-en, *a nŏ* ; assieds-toi, *a ye-dŏ* ; lève-toi, *sofĭ* ; couche-toi, *a sade*.

Viens manger, *bo di-ni* ; donne-moi de l'eau pour boire, *ka ndu so n nă* (puise eau donne je boive) ; je ne bois pas d'eau, *n nă* (*ă* long) *ndu o* (*o* est explétif et euphonique) ; que veux-tu ? *nene a ñgyă?* je veux du vin de palme, *nde ma ñgyă*; prends-le, *bo*; ne le prends pas, *sa bo*; laisse-le, *dogya*.

Va appeler cet homme, *a nŏ u gwè sŏ* (toi va et homme appelle); dis-lui de venir, *a gwī i e bo* (toi dis lui il vienne); il est parti, il ne viendra pas, *o nŏ, hweya i e bo* (il est parti, jamais lui il viendra); vas-y encore, *a nŏ wi*.

Attends, *yira*; attends-moi, *a pwa mŏ*.

Je vais à la chasse, *ma nŏ gbwe nnă* (je vais tuer gibier); ne le tue pas, *sa bwe i*; on l'a tué, *u gbwe i*; on ne l'a pas encore tué, *u ge i mwē*; il est mort, *e ku*; il n'est pas encore mort, *e ge kū*.

Où est-il? *mu mpī se?* (j'ignore la traduction littérale de cette expression); où es-tu? *mu a ge?* il est ici, *mo ge dă*; il n'est pas ici (ou) il n'y en a pas, *o bo ge*; il s'est enfui, *o wè nŏ* (il a couru parti).

Quel est ton nom? *a hŏ di ni?* (pour *a hŏ ti ni?* ton nom est quoi?) Mon nom est Ayémon, *me hŏ di A yemŏ*; comment appelle-t-on cela? *e hŏ di ni?*

C'est fini, *e pu*; ce n'est pas encore fini, *ga pu*; il s'en faut de peu que ce soit fini, *o ka gbè m pu o* (il reste un peu je finisse).

Comprends-tu? *a yo?* je ne comprends pas, *uñ yō*; j'ai compris, *ñ yo*.

Montre-moi cela, *gye nă mŏ nne* (montre chose moi celle-là); je ne le vois pas, *uñ wuō*; je le vois, *uñ wuo*.

Parles-tu goua? *a ndè ñgora?* je ne comprends pas cette langue, *uñ yō warè gbō*; je la connais entièrement, *uñ yo kora* ou *uñ wuo kora*.

Prends cette caisse et ouvre-la, *kèsu gbō bo u pwīso u* (caisse cette prends et ouvre-la); ferme cette porte, *po gbō se*; ferme cette caisse, *kèsu gbō bŭru*; va couper du bois, *a na gwo nnă* ou *a nŏ gwo nă*; va acheter des bananes, *a nŏ pè ñgogo*.

Combien coûtent-elles? *bo gye bobi?* (leur prix combien?); elles coûtent une manille, *bo gye ti mbodu logbo* (leur prix est manille une); elles sont chères, *bo gye ba*; elles ne sont pas chères, elles sont bon marché, *bo gye bă, o fĕ* (leur prix n'est pas cher, il est bon).

A qui est cela? *nne nă o dugwa yè?* (cette chose elle qui propriété?) c'est à moi, *mi yè* ou *mi aprè*; ce n'est pas à moi, *o ti me yè* (*è* long); c'est à toi, *a yè*; c'est à lui, *e yè*.

5° *Kyama*.

C'est bon, *a ñyŏ* ; ce n'est pas bon, *a le ñyŏ* ; c'est loin, *a kŏ* ; le chemin est long, *asi kŏ*, il n'est pas long, *a le kŏ*.

Viens ici, *ba ha* ; tu viendras dans cinq jours, *ñkyi kyibi mwană e ma ma* (aujourd'hui jours cinq tu viendras ; le verbe *ba* devient *ma* quand il est précédé immédiatement d'un pronom sujet ou de la particule du futur) ; je suis venu cinq fois, *me ma lo mwană* ; pourquoi ne viens-tu pas quand je t'appelle? *ibe inte me shi e, e le ba?* (quoi pour j'appelle toi, tu ne viens pas?) je t'appelle et tu ne veux pas venir, va-t-en, *me shi e, e ñga le ba, do*.

Je m'en vais, *me nu* ; je vais en forêt, *me nó biti* ; je vais débrousser, *me nó tĩtĩ* ; reste là, attends-moi, *ya, e gbo mi* : je viens, nous allons partir, *me ma, o du* ; il est parti, *a nu*.

Où est-il? *ka me?* (pour *ka a ma e?* e étant explétif) ou *abyĩ e ma?* il est ici, *ma ni* ; il n'est pas ici, *ni ma ni* (pour *a ne ma ni*).

Il est tombé, *e hari* ; laisse-le, *yo a*.

Ils tuent un homme, *o hu lepă* ; on ne l'a pas encore tué, *o ka hu ĩ* ; ne le tuez pas, *o le hu ĩ* ; il est mort, *e ñku* ; il n'est pas mort, *ne ku* (pour *a ne ku* ou *e ne ku*).

Viens manger, *ba dine* ; viens, mangeons, *ba o dine* ; je ne mange pas, *me le dine* ; donne-moi de l'eau pour boire, *se me ndu n nă* (donne moi eau je boive).

Donne-le moi, *bo se me* (prends donne-moi) ; donne-moi cette chose, *bo yi lekŏ se me* ; prends-la, *bo a* ; ne la prends pas, *e le bo* ; attrape cet homme, *hŏ lepă lekŏ*.

Je t'aime, *me pŏ e* ; je ne t'aime pas, *me ne pŏ* ; je n'en ai pas besoin, *me le ne*.

As-tu compris? *e yi?* j'ai compris, *me ñye* ; ne comprends-tu pas? *e le ye?* je ne comprends pas, *me le ñye* ; parle encore, *e kyü tŏmpŏ* ; que dis-tu? *è ñgè kătŏ?* je dis que... *me ñgè*... il dit que... *mi ñgè*...

Il n'est pas encore parti, *ñ ka nu* (pour *a ka nu*) ; il partira demain, *mpi a ma nu* ; il dit qu'il viendra demain, *mi ñgè mpi a ma ma*.

L'as-tu vu? *e wi?* je ne l'ai pas vu, *me le wi* ; je ne le connais pas, *me le ñye* ; je le connais bien, *me ñye mimi*.

C'est fini, *a pu* ; ce n'est pas encore fini, *a ka pu*.

As-tu vu mon père? *e wu me nti?* il n'est pas ici, *le ni* ; il vient, *a ma*; il ne vient pas, *n le ma* (on voit que souvent le pronom sujet de la 3° personne du sing. se supprime ou se remplace par un *n* : *ne ku*, il n'est pas mort; *le ni*, il n'est pas ici; *n ka nu*, il n'est pas encore parti; *n le ma*, il ne vient pas, etc.; quant au pronom régime de la même personne, il se supprime le plus souvent, comme on a pu le voir : *me le wi*, je ne l'ai pas vu; *me ñye mimi*, je le connais bien, etc.).

Montre-moi le chemin, *die me sito*.

Va acheter des bananes, *a do pè koko*; combien les as-tu payées? *bobi e pè?* (combien toi acheter?); je les ai payées deux manilles, *m pè mburu mõ*; elles sont chères, *lo gyè kumā* (leur prix est cher); elles ne sont pas chères, *lo gyè a le kumā*; elles sont bon marché, *lo gyè ñyõ* (leur prix est bon).

Où est ta maison? *e ñku ñka loi?* à qui cela? *abï i-kè?* c'est à moi, *me i-kè*; ce n'est pas à moi, *e le di me i-kè*; demande-le lui, *bi a*.

Ne le frappe pas, *e le sra*; tu frappes cet enfant, ce n'est pas bien, *e ha ipo ne, a le ñyõ*; frappe-le, *ha ya* (pour *ha a*).

VOCABULAIRES ALAGUIAN, AVIKAM, ARI, ABÉ ET ADYOUKROU

I. — NUMÉRATION

	Alaguian	Avikam	Ari	Abé	Adyoukrou
1	etŏ, œtŏ	ètŏ	onno	ñkpò	ñyaanı
2	aire, œire	ayŏ, añyŏ (A)	ānă	añyŏ (A)	yoi
3	aŏ, œŏ	anzā (A)	enti	āre	ñyaha
4	anzo, œzò	ană (A)	alla	ālè	yaāră
5	ènīni	añyu (A)	enni	ene	yēn
6	œure	ewa	nahwă	lohŏ	nŏhŏ
7	obwĕ	èbyŏ	nombo	āri	lohobo*
8	eüri	ètye	nowo	epye	nïun, nïwun
9	omorŏ	èmŏnŏ	nambre*	ñyāko	băără
10	èva	èyyu	dyo	nhne	lèū
11	èv' etŏ	èyyu-tŏ	. . . . .	. . . . . .	lèū-ñyaam
12	èv'aire	èyyu-yŏ	. . . . .	. . . . . .	lèū-yoi
20	èüa'	èvĭ	. . . . .	. . . . . .	līkin
30	èüa-èva	ève-gyu	. . . . .	. . . . . .	līkin-lèū
40	akuvya-ire	akpāñyŏ	. . . . .	. . . . . .	ēkin yoi *
50	akuvya-ire èva	akpāñyo ne gyu	. . . . .	. . . . . .	ēkin yoi lèū
60	akuvya-ò	akpānză	. . . . .	. . . . . .	ēkin ñyaha
70	akuvya-ò èva	akpānză ne gyu	. . . . .	. . . . . .	ēkin ñyaha lèū
80	akuvya-nzo	akpānă	. . . . .	. . . . . .	ēkin yaāră
90	akuvya-nzo èva	akpānă ne gyu	. . . . .	. :	ēkin yaāră lèū
100	akuvya-ènīni	akpāñyu	. . . . .	. . . . . .	ēkin yēn
200	akuvya-èva	tāburu	. . . . .	. . . . . .	ēkin lèū

Notes. — 1. Les nombres 21, 22, 23, 2í, etc., se disent en alaguian *èüa d'etŏ, èüa d'aire, èüạ d'aŏ, èüa d'anzo*, etc. La numération est décimale d'abord, puis vigésimale comme dans les autres langues du groupe. Le mot *èüa* « vingt » revêt au pluriel la forme *akuvya* qu'on retrouve dans la forme correspondante *akpa* de l'avikam. — 2. Il semble que les nombres 6, 7, 8 et 9 en ari sont des restes d'une ancienne numération quinaire où « cinq » se disait *no* ou *na*, et où le mot « deux » se disait probablement *bo*, forme que l'on retrouve en goua dans *mpibŏ* (quarante, deux vingts), en mékyibo dans *efābo* (même sens) et en adyoukrou dans *lohobo* (de *lohŏ* ou *nŏhŏ* « six », d'où *lohobo* « six numéro deux, sept » ; comparez en kyama *akwa* « six » et *akwasi* « sept »). — 3. Voir la note précédente. — 4. La forme *ēkin* est le pluriel de *likin*, où l' *l* ne fait pas partie du radical.

REMARQUES. — I. La voyelle initiale des noms de nombre, dans toutes ces langues, disparaît généralement lorsque le nom de nombre est précédé d'un mot qu'il multiplie, sauf si cette voyelle est longue. — Ex. : *bama ŏ* « trois villages » (en alaguian), *euĭ nă* « quatre fois » (en avikam), *bese nni* « cinq femmes » (en ari), *leli āri* « sept maisons » (en abè).

II. — Dans les cas où les substantifs forment leur pluriel par l'addition d'un suffixe, on supprime généralement ce suffixe devant un nom de nombre ; si le pluriel est indiqué par une modification de la forme du singulier, on emploie généralement la forme plurielle devant les noms de nombre. — Ex. : *eqünă* « un homme », *eqünă-onŏ* « des hommes », *eqünă gyu* « dix hommes » (en avikam) ; *id* « un bœuf », *seĭd* « des bœufs », *seĭd yēn* « cinq bœufs » (en adyoukrou).

III. — Dans toutes ces langues, le nom de nombre se place toujours après le nom de l'objet nombré.

II. — LA NATURE

	Alaguian	Avikam	Ari	Abè	Adyoukrou
terre	*iyi*	*èsa* (A)	. . . . .	*esi* (A)	*us* (A)
eau	*isi, ishi* (A)	*esŏ* (A)	*mindi*	*megyi*	*mitsh, midji* [1]
mer [2]	*ügüi, eque*	*eqyu*	. . . . .	. . . . .	*okitsh*
lagune	*nebavri*	*tagbwa*	. . . . .	. . . . .	*ètshitsh*
rivière	*gede*	*esŏ-wa*	. . . . .	. . . . .	id.
feu	*iya, eya*	*eya*	*le*	*la*	*āl*
bois (matière)	*ète*	*eziba*	*ruwa*	. . . . .	*ēkin*
arbre	id.	id.	id.	. . . . .	id.
bois (morceau de)	id.	id.	*bokpo*	. . . . .	id.

	Alaguian	Avikam	Ari	Abè	Adyoukrou
bois à brûler	nūfā	eda	ti	ti	melel
feuille	ĕüi				tsaor
herbe	ĕfi	ladā		wogyo	
forêt	wo	ebwo			akpwem
chemin	nevri	esi		sigbe	egyāgbŏ
ciel	awobe		ŋyati	œfo	
soleil	mbli	bisi			ŭgbĭn
lune	oku	efĕ			āol
jour (lumière)	ĕñinā (?)	eka (?)			lègn
nuit	oüe	edomne			ñkyuk
sable	iyi-bya				melikyi
or	aseke (A)	asike (A)	sika (A)		sika (A)
fer	prutu	prutu			lōüi

Notes. — 1. Il semble que le radical qui signifie « eau » en adyoukrou soit simplement *itsh* (souvent prononcé *idji*); de là viennent : *ok-itsh* ou *oku-dji* « la mer », *ètsh-itsh* « grande étendue d'eau, lagune ou fleuve », et *m-itsh* « de l'eau à boire » ou *m-idji* (comparez en abè *megyi*, en ari *mindi*). Dans *itsh* on peut retrouver la forme *nsüe*, *nshüe* des langues agni-assanti. — 2. La barre ou le « surf » se dit *eqüeŏ* en alaguian; la « plage » se dit *erinityap* en adyoukrou.

III. — LES HOMMES

	Alaguian	Avikam	Ari	Abè	Adyoukrou
homme (être humain)	aŏnŏ, ŏnŏ	eqünā		ghe	ègn
homme (mâle, mari)	brèbè-ŏnŏ, ekyŏnŏ	eqünā, basāmba[2]	kpā	ikpe	īgĭn
femme	eyŏnŏ, eüŏno[1]	bāsa	bese	yiwo	you, yoi
jeune homme	aŏneüi				
jeune fille	eyŏneüi				
enfant (jeune)	eüikye	ebapi	omei	ghe-gye	ititri
père	zi (A)	dade[1]	bwo	dè	es
mère	mama	ma	ya	nŏ	lis, nis
fils, fille	eüi	ba (A)	mei (?)		gyim, djim[1]
Européen	āya, āga-usu[1]	eqünā gbekre, eqünā mvugyu[1]			Gāga

Notes. — 1. Le radical alaguian pour désigner un être humain en général est *ŏnŏ*, qu'on retrouve dans *brĕbè-ŏnŏ* et *ekyŏnŏ* (un être humain mâle), dans *eyŏnŏ* (une femme) et dans *aŏneüi* (un homme enfant). — 2. Le mot *ăga-usu* veut dire « les Européens blancs » par opposition à *ăga-au* « les Européens noirs » (les Nègres européanisés). — 3. Le mot *eqünă* veut dire proprement un « être humain » et est à rapprocher de l'alaguian *ŏnŏ* et de l'agni *sónă*; quant à *basămba*, ce mot veut dire proprement « non femme ». — 4. Le mot *dade* s'emploie seul pour signifier « mon père » et est à rapprocher, comme emploi, de notre terme « papa »; en alaguian on dit *dĕde* dans le même cas et *mama* s'emploie seul pour signifier « ma mère, maman ». — 5. L'expression *eqünă gbekre* veut dire « homme rouge »; quant à *eqünă mvugyu*, j'en ignore la signification exacte. — 6. Le mot « frère » se dit en adyoukrou *nis-i-gyim* (fils de la mère); comparez en agni *nyama* « frère de mère » par opposition à *sima* « frère de père » (en adyoukrou *es-i-gyim*).

IV. — LES ANIMAUX

	Alaguian	Avikam	Ari	Abò	Adyoukrou
animal	anŏ, onŏ	èñyă	. . . . . .	nŏpyè	nde
mâle	küi	să	. . . . . .	. . . .	ign
femelle	si	si	. . . . . .	. . . .	yoį
petit	eüi	ba (A)	. . . . . .	. . . .	kēkli
bœuf	nama	lakpa	enye	lu˙	īd
taureau	nama-küi	lakpa-să	. . . . . .	. . . .	īd-ign
vache	nama-si	lakpa-si	. . . . . .	. . . .	īd-yoi
veau	nama-üi	lakpa-ba	. . . . . .	. . . .	īd-kēkli
mouton	kokosè	kokose	boñŏ	üayŏ	likyèb
chèvre	obüri	èmune	. . . . . .	kyŏ	kyān
chien	natu	ètye	adwe (A)	. . . .	ōr
éléphant	. . . . .	. . . . .	yanofwe	. . . .	èyir, èr
oiseau	ènène	nañgyoba	. . . . . .	. . . .	lŏr
poule	akosŏ	esŏ	karo	wosŏ	ñgŏs
œuf (de poule)	akosŏ-ure˙	esŏ-oloba	. . . . . .	awosŏ	ñgŏs-èembwe
caïman	èva	ekli	. . . . . .	. . . .	gŏk
poisson	èqyï	èsĕ	si	ke	èqyïn, èqyün
singe	èkire	. . . . . .	. . . . . .	. . . .	. . . .
canard	dăbo (A)	. . . . . .		. . . .	. . . .
papillon	. . . . . .	. . . . . .	apapo	. . . .	. . . .

Notes. — 1. Le mot « œuf » seul se dit *eure* en alaguian. — 2. A remarquer que le nom propre du Bœuf, dans les contes des Agni du Baoulé, est *Lu*, généralement suivi du nom propre d'homme *Kofi* : *Ndya Lu-Kofi* (littéralement : Monsieur Kofi Bœuf).

V. — LES ALIMENTS

	Alaguian	Avikam	Ari	Abè	Adyoukrou
igname	inzi	asĭ	dupu	mbu	ligbileb
banane (grosse)	nèvri, navri	besi, beshi	okoko	banda (A)	lokleb
manioc	bedè (A)	bedè (A)	fèdè (A)	vede (A)	bosi
taro	koko (A)	aviñă	. . . . .	. . . . .	. . . . .
piment	añgira	asuñgra	. . . . .	. . . . .	mãndyena
palmier (à huile)	inagbă	. . . . .	. . . . .	. . . . .	arikin
amande de palme	añi, ahi (A)	agbi	. . . . .	. . . . .	āgbel
huile de palme	izi, izhi	eñyu	. . . . .	. . . . .	mun
vin de palme	mbată	eta	alaoto	moro	mār
viande	anŏ, onŏ	èñyă	. . . . .	nŏpyè	nde
sel	eñgûe (A)	èsă	. . . . .	. . . . .	mōk
pain indigène [1]	akye, akyi	azu	mbo	mpo	mpa, agboli
sauce	akye-si	kyosŏ	. . . . .	. . . . .	agboli-mitsh
maïs	dudu	dudu	. . . . .	. . . . .	kokol
riz	saka	saka	. . . . .	. . . . .	saka
cocotier	anzyă	ebulobu	. . . . .	. . . . .	. . . . .
noix de coco	azhya	. . . . .	akpatshi	. . . . .	bobo
arachides	ñgatè (A)	. . . . .	. . . . .	. . . . .	. . . . .
tabac	. . . . .	. . . . .	. . . . .	. . . . .	asra (A)

1. Par « pain indigène » il faut entendre la pâte d'igname, banane ou manioc bouilli qu'on mange en la trempant dans la sauce et qui forme la base de l'alimentation.

VI. — L'HABITATION, LE MOBILIER, ETC

	Alaguian	Avikam	Ari	Abè	Adyonkrou
village	*bama*	*èdŏ, adŏ*[1]		*ewo*	*bāghăn*[1], *ēblɩ*
maison	*owŏ*	*èsŏ, asŏ*	*kă*	*leli*	*ēl*
plantations	*ovèmŭ*	*etrănda*			*ōgŏm, lakwa*
cruche	*isi*	*ebye*			*kpokpo*
assiette	*komki*	*egbifra*			*nañgbi*
houe	*gogore*	*gugorè*			*tompo* (A)
couteau	*eñyɩ̆*	*lăñyɩ̆*	*akrawu*	*tyeke*	*lăb*
pirogue	*ĕe*	*edye* (A)			*lèlèn*
pagaie	*èvra*	*eſi*			*lèlem-bar*
tissu, pagne	*ekyasa*[1]	*kyasa*[1]	*lidzhi*	*tumbo*	*gbādă*
perles	*ableki*[2]	*alaba*	*dzhofu*		*dŏrĕ*
calebasse	*imye*	*egba*			
gourde à injections			*bokola*		
siège	*kpatè*				
natte	*ŭkọ*				
anneau	*kpatrowa*		*batrua, wona*		
objet sacré			*otuo*		
talisman			*rokpa*		
statuette			*tikpă*		
filet			*mba*		
bois cure-dents			*beti*		
chapeau			*kere* (A)		
fusil	*tana*	*tana*		*tüi* (A)	*bo*
poudre				*kpe*	

Notes. — 1. Comparez le mot *gyese* qui signifie « coton, fil de coton » en agni et en mandé. — 2. D'après les indigènes le mot *ableki* vient de *Abŭruki*, par lequel les peuples de la côte désignent le pays des Blancs, d'où proviennent les perles en verroterie. *Abŭruki* ou *Abŭrutshi* doit être lui-même une corruption de la forme *Amuruki* ou *Amurukyi*, qu'on retrouve en agni, et qui vient sans doute d'*America* ou « Amérique », pays où se rendaient les négriers européens qui, de tous les Blancs, sont ceux qui ont eu aux siècles passés le plus de relations avec les Noirs de la côte occidentale; il est à noter que, si l'on demande à un indigène où se trouve le pays des Blancs, il montre invariablement l'ouest ou le sud-ouest, c'est-à-dire la direction de l'Amérique. Au Libéria le mot *Amerika* est usité jusque très loin dans l'intérieur pour désigner le pays des Blancs. — 3. Ce mot devient *dŏ* après un nom d'homme : *Ngesă-dŏ*, « le village de Nguessan ». — 4. On entend aussi prononcer *bărhăn*, *bănăn*, *băhăn* et même *băn*.

VII. — LES PARTIES DU CORPS

	Alaguian	Avikam	Ari	Abé	Adyoukrou
tête	ñkuru	eunu-ba[1]	ine	œlo	nu
cheveux	ñkuru-üe	eu-ba	ine-ruo	œlo-mfŭ	sin
visage	....	....	nono	añi (A)	....
yeux	ève	ewĭ-ba	nono-we	añi-mŏ	nyāmăn
nez	inyĭ	eune	wo	ñgo	lōghŭn
oreille	nœku	ezie-ba	rete	lokó	lōrhŭ
bouche	omwă	ènŏ	numuti	eñibu	nē
dents	eñyi	ènyĭnĭ	añe	eyi	ān
langue	aŏwị	azra-ba	....	....	ānŏm
menton	....	....	lubu	....	....
cou	oswĭnebru	ao-ba	....	....	èmĕn
nuque	amaüi	....	....	....	....
poitrine	aba	lozŏgba	....	....	ér
seins	añya	....	mŏ	ameme	....
ventre	ametè	ebutu	....	ame	nŭk
dos	eüi	eunam	... .	egi	gyaam
reins	oko	euzu	....	....	....
main	èma	èbŏ	bo	ba	ābu
—droite	èzi-kŏre	èdiabŏ[2]	....	....	nēmĕn
—gauche	èbli-kre	èfŏmbŏ	....	....	lĭtĭr
doigt	....	....	bo-we	....	....
ongle	....	....	bo-ñkwa	.. ..	....
pénis	me	. . ..	lubulu-we	. ...	lĭkr
testicules	èva	. ...	esebi	. ...	lukōk
vagin	ètị	....	lopo	....	ūgŭn
pied	èna	ène-ba	leka	fu	lākr
sang	kre	èvi	mbuo	....	mēbịl
poil	eüe	eu	ruo	mfŭ	....
peau	ouro	èfŭru	kpekpe	....	lĕl
excréments	....	....	eribi	....	....
poignet	....	....	....	....	sŏs

Notes. — 1. La syllabe *ba*, dans plusieurs mots avikam désignant des parties du corps, est un suffixe, une sorte d'article, qui ne fait pas partie du radical. — 2. En alaguian et en avikam, le mot qui sert à désigner la main droite veut dire « la main pour manger ».

VIII. — NOMS DIVERS

	Alaguian	Avikam	Ari	Abè	Adyoukrou
chose	*èkyi*	*ela*	.....	*bu*	*ab*
fois	*kye*	*eu*	.....	.....	*akpi*
jour (date et durée)	*bi*	*ěüa*	.....	.....	*sègn*
matin	*osoro*	....	.....	.....	....
soir	*oüem* ²	....	.....	.....	.. ..
aujourd'hui	*añkyira*	*èmni*	.....	.....	*lefeï*
hier	*amaüane*	*èsinomsi*	.....	.....	*efiñkeble*
demain ¹	*ane*	*èsï*	.....	.....	*efi*
vent	....	....	*wŏ*	.....	....
palabre, affaire	....	*yüro*	.....	.....	....
salut	....	....	.....	*eli o*	....
merci	....	....	*biya*	.....	....
quoi de nouveau ?	....	....	.....	*bomě?*	....
médicament	*aüi*	....	.....	.....	....
oui	....	....	*ya*	.....	....
non ³	....	....	*mü*	.....	....

Notes. — 1. D'après M. le cap. Le Magnen, la semaine avikam ne se composerait que de six jours qui seraient : *èfi, eshitŏ, ofu, omun, omunum, èdebi.* — 2. L'expression alaguian *oüem* signifie proprement « dans la nuit ». — 3. Dans toutes ces langues, comme d'ailleurs chez tous les Nègres que je connais, l'affirmation et la négation s'expriment le plus généralement, la première par une aspiration de la gorge ou une expiration du nez accompagnée d'un mouvement de tête de bas en haut, la seconde par une expiration nasale répétée deux fois et rapidement et accompagnée d'une légère et rapide oscillation horizontale de la tête.

REMARQUES SUR LES NOMS. — 1° *Composition.* — Dans les cinq langues qui nous occupent présentement, les substantifs composés se forment par juxtaposition, le nom du possesseur précédant toujours le nom de l'objet possédé. — Ex. : *ñkuru* « tête » et *eüe* « poil » en alaguian donnent *ñkuru-üe* « poils de la tête, cheveux » ; *agboli* « pain, aliment » et *mitsh* « eau » en adyoukrou donnent *agboli-mitsh* « eau du pain, sauce », etc.

Beaucoup de substantifs commencent par une voyelle qui ne fait pas partie du radical, — *e, è, i, a, o,* et *œ* en alaguian ; *è, e, a* en avikam; *o, e, i, a* en ari ; *e, œ, a* en abè. Sauf le cas où ces voyelles initiales sont longues, ce qui est très rare et semble ne se présenter qu'en ari et en abè dans quelques mots, elles disparaissent lorsque le mot qu'elles commencent se trouve placé en composition après un autre substantif ou est précédé d'un régime ; quelquefois aussi elles disparaissent après un verbe dont le mot qu'elles commencent est le régime. Si la voyelle finale du mot déterminant est une nasale, il arrive souvent qu'on remplace la voyelle initiale supprimée du mot déterminé par un *n* (*m* devant une labiale, *ñ* devant une gutturale). Ex. : *nama-üi* « veau » en alaguian pour *nama-eüi*; *èfŏmbŏ* « main gauche » en avikam pour *èfŏ-èbŏ*, etc.

En adyoukrou au contraire, il semble que la voyelle initiale — qui d'ailleurs est le plus souvent longue — fasse partie du radical. Mais la consonne initiale, elle, n'en fait pas toujours partie; c'est le cas pour les consonnes initiales : *l*, dans la plupart des noms au singulier et dans les verbes adjectifs; *n*, lorsque cette consonne remplace un *l*; *m*, dans les noms au pluriel, lorsque cette consonne remplace un *l* qui se trouvait au singulier ou qu'elle a été ajoutée à la forme du singulier; *s*, da. les noms au pluriel, lorsque cette consonne a été ajoutée à la forme du singulier. Quoique ne faisant pas partie du radical, ces consonnes subsistent la plupart du temps en composition; il en est de même des voyelles initiales ajoutées à la forme du singulier pour former le pluriel.

En adyoukrou encore, il arrive souvent qu'on intercale une voyelle entre le mot déterminant et le mot déterminé lorsque le second commence par une consonne et que le premier se termine de même ; cependant cette règle n'est pas absolue ; ainsi on a : *nis-i-gyim* « fils de la mère, frère », *ègn-i-na* « cet homme », mais on a aussi : *ègn na* « cet homme », *sōs lèl* « la peau du poignet ».

2° *Rapport de possession ou de dépendance.* — Comme on vient de le voir, ce rapport s'exprime par une simple juxtaposition, le nom de l'objet possédé ou dépendant se plaçant le second, avec retranchement de sa voyelle initiale s'il y a lieu : « la maison de mon père » se dira en aláguian *me zi wŏ* (*owŏ* « maison »), en avikam *dade sŏ* (*èsŏ* « maison »), en ari *me bwo kă*, en abè *mi dè leli*, en adyoukrou *èm es ēl*; « un anneau d'or » *aseke kpatrowa* (alaguian), etc.

3° *Pluriel.* — L'emploi d'une forme spéciale pour le pluriel des noms ne semble pas être indispensable dans les langues qui nous occupent. Cependant on peut dire que, *en général* :

En *alagyä* les noms forment leur pluriel, soit en ajoutant le suffixe *ŏnŏ* au singulier, soit en supprimant la voyelle initiale du singulier si elle existe, soit en modifiant la forme du singulier d'une manière qu'il m'est impossible de formuler en règles; devant un nom de nombre ou un déterminatif indiquant la pluralité, on peut conserver le nom au singulier ou employer le pluriel formé par suppression de la voyelle initiale ou modification de la forme du singulier, mais le suffixe *ŏnŏ* ne s'emploie pas : *aŏnŏ* « homme », *aŏnŏ-ŏnŏ* « des hommes », *ŏnŏ hebrebe* « beaucoup d'hommes »; *yŏnŏ* « femme », *yŏnŏ-ŏnŏ* ou *wiyŏ* « des femmes », *yŏnŏ nĭni* ou *wiyŏ nĭni* « cinq femmes »;

En *avikam*, les noms forment leur pluriel en ajoutant *onŏ* au singulier mais restent au singulier devant un nom de nombre ou un déterminatif indiquant la pluralité : *eqünă* « homme », *eqünă-onŏ* « des hommes », *eqünă gyu* « dix hommes »; cependant le mot *eu* « fois » fait au pluriel *euĭ* et conserve cette forme devant un nom de nombre : *euĭ yŏ* « deux fois », *euĭ ză* « trois fois », *euĭ nă* « quatre fois »;

En *ari* et en *abè*, j'ignore comment se forme le pluriel des noms;

En *adyukru*, les noms commençant par *l* non radical forment le nombre collectif en supprimant l'*l* et le pluriel en changeant *l* en *m* ou parfois en supprimant l'*l* : *létĕn* « pirogue », plur. *métĕn*; *lāb* « couteau », plur. *māb*; *lĭkyèb* « mouton », plur. *mĭkyèb*; *lĭkin* « vingt », plur. *ēkin*; *ligbileb* « igname », plur. et coll. *igbileb*; *lokleb* « banane », plur. et coll. *okleb*;

Les noms commençants par une voyelle forment leur pluriel, soit en modifiant cette voyelle : *ègn* « homme », plur. *agn*; soit en ajoutant au commencement du mot un *m* ou un *s* suivi d'une voyelle analogue à la voyelle initiale du singulier : *ōr* « chien », plur. *moōr* ; *ĭd* « bœuf », plur. *seĭd*; soit sans modification : *ēl* « maison », plur. *ēl*;

Les noms commençants par une consonne autre que *l* ou par un *l* radical forment leur pluriel, soit en ajoutant au commencecement du mot une voyelle analogue à la première voyelle du singulier : *you* ou *yoi* « femme », plur. *oyou*; soit par un redoublement plus ou moins complet du singulier; *kyăn* « chèvre », plur. *kyikyăn*; soit sans modification : *gbădă* « pagne », plur. *gbădă*; *ñgòs* « poule », plur. *ñgòs*;

En adyoukrou toujours la forme du pluriel, si elle existe, s'emploie devant les noms de nombre et les déterminatifs indiquant la pluralité : *seĭd lòŭ* « dix bœufs », *igbileb yēn* « cinq ignames », *mĕtĕn nŏnŏ* « beaucoup de pirogues ».

IX. — ADJECTIFS QUALIFICATIFS

Ce tableau ne renferme que des adjectifs proprement dits. Les adjectifs à forme verbale figurent au tableau des verbes.

	Alaguian	Avikam	Ari	Abé	Adyoukrou
blanc	*usu*	*fŭru* (A)	.....	.....	*ufu* (A)
rouge	*ŏse*	*gbekre*	.....	.....	*ēbel*
noir	*au*	*byokri*	.....	.....	*ĭbr*
grand	*uri*	....	.....	.....	*gbel, gbă* [1]
petit	....	....	.....	*gye*	*kekli, tĭtĭli* [2]
tout, tous	....	*buburu*	.....	.....	*pă*
nombreux	*bebrebe*	....	.....	.....	*nŏnŏ*
seul, unique [3]	*ziri*	*tekri*	.....	.....	....

Notes. — 1. Le mot *gbel* signifie « étendu », *gbă* « grand par la taille ». — 2. Le mot *kekli* correspond à *gbel* et *tĭtĭli* correspond à *gbă*. — 3. L'adjectif, dans toutes ces langues, se place après le nom et reste invariable.

X. — PRONOMS ET ADJECTIFS DÉTERMINATIFS

	Alaguian	Avikam	Ari	Abè	Adyoukrou
moi (sujet)	me, m [2]	ma, me, m [9]	....	me, m	ma, me, m [11]
moi (régime)	me, ni [3]	mi, me [9]	....	mi	mes, me [12]
toi (sujet)	wo, w, e, a [4]	a	....	....	ya, i, e [13]
toi (régime)	e	a	....	....	i
lui, elle (sujet)	ne, no, o, ko, ke [5]	e, è	o, a	....	o, nā, lu [14]
lui, elle (régime)	e, ne [6]	è, e	....	....	nā, lis, èn [15]
nous (sujet)	bo	wa	....	....	we, se [16]
nous (régime)	bo	wa	....	....	....
vous (sujet)	ñye	un	....	....	....
vous (régime)	ñye	unð	....	....	....
eux, elles (sujet)	ye	að, ā	....	....	li, bè, wè [17]
eux, elles (régime)	ye	að	....	....	en
mon, ma, mes	me	m	....	....	èm, am
ton, ta, tes	e	a	....	....	ñyi
son, sa, ses	ne	è	....	....	o, nān [18]
notre, nos	bo	wa	....	....	èpum
votre, vos	ñye	un	....	. ..	....
leur, leurs [1]	ye [7]	ā [10]	....	....	en
le mien, à moi	....	....	....	....	èm eqyi [19]
le tien, à toi	....	....	....	....	ñy 'eqyi
le sien, à lui	....	....	....	....	nān eqyi
le nôtre, a nous	....	....	....	....	èpum eqyi
le vôtre, à vous	....	....	....	....	....
le leur, à eux	....	....	....	....	....
ce, cette, ces	ndarð, ra	ni	....	ni	na
ceci, cela	ndarð	nwð (?)	....	....	na [19]
qui, celui qui	ne [8]	e	o	....	nā
aucun	ziri-ma [8]	....	....	....	....
rien	èkyi ziri-ma	....	....	....	....

Notes. — 1. Les adjectifs possessifs précèdent toujours le nom qu'ils déterminent, en vertu du principe qui veut que le nom du possesseur précède le nom de l'objet possédé.

Alaguian. — 2. La forme *me* ne s'emploie que devant une consonne ; *m* s'emploie indifféremment devant une consonne ou devant une voyelle. — 3. La forme *ni* ne paraît pas très usitée ; je ne l'ai entendue qu'une fois. — 4. Il semble qu'on emploie de préférence la forme *wo* (*w* devant une voyelle) dans les phrases affirmatives, les formes *e* et *a* dans les phrases négatives ou interrogatives. — 5. Il semble qu'on emploie de préférence la forme *ne* ou *no* (qqf. *na* ou *n*) lorsque le sujet est une personne, et la forme *o* lorsque le sujet est une chose ou est indéterminé ; *ko* et *ke* ne s'emploient que lorsque le sujet est indéterminé, *ko* dans les phrases affirmatives, *ke* dans les phrases négatives. — 6. La forme régulière du pronom régime de la 3ᵉ pers. du sing. est *ne*, mais on emploie souvent *e* et très souvent aussi on supprime complètement le pronom régime. — 7. Les adjectifs possessifs *me*, *ne*, *ñye* et *ye* élident leur voyelle devant un nom commençant par une voyelle ; après les adjectifs *e* et *bo*, c'est la voyelle initiale du nom qui disparaît. — 8. En réalité le pronom ou adjectif relatif n'existe dans aucune des langues qui nous occupent ; on le remplace par le pronom personnel sujet.

Avikam. — 8. La forme *ma* s'emploie dans les phrases affirmatives ; la forme *me* ou *m* s'emploie dans les phrases affirmatives et aussi dans les phrases négatives, suivie alors de la particule de négation *sa* ou *ã*. — 9. Il semble qu'on emploie indifféremment les formes *mi* et *me*. — 10. Après les adjectifs possessifs *a*, *è*, *wa* et *ã*, la voyelle initiale du nom disparaît.

Adyoukrou. — 11. La forme *ma* s'emploie au présent, la forme *me* au passé ; la forme *m* s'emploie à la place de *ma* ou de *me* devant certaines voyelles. — 12. *Mes* est une forme de régime indirect qui s'emploie après certains verbes tels que « laisser » ; *me* est la forme du régime direct. — 13. La forme *ya* semble s'employer de préférence au présent et la forme *i* ou *e* au passé. — 14. La forme *o* semble s'employer de préférence quand le sujet est indéterminé, la forme *nã* (quelquefois *n* devant une voyelle) avec les verbes actifs, la forme *lu* (*la* devant un *a*) avec un verbe indiquant un état ou une qualité. — 15. Les formes *nã* et *èn* (cette dernière seulement après une consonne) indiquent le régime direct ; *lis* s'emploie comme régime indirect après certains verbes tels que « laisser ». — 16. Il semble que *we* indique une partie des personnes présentes à l'exclusion des autres et *se* toutes les personnes présentes. — 17. Je ne puis préciser l'emploi des formes *li*, *bè*, *wè*, dont d'ailleurs je ne suis pas absolument sûr. — 18. La forme *o* paraît se rapporter aux choses et la forme *nền* aux personnes, sans que j'ose me prononcer à ce sujet. — 19. L'expression *èm eqyi* signifie proprement « ma chose, ma propriété ». — 20 En adyoukrou, comme en alaguian et en avikam, l'adjectif démonstratif se place après le nom auquel il se rapporte.

XI. — VERBES

Dans plusieurs des langues qui nous occupent, certains verbes revêtent des formes différentes selon qu'ils sont accompagnés de tel ou tel pronom, qu'ils se trouvent dans une phrase affirmative ou dans une phrase négative, etc. Dans les vocabulaires qui suivent, les verbes sont donnés à leur forme la plus simple, qui est celle de l'infinitif ou de l'impératif affirmatif. Pour les modifications, voir les tableaux de la conjugaison et les phrases et exemples.

	Alaguian	Avikam	Ari	Abè	Adyoukrou
aller (qq. part)	*oŏ, ŏ*	*le*	*a*	*yi, le*	*am*
s'en aller	*naŏ*	*le*	......	*yi*	*im*
venir (de qq. part)	*duma*	*iba, iŭa*	......	......	*mō*
venir, arriver	*va* (A)	*ba* (A)	*ye*	*wa*	*owo*
s'arrêter	*ñyowe*	*ndrè*	......	......	*ulye*
rester (debout)	*ñyŏ*	*ndrè*	......	......	*ulye*
s'asseoir	*vliye*	*sa*	*pyete*	*sosi*	*sike*
rester (assis), demeurer	*ye*	......	......	*sumŏ*	......
se coucher	*dè* (A)	*sire*	......	*rèsi*	*èru*
dormir	*deda*	*leta*	......	*kyamla*	*èrumāmèn*
se réveiller	*toŏ*	......	......	......	......
se lever	*tou*	*zŭ*	*nyete*	*loru*	*gbo*
tomber	*bure*	*zia*	......	......	*èy*
tomber (par terre)	......	*zia tŭ*	......	......	*èy us*
courir	*sèrènŭ*	*yŭrŏru*	......	*ndelye*	*uru*
être (en un lieu)	*dè, düe*	*yi*	......	......	*nya*
être (verbe attributif)	*üe*	......	......	......	*ui, ā*
ne pas être (en un lieu)	*èda*	*yi-la*	......	......	*èm*
ne pas être (verbe attr.)	*se üe*	......	......	......	*uyo*
manger (avec rég.)	*za*	*si*	*di* (A)	*di* (A)	*dzhi*
manger (sans rég.)	*za-kyi*	*zi-azu*	*di-mbo*	*di-mpo*	*dzhyōb* [a]

	Alaguian	Avikam	Ari	Abè	Adyoukrou
boire	mi	ñyŏ	no (A)	nŏ	ègn
couper	vŏ	bli	......	......	lubor
fendre	gro	....	......	......	èdĭñis
frapper	bura, wura	....	......	......	ŏro, wŏro
tuer	ura	gbi	......	......	byi, byu
mourir	we (A)	u (A)	......	......	u (A)
voir	ka	ko	......	......	ken
connaître	ñye	ñi	......	......	û
comprendre	ya	se	......	tye (A)	li
parler	dŏ, daka	lo	......	......	dādo
dire	le	le	......	......	dā
attendre (verbe neutre)	vlake	ndrè, vra	......	......	ulo
chercher	dzhi	nhĭ	......	......	nze
prendre	bœ, bi	do	......	bo	oqyɪ, otshɪ
attraper, saisir	......	....	......	......	otshubo
laisser	teze	gye	......	......	diñgelu, egbel
attacher	kuraį	pŭre	......	......	c̄wŏn
donner	ta	na	......	sè	o
apporter	si	dede	......	......	....
jeter	hlize	....	......	......	wŏl
appeler	bye	fă	......	......	os
nommer	bye	fă	......	......	es
montrer	ye	kura	......	......	yegè, eg
aimer	kŭɪ	qŭ, qŭɪ	......	......	lur, rur
vouloir	kyi	ñga	......	......	seum (?)
acheter	vo, oo	ti	......	vé	ool
être à (appartenir)	....	....	......	......	eqyi*
être bon	zro	dro	dja-mŭ	......	ākpol
être mauvais	....	....	dja	......	....
être grand	gbo	....	......	......	ā-gbŭ
être gros	uri	....	......	......	ā-brɛs
être court	se gbo	....	......	......	tĭtĭli
être petit	kye	....	......	......	....
être loin	sugbo	züru	... ..	......	ûibel
être proche	se gbo	....	......	......	anupet-èm
être blanc	....	....	......	......	ufu
être rouge	....	....	......	......	ēbel
être noir	... ...	... ..	......	......	ĭbr
se lever (le jour)	....	gbata	......	......	ur
baisser (id.)	gwŭ	tŭ	......	......	amŭk

	Alaguian	Avikam	Ari	Abè	Adyoukrou
être fini	*trò*	*tă*	*wukpa*	......	*ŭro*
délier, détacher	*bro*	....	......	......	*eqyülel*
changer	*qire*	....	......	......	....
être fort	*üeküi*	....	......	......	*mpas*
être malade	*üe-gedan*	....	......	......	*ōl amwin*
avoir mal à	....	....	......	......	*ōl*[4]
pouvoir	*ne*	*be*	......	......	*nkok*
marcher	*sura, su*	*nyeshi*	......	......	*sŭm*
crier	*drè*	....	......	......	....
travailler	*kŏ*	*zozŏ*	......	......	*kŭkobo*
avoir	*ŭľ*	*ula (?)*	......	......	....
ne pas avoir	*ne-üľ*	....	......	......	....
avoir faim	*omò kèbi*	....	......	......	*nămen amwin*[5]
— soif	*si-mò kèbi*[1]	....	......	......	*mitsh āmen amwin*
porter (à la main)	*viŭ*	*do*	......	......	....
— (en général)	*vi*	*dyuzu (?)*	......	......	*otshu*
entrer	....	*zhi*	......	*deni*	*wò*
faire	*nhľ*	*du*	......	......	*kŭko*
gagner, obtenir	*qüa*	*gyă*	......	......	*ngèn*
tirer (fusil)	*gwa (tana)*	*ku (tana)*	......	......	*kwa (bo)*
vendre	*hľ*	*yi*	......	......	*owa*
aider	*sene*	*shene*	......	......	....
sortir	....	....	......	*pyade*	....

Notes. — 1. Les expressions *omò kèbi* et *si-mò kèbi* signifient proprement « la faim fait mal » et « la soif (la faim de l'eau) fait mal »; on remplacera donc le sujet français par un régime : j'ai faim, *omò kèbi m* (pour *omò kèbi mi*); l'homme a soif, *si-mò kèbi aŏnŏ*. — 2. Le mot *dzhyōb* ou *djyōb* est pour *dzhi ab* « manger quelque chose ». — 3. Voir les pronoms possessifs. — 4. Le mot *ōl* est à proprement parler un substantif signifiant « maladie »; « je suis malade » se dira *èm ōl amwin* (ma maladie fait mal); « j'ai mal au ventre », *èm ōl lŭk ŭm* (pour *èm ōl nŭk ŭm*, « ma maladie ventre dans »). — 5. Littéralement « la faim fait mal »; *mitsh āmen amwin* signifie « le manque d'eau fait mal ».

XII. — CONJUGAISON

Les tableaux qui suivent s'appliquent à la totalité des verbes actifs ou neutres; il suffira, pour avoir les temps et les personnes de n'importe quel verbe, de remplacer par l'infinitif de cc verbe celui du verbe choisi comme exemple et de mettre à sa place le pronom convenable. Pour l'emploi des pronoms, voir les notes qui suivent le tableau des pronoms et adjectifs déterminatifs.

Certains verbes, surtout en adyoukrou, subissent des modifications que seul l'usage semble régler; le verbe « être » et les verbes analogues revêtent souvent des formes particulières à la voix négative : on trouvera ces exceptions dans les phrases et exemples.

Mes renseignements sur l'*ari* et l'*abè* sont trop insuffisants pour me permettre de donner un tableau de la conjugaison dans ces langues ; tout ce que je puis dire est que la négation semble s'exprimer en *ari* en mettant *mũ* après le verbe . *o a* « il va », *o a mũ* « il ne va pas », et en *abè* en mettant *woe* avant le verbe : *me yi* « je pars », *m woe yi* « je ne pars pas ».

Je donne un tableau avec le verbe « partir » comme modèle pour l'alaguian et l'avikam; un autre tableau, spécial à l'adyoukrou, renferme quatre modèles, afin de faire saisir les différences qui se produisent suivant que le verbe commence ou finit par une voyelle ou une consonne.

	Alaguian		**Avikam**	
partir	*naõ*		*le*	ou *le-re*
je pars	*me naõ*	ou *m naõ*	*me le*	ou *ma le*
tu pars	*wo naõ*		*a le*	
il part	*ne naõ*	ou *no naõ*	*e le*	ou *è le*
ça part	*o naõ*			id.
je suis parti	*me naõ*		*me le tã*	ou *me le re*
tu es parti	*wo naõ*		*a le tã*	» *a le re*
il est parti	*ne naõ*		*e le tã*	» *ele re*¹
c'est parti	*ko naõ*			id.

	Alaguian		Avikam	
je partirai	*me naŏ*		*mu le*	
tu partiras	*wo naŏ*		*a le*	
il partira	*ne naŏ*		*e le*	
ça partira	*o naŏ*		id.	
pars	*naŏ*		*le*	
partons	*bo naŏ*		*wa le*	
partez	*ñye naŏ*		*un le*	
ne pas partir	*le naŏ* ou *ne naŏ*		*mā le*	ou *mā le-re*
je ne pars pas	*me se naŏ* ou *me ne naŏ*		*m'ā le*	» *me sa le*
tu ne pars pas	*e se naŏ* » *e ne naŏ*		*a ā le*	» *a sa le*
il ne part pas	*ne se naŏ* » *ne ne naŏ*		*è ā le*	» *e sa le*
ça ne part pas	*ke se naŏ* » *ka ā naŏ*		id.	
je ne suis pas parti	*me se naŏ* » *me le naŏ*		*me sa le*	ou *m'ā le re*
tu n'es pas parti	*e se naŏ* » *e le naŏ*			ou
il n'est pas parti	*ne se naŏ* » *ne le naŏ*		*me sa le re* ou *me sa le le*	
ce n'est pas parti	*ke se naŏ* » *ka ā naŏ*			etc.
je ne partirai pas	*me se naŏ*, etc.		*m'ā le nādro*	
tu ne partiras pas	comme au		*a ā le ādro*	
il ne partira pas	présent		*è ā le ādro*	
ça ne partira pas			id.	
ne pars pas	*e be naŏ* ou *a bo naŏ*		*mā le ādro*	
ne partons pas	*bo se naŏ*		*wa ā le ādro*	
ne partez pas	*ñye se naŏ*		*um mā le ādro*	

Notes. — 1. Le mot *tă* n'est autre que le verbe « finir », d'où *me le tă* « j'ai fini de partir, je suis parti »; quant à la particule *re* ou *le* du passé, on l'a vue déjà en mékyibo et en abouré, et elle est à rapprocher de la particule correspondante *ri* ou *li* de l'agni. — 2. L'expression *nādro* ou *ādro* n'est autre chose que la forme négative du verbe *dro* « être bon, être bien » et elle ne sert qu'à renforcer l'idée de négation : « je ne mangerai pas cette chose », *m'ā zi la ni nādro* (je ne mangerai pas cette chose, ce n'est pas bon); « ne le prends pas », *mă do ādro* (ne prends pas, ce n'est pas bon).

Adyoukrou

—

	li « comprendre »	ken « voir »	u « mourir »	im « partir »
Présent [1]				
1re pers. sing.	ma li	ma ken	mu u	m im
2e — —	ya li	ya ken	i u	ī m
3e — — (personnel)	nā li	nā ken	lu u, nu u	n im, l im
3e — — (neutre)	o li	o ken	o u, lu u	o im [2]
Passé				
1re pers. sing.	me li	me ken	semblable	m im ŭn [3]
2e — —	e li	e ken	au	ī m ŭn
3e — — (personnel)	ṇā li	nā ken	présent	n im ŭn
3e — — (neutre)	o li	o ken		o im
Impératif				
2e pers. sing.	li	ken	i u	im, m
1re — plur.	se li-n	se ken-èn	su u-n	sī m-èn [4]
Présent négatif [5]				
1re pers. sing.	me li-m	me ken èm	mu u-m	m im ʌm
2e — —	e li-m	e ken èm	i u-m	ī m èm
3e — —	nā li-m	nā ken èm	lu u-m	n im èm
3e — — (neutre)	o li-m	o ken èm	o u-m	o im èm [6]
Passé négatif [7]				
1re pers. sing.	me ki li	me ke ken	me ku u	me kī m
2e — —	e ki li	e ke ken	e ku u	e kī m
3e — —	nā ki li	nā ke ken	ku ku u	nā kī m
3e — — (neutre)	o ki li	o ke ken	o ku u	o kī m [8]
Impératif négatif.				
2e pers. sing.	ki li	ke ken	kū	kīm
1re pers. plur.	se ki li-n	se ke ken-èn	se kū-n	se kīm-èn

Notes. — 1. Le futur ne se distingue pas du présent. — 2. On voit que, devant une voyelle, les pronoms sujets peuvent soit adopter la voyelle initiale du verbe, soit supprimer leur propre voyelle finale, soit la contracter avec la voyelle initiale du verbe. — 3. La particule *ŭn* semble pouvoir se supprimer sans modifier profondément le sens. — 4. Le suffixe *èn* marque le pluriel; il ne semble pas qu'on l'emploie ailleurs qu'à l'impératif; ainsi on dit : *li by' ègn ñyaam*, « ils ont tué un homme ». On voit que ce suffixe devient un simple *n* après une voyelle. — 5. Le futur négatif ne se distingue pas du présent. — 6. Même remarque pour la négation *èm*, au sujet de sa modification après une voyelle, que pour le suffixe du pluriel *èn*. — 7. Il semble que le passé négatif formé à l'aide de la particule *ke* ait une signification plus précise que notre passé ordinaire : *me ki li* veut dire « je n'ai pas encore compris »; lorsqu'on ne veut pas insister sur cette idée spéciale, on peut employer le présent. — 8. On voit que la particule négative *ke* prend la voyelle du verbe ou même, dans le cas où cette voyelle est brève et suit immédiatement la particule, on a contraction; on aura ainsi *me kō tshi* « je n'ai pas encore pris », de *otshi* « prendre ». On conjuguera sur le modèle de *u* « mourir » (pour ce qui est des voyelles en contact avec la voyelle initiale du verbe) les verbes commençant par une voyelle longue ou en tout cas une voyelle radicale, et sur le modèle de *im* « partir », les verbes commençant par une voyelle brève ou non radicale.

XIII. — PLACE DU RÉGIME

1° Le régime, soit direct, soit indirect, se place toujours après le verbe, en alaguian, en avikam, en ari, en abè et en adyoukrou, à moins qu'on veuille insister sur un régime, qu'on place alors au commencement de la phrase et avant le sujet du verbe.

2° Mais si le radical du verbe est suivi d'une particule de temps, il peut arriver que le régime se place entre le verbe proprement dit et cette particule. Ainsi en *avikam*, le régime direct se place entre le verbe et la particule *tā* ou la particule *nādro*, mais après la particule *re* ou *le* : *m ko e tā* « je l'ai vu », *m'ā zi la ni nādro* « je ne mangerai pas cela », *è sa gbi le qünā* « il n'a tué personne ».

3° S'il y a deux régimes, on place généralement le régime le plus court en premier lieu.

XIV. — PHRASES ET EXEMPLES DIVERS

1° *Alagyā*.

C'est bon, *o zro*. Ce n'est pas bon, *ke se zro*. C'est loin, *o sugbo*. Ce n'est pas loin, *ke se gbo*.

Viens ici, *va nu*; va, *oŏ*; va-t-en, *naŏ*; ou vas-tu? *tere w'ŏ?* je vais au village, *m'oŏ bam*; je vais aux plantations, *m'oŏ vèm*. (La préposition « à » ou « dans » ne s'exprime pas, mais on indique l'idée de lieu en supprimant la dernière voyelle du nom de lieu, lorsque la consonne qui la précède est un *m*; dans les autres cas, on ajoute un *m* au nom de lieu : je vais en mer, *m'oŏ üküim*; comparez en assanti : je vais au village, *me ho kurum.*)

D'ou viens-tu? *ter'e duma?* Je viens de Jacqueville, *Alagyä m'duma* (c'est d'Alaguian que je viens).

Prends-le, *bœ;* je ne le prends pas, *me se bœ;* pourquoi ne le prends-tu pas? *kyekye-kru wo le bœ?* (quoi pour tu prends pas?) pour rien, *klodo-kyi zirima.*

On a tué un homme, *ye ura ŏnŏ tŏ;* on ne l'a pas tué, *ye se ur'e;* ne le tue pas, *e be ur'e.* Il est mort, *no we;* il n'est pas mort, *ne se we.*

Viens manger, *va za-kyi;* je ne mange pas, *me se za-kyi;* donne-moi de l'eau pour boire, *ta me si, m mi.*

L'aimes-tu? *a küï?* je ne l'aime pas, *mo se küï;* mon frère ne l'aime pas, *mama-üi se küï.*

As-tu compris? *e ya?* j'ai compris, *me ya;* tu n'as pas compris, *e se ya* ou *e ne ya.*

Quoi? comment? *kyekye?* je dis que je n'ai pas compris, *me le de me se ya;* parle, *dò;* je ne parlerai pas, *me se dò.*

As-tu vu cet homme? *e ka ŏnŏ ndarò?* je l'ai vu, *me ka;* je ne le connais pas, *me se ñye ne.*

C'est fini, *ko trò;* ce n'est pas fini, *ka ā trò.*

Montre-moi cette chose, *ye me kyi ndarò;* comment l'appelle-t-on? *äŏnta ye bye ne?* on l'appelle Kofi, *ye bye ne Kofi.*

Va acheter des bananes, *ŏ vo navri* ou *ŏ vo lavri.*

Où est-il? *tere ne düe?* il est ici (ou) il y en a, *n'dè nu;* il n'est pas ici (ou) il n'y en a pas, *n'èda;* il est parti, *ne naŏ.*

Partons, *bo naŏ;* partez, moi je reste, *ñye naŏ, me ye.*

Beaucoup d'hommes sont venus, *ŏnŏ bebrebe va;* les femmes sont venues, *wiyŏ va;* une seule femme est venue, *yŏnŏ ziri va.*

Ne me frappe pas, *a bo bura ni;* je ne te frapperai pas, *me se wur'e.*

Il est grand, mais il n'est pas gros, *no gbo, ne se uri;* il est petit, mais il est fort, *ne kye, na üe küi;* il n'est pas fort, il ne peut pas marcher, *ne se üe küi, ne se ne sura;* il est malade, *o üe gedan;* va lui chercher un médicament, *ŏ dzhi aüi bi si* (va chercher médicament prends apporte).

J'ai faim, *omò kèbi m* (la faim est dans moi); j'ai soif, *si-mò kèbi m*; donne-moi à manger, *ta mi kyi*; donne-moi cela, *ta mi ndarò*; as-tu des bananes, *e üï navri?* je n'en ai pas, *me ne üï*.

Va vite, *oǒ prapra*; va lentement, *oǒ bleble*.

2° *Avikam.*

C'est bon, *e dro*; ce n'est pas bon, *e sa dro re*. C'est loin, *e züru*; ce n'est pas loin, *e sa züru*.

Le jour se lève, *eka gbata*; le jour baisse, *uruo tă*.

Viens ici, *ba zï*; va-t-en, *le*. Où vas-tu? *keka le?* (pour *keka a le?*) je vais chez moi, *ma le vă*; d'où viens-tu? *keka băleka iba?* je viens de la forêt, *ebwom iüa* (de la forêt je (sous-entendu) viens). — (Comme en alaguian, la relation de lieu s'indique par un *m* placé à la fin du nom de lieu.)

Il est venu trois fois, *euï ză e ba re*; il n'est venu qu'une fois, *eu tekri e ba re*.

Il a tué un homme, *è gbi eqünă*; il ne l'a pas tué, *è sa ybi*; il n'a tué personne, *è sa gbi le qünă*. Il est mort, *e u tă*; il n'est pas mort, *e sa u re*.

Viens manger, *ba zi-azu*; je ne mangerai pas cela, *m'ă zi la ni nădro*; donne-moi de l'eau pour boire, *na me sǒ ma ñyǒ* (donne moi eau je boirai). Prends-le, *do*; ne le prends pas, *mă do ădro*; n'aimes-tu pas cela? *a sa qü na-nwă?* je l'aime, *me qü è, me qüï*.

As-tu compris? *a se tă?* j'ai compris, *me se tă*; je n'ai pas compris, *me sa se re*; que dis-tu? *adu a lo?* je dis que je n'ai pas compris, *m le m'ă se re*; raconte ton affaire, *lo a yüro*.

As-tu vu cet homme? *a ko qünă ni?* je l'ai vu, *me ko e tă*; je ne l'ai pas vu, *me sa ko re*; je ne le connais pas, *m'ă ni ni*; je le connais, *me ñi*.

C'est fini, *è tă, è tă ntă*; ce n'est pas fini, *è ă tă re*.

Montre-moi cette chose pour que je la connaisse, *kura me ela re ñi* (montre-moi chose et connaître); montre-moi le chemin, *kura me si*.

Va acheter des bananes, *le ti besi*.

Où est-il? *keka-bu yi?* il est ici (ou) il y en a, *è yi azi, è y'azi*; il n'est pas ici (ou) il n'y en a pas, *è yi-la zi*.

Comment t'appelles-tu? *a du ñwo ă fă?* (ton nom comment ils appellent?) je m'appelle Gra, *ă fă mi Gra* (on appelle moi Gra);

comment appelle-t-on cela? *ela du ñwo ā fā?* (chose nom comment ils appellent?) cela s'appelle un fusil, *ā fī tana* (*fī* pour *fā e*).

Les hommes sont-ils venus? *eqünā-onŏ ba re?* ils partent tous, *aŏ buburu ā le*.

Je veux aller à Lozoua, *ma ñga le Lozwa* ou *Lozwam ma ñga le*; je ne veux pas, *ma sa ñga*; pourquoi? *datuzu?* parce que le chemin n'est pas bon, *esi sa dro re*; marche vite, *nyeshi tshumtshum*; marche lentement, *nyeshi brebre*.

3° *Ari.*

Viens manger, *ye di-mbo*; viens boire du vin de palme, *ye no alaoto*; ce n'est pas bon, *a dja*; il n'y a pas de mal à cela, *a dja mū*; c'est fini, *o wukpa*.

4° *A bè.*

Viens ici, *wa gbe*; va te coucher, *yi rèsi*; viens manger, *wa dimpo*; viens boire du vin de palme, *wa nŏ moro*; donne-moi cela, *bo bu ni sè mi* (prends chose cette donne-moi); je vais acheter quelque chose, *me le vè bu*; je comprends, *me tye*; je ne comprends pas, *m'woe tye o* (*o* est explétif).

5° *Adyukru.*

Le jour se lève, *lègn o ur*; le jour baisse, *lègn amūk*.

C'est bon, *o ākpol*; ce n'est pas bon, *o ākpol èm*; c'est loin, *o üibel*; ce n'est pas loin, *o anupet èm*.

Il est blanc, *l'ufu*; cet homme est rouge, *ègn-i na l'ēbël*; il est noir, *l'ībr*.

Viens ici, *owo hā*; va-t-en, *am go* (va dehors).

Où vas-tu? *bèt ya am?* je vais au village, *ma am bāghan*; où va cet homme? *ègn am, bèten nā am?* (un homme va, où il va?) il va aux plantations, *nā am ōgŏm*.

D'où viens-tu? *bèt ya mō?* je viens de la plage, *ma mō erinityap*.

Assieds-toi, *sike*; assieds-toi par terre, *sik'us*; lève-toi, *i gbo*; arrête-toi, *i ulye*; couche-toi, *èru e*; cours, *uru e*; laisse cela, *diñgelu e*; laisse-moi, *diñgelu mes*; laisse-le, *diñgelu lis*.

Prends-le, *oqy'o, otshy'o, oqyi nā, otshi nā*; ne le prends pas, *kōuh*; je ne le prends pas, *m'otshi-m itsh*. (Cette sorte de répétition de la consonne du verbe apparaît quelquefois dans les phrases négatives.)

On a tué un homme, *li by'ègn ñyaam*; il est mort, *lu u*; il n'est pas mort, *lu u-m*; cet homme, on ne l'a pas tué, *ègn i byi-m èn* (pour *ègn li byi-m èn*); ne le tue pas, *ki byu* ou *ki byi*.

Viens manger, *ow'i dzhyōb*; donne-moi de l'eau, *o m'mitsh*; je bois de l'eau, *m'ègn mitsh*; l'aimes-tu? *e lur?* je ne l'aime pas, *me rur um*.

As-tu compris? *i li?* je n'ai rien compris du tout, *me li-m sēyïn*; j'ai compris, *me li*.

Qui est cet homme? *bètigy'ègn-i na?* c'est mon frère, *èm nis-i-gyim*; à qui est cette chose? *bètigye qyi ab na?* (qui propriété chose cette?); c'est à moi, *èm eqyi*; c'est à nous tous, *èpum pă eqyi*.

Que dis-tu? *a ya dă dra?* parle *dădo*.

As-tu vu cet homme? *e ken ègn na?* je ne l'ai pas vu, *me ken èm èn*; je ne le connais pas, *m'ū um un* (pour *m'ū èm èn*); je le connais, *m'ū e*.

C'est fini, *o ūro*; ce n'est pas fini, *o ku ūro*.

Montre-moi cela, *yegè me na*; comment appelle-t-on cet homme? *aya b'ès ègĕn na?* on l'appelle Katakré, *ayabe b'ès ègĕn Katakre*.

Va acheter des bananes, *m ool ōklĕb*; je vais acheter des bananes, *m'am ool ōklĕb*.

Où est-il? *bèti nă n'am?* il est ici (ou) il y en a, *nă ny'ahă*; il n'est pas ici (ou) il n'y en a pas, *nă n'èm ahă*; il est parti, *n'im-ŭn*.

Partons, *sï m-èn*; laisse-les partir, *ègbel en im*; beaucoup d'hommes sont partis, *agn nŏnŏ l'im-ŭn*; j'ai vu beaucoup de pirogues, *me ken mĕtĕn nŏnŏ*; je n'ai vu qu'un seul poulet, *me ken ñgòs ñyaam qyuqyu*; on lui a coupé la tête, *wè lubor nu ñge*; on l'a jetée à terre, *li wŏl us*.

Il est grand, *la ă gbă*; il est gros, *la ă bres*; il est fort, *n'ui mpas*; il n'est pas fort, *nu uyo mpas*; il est petit, *li tïtïli*; il est malade, *o ŏl amwin*; il a mal au ventre, *o ŏl lŭkŭm* (pour *nŭk-ŭm*, dans le ventre); je suis malade, *èm ŏl amwin*; j'ai faim, *nămèn amwin*; j'ai soif, *mitsh-ămèn amwin*.

Marche vite, *sum fafa*; marche lentement, *sum brebre*.

CHAPITRE II

Les langues krou.

La famille généralement désignée sous le nom de *kru* occupe une bonne partie de la Côte d'Ivoire et du Libéria. Elle s'étend sur la côte depuis l'extrémité occidentale de la lagune de Lahou à l'est jusqu'à l'embouchure de la Lofa[1] ou rivière de Half-Cape-Mount à l'ouest, poussant un coin vers l'est au nord de la lagune de Lahou jusqu'à la rive occidentale du bas Bandama. Dans l'intérieur, elle s'étend jusqu'à une ligne qui, partant du 6° de latitude nord environ sur le méridien de Grand-Lahou, rejoindrait le 7° 30′ environ sur le méridien de Sassandra et suivrait ce parallèle jusqu'au bassin du haut Saint-Paul.

Le nom donné à cette famille a une origine discutable : certains auteurs (Koelle et Payne entre autres) le font venir de *Grao, Krao* ou *Kra*, qui serait le nom indigène de la tribu habitant la région de Sino et Settra-Krou au Libéria ; les *Grao* auraient été les premiers à s'engager à bord des vaisseaux européens pour les travaux du bord et le pilotage ; dans la suite, les navigateurs auraient étendu leur nom (déformé par eux en *Kroo* ou *Kru*) à toutes les tribus de même famille, de langage analogue et de tatouage identique (une raie noire coupant verticalement le front en deux) qui, plus tard, vinrent faire sur les navires le même métier que les *Grao* ou Krou proprement dits ; et on aurait appelé « côte de Krou » toute la partie de la côte habitée par ces indigènes de même famille et de

---

1. Les cartes donnent en général la Lofa comme un affluent du Saint-Paul ; or, d'après les indigènes, la Lofa serait un fleuve plus important que le Saint-Paul et ne serait autre chose que le cours supérieur du fleuve dont la partie inférieure, seule connue des Européens, est appelée Half-Cape-Mount River. Quant au Saint-Paul, il conviendrait sans doute de reporter plus à l'est la partie moyenne de son cours.

mêmes dispositions nautiques et — en anglais — *Kroomen*, *Croomen*, *Krumen*, *Kruboys* (hommes ou garçons de Krou) ces indigènes eux-mêmes. D'autres auteurs avancent que le mot *Croomen* doit être tout simplement une faute d'orthographe, et qu'il faut chercher l'étymologie du nom donné aux Krou dans le mot anglais *crewmen* (prononcez « crou-mène ») « hommes d'équipe », appellation donnée par les premiers navigateurs anglais à tous les indigènes de cette région et notamment à ceux de Sinoe et Settra-Krou à cause du métier qu'ils exercent depuis que les premiers navires venus d'Europe ont visité la côte de Guinée. J'ai moi-même soutenu cette seconde hypothèse, mais depuis une objection s'est présentée à mon esprit : les premiers navigateurs qui ont eu affaire aux Krou étant des Français ou tout au moins des Portugais (xiv⁰ et xv⁰ siè-cles) et les mots portugais importés par ces derniers à la côte d'Afrique ayant survécu partout jusqu'à maintenant malgré que les Portugais ne se montrent plus depuis longtemps dans ces régions et qu'ils y aient été remplacés par des peuples divers, comment se ferait-il que l'appellation universellement employée pour désigner les Krou fût un mot d'origine anglaise? Je préfère supposer que les Portugais ont fait de *krao* le son « krou » — ce qui est assez natu-rel au génie de leur langue — et que les Anglais, trouvant ce nom tout fait, l'ont adopté avec d'autant plus de facilité que, suivi du mot *man*, il prenait à leurs oreilles le sens d'un mot anglais par-faitement applicable en la circonstance [1].

Quoi qu'il en soit, les indigènes n'ayant pas dans leur langue de mot pour désigner leur race ou leur famille, j'ai conservé le terme de « Krou », qui a l'avantage d'être connu de tous les Européens.

La famille Krou se divise en deux groupes distincts, dont chacun parle une langue spéciale possédant elle-même de nombreux dia-lectes. Mais, au contraire des langues des lagunes, les langues et dialectes krou ont une parenté très étroite les uns avec les autres : un indigène parlant la langue orientale ne se comprendrait pas avec un indigène parlant la langue occidentale, mais il saisirait beaucoup de mots et de tournures et arriverait très vite à enten-dre la langue de son interlocuteur; dans chacun des deux groupes,

---

1. Il est à remarquer que, dans divers dialectes krou, le mot *kra-po* (où la syllabe *po* est un suffixe indiquant les noms de métier et de nationalité), *gra-bo* ou *gra-beyo* dans les dialectes de l'est, signifie « homme d'équipe, pagayeur ».

les idiomes parlés par les différentes tribus ne sont plus que de simples dialectes, ne présentant souvent entre eux que des différences de prononciation.

Je donne au groupe krou oriental le nom de « Bêté » et au groupe krou occidental le nom de « Bakoué », ces noms étant ceux des deux tribus principales, qu'on peut considérer comme le type et la souche de toutes les autres; ces deux groupes sont séparés *à peu près* par le fleuve Sassandra.

A. *Bêté.*

D'après nos informations actuelles, on peut diviser le groupe *Bêté* en sept tribus à peu près définies, ayant chacune son dialecte spécial, et qui sont, en allant de l'est à l'ouest et du sud au nord :

1° Les *Dyida* ou *Dida*, comprenant les Lozoua, les Yokoboué, les Goboua, les Maké, les Djivo (dont le nom pourrait ne faire qu'un avec celui des Dyida), et peut-être les gens du Ménahiri et ceux de Garo ou Galo. Ce peuple habite au nord de la lagune de Lahou, depuis la rive septentrionale de cette lagune au sud jusqu'à la tribu kouéni ou gouro des Memné au nord (hauteur de Tiassalé); ils s'étendent de la rive droite du bas Bandama à l'est jusqu'au méridien passant par l'embouchure du Daguiré à l'ouest. On rattache généralement aux Dyida les habitants des villages de Nandibo et Téviessou, situés sur la rive gauche du bas Bandama, et qui seraient des colonies des gens de Tiakba; dans ces conditions, il semblerait que les Ahizi de la lagune Ebrié, dont Tiakba est l'un des villages, dussent aussi se rattacher aux Dyida.

2° Les *Kwaya* ou *Zegbe* habitent, à l'ouest des Dyida, le bassin du Daguiré ou Rio Fresco et le Yobéhiri.

3° Les *Godye* viennent ensuite et comprennent : sur la côte les Légré (centre principal : Kotrou), qui s'étendent depuis l'extrémité occidentale de la lagune de Fresco à l'est jusqu'à la rivière Ouaoua, à l'ouest; puis, au nord des Légré, les Nogbo; ensuite les Godyé proprement dits, qui habitent au nord-ouest des Nogbo et au nord des Néyo, touchant au Sassandra à Griguiblé, puis en étant séparés en amont par les Kouadia; enfin les Baléko, qui habitent au nord-ouest des Godyé et à l'est des Kouadia, s'arrêtant au nord un peu au-dessus du 5° 30'.

4° Les *Neyo* ou *Niyo* (dont le pays s'appelle *Nihiri* et la langué *niwole* ou *newole*) ont pour centres principaux Trépoint, Sassandra et Drewin. Ils s'étendent sur la côte de la rivière Ouaoua à l'est jusqu'à Fanoko inclus à l'ouest, et peuplent les deux rives du bas Sassandra jusqu'au rapide Zéléga, où ils touchent aux Oboua (tribu bakoué). Ils se composent de deux familles : les Bokré ou Bokra (Sassandra), d'origine bété, et les Kèbè (Drewin), qui seraient venus d'un pays bakoué situé dans l'ouest ; mais ces deux familles parlent aujourd'hui le même dialecte.

5° Les *Kwadya* ou *Kwadre* (nom de leur pays) habitent les deux rives du Sassandra de Griguiblé exclus à Kouati inclus (région de Boutoubré) ; ils seraient issus d'un mélange de Bété et de Bakoué.

6° Les *Bété* proprement dits comprennent, du sud au nord et de l'est à l'ouest : les Boréguibo (au nord des Godyé), les Guidéko (au nord des Kouadia), les Boboué et les Loboué (au nord-ouest des précédents), les Bogüé et les Bêblé (au nord des précédents), les Balo, les Frèboua et les Zéblé (au nord des précédents). D'une façon générale, les Bété s'étendent au nord des Godyé et des Kouadia depuis Kouati exclus au sud jusqu'un peu au dessus du 7° au nord, et des pays Gouro à l'est jusqu'au Sassandra à l'ouest ; ils n'ont que deux villages (Zoukobié et Noukpoudou) sur la rive occidentale de ce fleuve, qu'ils quittent à la chute Baalay pour rejoindre son affluent oriental la Lobo vers le 7°. Leurs voisins du nord sont les Boboua, ceux de l'ouest les Bakoué.

7° Les *Bobwa* ou *Bañüa* (appelés aussi Ouaya, Vaya et Ouaga) forment une peuplade mélangée de Bété et de Kouéni (Lo ou Gouro) ; ils passent pour être anthropophages. Leur pays forme une longue bande, très étroite dans le sens vertical, et suivant à peu près la lisière de la forêt dense, laquelle s'étend de plus en plus vers le nord à mesure qu'on marche à l'ouest. Cette bande de territoire, resserrée entre le 7° 15' et le 7° 30' environ, atteint presque le Bandama Rouge à l'est et le bassin du Saint-Paul à l'ouest ; les voisins des Boboua sont : au sud les Bété et les Bakoué, à l'est, au nord et à l'ouest les diverses tribus de race mandé-fou connues sous les noms divers de Kouéni (Lo ou Gouro), Manon (Man ou Ouobé), Guio et Gbêlé (Dioula anthropophages et Nguéré ou Gon), Kpêlé (Gbéressé). Il semble bien que les tribus où la mission Hostains-d'Ollone a rencontré les premières hostilités (Boo, Boouiao et Vaya) doivent être rattachées aux Boboua ; ainsi s'expliquerait que

l'interprète de cette mission, qui parlait plusieurs dialectes bakoué, ne pouvait pas se faire comprendre des Booniao, ces derniers à leur tour (parlant un dialecte bêté) ne pouvant se faire
comprendre des Gon ou Gbêlé leurs voisins et refusant de con-
duire les explorateurs chez ces derniers.

B. *Bakwe*.

Autant que le peu de renseignements que nous possédons sur
l'intérieur des pays bakoué permet de décrire ce groupe, le plus
considérable, de la famille Krou, on peut le diviser en 11 tribus,
dont chacune a son dialecte propre, bien que plusieurs de ces dialectes diffèrent très peu les uns des autres.

1° Les *Bakwe* proprement dits (appelés *Gbe* par Koelle dans ses
Polyglotta Africana) s'étendent au nord des Oboua et des Houané
ou Victory, des Pia du San-Pedro, des Abri-gnyon ou Béréby et
des Tépo; à l'est ils sont limités à peu près par le Sassandra, qu'ils
traversent seulement en amont de la chute Baalay; au nord ils
vont jusqu'au territoire des Boboua; à l'ouest, leur limite est
encore peu définie, mais on peut la placer entre le Cavally et le
Saint-Paul. Il convient de rattacher à cette tribu les Obli, les Prébouo, les Niaboua et les Dougrou signalés par M. Thomann dans le
bassin du Sassandra, ainsi que les Oubi, les Kié, les Flépo ou Pérabo (à rapprocher des Prébouo) et les Niépo, rencontrés ou signalés par M. d'Ollone dans le bassin du Cavally[1].

2° Les *Hwine* ou *Hwäne* (Houané), appelés aussi Bodo, sont les
habitants de la région de Victory; ils font suite aux Néyo sur la
côte et vont à l'ouest jusqu'à l'embouchure de la Nonoua; il faut leur
rattacher les Oboua, qui habitent au nord des Houané proprement
dits, atteignent le Sassandra à Inahiri et en sont séparés ensuite
par les Kouadia.

3° Les *Pia* (ou Pié ou Omélokoué) occupent tout le bassin du
San-Pedro, à l'ouest des Houané et au sud des Bakoué.

---

1. Les syllabes *po*, *bo*, *pwe*, *bwe*, *bwa*, qu'on rencontre comme désinences à la fin
d'un grand nombre de tribus de la famille Krou constituent le suffixe de nationalité et peuvent se traduire par « gens de »; c'est l'analogue du *fwe*, *fo* ou *fu* des
Agni-Assanti, et du *ka*, *ñga* ou *ke* des Mandé. On rencontre aussi *ñyö* ou *yö*
« homme » et *yo* « enfant ». Les désinences de noms de pays et de lieu les plus
fréquentes sont *hiri* ou *re* et *ble* ou *bli*; dans beaucoup de pays Krou, la désinence
wi (*wole* en bêté) indique le langage.

4° Les *Abri-ñyŏ* (gens d'Abri, dont la langue se nomme *abri-wi* ou *abri-bi*, d'où notre appellation de Béréby) comprennent les indigènes de Tahou, les Bokoué (Grand-Béréby), les Irapoué (Rocktown-Béréby), les Orépoué (Déhonontin), les Aoulopo (Moyen-Béréby) et les Touyo (Ouappou).

5° Les *Plapo* ou Blapo occupent le bassin de la rivière Tabou dans son cours inférieur (leur langue se nomme *plawi*); il convient de leur rattacher les Bapo ou Babo, qui occupent Bliéron et la rive gauche du bas Cavally jusqu'à Idié et possèdent une colonie à Half-Cavalla, entre Kablaké et Garroway.

6° Les *Tepo* ou *Tilapo* comprennent les Ouampo (au nord des Abri-gnyon, les Dabo (région d'Olodio, au nord des Plapo), les Ropo (région de Taté), les Krapo ou Grabo (région de Grabo), les Kapo (région de Ségré), puis sans doute les Krépo, les Graouro, les Paloubo et les Supo, lesquels sont séparés des Bakoué par une zone inhabitée.

7° Les *Grebo* commencent sur la côte à la rive droite de l'embouchure du Cavally et s'étendent jusqu'à Grand-Sesters, à l'exclusion de l'enclave Babo de Half-Cavalla; c'est en somme la région du cap des Palmes, où les Grébo seraient venus s'installer il y a fort longtemps, venant d'un pays au nord de Béréby. Leur dialecte est parlé aussi par les Ouidabo, qui occupent la côte de Grand-Sesters à Nifou. Au nord, les Grébo sont limités par les tribus occidentales des Tépo.

8° Les *Krao* ou *Grao* (ou Krou proprement dits, encore appelés Nagua ou Nanna) occupent la côte de Nifou à Bafou (région de Sinoe ou Greenville, de Settra-Krou, Krouba et Nanna-Krou); ils semblent s'avancer fort peu dans l'intérieur.

9° Les *Gbasa* ou Bassa s'étendent sur la côte de Bafou à Marshall ou Junk-River (région de Grand-Bassa et Edina) et à l'intérieur jusqu'à ce qu'ils rencontrent les premières familles boboua, gbêlé et gbéressé.

10° Les *Givi* ou *Gibi* (Gibby des cartes libériennes, Quéah des anciennes cartes) s'étendent sur la côte entre la rivière Duqueah et le Mesurado; ils ont presque complètement disparu.

11° Les *De* ou *Do* (appelés aussi *Dewoi*) habitent entre Monrovia et le fleuve Lofa ou Half-Cape-Mount-River, avec quelques villages sur le bas Saint-Paul et le Mesurado. Leurs voisins sont les Vaï à l'ouest et les Gola au nord.

Les langues bété et bakoué sont parlées en beaucoup de points de la côte occidentale d'Afrique qui se trouvent en dehors et parfois assez loin de l'habitat des Krou; ces derniers en effet ont fondé, notamment à Sierra-Leone et à Monrovia, de véritables colonies où ils passent souvent plusieurs années de suite, faisant entre temps des saisons à bord des navires; d'autres, notamment des Grao, des Grébo et des Néyo, sont répandus un peu sur toute la côte comme travailleurs ou passeurs de barre, en sorte que les langues krou sont parmi les plus répandues. Cependant je dois ajouter qu'il est presque toujours possible de converser avec les Krou de la côte, surtout ceux qui voyagent ou émigrent, en se servant du *Pigeon English*, que presque tous comprennent et parlent plus ou moins.

Je donne ci-après la numération dans tous les dialectes bété et bakoué énumérés plus haut, sauf en *Kwadya*, en *Pia* et en *Givi*, n'ayant encore pu recueillir aucun document sur ces trois dialectes.

La numération *dyida* provient de notes mises à ma disposition par M. le Cap. Le Magnen, les numérations *kwaya*, *godye*, *bété*, *bobwa*, *bakwe* et *hwine* m'ont été communiquées par M. l'administrateur Thomann, la numération *plawi* est empruntée à un mémoire manuscrit de M. l'administrateur Thoiré qui m'a été communiqué par M. Binger, la numération *grebo* est empruntée à Payne, la numération *de* à Koelle, les numérations *newole*, *abriwi*, *tewi*, *krao* et *gbasa* à mes vocabulaires.

Je donnerai ensuite des vocabulaires comparatifs des dialectes *dyida* et *newole* (groupe bété), *abriwi*, *plawi*, *tewi* et *krao* (groupe bakoué).

Le vocabulaire *dyida* provient de notes recueillies à Grand-Lahou par M. le Cap. Le Magnen.

Le vocabulaire *newole* a été recueilli en 1903 à Bondoukou auprès d'un Néyo originaire de Sassandra dont les informations n'étaient pas toujours très sûres à cause de son bégaiement et a été revu depuis par M. Thomann.

Le vocabulaire *abriwi* a été recueilli en 1903 à Bingerville au-

près de deux Abrignyon qui auraient été d'excellents informateurs
si j'avais pu m'entretenir avec eux au moyeu d'une langue nègre ;
mais j'ai dû me servir comme langue intermédiaire, tantôt du français, tantôt de l'anglais ; les formes pronominales recueillies sont
douteuses et données sous toutes réserves.

Le vocabulaire *plawi* est emprunté à un mémoire manuscrit
remis par M. Thoiré (ancien administrateur du Cavally) à M. Binger, qui a bien voulu me le communiquer.

Le vocabulaire *tewi* a été recueilli en 1903 à Bingerville auprès
de deux Tépo de Grabo, bons informateurs, quoique un peu
jeunes.

Le vocabulaire *krao* a été recueilli en 1900 à Kouadiokofi-kro
(Baoulé) auprès d'un Krao de Oualé ou Settra-Krou ; mais les informations de cet indigène étant sujettes à caution à cause de la
longue période écoulée depuis qu'il avait quitté son pays, j'ai revu
mes notes, les complétant et les corrigeant au besoin, à l'aide de
divers vocabulaires publiés sur ce dialecte, notamment celui de
Koelle.

LA NUMÉRATION DANS LES LANGUES KROU

A. Groupe Bété.

	Dyida	Kouaya	Godyé	Néouolé	Bété	Boboua
1	mbolo	bolo	bʋlo	bolo	bḷo	bḷo
2	mosò [1]	sò	sò	sò	sò	sò
3	mota	ta	ta	ta	ta	ta
4	mŏna	mŏna	mŏna	mōna	monwa	mna
5	mbi	ñgbe	eñgbe	be, gbe	gbi	bu
6	mboflo	ñgepro	eñgepro	befro	ñgepro	gberibro
7	mbosò	gbosò	ñgbāsò	bāsò	ñgbisò	besò
8	ñgwāta	gbāta	ñgbāta	bāta	ñgbŏta	beta
9	mvŏna [2]	vŏna	fèna	fèna	ñgbumona	burna
10	koyba	koba	koba	koba	koba	bua [3]

Notes. — 1. Chez les Djivo *sò*. — 2. Chez les Djivo *fèna*. — Le
mot *bua*, qui pourrait être un pluriel de *bu* (*bi* ou *be*) « cinq » est à
rapprocher du *bu* des Bakoué et des Gbêlé ou Nguéré. — La numération kouadia diffère peu de la numération bété, mais le

nombre « cinq » y prend la prononciation *gbœ*. (Observation communiquée par M. Thomann.)

B. Groupe Bakoué.

	Bakoué[1]	Houané	Abrioui	Plaoui	Téoui	Grébo	Krao	Gbassa	Dé
1	*do*	*lo*	*dò*	*do*	*do*	*do*	*do*	*do*	*bo*
2	*sò*	*sò*	*hwĭ*	*wĭ*	*ha*	*sŏ*	*sŏ*	*sŏ*	*sŏ*
3	*ta*	*ta*	*tă*	*ta*	*ta*	*tă*	*tă*	*ta*	*tă*
4	*ñye*	*kyĭ*	*hĭ*	*hĭ*	*hĭ*	*hĕ*	*ñyĭ*	*hyĭ*	*nhyĭ*
5	*hŭ*	*hŭ*	*hŭ*	*hŭ*	*hun*	*hŏ*	*mŭ*	*nhŭ*	*nhm*
6	*mèlo*	*hŭkrolo*	*hŭ-dò*	*hunodo*	*huna*	*hmledo*	*muñĕdo*	*hmledo*	*hmlegbo*
7	*mèsò*	*hŭ-sò*	*hŭ-hwĭ*	*hunowĭ*	*nepaha*	*hmlesŏ*	*muñĕsŏ*	*hmlesŏ*	*hmlesò*
8	*mèta*	*hŭ-ta*	*brèmvye*	*menehĭ*"	*hapata*	*behĕbehĕ*	*muñĕtă*	*hmleta*	*hmletă*
9	*mènyĭ*	*hŭ·hyĭ*	*ihăndo*	*iledo*	*sèrido*	*siedo*	*sĕpādo*	*hmlekyĭ*	*hmlenhyĭ*
10[1]	*bue*	*ebu*	*pu*	*po*	*po*	*pu*	*pwè*	*blablue*	*vu*

Notes. — 1. Cette numération bakoué est celle des indigènes voisins du moyen Sassandra. Voici une autre numération que Koelle donne comme étant celle des *Gbē*, une tribu qui habiterait au sud des Man ou Manon et au nord-est des Gbassa (peut-être les Pérabo de la mission Hostains-d'Ollone) : *do, sŏ, tă, hyĭ, hm, meledo, melesŏ, meletă, melehyĭ, belabue*; il semble que ce soit plutôt un dialecte gbassa. — 2. M. Thoiré répète le mot : *menehĭ-menehĭ*. — 3. Ces tableaux suffisent pour montrer l'étroite parenté des différents dialectes krou. En réalité deux nombres seulement (quatre et cinq) ont une racine différente en bêté et en bakoué, « quatre » ayant pour racine *na* ou *nwa* en bêté (comparez avec le *nă* des langues agni-assanti, le *nani* des langues mandingues) et *hĭ, hyĭ* ou *ñyĭ* en bakoué, « cinq » ayant pour racine *be, bi* ou *bu* en bêté et *hŭ, mŭ* ou simplement une sorte d'expiration nasale (*hm*) en bakoué. Quant au nombre « un », le *bo* ou *mbo* du bêté n'est qu'un préfixe qu'on retrouve dans les nombres suivants en dyida (*mosò, mota*) et dans le nombre quatre de tous les dialectes bêté, en sorte qu'il reste le radical *lo* qui n'est autre que le *do* des Bakoué, *l* et *d* permutant constamment dans les langues africaines. On peut voir aussi un préfixe dans le *ko* du nombre « dix » bêté (*koba*), *ba* étant en réalité un pluriel de *be* ou *bi*, « cinq », qui, par

la forme *bua* qu'il revêt en bobous, se rattache au *bu*, *pu* ou *pwè*
des dialectes bakoué (comparez avec le *bu*, *pu*, *vu* ou *fu* des langues mandé-fou). Dans tous ces dialectes, la numération est quinaire ; la seule exception se trouve dans les formes abrioui, plaoui
et grébo pour « huit » (*brèmnye*, *menehĭ-menehĭ*, *behĕbehĕ*), où l'on
pourrait voir un redoublement du nombre *hĭ* ou *hĕ* « quatre », et
dans les formes abrioui, plaoui, téoui, grébo et krao pour
« neuf » (*ihăndo*, *iledo*, *sèrido*, *siedo*, *sĕpădo*), où l'on retrouve une
formation très commune dans les langues nègres et qui consiste à
rendre le nombre « neuf » par un mot qui veut dire « encore un »
ou « dix moins un ».

VOCABULAIRES DYIDA, NÉOUOLÉ, ABRIOUI, PLAOUI, TÉOUI ET KRAO [1]

I. — NOMS

	Dyida	Néouolé	Abrioui	Plaoui	Téoui	Krao
11	kogba-bolo	koba-bolo	pu-tuo-dŏ	po-tuo-do	po-ro-do	pwè-le-ndo
12	kogba-mosŏ	koba-sŏ	pu-tuo-hwĭ	po-tuo-wĭ	po-rɔ-ha	pwè le-sŏ
20	goro	gro	ōro	hworo	ōro	wuro
30	goro-a-kogba	gro-a-koba	ōro-tuo-pu	hworo-tuo-po	ōro-ro-po	wuro-le-pwè
40	gore-mosŏ	gre-sŏ	ōre-hwĭ	hwore-wĭ	ōre-ha	wure-sŏ
60	gore-mota	gre-ta	ōre-tā	hwore-ta	ōre-ta	wure-tă
80	gore-mŏna	gre-mūna	ōre-hĭ	hwore-hĭ	ōre-hĭ	wure-ñyĭ
100	gore-mbi	gre-gbe	ōre-hū	hwore-hū	ōre-hū	wure-mū
200 [1]	gorŭ-kogba	gre koba	ōre-pu	hwore-po	ōre-po	wure-pwè
eau	ñyu	ñyu	ñi	ñye	nye	nĭ
mer	ge	gye	tie	hidū	hiro	gyœro
lagune	gbăndana [2]	. . . . .	. . . . .	. . . . .	. . . . .	. . . . .

1. Je n'ai pas cru devoir insister beaucoup sur les dialectes bété, mon ami et
collègue l'administrateur Thomann mettant en ce moment la dernière main à un
travail très complet et très remarquable sur la langue néouolé. Mon court vocabulaire de cette langue n'est destiné qu'à servir de terme de comparaison avec les
autres dialectes.

	Dyida	Néouolé	Abrioui	Plaoui	Téoui	Krao
rivière	*gete*	. . . . .	*nohoro-ñyi*	*neba*	*do*	*niba*
herbe	*gügüre* (A)	. . . . .	. . . . .	. . . . .	. . . . .	*senĩ, burua*
forêt	*lāgo*	*ʎla*	*wĩrĩ*	*wăbo*	*kŏra*	*kora*
soleil	*yŭro*	*yilo*	*yiro*	*hero*	*yĩro*	*gyuro*
lune	*tshyó*	*tsho*	*hŏbo*	*hōpo*	*hobŏ*	*tsho*
village	*du*	*du*	*shŏ*	*deo*	*dyŏ*	*kuro*
homme (être humain)	*nyanŏ*	*ñyŏ*	*ñyŏ*	*nye, ñyŏ*	*nāhŏ'*	*ñye*
homme (mâle mari)	*ntshyoro*	*yule*	*igwe'*	*nyebeo*	*tonai*	*ñyeyu*
femme	*hwonŏ*	*nhwŏnŏ*	*nogba*	*nyeno*	*ñyonŏ'*	*ñyonŏ*
enfant (fils)	*yo*	*yo*	*yu*	*yè*	*yu*	*yu*
chemin	*gugwe*	*ñyezŏ*	*hŭnu*	*hidu*	*hero*	. . . . .
igname	*te*	. . . . .	*ki*	*ki*	*kyi*	*sĩ*
banane (grosse)	*beshi*	. . . . .	*kubè*	*kupo*	*bānana*	*kuwĩ*
maïs	*todo*	. . . . .	. . . . .	*yube'*	. . . . .	*su*
noix de coco	*tabo*	. . . . .	. . . . .	*hakwo*	. . . . .	. . . . .
viande	*mene*	*mlĕ*	*dèwè*	*moma*	*dèhwè*	*soale*
poisson	*ziri*	*zĩri*	*hini*	*kini*	*henyĩ*	*hnĩ*
plantation	*lelokura*	*lagba*	*kye*	*ki*	*ki*	*kri*
maison	*paro*	*ŭro*	*kŏü*	. . . . .	*kayŭ*	*sĕra*
pirogue	*goro*	*golo*	*tŏ*	*tŏ*	*tŏ*	*tŏ*

Notes. — 1. Dans tous ces dialectes, la numération est vigésimale : les expressions *gore, gre, ŏre, hwore, wure* sont les pluriels
du mot qui veut dire « vingt ». — 2. En réalité *Gbăndama* (dont nous
avons fait Bandama) est le nom donné par tous les riverains, jusque
dans le Baoulé, au fleuve de Lahou ou de *Gbănda* ; par extension on
donne le même nom à la lagune formée à l'ouest de son embouchure. — 3. Le mot « homme, être humain » se dit aussi *nye* en
abrioui ; de là viennent les expressions : *nyevè, nivè, nigbe* ou *igwe*
« homme, être mâle » et *nyeno* (ou encore *nogba*) « femme, être
femelle ». — 4. On dirait *yube* pour désigner « un épi de maïs » ou
« du maïs » et *hibo* pour désigner « plusieurs épis de maïs ». —
5. Le radical du mot est *na* ou *nai*, qu'on retrouve dans *tonai* et
dans *nae* (pluriel de *nābo*). — 6. « Femme » se dit aussi *lopobwe* en
téoui.

	Néouolé	Abrioui	Piaoui	Téoui	Krao
terre	dodo	fòdù	toto	toto	bro
feu	koshu	nā	na	na	nè, nĕ
bois (matière)	. . . . . .	tugbè	tu	tubè	tu
arbre	za	tu	tu	te	tu
bois à brûler	gbale	nā-gāla	na-kra	na-gāra	na-gbŭro
feuille	. . . . . .	. . . . . .	hawi, afwi	. . . . . .	kwagi
ciel	lago	ñyeswa	. . . . . .	yāko	tshāku
jour (lumière)	. . . . . .	ñinā	nyenĭ	ñyene	zembati
nuit	. . . . . .	tŏ	to	tòmŭ	wulo
savane	. . . . . .	. . . . . .	. . . . . .	peti	senĭ
sable	. . . . . .	. . . . . .	. . . . . .	. . . . . .	plesŏ
pierre	kyoko	hiò	heyo	hyò	sāwo
montagne	. . . . . .	. . . . . .	doba	togba	. . . . . .
or	shika (A)	segè (A)	sekè (A)	gine	kōri (?)
argent	. . . . . .	wuri	wuli	ure	. . . . . .
fer	lete	predè	orodè	si	bāgela
barre (surf)	gyilākwe	. . . . . .	. . . . . .	. . . . . .	. . . . . .
père	to	bu	ba	bo	mi, bi
mère	nè	de	dü	di	ni
papa	ato	. . . . . .	. . . . . .	. . . . . .	. . . . . .
maman	ma	. . . . . .	. . . . . .	. . . . . .	. . . . . .
fils, fille	yo	yu	yè	yu	yu
frère	nè-a-yo	de-a-yu	de-a-yè	di-a-yu	ni-e-yu
chef	. . . . . .	. . . . . .	nyeka	kwoyŏ	bāleo
chef de village	. . . . . .	. . . . . .	de-konyŏ	dyò-kwoyŏ	. . . . . .
serviteur	. . . . . .	. . . . . .	koyu	ge	kï
Européen	. . . . . .	kubu '	nye-plo '	ñye pŭro '	ñye-pŭlu '
animal	mlè	dèwè	moma	dèhwè	soale
mâle	wa, yule	bye	beo	bye	buro
femelle	ga	gba	gba	gba	gba
petit	yo	yu	yè	kyi	yu
bœuf	mble	bre	bile	bre	ble
taureau	bli-wa	bri-bye	bili-beo	bri-bye	bli-buro
vache	bli-ga	bri-gba	bili-gba	bri-gba	bli-gba
veau	bli-yo	bri-yu	bili-yè	bri-kyi	bli-yu
mouton	blāblè	bable	blablè	blāble	brabre
chèvre	wāre	ūre	ure	ūre	bokro
chien	. . . . . .	. . . . . .	bwe	bwe	gbwe
éléphant	. . . . . .	. . . . . .	dwe	doa	duè
hippopotame	. . . . . .	. . . . . .	nukure	nokure	. . . . . .

	Néouolé	Abrioui	Plaoui	Téoui	Krao
oiseau	……	……	neblè	nobra	nume
poule	kōkwè	hāpe	hapè	hapè	sŏ
œuf (de poule)	kokò-ge	hāpi-ñyenĕ	yiu-wono (?)	hapè-ñyŏ	gĕ
caïman	……	horobè	hodopè	herŏpè	huropè
serpent	……	……	……	here	sebè
poisson	zĭri	hini	hini	henyĭ	hni
singe	……	……	hide	……	gire
igname	……	ki	ki	kyi	sį
banane (grosse)	……	kubè	kupo	bănana	kuɯĭ
manioc	……	sōgŏro	sōlo	sōkŏlo	sogro
taro	……	……	……	……	……
riz	……	kobo	kobo	bln	ko
piment	……	……	pia	pèa	ba
palmier (à huile)	……	iyo	hiyo	yo	tshoyă
amande de palme	……	nwĭ	tè	wi, ni	wĭ
huile de palme	……	ñyenĭ	hyena	ñyana	kină
vin de palme	……	nŏ	nŏ	yo-no	nŭ
viande	mlĕ	dĕwè	moma	dèhwè	soale
sel	gu	ta	ta	ta	tŏ
pain indigène*	……	……	……	hatyekè	frò
sauce	……	……	……	hano	kunu
raphia	……	……	……	kra	……
alcool d'Europe	……	……	……	gini (angl.)	……
tabac	……	……	tamă	……	……
cruche	ñyŭkonde	pòru	nyede	ya	ya, nwă
assiette	ñide	frède	……	priya	popa,pleya
houe	……	……	……	haɑ	kra
coupe-coupe	……	……	towanŏ	prie	pănŏ
couteau	baka	paga	paka	faka	faga
calebasse	……	……	……	……	lapă
pirogue	golo	tò	tò	tò	tŏ
pagaie	ble	wānŏ	wāno	wòro	……
tissu, pagne	lokwe	dānŏ	dānŏ	dānŏ	tăni
vêtement	……	kwède	urauro	……	kendie
perles	……	……	……	kyĭi	kyĭe
caisse	frowa	duble	dukre	doble	broko
siège	kpo	……	bɑta	gbata	wuĭisye
natte	……	……	……	……	fulu
anneau	……	……	……	……	mbole
talisman	……	……	waĕ	……	wè

	Néouolé	Abrioui	Plaoui	Téoui	Krao
statuelle					kurubwe
chapeau	wŭrŭble	nŭre			bāgelă
fusil	bu	pu	pu	pu	pŭ
poudre	bu-mlu	pu-mŭ	pu-nu	pu nŏ	pu·mnŏ
tête	wŭru	lle	lu	lo	dœbo
cheveux	ñi	le-ñyaure	lubo-nyapli	lo-pohwe	nui
yeux	ye	yiro	yie	ie	ñgye
nez	mene	meī	mea	mea	mnʒ
oreille	ñyŭkŭlu	nwā	noa	noa	ndukŭlo
bouche	ne	unto		wŏto	wŏ
dents	gra	ñe	ñyė	ñye	ñye
langue		mè		mè	mè
menton					
cou	blė	pro	polo	pŏro	purā
poitrine	dŭoko	hĭ		kĕre	porŏ
sein		ne		nė	nyīdi
ventre	kpola	kŭri	kudi	kori	kuli
nuque		pro-āke			
dos	gye	ke	ke	ke	
épaule					muma
reins		gbato		gbato	
derrière		mugo	mō	homa	
main	sŏ	davo	dabo	dābŏ	sŏ
— droite	didye-sŏ	didihu	dide-dabo	dide-dābŏ*	
— gauche	komiu-sŏ	kŏmĕna	kariĕni-dabo	kamele-dābŏ	
doigt		gye	gye	giye	gyė
ongle			kwene	konŏ	korŏ
pénis		kĭre		kere	
testicules		mŭrā		ñyanini	
vagin		ñyānŭ		ñini	
cuisse		pŏ	pa	pŏ	botshă
pied	kpŏle	bo	bo	bo	bo
sang		klo, hro		dabro	nyīmo
graisse					
poil	ñi	ñyaure	pupwe	pohwe	nue
peau	kpokpa	kŏgo		kŏ	ku
chose	lė	dė	dė	dė	
fois		dėwŏ		ñyenawo	
jour (date ou durée)		ñināwŏ	ñyenī	ñyanawo	
matin		ñinŏ		ñyeneñyėn	

	Néouolé	Abrioui	Plaoui	Téoui	Krao
soir	. . . . . .	*mŭse*	. . . . . .	*use*	. . . . .
aujourd'hui	. . . . . .	. . . . . .	*kèkè-bo*	*kaka*	*sorato*
hier	. . . . . .	. . . . . .	. . . . . .	*ñyana*	*sorama*
demain	. . . . . .	. . . . . .	*nyana*	. . . . . .	. . . . .
salut	*ayō*	*näöne*	. . . . . .	. . . . . .	. . . . .
bienvenue !	*ayōka*	*näöne-wè*	. . . . . .	. . . . . .	. . . . .
merci	*ayōka*	*näuyo*	. . . . . .	. . . . . .	. . . . .

Notes. — 1. Le mot *Kubu* fait au pluriel *Kubo*. (Comparez en
néouolé *Kubri* « pays des Blancs »). Le mot par lequel les gens des
Béréby se désignent eux-mêmes est *Abri-ñyō* ou *Avri-ñyō*, pluriel
Abri-ñyŭ; ils appellent les gens de Victory *Hwĭle-ñyŭ* ou *Hwĭne-
ñyŭ*, et les Plapo ou gens de Tabou *Horo-ñyŭ* (singulier *Hwĭle-
ñyō*, *Horo-ñyō*). — 2. Les expressions *nye-plo*, *ñye-pŭro*, *ñye-
pŭlu* signifient toutes « homme blanc ». — 3. Par « pain indigène »
il faut entendre la pâte faite de manioc, banane, igname ou riz,
cuit à l'eau et pilé dans le mortier en bois. — 4. Ces diverses
expressions signifient « la main pour manger ».

REMARQUES SUR LES NOMS. — 1° *Composition.* — Dans tous les
dialectes krou, les substantifs composés se forment en mettant le
nom de l'objet possédé après le nom du possesseur; mais il est à
remarquer que ce dernier se met au pluriel, quel que soit le nombre
du substantif composé, ou bien, s'il reste au singulier, il est presque
toujours suivi d'une voyelle (*a* le plus souvent), qui s'intercale
entre les deux éléments du mot composé. — Exemples : en *neyo* :
mble « bœuf », plur. *bli*, donne *bli-wa* « taureau », *bli-ga* « vache »,
bli-yo « veau »; *nè* « mère » et *yo* « fils » donnent *nè-a-yo* « fils de
mère, frère »; — en *abriwi* : *hăpe* « poule », plur. *hăpi*, donne
hăpi-ñyenè « œuf de poule »; *pro* « cou » et *ke* « dos » donnent
pro-ă-ke « le dos du cou, la nuque »; — en *plawi* : *bwe* « chien »,
plur. *bwi*, donne *bwi-yè* « un petit chien »; *dŭ* « mère » donne
de-a-yè « fils de la mère, frère »; — en *tèwi* : *blăble* « mouton »,
plur. *blăbli*, donne *blăbli-gba* « une brebis »; *di* « mère » donne
di-a-yu « fils de mère, frère »; — en *krao* : *ble* « bœuf », plur. *bli*,
bli-yu « un veau »; *ni* « mère », *ni-e-yu* « frère »; *mi* « père »,

mi-e-yu « frère par le père seulement ». (En krao seulement on emploie la voyelle *e* au lieu de la voyelle *a*.)

2° *Rapport de possession ou de dépendance.* — Il s'indique comme nous venons de le voir pour les noms composés, en mettant le premier le nom du possesseur et en le faisant suivre — quoique la règle ne semble pas être absolue — de la voyelle *a* (voyelle *e* en krao). Exemples : en *neyo* : le chapeau de mon père, *ato-a wŭrŭble* ; en *abriwi* : le pied de l'arbre, *tu-a bo* (on dira *ti-bo*, en mettant au plur. le mot *tu* « arbre », pour signifier « un pied d'arbre, une racine », mot composé) ; en *plawi* : la tête de l'éléphant, *due-a lu* ou par contraction *duā lu* ; en *teu̯i* : les hommes du village, *dyò-a nae* ou par contraction *dyā nae* ; en krao : l'eau de la rivière, *niba-e nĭ*.

3° *Pluriel.* — Le pluriel des noms se forme, dans les langues krou, en modifiant la voyelle finale ; ces modifications ne sont pas constantes, cependant on peut dire qu'en général *e* final devient *i* au pluriel, *o* final devient *e* ou *we*. Les substantifs qui ne peuvent pas se nombrer n'ont naturellement pas de pluriel ; certains noms semblent rester toujours invariables. Enfin les noms employés dans un sens collectif gardent généralement la forme du singulier (comme *kyĭ* « des perles » en téoui, *hini* « des poissons » ou « du poisson » en plaoui) ; on forme le nom d'unité en ajoutant à ces mots le terme qui veut dire « enfant, fils » : *kyĭ-yu do* « une perle », *hini-yè do* « un poisson » ; et, si l'on veut exprimer plusieurs unités, on mettra au pluriel ce terme qui caractérise l'unité : *kyĭ-ya hŭ* « cinq perles », *hini-ya po* « dix poissons ». Je note à ce propos que les substantifs prennent la marque du pluriel, au moins le plus souvent, même lorsqu'ils sont suivis d'un nom de nombre ou d'un adjectif indiquant la pluralité, contrairement à ce qui se passe dans beaucoup de langues nègres, notamment celles où le pluriel s'indique par l'addition d'un suffixe.

Voici maintenant quelques exemples de pluriels dans les différents dialectes krou étudiés ici.

Neyo. — *Mble* ou *ble* « bœuf », plur. *bli* ; *wŭre* « chèvre », *wuri* ; *kōkwè* « poule », *kokò* ; *gro* « vingtaine », *grè* ; *ūro* « maison », *hle* ; *ñyŏ* « homme », *ñyüa* ; *Bañyŏ* « un Boboua », plur. *Bañyüa*, ou *Bobo*, plur. *Bobwa* ou *Bobwe* ; *grabo* « pagayeur », plur. « *grabwa* » ; *Kwadyo* « un Kouadia », pl. *Kwadya*.

Abriwi. — *Igwe* « homme », plur. *igwi* ; *bre* « bœuf », *bri* ;

nogba « femme », *nogbe*; *ñyŏ* ou *nye* « homme », *ñyŭ* ou *ñyu*; *kŏü* « maison », *kĕi*; *Kubu* « Européen », *Kubo*; *tu* « arbre », *ti*.

Plawi. — *Bile* « bœuf », plur. *bili* et *bilo*; *bwe* « chien », plur. *bwi* et *bo*; *gba* « femelle », plur. *gbwe*; *beo* « mâle », *bĕ*; *bili-beo* « taureau », *bili-bĕ*; *bubwe* « citron », *bubo*; *due* « éléphant », *do*; *popo* « papillon », *popwe*; *bo* « pied », *hwe*; *urauro* « vêtement », *uraure*; *yè* « fils », *ya*.

Tewi. — *Năbo* ou *ñyŏ* « homme », plur. *nae*; *dyò* « village », *dya*; *bre* « bœuf », *bri*; *blăble* « mouton », *blăbli*; *bwe* « chien », *bwi*; *te* « arbre »), *ti*; *hyò* « pierre », *hea*.

Quelquefois, on forme les noms d'unité à l'aide du suffixe *wò* (en abrioui), *bo* (en plaoui), *wò* (en téoui); dans ce cas, le nom ainsi formé reste invariable au pluriel : *ñină-wò dò* « un jour », *ñină-wò hwĭ* « deux jours »; *dè-wò dò* « une fois », *dè-wò pu* ou *dè pu* « dix fois » (abrioui); — *ñyana-wo do* « un jour », *ñyana-wo hun* « cinq jours » (téoui). C'est ce suffixe *bo* qu'on retrouve dans le mot téoui *năbo* « homme », mais là il se supprime au pluriel et le radical prend la forme *nae*.

II. — ADJECTIFS ET PRONOMS [1]

	Néouolé	Abrioui	Plaoui	Téoui	Krao
blanc	*polo-me*	*pŏvro*	*poapo, plo*	*pŭro*	*pulu*
rouge	*za-le*	*gyŏ*	*dyohŏ*	*huruni*	. . . .
noir	*tri-me*	*irowo*	*irobo*	*gĕro*	*giregbo*
tout, tous	. . . .	*lesè*	*pèpĕ*	. . . .	. . . .
nombreux, beaucoup	*kòkòmle*	*hŏdo,hwòwè*	. . . . . .	. . . .	. . . .
moi (sujet) [2]	*nă,ĕ; mŏ ĕ, ĭ*		*nĕ, ĕ*	*nĭ, nă, ĕ*	*nĕ, nă*
moi (régime)	*mŏ*	*mŏ*	*mŏ*	*mŏ*	*mŏ*
toi (sujet) [3]	*ē, mō*	*ē, ĭ*	*nē, mō*	*ē*	*ē*
toi (régime)	*mō*	*mō*	*mō*	*mŏ*	*mō*
lui, elle (personne) [4]	*ò*	*ò*	*o*	*o*	*ò*
lui (neutre)	*è*	*è*	*ñ*	*è, ă*	*ĕ*
nous, vous [5]	*aa*	*aa*	*ă*	*ā*	. . . .
eux, elles	*aa*	*aa*	*ō, wŭ*	*ō, ä*	. . . .
mon, ma, mes [6]	*nă*	*nă*	*nă*	*nă*	*nă*
ton, ta, tes	*nā*	*nā*	*nā*	*nā*	*nā*
son, sa, ses (possesseur [7] personnel)	*ò*	*ò*	*o*	*o*	*ò*

	Néouolé	Abrioui	Plaoui	Téoui	Krao
son, sa, ses (possesseur neutre)	ė	ė	ȧ	ȧ	ė
notre, votre	aa	aa	$\bar{a}$	$\bar{a}$	. . . .
leur, leurs	aa	aa	wā	$\bar{a}$	. . . .
le mien, à moi"	mŏ kė	mŏ kwe	. . . . .	mŏ ko e	. . . .
le tien, à toi'	mō kė	mō kwe	. . . . .	mō ko e	. . . .
le sien, à lui (possesseur" personnel)	ȯ lė-a-kė	ȯ-kė kwe	. . . . .	o ko e	. . . .
le sien, à lui (possesseur neutre)	ė lė-a-kė	ė-kė kwe	. . . . .	ȧ ko e	. . . .
le nôtre, le vôtre	aa kė	aa kwe	. . . . .	$\bar{a}$ ko e	. . . .
le leur	id.	id.	. . . . .	id.	. . . .
ce, cette, ces	kuro	bo; o	bo	u	. . . .
celui-ci	. . . . .	kā, ñyŏ bo	ñye bo	nābo u	. . . .
ceci, cela	. . . . .	kā	dė bo	dė u	. . . .
qui"	ȯ; ė	o; ė	o; ȧ	o; ė	. . . .
qui?	ñyŏ-gba	sŏ	. . . . .	nā	. . . .
quoi?	ȧ, ï	. . . . . .	dė	dė	. . . .
quel?	gba	. . . . .	. . . .	. . . . .	. . . .

Notes. — 1. Les adjectifs se placent après le substantif, sauf les adjectifs possessifs qui se placent avant; ils restent invariables au pluriel, excepté le démonstratif *bo* (abrioui et plaoui), qui fait *bwe* au pluriel et veut le nom qui le précède au singulier. Les adjectifs qualificatifs proprement dits sont peu nombreux et en général sont remplacés par des verbes : « être bon, être grand », etc. — 2. Le pronom de la 1ʳᵉ personne du singulier a très souvent la même voyelle que celui de la 2ᵉ personne; on les distingue l'un de l'autre par l'intonation : dans les pronoms de la 1ʳᵉ personne (nă, mŏ, ė, ï, nė, nï) la voyelle est toujours brève et prononcée sur une note haute; au contraire dans les pronoms de la 2ᵉ personne (nā, mō, ē) la voyelle est toujours longue et prononcée sur une note basse. — En général on emploie de préférence au présent ou au futur les formes nă, nė, nï et au passé les formes ė, ï, mais, si c'est une règle, elle souffre de nombreuses exceptions; mŏ ne s'emploie comme sujet (en néouolé) que dans quelques cas particuliers. — Très souvent enfin, surtout à la voix négative ou interrogative, on supprime le pronom sujet de la 1ʳᵉ personne. — 3. Le pronom sujet de la 2ᵉ personne du sing. se supprime aussi très souvent, surtout dans les phrases interrogatives et affirmatives. — 4. Les langues krou font une distinction entre les personnes et les choses pour le pronom, sujet ou régime, de la 3ᵉ personne du singulier ; ce pronom, s'il se rapporte à une personne, est *ò* ou *o*, et, s'il se rapporte à une chose, *è* ou *ă*. La même forme sert de sujet et de régime. — 5. Il semble qu'on ne fasse pas de distinction appréciable, au pluriel, entre les trois personnes, sauf peut-être en plaoui et en téoui. — 6. Voir la note 2. — 7. Voir la note 4 ; il est bien entendu que l'adjectif possessif s'accorde en genre, non pas avec le nom qu'il précède, mais avec le nom (exprimé ou non) du possesseur : « sa tête » se dira (en néouolé) *ò wūru* ou *è wūru*, suivant qu'il s'agit de la tête d'un homme ou de celle d'un mouton. — 8. Voir la note 2. — 9. Voir la note 2. — 10. L'expression *ò lè-a-kè* signifie « c'est sa chose » ; voir aussi les notes 4 et 7. — 11. Le pronom conjonctif se remplace par un simple pronom personnel.

III. — LES VERBES

Note. — Dans le tableau qui suit, les verbes sont donnés à leur forme la plus simple, qui est en général celle de l'impératif. Pour les modifications qu'ils peuvent subir, voir le tableau de la conjugaison, et les phrases et exemples.

	Néouolé	Abrioui	Plaoui	Téoui	Krao
aller (qq. part)	*mle, mlě; mo*	*mŏ, mbè; mīnu*	*mo*	*mŏ; mle*	*mu*
s'en aller, partir	*mo; mle*	*mīnu, mīni*	. . . . .	*mo*	*mu*
venir, arriver	*yi*	*di-le*	*di-de*	*di-re*	*gi*
venir de	*wuro*	*ho-re*	. . . . .	. . . . . .	. . . . .
s'arrêter	*nuvo*	*ginăho*	*ñyenăbo*	*ñyinăwo*	*yirădī*
rester debout	id.	id.	id.	id.	id.
s'asseoir	*bòsa*	*prawo*	. . . . .	*gbo*	*kodī*
se lever	*sogru*	*duye*	*duye*	. . . . . .	*dè*
se coucher	*posa*	*pèwo*	*pè*	*pègo*	*pendi*
dormir	*nhwŏ*	*mwī-ne*	*mwe*	*hanomŏ*	*mŏ*

	Néouolé	Abrioui	Plaoui	Téoui	Krao
marcher	nă	. . . .	nă	. . . . . .	mana
courir	breso	gbakyibwe	bakidè	bakyire	kuidye
être (verbe attributif)	ko	nŏ	. . . . .	. . . . . .	. . . . .
être (en un lieu)	ko	nŏ-le	. . . . .	mŏ	. . . . .
manger	li, di, didi	di, dadi	didye	dida	di
boire	mla	nă, nă-re	nă	na	na
frapper	bete	be	bye	biyo	bila
tuer	bla	la	la	la	diwa
mourir	ku	wò	koko	kò-nu	me
ouvrir	ka	kra	. . . . .	kara	. . . . . .
fermer	kla	ka	ka	ka	. . . . . .
prendre	. . . . . .	u	du	gbè	gbe
saisir	. . . . . .	. . . . . .	kaye	. . . . . .	deye, gbò
laisser	. . . . . .	. . . . . .	. . . . .	yebo	. . . . . .
attacher	. . . . . .	. . . . . .	mwa-ne	. . . . . .	. . . . . .
apporter	. . . . . .	ya	hya	. . . . . .	. . . . . .
chercher	. . . . . .	. . . . . .	. . . . .	ndiwo	. . . . . .
appeler	ule	dā	da	da	nda
nommer	. . . . . .	mi-deda	. . . . .	dòn	. . . . . .
voir	ye	ye	ye	ye-ne	gye
entendre	nu	wĭ-nĭ	. . . . .	wĭ-ne	wŭ
comprendre	id.	wĭ-nĭ	. . . . .	id.	id.
connaître	. . . . . .	yi-ni	. . . . .	yè-ne, yè	. . . . . .
avoir	ka	ko	. . . . .	. . . . .	. . . . .
être à (appartenir)	kè	kwe	. . . . .	ko	. . . . .
faire	. . . . . .	. . . . . .	. . . . .	. . . . . .	nu
être fini	. . . . . .	wa	wè-ne	wè-ŏ, wo	. . . . . .
manquer	mlŏ	. . . . . .	. . . . .	. . . . . .	. . . . . .
donner	. . . . . .	ni, ñi	ñye	ñye	ñyè
dire	. . . . . .	ya; pō	. . . . .	. . . . .	. . . . .
parler	. . . . . .	ya	po-toto	. . . . . .	wuru
être bon	na	ne	nyeplo	na	worō-re
être grand	. . . . . .	. . . . . .	. . . . .	bwān	bwa
être petit	. . . . . .	. . . . . .	. . . . .	kyemèn	. . . . . .
être loin	. . . . . .	kŏro-lo	. . . . .	. . . . .	. . . . .
être cher	. . . . . .	po-dye	. . . . .	. . . . .	. . . . .
attendre (verbe actif)	. . . . . .	. . . . . .	pile	. . . . . .	. . . . . .
— (verbe neutre) [Voir « rester debout »]					
couper	. . . . . .	. . . . . .	bè	byètè	kè
casser	. . . . . .	. . . . . .	hyeda	. . . . . .	gira

	Néoulé	Abrioui	Plaoui	Téoui	Krao
vouloir	. . . . . .	. . . .	hwe	. . . . . .	. . . .
aimer	. . . . . .	. . . .	. . . . .	haro-nwă	girè
acheter	. . . . . .	tò-me	. . . . .	to-me	ti-ye
fendre	. . . . . .	. . . .	. . . . .	kiyŏnŏ	. . . . . .
tomber	. . . . . .	. . . .	. . . . .	bewo	berèdi
tirer (fusil)	. . . . . .	. . . . . .	. . . . .	po (pu)	. . . . . .
jeter	. . . . . .	. . . .	pō	po	. . . . . .

LA CONJUGAISON

La conjugaison semble être sujette à bien des irrégularités dans les langues krou. Je donne ci-après un tableau des formes les plus fréquemment employées en néouolé, abrioui, plaoui et téoui, sans aucunement prétendre que ce tableau soit complet ni que ces formes s'appliquent à tous les verbes indistinctement. On remarquera en tout cas qu'il existe une conjugaison spéciale pour les verbes séparables (ces derniers sont indiqués dans le vocabulaire qui précède par un trait d'union placé entre les deux éléments qui composent chacun d'eux).

1° Verbes simples.

	Néouolé	Abrioui	Plaoui	Téoui
partir	mle	mīnu	mo	mo
je pars	nă mle, ĕ mle	ĕ mīnu	nĕ mo	nă mo, ĕ mo
tu pars	mō mle, ē mle	ē mīnu	mo, nē mo	ē mo
il part	ò mle	ò mīnu	o mo	o mo
il part (neutre)	è mle	è mīnu	ă mo	è mo, ă mo
nous partons[1]	aa mle	aa mīnu	ā mo	ā mo
je suis parti	ĕ a mle, ĕ la a mle	ĕ mīnu ne[2]	ĕ mo la	ĕ flye mo, ĕ mo nè[2]
tu es parti	ē a mle, ē la a mle	ē mīnu ne	mo la	ē flye mo, ē mo nè
etc.	etc. etc.	etc.	etc.	etc.
je partirai	ĕ i lè mle	mu ĭ mīnu	ĕ me mo	ĕ nè mo
tu partiras	ē i lè mle	mu ĭ mīnu	mi mo	ē nè mo

	Néouolé	Abrioui	Plaoui	Téoui
il partira	ò i lè mle	mu ò mĭnu	o mi mo	o nè mo
etc.	etc.	etc.	etc.*	etc.
pars	mle	mĭnu	mo	mo
partons	aa ka mle	aa mĭnu	ā mo	ā mo

Notes. — 1. La forme du présent peut aussi s'employer pour le passé et le futur. — 2. La particule *ne* se rencontre aussi sous les formes *le*, *re*, *de* et *ni* ; en général on préfère la forme *ne* ou *ni* après une voyelle nasale ou une syllabe commençant par *n*. — 3. M. Thoiré donne aussi la forme : *ĕ dida mo*, *dida mo*, *ă dida mo*, etc., qui semble signifier « je viens pour partir ».

	Néouolé	Abrioui	Plaoui	Téoui
je ne pars pas	ne mle, mŏ ne mle	ĕ mĭnu be	na mo, nĕ na mo	ĕ dè mo, n dè mo
tu ne pars pas	ne mle, mō ne mle	ē mĭnu be	na mo, nē na mo	ē dè mo
il ne part pas	ò ne mle	ò mĭnu be	o na mo	o dè mo
il ne part pas (neutre)	è ne mle	è mĭnu be	à na mo	è dè mo, a dè mo
nous ne partons pas'	aa ne mle	aa mĭnu be	ā na mo	ā dè mo
je ne suis pas parti	ne a mle	ĕ a mĭnu	?	ĕ ñye dè mo
tu n'es pas parti	ē ne a mle	ē a mĭnu	?	ē ñye dè mo
etc.	etc.	etc.*	?	etc.*
je ne partirai pas	mŏ ne ka mle*	ĕ m mĭnu be	?	ĕ mo a lè
tu ne partiras pas	mō ne ka mle	ē m mĭnu be	?	ē mo a lè
il ne partira pas	ò ne ka mle	ò m mĭnu bè	?	o mo a lè
etc.	etc.	etc.*	?	etc.
ne pars pas	na mle	a mĭnu, ne mĭnu	?	ne mo dè (?)
ne partons pas	aa na mle	aà ne mĭnu	?	ā dè mo

Notes. — 1. La forme du présent peut aussi s'employer pour le passé et le futur. — 2. La forme du passé négatif, en abrioui, peut aussi s'employer pour le présent. — 3. La négation *dè* peut aussi revêtir les formes *rè* ou *lè*. — 4. La particule *m* devient généralement *ñ* devant un *g* ou un *k* et *n* devant toute consonne autre qu'une labiale ou un *m* (devant laquelle elle reste *m*) ou une gutturale. — 5. Cette forme représente, en néouolé, plutôt un subjonctif qu'un futur proprement dit. Il existe encore beaucoup d'autres temps moins fréquemment employés ; on trouvera, dans l'ouvrage de M. Thomann, tous les temps de la langue néouolé.

2° Verbes séparables.

La particule qui termine les verbes séparables à l'infinitif est en général *le*, *de* ou *re* (*ne* après une nasale), plus rarement *ni*, *nu*, *no*, *nĭ*, *ŏ*, *wŏ*, *nwă*, etc. Je prends comme modèle le verbe *di-le*, *di-de* ou *di-re* « venir », dans lequel la particule séparable est *le*, *de* ou *re* ; on verra que cette particule peut se séparer du radical du verbe, se mettre devant lui et même disparaître.

	Abrioui	Plaoui	Téoui
venir	*di-le*	*di-de*	*di-re, di-le*
je viens	*ĕ di-le, n di-le*	*nĕ di-de*	*nă le di, ĕ le di*
tu viens	*ē di-le*	*di-de*	*ē le di*
il vient	*ŏ di-le*	*o di-de*	*o le di*
il vient (neutre)	*ĕ di-le*	*ă di-de*	*ă le di, ĕ le di*
nous venons [1]	*aa di-le*	*ā di-de*	*ū le di*
je suis venu	(comme au présent)	*ĕ di la de*	*ĕ di-re, ĕ ñye di-re*
je viendrai	*mu ĭ di-le*	*ĕ mi de di* [*]	*ĕ le nĕ di*
viens	*di ou di-le*	*di ou di-de*	*di ou di-re*
je ne viens pas	*ĕ n di be le, ĕ n di a le*	?	*ĕ di rĕ e*
je ne suis pas venu	*ĕ̱a di, ĕ di be, ĕ a le di* [*]	?	*ĕ di-re a di, nĭ dĕ di, ĕ ñye dĕ di ou nĭ dĕ le di*
je ne viendrai pas	(comme au présent)	?	*ĕ n di-re a lĕ*
ne viens pas [*]	*a di*	?	*ne di-re dĕ*

Notes. — 1. La forme du présent peut aussi s'employer pour le passé et le futur. — 2. On rencontre aussi la forme *ĕ mi di-de*. —

3. La forme du passé négatif en abrioui peut aussi s'employer pour le présent. — 4. Pour avoir les autres personnes de chaque temps, il suffira de remplacer le pronom sujet de la 1ʳᵉ pers. du singulier par les pronoms convenables. — A la troisième personne, si le sujet est un nom, on n'exprime pas en général le pronom sujet. — Pour la place des régimes par rapport au radical du verbe et aux particules de conjugaison et de négation, voir le paragraphe suivant. — En *krao* on dira : « je pars », *nă mu*, « je ne pars pas » *nĕ se mu*; « j'achète » *nă ti-ye*, « je n'achète pas » *nĕ se ti-ye*, « je n'ai pas acheté », *nĕ se ti re ye*.

PLACE DES RÉGIMES

Il semble qu'on puisse poser en règle générale que, dans les langues krou, le régime se place avant le verbe ; cependant cette règle a besoin d'être précisée dans de nombreux cas particuliers et elle souffre des exceptions.

En *newole*, le substantif régime direct se place en général entre le sujet et le verbe : *aa ñyŏ bla* « ils tuent un homme », *ñyu mla* « boire de l'eau » ; cependant on dit *ka pru* « ouvre la porte », *kla pru* « ferme la porte », *mo ule Bokre*, « va appeler Bokré ». — Le pronom régime de la 1ʳᵉ et de la 2ᵉ personnes du singulier se place après le verbe, les autres pronoms régimes se placent avant : *na bete mŏ* « ne me frappe pas », *n'ĕ ye* « je ne le vois pas ». — Lorsque le verbe est précédé de la particule *a* du passé et qu'il est accompagné d'un régime qui doit se placer avant lui, on met la particule *a* entre le régime et le verbe ; au contraire, la particule *ka* et la négation *ne* veulent le régime après elles ; *ĕ a nu* pour *ĕ ĕ a nu)* « je l'ai compris », *aa ka zri li* « nous mangerons du poisson », *n'ŏ ye* (pour *ĕ ne ŏ ye*) « je ne le vois pas », *n'ŏ a ye* « je ne l'ai pas vu ». — Les régimes indirects de forme simple se placent également avant le verbe, au moins très sõuvent : *aa ka du mo* « allons au village », *du mŏ mle* « je vais au village » (mais on dit mieux *nă mle du*), *ăa-gba wuro?* d'où viens-tu? *gbo mŏ wuro* « je viens de chez moi ». — Le régime infinitif se trouve souvent précédé de la particule *ka* ou *a-ka* : *yi ka lĕ li* ou *yi a-ka lĕ li*

« viens manger quelque chose », *yi a-ka zri li* « viens manger du poisson ».

En *abriwi*, il semble que le régime direct se place indifféremment avant ou après le verbe : *ñi u ni* (eau prends donne) « donne-moi de l'eau », *di man dadi* « viens manger de la nourriture », *ò la ñyŏ* « il a tué un homme », *ò be ò* « il l'a frappé », *a bi o* « ne le frappe pas », *mŏ bo dā ñyŏ bo di-re* (va pour appeler homme ce venir) « va dire à cet homme qu'il vienne »; *ŏ mbè ñi u*, « je vais chercher de l'eau » (je vais eau prendre). — Lorsque le verbe est suivi d'une particule, soit séparable, soit de conjugaison ou de négation, on place en général le régime direct entre le verbe et cette particule : *ē ye è le?* « l'as-tu vu? », *ŏ ye è ne* « je l'ai vu ». — Il semble que le régime indirect se place toujours après le verbe : *ò nŏ-le shò-m* « il est au village ». — Le régime infinitif peut se placer directement après le verbe ; on peut aussi le faire précéder de la particule *bo*, qui, dans certains cas, correspond au *ka* du néouolé : *di man dadi* « viens manger », *mŏ bo dā ñyŏ bo* « va appeler cet homme »; *na bo ne mŏ ï* « ne va pas là » (ne fais pas ne va pas là).

En *plawi*, il semble que le régime se place plutôt après le verbe : « je veux dix pagayeurs », *ŏ hwe blabwe krapo po* » (je veux baleinière pagayeurs dix); « je te donnerai cinq francs », *ŏ ñye mō urie hū*; « apporte-moi du riz », *hya mŏ kobo*; « va aux plantations », *mo ki*; « prends ma chaise », *du nä bata*. — Quant au régime infinitif, il peut ou non être précédé de la particule *bo* : *mo bo pè* « va te coucher », *o hwe mo mue* (pour *o hwe bo mwe*) « il veut dormir »; mais *o hwe dè didye* « il veut manger quelque chose », *o hwe ñye nä* « il veut boire de l'eau » : on voit que dans ce dernier cas, le régime direct se place avant son verbe.

En *tewi* il semble que le régime direct, comme en plaoui, se place après le verbe si ce dernier est seul et avant le verbe si ce dernier est lui-même complément d'un autre verbe : « donne-moi cela » *ñye ndè u* (donne chose cette), « donne-moi un pagne » *ñye ndanŏ*; « viens boire de l'eau » *di nye na*. — De même, à la voix négative, le régime se place en général entre la négation et le verbe, si la négation précède ce dernier : « on n'a tué personne » *o dè nä la* (il ne pas homme tuer). — A la voix interrogative, le régime se place au commencement de la phrase ou après la particule inter-

rogative : « que cherches-tu ? » *dè ndiwo?* (chose cherches?);
« comment appelle-t-on cela ? » *be dè u ā dòn?* (comment chose
cette ils appellent ?). — Lorsqu'on a affaire à un verbe séparable,
il arrive que le pronom régime se place entre le verbe et la particule à la voix négative : « je t'aime », *nă haro-nwă mō* ; « je ne
t'aime pas », *n dè haro mō nwă.*

En *krao* aussi, le régime direct se place après un verbe seul et
avant un verbe complément d'un autre verbe : *nĕ ñyĕ ă mō* « je
te le donne », *nĕ di ko* « je mange du riz », *nĕ na ni* « je bois de
l'eau », *nĕ girĕ mō* « je t'aime » ; *gi nu na* « viens boire du vin de
palme. »

Il est à remarquer que, dans tous ces dialectes, le pronom
régime disparaît souvent, surtout à la 3ª personne, de même
d'ailleurs que le pronom sujet à la 1ʳᵉ et à la 2ª personnes du
singulier.

IV. — PHRASES ET EXEMPLES DIVERS

Dyida. — Viens manger, *mō kyi a-ñka lè li* (toi viens pour chose
manger); donne-moi de l'eau pour boire, *nya mō ñyu ka mō na*
(donne moi eau pour moi boire); dépêchons-nous, *ă ka kpŭra-
kpŭra mō* (nous pour vite-vite aller); allons, *ă ka mō*; va l'appeler,
mō la; attends-moi, *kople mŏ.*

C'est à moi, *nă lè* (ma chose); j'ai du poisson, *zīri nă lè* (poisson
ma chose).

Il est mort, *ò a ku*; il est parti, *ò a mō*; on l'a tué, *ă mbla.*

Parles-tu dyida? *mō kyi Dyidu wore?* (toi parler Dyida langage?); je le parle, *mŏ kyi.*

Je puis faire cela *ñ ka lè a nŏ*; je ne puis pas le faire, *n ta ka nŏ*;
je ne dis rien, *n ta wore kyi* (moi pas parole dire).

Va allumer le feu, *mŏ bura kosu*; va travailler, *mŏ nŏ lobwe* (va
faire travail) ; veux-tu? *ĕ tyo?* je ne veux pas, *nă tyo ta.*

Newole. — Viens manger, *yi ka lè li* ou *yi a-ka lè li* ; viens manger du poisson, *yi a-ka zri li*; viens boire de l'eau, *yi a-ka ñyu
mla.*

Ne me frappe pas, *na bete mŏ*; on a tué un homme, *aa ñyŏ bla*;

il est mort, *ò a ku* ou *ò a mlŏ*. (Cette dernière phrase est une formule polie pour dire que quelqu'un est mort sans se servir du mot qui veut dire « mourir »; elle signifie littéralement : « il a fait défaut. »)

Ouvre la porte, *ka pru* ou *ka ūro ko* (ouvre maison dans); ferme la porte, *kla pru* ou *mble ūro ko*.

Quel est ton nom? *nă ñle ă*? (ton nom quoi? — Le mot *ă* ou *i* est une particule interrogative). Mon nom est Kragbi, *nă ñle Kragbi*.

Va appeler Bokré, *mo ule Bokre*; où vas-tu? *da-gba mle i*? ou *da mle i*? (Le mot *gba* signifie « quel »; *da* « où? », *da-gba* « en quel lieu?) je vais au village, *nă mle du* ou *du mŏ mle*; je vais dans l'intérieur du village, *nă mle du amle*; d'où viens-tu? *da-gba wuro*? je viens de chez moi, *gbo mŏ wuro*. (Le mot *gbo* signifie l'habitation, le home).

Où est-il? *da-gba ò ko*? ou *da kwa*? (pour *da ko a*, *a* interrogatif); il est ici, *ò ko dè*; il est au village, *ò ko du* ou *ò ko du ko*; il est chez lui, *ò ko gbo ko*; il n'est pas ici, *ò ne dè ko*; il n'y en a pas, *dè n'ò ko*.

C'est bon, *è na*; tu parles bien, tu as raison, *nă wole na* (ta parole est bonne); ce n'est pas bon, *è ne na*; tu as tort, *nă wole ñyu* (ta parole est mauvaise); c'est rouge, *è za*; c'est un village, voici le village, *du ko*.

A qui est cela? *ñyŏ gba kè*? ou *ñyŏ gba ka*? (pour *kè a*, *a* interrogatif); c'est à moi, *mŏ kè o*; c'est à toi, *mō kè*; ce n'est pas à moi, je n'en ai pas, *mŏ ne ka*; c'est à cet homme, *ñyŏ ò-lè-a kè*.

As-tu compris? *è a nu*? ou *è a bla nu*? (*è*, le, cela; *a*, particule du passé; *bla*, particule interrogative; *nu*, comprendre); je ne comprends pas, *ne nu*; je n'ai pas compris, *ne a nu*; j'ai compris, *è a nu* (l'ai compris).

Je l'ai vu (en parlant d'une chose). *è a ye*; je ne l'ai pas vu, *ne a ye*, *n'è a ye*; je ne l'ai pas vu (en parlant d'un homme), *n'ò ye*.

Il y a beaucoup d'hommes, *ñyüa kòkòmle aa ko*; les hommes sont nombreux, *ñyüa zu*.

Allons au village, *aa ka du mo* ou *a-ka du mo*.

Abriwi. — Parles-tu abrioui? *i ya Avri-wi* ou *i ya Abri-wi*? je le parle, *è ya*.

Viens, *di-le*; je viens tout de suite, *kele n di-le*; je ne viendrai pas, *ĕ n di be le*; ne va pas là, *na bo ne mŏ ĭ*; reste ici, attends, *ginăho*.

Viens manger, *di man dadi*; je ne mange pas cela, *ĕ n di be dè*; donne-moi de l'eau, *ñi u ni* (eau prends donne); je veux boire, *ĕ hwowo nă*; je ne boirai pas, *ĕ n nă rè*.

Il a tué un homme, *ò la ñyŏ*; il l'a frappé, *ò be ò*; ne le frappe pas, *a be ò*; il est mort, *ò wò-no*; il n'est pas mort, *ò a wò*.

Ouvre les caisses, *kra dubli e*; ferme les caisses, *ka dubli e* (*e* explétif).

Va appeler cet homme, *mŏ bo dă ñyŏ bo di-re* (va pour appeler homme ce venir); qui est-ce? *sŏ nŏ-n' na ò*? où est-il? *tò ò nŏ*? il est au village, *ò nŏ-le shò-m*; il va venir, *mu ò di-re*.

Où vas-tu? *tò mĭnu e*? ou *tē mĭnu e*? (*tē* pour *tō ē*); je vais chercher de l'eau, *ĕ mbè ñi u*; d'où viens-tu? *tò hore*?

C'est bon, *è ne*; ce n'est pas bon, *è a e-ne* ou *è a ne*; c'est loin, *è korŏ-lo*; ce n'est pas loin, *è a lo kŏro*.

C'est à moi, *mŏ kwe* (pour *mŏ ko e*); ce n'est pas à moi, *ñè a ko*; c'est à toi, *mō kwe*; c'est à lui, *kè kwe* (pour *kă è ko e*, à celui-ci il est); ce n'est pas à lui, *è a ko* (il n'est pas); c'est à cet homme, *ñyŏ ŏ kè kwe* (pour *ñyŏ u kă è ko e*).

Comprends-tu? *wĭ-nĭ*? je comprends, *ĕ wĭ-nĭ*; je n'ai pas compris, *ĕ wĭ be*; l'as-tu vu? *ye è le*? je l'ai vu, *ĭ yē ne* (pour *ĭ ye è ne*); regarde, *ye*.

Les hommes sont nombreux, *ñŭ le-hŏ hŏdo*; les bœufs sont nombreux, *bri ă hŏ le de*; il y a beaucoup de maisons, *kè i hŏdo*.

C'est fini, *è wa*; ce n'est pas fini, *a è ve ŏ wè*; tous les hommes sont partis, *ñŭ lesè mĭni*.

Que dis-tu? *wŏ kă pō*? je ne dis rien, *ĭ yă tele kra*; je ne le connais pas, *ĕ a yĭ*; je le connais, *ĕ yĭ-ni*.

Comment appelle-t-on cela? *kă ò mi dè è deda*? (cela il appelle comment son nom?) on l'appelle banane, *kă ò mi kubè deda* (cela il appelle banane nom); va acheter des bananes, *mŏ kubè tò-me leya* (va bananes acheter apporter); combien les vend-on? *kă uri ohŏ mwĭ-tò*? (cela argent combien vendre?) cinquante centimes, *sire kwasi* (demi-shilling); un franc, *sire do*; c'est trop cher, *è podyē do*; ce n'est pas cher, *è a dye po*; je t'en fais cadeau, *ñe dè syŏ u-le*.

Tewi. — C'est blanc, *ă plĭ* ; c'est rouge, *a huruni* ; c'est noir, *ă gĕrŏ* ; c'est bon, *è na-re* ; c'est mauvais, *è ñyene-re* ; c'est loin, *ă ñyene dŏ-wĭ* ; ce n'est pas loin, *a măye* ; c'est grand, *ă bwă-ne* ; c'est petit, *è kyemè-ne* ou *è kyemèn.*

Va l'appeler, *mŏ da* ; ouvre la caisse, *karu doble ye* ; ferme-la, *ka e (ye, e* explétifs) ; viens manger, *di e dida* ; viens boire de l'eau, *di nye na.*

Donne-moi cela, *ñye ndé u* ; donne-moi un pagne, *ñye ndanŏ* ; je ne te le donnerai pas, *nĭ ñyŏ dè mō* ; pourquoi ? *dè ?* (exactement : chose ?) parce que je ne t'aime pas, *n dè haro mō nwă* (« parce que » n'est pas exprimé) ; je t'aime, *nă haro nwă mō.*

Que cherches-tu ? *dè ndiwo ?* je cherche des bananes, *è ndiwo bĭnana* ; j'achèterai du poisson, *nă me-to henyĭ.*

Ils tirent des coups de fusil, *ō po pu* ; ils jettent des pierres, *ō po hea* ; on a tué cinq hommes, *ō la nae hŭ* ; on n'a tué personne, *ō dè nă la.*

Il est mort, *ò kò-nu* ; il n'est pas mort, *ò dè kò* ; c'est fini, *ă wè-ŏ* ; ce n'est pas fini, *dè wŏ wè.*

As-tu compris ? *ē wĭ-ne ?* j'ai compris, *ĕ ñyi wĭ-ne* ; je n'ai pas compris, *ĕ ñyi nè wĭ.*

Regarde, *tărera* ; l'as-tu vu ? *ē ye-ne ?* je n'ai pas vu, *ñye rè ye.*

Comment appelle-t-on cela ? *be dè u ă dòn ?* ou *be ă dòn ?* je ne sais pas, *ĕ ñye dè yè* ; je le connais, *ĕ yè-ne.*

Où est-il ? *năn ă mŏ ?* il est ici, *kĕ ă nu mŏ* ; il n'est pas ici, *ă dè mŏ ne* ; il est parti au village, *dyò-mle dyam* (l'analyse de cette phrase m'échappe).

A qui cette chose ? *nă ko dè u ?* c'est à moi, *mŏ ko e.*

Il va venir, *ò le nè di* ; il vient maintenant, il est en train de venir, *kaka di ka le di* (maintenant venir pour venir) ; il viendra demain, *ò ña di ña le di* (lui demain venir demain venir) ; il ne viendra pas demain, *ò ña n di rè ña le* ; il est enfin venu, *ò di-re è wo* (il est venu c'est fini) ; il n'est pas encore venu, *ò di-re a di.*

CHAPITRE III

Les langues agni-assanti.

Les langues agni-assanti sont parlées dans une très vaste étendue de territoire comprise, d'une façon générale, entre la Volta à l'est et le Bandama à l'ouest, et entre la côte au sud et le 8° degré de latitude au nord ; elles débordent légèrement sur la rive orientale de la basse Volta dans les régions d'Ahouamou et d'Anoum et dans celle de Krakyi ou Kratyé et sur la rive occidentale du Bandama-Blanc dans la région des Yohouré et des Kodé. D'autre part, la région d'Adan ou Addah et de Gan ou Accra, située à l'ouest de l'embouchure de la Volta, est habitée par deux tribus dont le langage ne se rattache que d'assez loin à la famille des langues agni-assanti ; à la Côte d'Ivoire, entre Assinie et le Bandama, cette famille ne s'étend pas jusqu'à la mer et en est séparée par les peuplades des lagunes, que nous avons étudiées dans le premier chapitre. Quant à la limite nord, si elle dépasse un peu le 8° degré aux environs de Kintampo, elle le suit à peu près constamment de Bondoukou jusqu'au Bandama.

A défaut de nom de famille connu des indigènes, j'ai conservé à ce groupement le nom d'agni-assanti, qui rappelle celui de l'une des langues principales (la langue *añi*) et celui de l'une des tribus les plus connues (les *Asănti* ou *Asănte*, nom que nous prononçons à tort Achanti). Je dois dire pour mémoire que tous les peuples de cette famille sont appelés par les Mandingues du nom générique de *Tŏ* ou *Tŏ-ñga* (gens de Ton).

Dans un ouvrage paru précédemment [1], j'ai cherché à expliquer les origines et la répartition des diverses tribus qui composent la

---

1. *Essai de manuel de la langue agni.* Paris, 1901, in-8.

famille agni-assanti ; j'ai laissé échapper dans ce travail plusieurs erreurs que je tiens à relever aujourd'hui, les informations nouvelles recueillies au cours de mon dernier voyage m'ayant permis de reconnaître ces erreurs et de les corriger.

C'est ainsi que (page 183), après avoir dit que tout me portait à croire que le pays d'origine des Agni-Assanti était le Dagomba, le Gondja et le sud du Gourounsi et du Lobi, j'ajoutais qu'actuellement encore « le sud du Dagomba est peuplé d'indigènes de famille et de langue agni-achanti « et qu' « il en est de même du Gondja, dont le nom indigène est précisément *Nta* ou *Nda* », nom que je donne à la tribu souche de la famille. Or ces deux dernières assertions sont erronées.

Je continue à penser que le pays d'origine de la famille agni-assanti devait se trouver sur les rives de la Volta, dans le sud du Dagomba et du Gondja, et que la tribu mère de cette famille portait effectivement le nom de *Nta* ou *Nda*. Mais il convient de remarquer que les pays actuellement appelés *Nta* par les Assanti et les Koranza et qui comprennent une partie du Gondja et la région de Bôlé ou Boualé, sont habités par des gens (*Gbanyă* selon qu'ils se nomment eux-mêmes, *Nta-fo* comme les appellent les Assanti) qui appartiennent à une famille ethnique et linguistique tout à fait différente de la famille agni-assanti et apparentée de fort près à la famille dont font partie les Mossi ; à cette dernière famille aussi se rattachent les habitants du Dagomba. Si les dialectes des Assanti, des Koranza et des Abron sont parlés assez couramment chez les Gbanyan ou Ntafo du sud, ils ne le sont qu'en tant que langues étrangères, et par suite de la domination temporaire exercée par des tribus agni-assanti sur cette région, ainsi que par suite des relations commerciales existant entre les Gbanyan et les Koranza. Mais la langue indigène des Gbanyan ou Ntafo, aussi bien à Bôlé qu'à Saluga, est complètement différente des langues agni-assanti. C'est ainsi que les rudiments de vocabulaires que j'ai donnés (page 214) sous les noms de *nta* et de *gbanye* sont à rattacher à la famille mossi-gourounsi.

Si donc il est possible que, primitivement, les autochtones des pays Gbanyan ou Gondja aient constitué une tribu dont le vrai nom aurait été *Nta* ou *Nda*, et qu'ils aient émigré vers le sud, par suite des invasions de la famille mossi-gourounsi, pour consti-

luer, par leur union avec diverses peuplades de la forêt, la famille
agni-assanti, il reste établi que ce que j'appelais « le groupe *nta*
de la famille agni-assanti » doit être supprimé.

Il en est de même de ce que j'appelais (page 191) « le groupe du
nord-ouest », dans lequel je rangeais (page 192) les Dian-né du
nord du Lobi, les Gan-né du sud du Lobi, les Komono de la haute
Comoé, les Dorhossyè qui sont au nord des Komono, les Tyéfo
de la région de Bobo-Dioulasso et les Myorou de Kong : je suis
maintenant absolument certain que les Dian-né ou mieux *Dyă* ou
Dyăn de Diébougou et les Gan-né ou mieux *Gă* de Lorhosso, dont
je publie plus loin des vocabulaires, appartiennent à la famille
mossi-gourounsi ; quant aux Komono, Dorhossyè, Tyéfo et Myorou,
les informations que je possède à leur sujet sont encore bien peu
précises, mais, quoique les Mandingues leur donnent souvent le
même nom de *Tŏ* qu'aux Agni-Assanti, je crois être en droit de
supposer qu'il convient de rattacher les Komono à la famille sénoufo, et les Dorhossyè, Tyéfo, Myorou et Karaboro à la famille
mossi-gourounsi.

Les groupes que j'appelais « gouan » et « akan » n'en forment
en réalité qu'un seul, auquel l'appellation de *kyi* ou *okyi* ou *otshi,*
connue de la plupart des tribus, convient mieux que les dénomi-
nations trop particulières de « gouan » et d'« akan ». Mais je dois
faire observer que j'avais tort (page 187) d'identifier le nom de *Gwă*
donné parfois aux habitants du Gondja avec le nom des *Gwă* de
la basse Volta : la première de ces appellations n'est qu'une altération du nom indigène *Gbanyă*. De plus j'avais tort de ranger
dans mon groupe « gouan » les Guioma ou Diammou et de les
identifier avec les Pantara (page 193) ; il y a là une double confusion : les Guioma ou Diammou, dont le vrai nom est *Degha*, sont
en effet d'origine gourounga, mais, quoique un certain nombre
d'entre eux comprennent le dialecte abron, ils ont conservé leur
langue, qui appartient franchement à la famille mossi-gourounsi ;
quant aux Pantara, dont le vrai nom est *Nafăna*, ce sont des Sénoufo, et leur langue est un dialecte sénoufo, bien que les dialectes abron et assanti soient assez répandus chez eux à cause de
la conquête ancienne de leur pays par les Abron et les Assanti.
Enfin il est de mon devoir de dire que j'avais fait une confusion
regrettable entre les *Kulăgo*, autochtones ou tout au moins très

anciens habitants de la région sud, ouest et nord de Bondoukou, et les *Abrŏ* ou *Gyamä*, qui en ont fait leurs vassaux et qui sont des *Kyi* tout à fait purs, très voisins des Assanti : les langues koulango et abron existent concurremment, très différentes, et s'il est vrai que beaucoup de Koulango parlent abron et que beaucoup d'Abron parlent koulango, on ne peut pas dire que la langue abron ait été fortement modifiée par le koulango, comme je l'ai avancé à tort (page 193). C'est ainsi que le rudiment de vocabulaire que j'ai donné page 214 sous le nom de « gaman » est en réalité du mauvais koulango et, comme tel, trouverait sa place, non dans la famille agni-achanti, mais plutôt dans un rameau éloigné de la famille mossi-gourounsi.

Les langues *gă* (Accra) et *adă-gbe* (parlée dans l'*Adă-me* ou pays d'*Adă* ou Addah) ont bien quelques liens de parenté avec les langues agni-assanti, mais, en réalité, elles constituent un groupe à part, intermédiaire entre la famille agni-assanti et la famille éhoué (cette dernière comprenant, entre autres dialectes, le *fŏ-gbe* ou dahoméen).

Quant à ce que j'appelais le groupe « kouakoua » ou des lagunes, on a vu dans le 1er chapitre du présent ouvrage que les tribus qui parlent les langues de ce groupe, si elles ont subi une influence agni-assanti plus ou moins caractérisée, peuvent difficilement être rattachées à la famille agni assanti et procèdent peut-être elles-mêmes de plusieurs familles distinctes.

Ceci étant posé, il se trouve que la famille des langues agni-assanti, au lieu de comprendre huit groupes comme je le disais dans mon *Manuel Agni*, ne renferme en réalité que trois groupes bien caractérisés parlant chacun une langue spéciale qui se subdivise elle-même en plusieurs dialectes d'ailleurs très voisins les uns des autres. Ces trois langues sont : le *kyi* ou *okyi*, le *zenia* et l'*añi*.

A. *Kyi* ou *Okyi*.

La langue *kyi* ou *okyi* est parlée par 23 tribus principales, dont plusieurs comprennent elles-mêmes chacune un certain nombre de sous-tribus ; on pourrait dire que chaque tribu a son dialecte, mais, en ne tenant pas compte de certains idiotismes locaux ni de nuances insignifiantes de prononciation, on peut réduire à six le nombre des dialectes de la langue kyi; en voici l'énumération, avec l'indication des tribus qui parlent chacun d'eux, en allant de l'est à l'ouest et du sud au nord :

1° Le premier dialecte est parlé par les *Awutu* (ou *Obutu*), qui habitent sur la côte à l'ouest des Gan d'Accra, entre la rivière Densou ou Oumo et la rivière de Fettah, et, avec quelques différences, par les *Gomwa* (ou *Dwoma*), qui leur font suite de Fettah exclus jusqu'à Douoma inclus (région de Winnebah). Ce dialecte renferme un certain nombre d'impuretés dues à l'influence des anciens parlers autochtones et de la langue gan.

2° Le deuxième dialecte, auquel on peut donner le nom de dialecte *fanti*, est parlé par les *Fanti* (ou *Fāndi*) proprement dits, qui habitent le long de la côte entre le cap de Touam ou Tantam et l'embouchure du Pra (région d'Anamabou, Cape-Coast ou Ogoua, Elmina, Commendah), et ont des colonies à l'ouest du Pra à Tchama et Sekondi ; les *Asini* (ou *Asin* ou *Asini-Fufu*), qui habitent au nord des Fanti, entre la rivière Ayensou à l'est et les Kyéfo à l'ouest; les *Kyefo* (ou *Kyifu*, ou *Tiefo*, dits aussi Toufel), qui sont à cheval sur le Pra, au nord des Fanti, et que j'avais rangés à tort, je crois (page 195 du *Manuel ugni*), dans le groupe zéma ; les *Wasa* ou *Wasò* (Wassaw ou Warsah), qui habitent au nord des Ahanta, entre les Kyéfo à l'est et la rivière Ankobra à l'ouest et que j'avais également rangés à tort parmi les Zéma. Le dialecte fanti est très répandu sur toute la côte d'Accra à Grand-Lahou et dans les exploitations caoutchoutifères de la forêt, à cause de l'esprit d'entreprise et d'émigration des Fanti.

3° Le troisième dialecte est parlé : par les *Akwamu* (ou Akouambou), qui habitent la région de Kpong, sur les deux rives de la Volta, au nord du coude que fait ce fleuve vers l'est avant d'aller se jeter à la mer; les *Akwapim*, qui habitent au nord des Gan, entre le coude de la Volta dont il vient d'être question, à l'est, et la rivière Oumo, à l'ouest; les *Akim* (ou *Akyi*), qui habitent au nord des Oboulou et au nord-est des Assini entre les Akouapim et le Pra.

4° Le quatrième dialecte est parlé par les *Anoum*, qui habitent une petite région à l'est de la Volta et au nord des Akouamou, et par les *Latè*, qui sont dispersés au milieu des Akouapim, notamment dans la région de Kyérépong. Comme le premier, ce dialecte renferme un certain nombre d'impuretés dues à l'influence des anciens parlers autochtones.

5° Le cinquième dialecte, qu'on pourrait appeler le dialecte *asanti*, est parlé : par les *Adansi*, qui habitent entre le Pra et la rivière Da, à l'ouest des Akim, au nord des Assini et des Kyéfo, et au sud des Assanti et des Aafo ; les *Deñgira* (Dankira ou Denkera), qui habitent au nord des Ouassa, entre l'Ofim (affluent du Pra) et la Tano, et que j'avais rangés à tort dans le groupe zéma ; les *Amansi*, qui habitent au sud-est des Aafo et des Assanti le long de la rivière Ouéré (affluent du Pra) ; les *Asanti* proprement dits (Assanti, vulgairement Achanti, appelés *Asăndrè* ou *Zăndere* par les Agni de l'est, *Aa* par les Baoulé, *Kambosi* par les gens du Dagomba), qui n'habitent à proprement parler que la ville de *Kumăsi*[1] (vulgairement Coumassie) et ses faubourgs directs, mais ont rayonné, par leurs conquêtes et leur influence politique, sur la plupart des tribus comprises entre la Volta et la Comoé, de la mer à la Volta Noire ; les *Aafo* (ou *Ahafo* ou *Aa*), qui habitent la région dite « Achanti » dont Koumau-si est le centre, entre le Pra à l'est et la Tano à l'ouest, ainsi que quelques villages à l'ouest de la Tano (notamment Adabokrou et Diabakrou sur la route de Débissou à Ouâmé ou Pâmou), ayant pour voisins à l'est les Okouaou et les Amansi, au sud les Adansi, les Denguira et les Assayé, à l'ouest la grande forêt de l'Akonan-nzan et les Agni-Bonna, au nord les Abron de l'est, les Ntakima et les Doma, et au milieu d'eux les Assanti. Ce dialecte est très répandu, notamment dans les exploitations caoutchoutifères qui avoisinent la frontière franco-anglaise, à cause de l'esprit d'entreprise des Assanti et des Aafo, et des émigrations occasionnées par les guerres faites aux Assanti par les Anglais.

6° Le sixième dialecte, qu'on pourrait appeler le dialecte *abrŏ*, est parlé, avec quelques modifications spéciales à chaque tribu, par : les *Krakye* ou *Krakyi*, qui habitent la région de Krakyé ou

---

1. On a donné comme étymologie du nom de *Kumă-sí* la traduction « derrière le trou » (*Kumă-sj*), à cause d'une mare voisine de la ville ; les Assanti eux-mêmes disent que ce nom vient de celui d'une idole à figure humaine, appelée *Kumă*, qu'on conservait dans la ville et qui la protégeait : d'où *Kumă-sí* (en agni on dirait *Kumă-su*), « le lieu de Kouman ». Cette idole a été détruite par l'armée anglaise.

Kratyé, dans le Togo allemand, à l'est de la Volta, entre ce fleuve et son confluent l'Oti; les *Okwau* ou *Kwau* (dits aussi *Amina*), qui habitent la vaste région comprise entre la Volta à l'est, les Assanti et Aafo à l'ouest, les Akim au sud et les Abron de l'est au nord; les *Abrŏ* ou *Brŏ* de l'est (Brong sur les cartes), qui habitent la région d'Ataboubou, entre la Volta à l'est, les Ntakima à l'ouest, les Okouaou au sud et la rivière Prou au nord; les *Koranza*, qui habitent entre le Prou et la Volta Noire, autour de Kintampo, dont la population citadine est surtout haoussa; les *Ntakima*, qui habitent au sud des Koranza, dans la région de *Wonki*, séparent les Abron de l'est des Abron de l'ouest; les *Domna* ou *Doma*, qui habitent la région de Ouâmé ou Pâmou, près et à l'est de la frontière franco-anglaise, entre les Aafo et les Agni-Bonna au sud, les Abron de l'ouest à l'ouest et au nord, les Ntakima et les Aafo à l'est · enfin les *Abrŏ* ou *Brŏ* de l'ouest, ou *Gyamŏ*, qui habitent dans la région comprise entre les Doma et les Ntakima à l'est, la Comoé à l'ouest, les Agni-Bonna, les Agni-Sikassoufoué et les Agni-Binié au sud, et le parallèle passant par Bondoukou (ou à peu près) au nord, région dans laquelle ils ne forment guère d'ailleurs que la minorité, au milieu de leurs vassaux Koulango, Agni, Nafâna, Gbin, Dyoula, etc., mais où leur dialecte est généralement compris et parlé, en outre du koulango et des autres langues.

Peut-être aussi conviendrait-il de ranger dans le groupe kyi les *Oti* ou *Okyi*, qui habitent à l'est du Pako, affluent oriental de la Volta, entre cette rivière et le poste allemand de Bismarckburg, mais je n'ai pas assez de renseignements sur eux pour me prononcer à ce sujet.

Note historique. — Je ne m'étendrai pas sur les migrations et l'histoire des Kyi, renvoyant le lecteur à ce que j'en ai dit dans mon *Essai de manuel de la langue agni* (septième partie), en tenant compte des corrections faites plus haut. Je dirai seulement que, d'après des informations recueillies en 1903 à Bondoukou auprès d'un parent de *Prempe*, dernier roi des Assanti, il résulterait que le sixième souverain de cette tribu était bien un homme, comme le disent Reindorf et Bowdich, et non une femme, comme je l'avais supposé : il s'appelait *Kwasi-Bwadumu* et était le neveu ou le frère d'*Apoku-Ware*, son prédécesseur. Quant au 13ᵉ roi, son vrai nom serait *Agyumani-Karikari* et non Kofi-Karikari. Enfin le 15°, prédécesseur de Prempé, s'appelait *Añima-Kofi*, plutôt que Kouakou-Doua-Kouman.

Voici maintenant, d'après des traditions recueillies à Bondoukou et des documents écrits en arabe fournis par l'imâm de cette ville, quelques notes sur l'histoire des Doma et des Abron; ces notes rectifient en partie et complètent ce qui est dit des Abron et de Bondoukou aux pages 193, 204 et 205 du *Manuel Agni*.

Peu après l'installation des Dyoula à Bondoukou, c'est-à-dire vraisemblablement au xv° siècle de notre ère et environ 200 ans avant la fondation de Kouman-si, une guerre éclata entre les Assanti et les Abron ou Bron de l'est. Une partie de ces derniers se réfugièrent dans le pays des Okouaou ou Kouaou. Mais, repoussés par les Okouaou, ils reprirent vers l'ouest leur mouvement d'émigration et se fixèrent quelque temps à *Nzüta*, au nord-ouest de Kouman-si, sur les bords de la haute Tano. Inquiétés encore par les Assanti, ils s'avancèrent jusque sur les bords de la rivière Kpan-mou ou Pâmou, au lieu connu aujourd'hui sous le nom de *Wăme*, *Wam* ou *Pămu*. Là ils se séparèrent en deux fractions, dont l'une, demeurant à Ouâmé, y devint la tribu des *Doma* ou *Domna-fo*, qui y habite encore.

L'autre fraction quitta les Doma[1] sous la conduite d'un chef nommé Adou-Bini, et se rendit d'abord à Yakassé, village situé près et à l'est de Dadiassi, au sud de Bondoukou. Bientôt Adou-Bini plaça sous sa suzeraineté les Nafâna et les Gbin, autochtones du pays, puis les Dyoula de Bondoukou ; il acheva de détruire Bégho, vieille ville musulmane située près du coude de la Volta Noire, non loin de l'emplacement actuel de Foughoula, et d'où les Dyoula étaient venus; puis, aidé des Nafâna, il réduisit à l'état de vassaux les Koulango établis au sud et à l'ouest de Bondoukou, et se fit reconnaître roi de toute la région s'étendant d'Assikasso ou Agni-Blé-krou au sud jusqu'à Tambi au nord, et de la Comoé à l'ouest jusqu'aux Doma et Ntakima à l'est, avec Bondoukou comme capitale. Cette région, connue jusque-là sous le nom d'*Awasu* ou *Awòsu* (pays désert, ou pays des calebasses), fut dès lors désignée par le nom de ses conquérants, *Borŏ*, *Brŏ*, *Abrŏ*

---

1. J'ai dit (p. 193 du *Manuel agni*) que les Nta avaient séjourné chez les Guioma avant d'arriver à Bondoukou : c'est « chez les Doma » qu'il faut lire.

ou *A bonŏ*, mais les Assanti lui donnèrent le nom de *Gyamă* (Gaman ou Jaman des cartes anglaises) pour la distinguer du Bron ou Abron de l'est. Les vrais Abron sont en minorité dans cette région, qui comprend encore le Barabo et le Siangui ; les vassaux Koulango y sont bien plus nombreux que leurs maîtres. Mais l'autorité des Abron est réelle et leur langue, qui est très voisine du dialecte assanti, est comprise par quelques Koulango et Dyoula, et par la majorité des Nafâna. Les Abron sont appelés *Boghăbo* par los Koulango.

Adou-Bini dut mourir vers 1450. Ses successeurs furent choisis dans sa famille, qu'on appelle la famille *Yakase*, en souvenir du village où Adou-Bini s'était d'abord établi[1]. Sous le règne d'*Abo*, dixième roi de l'Abron, ce pays fut envahi par les Assanti, conduits par *Apoku-Ware*, deuxième roi de Kouman-si (1745). Abo, avec ses guerriers et les Dyoula, se réfugia à Kong, où le roi assanti le poursuivit, se le fit se livrer par la mère du roi de Kong, alors absent, et le mit à mort (1746). Ensuite Apokou-Ouaré retourna à Kouman-si, apres avoir installé comme roi de l'Abron un Assanti nommé *Koŝi-Sono*. A la mort de ce dernier (1760 ou 1770), les notables du pays, craignant d'indisposer le roi de Kouman-si en élevant au trône un héritier d'Abo et ne voulant pas d'autre part obéir à un Assanti, choisirent comme roi un notable nommé *Agyumani*, qui appartenait à une fraction de la tribu agni des Bonna, fraction établie dans les monts *Zăză*, au sud de Bondoukou, où se trouvent les sépultures des rois. A partir de cette date, les rois de l'Abron furent choisis alternativement, quoique sans régularité absolue dans l'alternance, tantôt dans la famille Yakassé, d'origine abron, tantôt dans la famille dite Zanzan, d'origine agni mais abron d'élection.

Adingra-Kadyo, quatorzième roi de l'abron, ayant refusé de payer tribut à *Toto-Kwamna-Bonsu*, roi des Assanti, sur les conseils d'une femme mandé nommée Niankoura qu'il avait épousée, Toto-Kouamna-Bonsou envahit l'Abron ; le roi Adingra fut tué (1820) ; les Dyoula de Bondoukou se réfugièrent à Mango ou Grou-

---

1. Il est à remarquer que, bien que Bondoukou soit la vraie capitale de l'Abron, où s'accomplissent les cérémonies funéraires et l'élection des rois, ces derniers choisirent toujours pour résidence un petit village à quelque distance de la ville.

mânia, sur la Comoé, et se mirent sous la protection de *Ndya-Ane*, roi de Mango et des Binié. Les Assanti se retirèrent de l'Abron sans autre résultat que quelques fructueuses razzias, et la capture du tabouret en partie couvert de feuilles d'or qui servait à l'investiture des rois de l'Abron et qui servit depuis à celle des rois de Kouman-si. C'est le désir du gouverneur anglais Hodgson de s'emparer de ce tabouret qui occasionna la dernière guerre des Assanti avec les Anglais. Depuis, les Abron construisirent un tabouret semblable à celui que leur avaient pris les Assanti et ils s'en servent encore aujourd'hui. Quant au roi de Mango, une fois la guerre finie, il refusa de laisser les Dyoula retourner à Bondoukou. *Fofie*, successeur d'Adingra, s'en fut les réclamer les armes à la main et trouva la mort dans une bataille près de la Comoé (1830). Mais, malgré la mort de leur roi, il semble que les Abron eurent le dessus, car les Dyoula purent revenir chez eux.

En 1882, sous les règnes d'*Agyumani* dans l'Abron et de *Mensa Bonsu* dans l'Assanti, des commerçants abron ayant été dépouillés à Banda (au nord-est de Bondoukou), à l'instigation de chefs ntakima et assanti, les Abron attaquèrent Ouonki dans le Ntakima et y firent 50 prisonniers ; le roi de Kouman-si envoya des troupes à la frontière de l'Abron et implora l'assistance du gouvernement anglais ; mais les hostilités n'allèrent pas plus loin, et le capitaine anglais Lonsdale, envoyé par son gouvernement, se contenta de promettre que les autorités britanniques s'occuperaient de régler l'affaire dont il ne fut plus question.

Les événements qui suivirent peuvent se résumer ainsi : visite de Treich-Laplène à Bondoukou en 1888 et traité passé par lui avec le roi Aguioumani ; 1ᵉ visite de M. Binger en 1889, sa 2ᵉ visite en 1892 ; arrivée de *Burama-Watara*, roi du Guimini, qui, voyant Samori envahir son pays, se réfugie auprès d'Aguioumani (1895) ; attaque des Abron par Samori qui venait de prendre Mango et résistance victorieuse organisée par le chef abron *Kwadyo-Agyumani* ; entrée à Bondoukou de Sarankyè-Mori, venant de de Bouna (juillet 1895) ; arrivée du colonel anglais Northcott devant Bondoukou, fuite des Sofa conduits par Bakari et départ des Anglais (1896) ; mort du roi Aguioumani (1897) ; fondation du poste de Bondoukou par M. Clozel et M. Lamblin (1897) ; apaisement d'un commencement de révolte de quelques chefs abron par

le capitaine Benquey et avènement du roi Kouadio-Eboua (1898) ;
mort de ce dernier, à la suite d'une chute de cheval, et élection
d'Amenguina (1902).

Voici maintenant, d'après les traditions écrites des musulmans
de Bondoukou, la liste des rois de l'Abron :

1° *Adu-Bini* ou *Adu-Biri* ou *Adu-Binye* (1450 ?) أَدُ بِنِ

2° *Biri-Ebwa* بِرْيَبَاه

3° *Yebwa-Fari* ou *Ebwa-Fari* يَبَاه فَرِ

4° *Sakuriye* سَكُرِيى

5° *Bwadu-Agyumani* [1] بَدُ أَجْمَنِ

6° *Bofu-Bini* بُ فُ بِنِ

7° *Tarudati* تَرُدَتِ

8° *Adiñgra-Banini* أَدِغَرَ بَنِنِ

9° *Biri-Kofi-Banini* بِرَكُوبِ بَنِنِ

10° *Abo* (1720-46) أَبُ

11° *Kofi-Sono* (1746-60) كُوَمُن

12° *Agyumani* (1760-90) أَجْمَنِ

13° *Biri-Kofi-Kadyo* (1790-1810) بِرِ كُوبِ كَدِوُ

14° *Adiñgra-Kodyo* (1810-20) أَدْغَرَ كَـذِوُ

15° *Fofie* (1820-30) بُوبِ

16° *Kwasi-Ebwa* (1830-50) كُوص يَبُو

---

1. Ce nom *Agyumani* ou *Agyumane*, que les Anglais écrivent « Arjumani »
comme ils écrivent Warsaw pour *Waso* et Tarkua pour *Takwa*, ne vient pas, comme
on l'a dit, de l'arabe *al-djum'a* « Vendredi » ; c'est le nom d'un génie dont le culte
est répandu chez la plupart des tribus Agni-Assanti.

17° *Agyumani* (1850-97)   أَجُمَن

18° *Kwadyo-Ebwa* (1898-1902)   كُوجِيبو

19° *Amangina* (1902-...)   أَمَجِن

B. *Zema.*

Réduit ainsi que je l'ai expliqué plus haut, le groupe zéma ou « apollonien » ne comprend que deux dialectes :

1° Le *Zema* proprement dit, parlé par les *Zema* ou *Amanaya* (appelés *Zimba* par les Mandé, *Aüa* par les gens d'Assinie, *Gura* par les Fanti, *Asoko* par les Baoulé, « Apolloniens » par les Européens), qui occupent la région côtière comprise entre la rivière Ankobra et Assinie (centre principal Béyini ou Beyin), limités au nord par les Agni-Bouressya, les Agni-Arissyin et la lagune d'Abi, habitent aussi la rive nord de la lagune Tano (Frambo, Zobénou, Nguiémé, Adima, etc.) et ont des colonies assez nombreuses le long de la côte depuis Assinie jusqu'à Lahou (notamment à Assinie, à Mohamé, à Grand-Bassam, à Jacqueville, à Lahou), dans la région des lagunes (à Abi, Krinjabo, Bonoua, Abra, Mouossou), chez les Agni de l'est (à Bettié, à Atakrou), et chez les Baoulé (à Tiassalé, Toumodi, Kokoumbo, etc.); c'est le zéma qui est la langue usuelle à Grand-Bassam et à Mouossou;

2° L'*Aanta*, parlé dans la région d'Axim et de Dixcove, entre l'embouchure de l'Ankobra et Sekondi, au sud des Ouassa.

C. *Ani.*

Les Agni (appelés *Awõñüi* par les Assanti, *Aowim* par les Fanti, *Bonnaï* ou *Monnèi-fo* par les Abron), occupent à peu près la moitié du territoire des peuples Agni-Assanti, depuis la Tano à l'est jusqu'au Bandama à l'ouest, écornés au nord-est par les Aafo, les Doma et les Abron, et au sud-ouest par les peuples des lagunes. On peut les diviser en dix-huit tribus; j'ai donné l'histoire et la répartition de quinze d'entre elles dans l'*Essai de Manuel Agni* (pages 197 à 206). Voici à nouveau, avec quelques corrections, cette répartition, en allant de l'est à l'ouest et du sud au nord, et en groupant ensemble les tribus qui parlent sensiblement le même dialecte :

1° Les *Buresya* (Broussa sur les cartes) habitent, au nord des Apolloniens, les deux rives de la Tano en amont du confluent de la rivière Bouégne (région de Dyemma et de Nguié ou Enchy), s'étendant à l'est jusqu'à l'Ankobra, à l'ouest jusqu'à la frontière anglo-française, et au nord jusqu'au Dadiessou anglais exclus. Les *Arishyi* ou Aryssyin forment une petite tribu qui comprend quelques villages sur la rive gauche de la basse Tano, notamment Elubo, et quelques villages sur la rive droite, notamment Nougoua, Adyégouâssou et Sikabilé. Ces deux tribus parlent à peu près le même dialecte, qui a subi l'influence du zéma.

2° Les *Asini* ou *Asoko* habitent, mêlés à des Apolloniens, les divers villages (Mâfya, Komando et France) qui constituent la population indigène d'Assinie ; mêlés à des Mékyibo, le village d'Assoko dans la grande île située au nord des poudrières d'Assinie, et les villages de Mo-oua, à l'entrée de la lagune Tano (rive nord), et d'Élima, à l'entrée de la lagune d'Abi (rive est) ; puis, à peu près purs, les villages d'Abi, Aguan et quelques autres. Leur dialecte, surtout à Assinie, a fortement subi l'influence du zéma.

3° Les *Sāmvi* (Sanwi sur les cartes) comprennent à proprement parler les villages ou régions de Eïboué ou Boué, Até-ngré, Ngraman-krou, Guiemvyessou (sur la rive nord-est de la lagune d'Abi) ; Aouèssèbo, Krinjabo (ou mieux *Krindyābo*), Aboisso (ou mieux *Eïbwaso*) ; Ayamé, Akressi, Yaou, Kotâsso, Kouénzâbo, Byanouan, Akyékrou (sur ou près de la route d'Aboisso à Zarânou) ; ces divers villages se répartissent en deux groupes principaux, celui du sud dépendant du chef de Krinjabo, et celui du nord du chef d'Ayamé. Aux San-mvi, il convient de rattacher les *Afema*, qui comprennent eux-mêmes : les *Aāñgamā* ou Angaman (Dissou, Nkossa, Nyamyessya, Mouassué, Ngakin, Alakâbo ; ces deux derniers villages, à peu près désertés, sont situés le premier sur la Bouégne et le second sur la Tano, au sud de Dyemma) ; les *Brafe* (nord de la lagune Ehy ; Ehanyan, Afiénou, Kouakrou, Gban-sou ou Mbassou, Dadiessou ; Toliessou, Aboulié, Kotoka ; Bafya, Kofikrou, Dibi, formant quatre groupements) ; les *Māfere-ama* ou gens de Mâféré. Les San-mvi et les Aféma parlent le même dialecte et forment un même groupement politique, sous l'autorité plus ou moins nominale du chef ou roi de Krinjabo. Les trois derniers rois de Krin-jabo sont Ama-Ndoufou (vulgairement Amatifou), Aka-Simadou, et Mbra-Kouassi, qui règne actuellement.

4° Les *Betienufwe* ou Bettié, établis au milieu des Akyè du nord, sur la rive droite de la Comoé, à Bettié ou Koguinan, et sur quelques villages de la rive gauche. — Les *Ndenyenufwe* habitent le Ndényé (faussement écrit Indénié d'après l'orthographe anglaise), qui s'étend entre la Comoé à l'ouest, la frontière franco-anglaise à l'est, le parallèle de *Krindyābo-ba* (un peu au sud de Koua-ua-krou ou Dyamrakrou ou Diambarakrou) au sud, et le parallèle d'Akobouassué (un peu au sud du poste d'Assikasso) au nord; les centres principaux sont Zarânou, Abongourou, Niablé et Manza-nouan, ce dernier village ne faisant pas partie, à proprement par-ler, du Ndényé. — Les *Asaye* (appelés *Sejhūi* par les Assanti, Sefwi par les Anglais, Sahué sur nos cartes) habitent à l'est du Ndényé, entre la frontière franco-anglaise et l'Ankobra; ils s'étendent au sud jusqu'à Amouaya inclus et au nord jusqu'à Débis-sou et Essénou inclus; leurs centres principaux sont Assafo et Ouiya-Ouossou; au sud, ils sont séparés des Bouressya par les Dadiessoufoué; à l'est, ils touchent aux Denguira; ils sont séparés des Aafo au nord et des Ndényénoufoué à l'ouest par une grande forêt inhabitée, appelée *Akonā-nzā*, où l'on ne rencontre que des établissements temporaires appartenant à des Fanti, des Ouassa et des Assanti qui se livrent à la récolte du caoutchouc et qu'on appelle *Poyofwe* ou *Kōgofwe*. C'est à tort que j'avais rangé les Assayé dans le groupe zéma : leur dialecte ne se distingue pas de celui du Ndényé [1].

1. Voici, d'après *Adomŭ*, chef de Zarânou, quelques renseignements historiques sur le Bettié, le Ndényé et l'Assayé, renseignements qui concordent en général avec ceux publiés dans le *Manuel Agni*. — Il y a très longtemps, toutes les tribus Kyi, Zéma et Agni, depuis Accra jusqu'à la Comoé et depuis la mer jusqu'à la Volta, obéissaient à un seul roi nommé *Ano-Asemā*; les dates de sa naissance et de sa mort, ainsi que le lieu de sa résidence, sont inconnus. Chaque tribu reven-dique ce monarque comme lui ayant appartenu, notamment les Bouressya et les Zéma; en réalité on ignore quelle était sa tribu. Plus tard, un autre chef réunit encore sous son autorité tous les peuples agni-assanti; on l'appelait *Kwaku-Aka*; il résidait en Apollonie et est généralement considéré comme un Zéma. Son autorité fut fortement battue en brèche par les Fanti. A sa mort, l'hégémonie disparut et les diverses tribus se rendirent indépendantes.

Beaucoup plus tard, après la fondation de *Kumāsi* par *Tutu* vers 1700, les rois

5° Les *Dadiesufwe* occupent une petite région dont Dadiessou est le centre et qui est située en territoire anglais sur la rive gauche de la Bya et près de la frontière, entre les Bouressya au sud et les Assayé au nord; ils ont fait partie du même mouvement de migration que les Sikassoufoué et parlent le même dialecte. — Les *Sikāsufwe* (appelés *Güabenefo* par les Abron) n'occupent que quelques villages situés près d'Agni-Blé-krou ou Agni-Mbri-krou (résidence du chef actuel *Eyüa*) et à l'est du poste d'Assikasso; le dernier de leurs villages à l'est est Kotokosso; ils ont aussi quelques villages à l'ouest d'Assikasso dans le Tengoué-lan. — Les *Bonna* ou *Bonda* habitent — non pas dans le Bondoukou, le Barabo, le Siangui et le Kourounsa, comme je l'ai dit par erreur dans le *Manuel Agni* — mais entre les Sikassoufoué et les Abron, dans une étroite bande de terrain assez peuplée, qui va de la frontière anglaise à l'est jusqu'à la Comoé à l'ouest (villages de Kogui-

des Assanti essayèrent de reconquérir cette hégémonie et, continuellement, [1] forçaient à leur payer tribut, les armes à la main, les diverses fractions kyi et agni (Ntakima, Akim, Abron, Fanti, Bouressya, Assayé, Ndényénoufoué, etc.). Mais quand l'armée achanti était partie, les tribus vaincues reprenaient leur indépendance.

C'est sous le règne d'*Apoku-Ware* (1720-1741) qu'Adom place la fondation de Bettié ou Koguinan et celle du Ndényénou. Le Bettié fut fondé par Abiri-Moro, qui venait de l'Assayé, chassé par Apokou-Ouaré.

Le Ndényé ou Ndényénou fut fondé par un Ntakima dont Adom ignore le nom (*Ano* dans mon *Manuel*), chassé de son pays par Apokou-Ouaré au retour de l'expédition de ce dernier dans l'Abron. Adom ignore le nom d'Efüi-Ba et la tradition qui le donne comme successeur d'Ano. Le premier roi du Ndényé dont il se rappelle le nom est *Kwakyamasi* (Kouatouman-Si du *Manuel*) ; ensuite régna *Kyamoro* (Tyambo du *Manuel*), puis (*So-Kabna*) (So-Kouamna), puis *Nandakyi* ou *Nandeke* (Nan-Ndaki), puis *Bomwa* (Benouan) qui ne régna que deux ans, puis *Kyemle*, puis *Aburu-Kye*, puis *Gbwa-Kwasi*, qui eut trois neveux : *Mia-Kwadio, Amwako* et *Kofi-Amatra*. Mia-Kouadio, avant sa mort, désigna comme son successeur son frère Amouakon. Mais la famille d'un certain *Kwasi-Dikye* mit un « fétiche » sur la chaise royale de façon à ce que, si un descendant de la famille de Gboua-Kouassi occupait cette chaise sans avoir offert au « fétiche » une calebasse pleine de poux, un chien cornu et cent bœufs, il mourût. Malgré ce sort jeté, Amouakon voulut s'asseoir sur le trône, mais il mourut l'année suivante (1892). Son frère Kofi-Amatran eut peur et refusa la succession; Kouassi-Dikyé alors s'empara du pouvoir, mais les partisans de Kofi-Amatran refusaient de lui obéir. C'est alors que Kouassi-Dikyé, ayant cherché à soulever le pays contre l'autorité française, fut déposé et expulsé (1895). A ce moment, Kofi-Amatran était mort, et la succession revenait à son neveu, *Amwako* le jeune, chef d'Abongourou. Le parti de Kouassi-Dikyé, dirigé par *Efhüi-Kotwa* et par Adom lui-même, conseillait à Amouakon de ne pas accepter la succession; néanmoins, sur les instances de l'autorité française, Amouakon consentit à s'asseoir sur le trône et il règne encore actuellement.

nan, où réside le chef Adou-Yao, de Koumankpatyé, Agnima-krou Nan-ngo, Takikrou-sud, Ata-krou, Ndrama-Krou, Yifossi, Nzuékpri, etc., et villages du chef Kouamé-Sumbra entre la route télégraphique et la Comoé); on rencontre anssi des Bonna dans le sud-ouest de Bondoukou, notamment dans les monts Zanzan : c'est de là d'ailleurs qu'ils se sont portés vers les pays qu'ils occupent aujourd'hui au sud des Abron ; enfin on trouve encore des Bonna dans le Baoulé, à l'ouest et près du poste de Guiguié-hui (*Gigyeüi* ou *Gigyevi*), où on les rattache à la tribu baoulé des Atoutou. Les Abron les appellent *Bonnaï* ou *Monnèi*, et appliquent ce nom à tous les Agni ; c'est ce nom, orthographié « Bonaï » par le Dr. Maclaud et « Bouanda-Agni » par M. Binger, qui m'avait amené à les confondre avec les Sénoufo-Nafâna de Bondoukou, appelés « Banda » et « Ouandara » par les étrangers. C'est à tort que j'ai dit dans le *Manuel* que quelques-uns s'étaient convertis à l'islam : cette remarque s'applique aux Nafâna et non aux Bonna. Leur dialecte est à peu près identique à celui des Sikâssoufoué.
— Les *Kumwĕnufwe* d'Atakrou sur la rive gauche de la Comoé ne se différencient pas beaucoup des Bonna, sauf qu'ils sont mélan-gés de Zéma. — Les *Binye* (appelés *Binik* par les Koulango) habitent Aouabou et quelques villages voisins de Mango, sur la rive droite de la Comoé, Mango elle-même étant surtout peuplée de Mandé, de Haoussa et de Ngan autochtones; de plus ils ont un certain nombre de villages à l'est de la Comoé, ainsi que dans le sud de l'Abron, où on les rencontre souvent mélangés aux Bonna.

6° Les *Bomofwe* habitent à l'ouest de la Comoé, au nord du parallèle d'Atakrou, au sud des Ngan-noufoué et à l'est des Ouré (région de Kouadio-Nguessan-krou). — Les *Ndamèfwe* habitent au nord-ouest des Bomofoué et à l'est des Baoulé-Agba (région d'Amakro). — Les *Ngănufwe* ou gens du Ngan-nou ou pays des Ngan (*Gă-ra* des Mandé, *Anno* des Apolloniens), habitent à l'est et au sud-est du Dyammala, entre le méridien de Satama à l'ouest et la Comoé à l'est, limités au sud-ouest par les Ndamèfoué et par les Bomofoué au sud-est où ils s'étendent jusqu'à Kamélinsou, non loin d'Atakrou. Les *Ngănufwe* sont des Agni, mais, de même que les Abron ont au milieu d'eux des vassaux koulango, de même les Ngan-noufoué ont parmi eux des vassaux autochtones, qui sont les *Nyă* proprement dits qu'on rencontre dans le Dyammala, à

Ouassadougou, à Kamélinsou, à Mango, et qui ont une langue spéciale appartenant à la famille mandé-fou ; mais presque tous les Ngan comprennent le dialecte agni des Ngan-noufoué, lequel est le même que celui des Bomofoué et des Ndamèfoué.

7° Les *Moronufwe* ou *Morofwe* habitent le Moronou (vulgairement Morénou), compris à peu près entre le Nzi à l'ouest, la Comoé à l'est, les Abè et les Akyè au sud, les Baoulé-Agba et les Ouré au nord. — Les *Wure* (Ouré, appelés à tort Ouorié) habitent au nord du Moronou la zone de partage des eaux entre la Bayasso (affluent du Nzi) et la Comoé. — Les *Baulefwe* ou *Baule* occupent le triangle déterminé d'une façon générale par le Nzi à l'est, le Bandama à l'ouest et le parallèle de Satama au nord, débordant d'ailleurs en plusieurs endroits sur la rive gauche du Nzi et aussi sur la rive droite du Bandama Blanc en amont de son confluent avec le Bandama Rouge. Les Baoulé comprennent les sous-tribus ou familles des *Warèbo*, des *Faafwe*, des *Nzipuri*, des *Sa*, des *Atutu*, des *Nanāfwe*, des *Ngbā* et des *Agba*, avec leurs diverses ramifications, comprenant notamment les *Māndeke*, les *Alumwè*, les *Youre* (Yohouré), les *Kode*, les *Satikra*, les *Gori* (tous rattachés aux Ouarèbo) ; les *Akwe* (rattachés aux Faafoué) ; les *Aari* (rattachés aux Sa) ; les *Mbāmra* ou Mamra, les *Bonna* ou Gbona (voir plus haut) et les *Kpogyu* (rattachés aux Atoutou) ; les *Aüafwe* (rattachés aux Nanâfoué) ; les *Sondo*, les *Sandoro* et les *Nzoko* (rattachés aux Ngban) ; les *Asabu* (rattachés aux Agba). — Les *Agbèñyaü* (Agbégnyaon, Binao des cartes) habitent, entre les Abè et les Ari, les villages de Batra, Agbégnyaon, Bijué, Soukoukro et quelques autres. Ils parlent, avec les Moronoufué, les Ouré et les Baoulé, un même dialecte, ce qui porte à sept le nombre des dialectes de la langue agni.

Je vais donner maintenant des vocabulaires comparatifs de deux dialectes kyi (assanti et abron), d'un dialecte zéma (amanaya) et de deux dialectes agni (aféma ou san-mvi et baoulé). Je donnerai ensuite quelques expressions spéciales aux dialectes agni de l'est et qui ne figurent pas dans mon *Manuel*, ainsi que quelques expressions baoulé apprises depuis l'apparition de cet ouvrage.

Le vocabulaire *asanti* a été recueilli en 1903 à Bondoukou auprès de plusieurs Assanti de Kouman-si, dont *Kwabrā-Gyümfo*, petit-fils de Kouakou-Doua, douzième roi des Assanti ; les informateurs remplissaient toutes les conditions désirables.

Le vocabulaire *abrŏ* a été recueilli en 1902 et 1903 dans l'Abron même, auprès d'un grand nombre d'indigènes, dans les meilleures conditions.

Le vocabulaire *zema*, recueilli en 1899 dans le Baoulé auprès de deux interprètes zéma, a été revu en 1902 et 1903 auprès d'un certain nombre de Zéma.

Le vocabulaire *afema*, et tout ce qui concerne les dialectes agni de l'est, a été recueilli de 1901 à 1903 dans les pays mêmes où se parlent ces dialectes.

Quant au vocabulaire *baule*, il est emprunté à mon *Manuel Agni* et à des informations nouvelles recueillies en 1902 et 1903.

VOCABULAIRES ASSANTI, ABRON, ZÉMA, AFÉMA ET BAOULÉ

I. — LA NUMÉRATION

	Assanti	Abron	Zéma	Aféma	Baoulé
1	ekŏ	ekŏ	kŏ	ekŏ	kŏ, kɐ
2	enŏ	eñyŏ	ñyŭă	eñyŭă	ñyŏ
3	esñ	esă	nsă	ensă	nsă
4	ende	enă, eni	nă	enă	nă
5	enu	enŭ	nu	enu	nu
6	insyĭ	ensyĭ	nsyĭ	ensyĭ	nsyĭ, nsyă
7	nsŏ	ensŏ	nsŭ	enso	nso
8	motshüi	móǧüe	moǧüe	moǧüe	móküe
9	eñkorŏ	eñkunŏ	ñgoră	ŏgoră	ŏgoră
10	edu	edu	buru	buru	buru
20	adü-enu	adü-enu	abura-ñyŭă	abura	abura-ñyŏ
30	adü-esă	adü-asă	abura-să	abura-să	abura-să
40	adü-anăñ	adü-anĭ	abura-nă	abura-nă	abura-nă
50	adü-enum	adü-anum	abura-nu	abura-nu	abura-nu
60	adü-esyĭ	adü-zyĭ	aburé-syĭ	abure-syĭ	abure-syĭ

	Assanti	Abron	Zéma	Aféma	Baoulé
70	adü-esŏ	adü-sŏ	aburè-sŭ	abure-so	abure-so
80	adü-oqüe	adü-oqüe	abura-moqüe	abura-oqüe	abura-móküe
90	adü-ekorŏ	adü-nkonŏ	abura-ñcră	abura-ñgoră	abura-ñgoră
100[1]	oha	eha	èya	èya, èha	ya

1. La voyelle initiale qui se trouve au commencement de certains noms de nombre dans ces divers dialectes peut tomber après un nom, mais elle peut aussi subsister. Le nom de nombre se place toujours après le nom de l'objet nombré, qui reste au singulier.

II. — LES NOMS

	Assanti	Abron	Zéma	Aféma	Baoulé
terre	asasi	ahasi	azère	asase, asye	asye
eau	nshüo	enzüo	nzüre	nzhüe	nzüe
feu	egya	gya[1]	zinè	si	si
rivière	eshüo	asüe	azüre	asüe	nzüe[2]
mer	. . . . . .	. . . . . .	ñyevre	gyemvye	gyemvye
pays	man, kuru	man, kuru	amane	ama, kuró	mè, kuró
village	kuru, kru	kuru, kru	süazo	kuró, kru	kuró, kró[2]
plantation	afuo	vwo	. . . . . .	fye, namwe	fye, namwe
chemin	okwani	ekwan,kwame	adăne	atini	ati
montagne	bepo	bopo	boka	boka	boka
forêt	kwae	kwae	ebonu	bo, bro	bo, bo-nu
arbre	edüa	düa	baka	baka	waka
bois à brûler	egya	gya	gya	gya	iye
herbes	eserè	serè	ñyèni	gügüre, aure	gügüre, aure[2]
ciel	nyăkupŏ	nyăkupŏ	nyamne	nyamye	nyamye
jour (lumière)	ade	ale	arye	arie	arie
nuit	. . . . . .	. . . . . .	nòzu	kŏgwe	kŏgwe
soleil	oyüa	eyüa	èüa	sïnze, eüa	üa
lune	osra	esra	siane	sara	awŏro, sara
étoile	osra-ma	esra-ma	. . . . . .	nzara-ma	nzara-ma
rocher	obwa	ebwa	aybwa	yaebwe	yabwe
sable	awiyă	awiñyă	añyüă	aŏñya	aŏñyă
homme (être humain)	enipè	nipè	sena	menyă, sónă	sónă, menyă
homme (mâle, mari)	obenima	berima	genyă	brinzüa, byă	byă, byaswa
femme	oba	eba	larè	blèsüa, bla	bla, brèswa
épouse	yi	yi	yi	yi	yi
père	gya, si	agya, si	gya, ze	sye, gya	si, ndya
mère	abrewa, nă	no, ni	mò, ni	ni, mo	ni, mo

	Assanti	Abron	Zéma	Aféma	Baoulé
fils	ba	ba	gha, yarè	wa, ma, ba	wa, ba, ma
jeune enfant	ba-kuma	afura	. . . .	bātema	bālwakā
jeune homme	. . . .	. . . .	. . . .	gbāvere	gbafrī
jeune fille	. . . .	. . . .	. . . .	tèlwa	tarwa
chef	kpīni	kpīni, aura	èura	kpīhi	kpīi
roi, grand chef	hini, osae	hini	. . . .	aùra	aura '
esclave	doñko	doñko	kāgarè	kāgane	kāgani '
porteur	adu-swa-fo	adu-swa-fo	. . . .	adü-swa-fwe	trò-sua-fwe
ami	weñko	dāmvo	dāvo	dāmvo	aēgwe, dyāmvwe
gens (en composition)	fo, ni	fo	fürè	fwe	fwe'
maison	edan	edā	süa, süè	süa, sua	sua
chez soi	obun	awum	. . . .	auro	auro
village de cultures	pala, asisye	sisye	sisyī	namwe-nu	namwe-nu
chaise	okuñüa	ebiya	. . . .	biya	bia
natte	empa	empa	bè	bè	bè
mortier	popo	popo	. . . .	kpokpo	kpokpo
pilon	popo-ba	popo-ba	. . . .	kpokpo-ba	kpokpo-ba
houe	uso	atopë	tokpo	tokpo	tokpo
coupe-coupe	garante	garante	bese	bese, baka	kaka, bese
couteau	sikan	sikā	ladye	lalye, dadye	larye
fusil	otshüo	ntshüo	tshüi	tshüi	tüi
cruche	esèni	sị	sị	sè	sè
assiette	ayoa	ayoa, soñko	. . . .	tarye	tarye
mâle	nini	nini	ñiniki	ñi, brinzüa	byaswa, ñi
femelle	bilè	belè	larè	blèsüa	bla, blè
petit	ba	ba	yarè	ba	ba
bœuf	nañgüe	nañgüe	ènāke	nāne	nane
taureau	nañgüe-nini	nañgüe-nini	ènāke-ñiniki	nāne-tula	nane-tura
vache	nañgüe-bilè	nañgüe-belè	ènāke-larè	nāne-blèsüa	nane-bla
veau	nañgüe-ba	nañgüe-ba	ènāke-yarè	nāne-ba	nane-ba
mouton	ogüari	egüani	bwane	bua	bwa
chèvre	abrekye	abirikyi	aboñki	abiki, bori	kuma, bori
chien	otshüa	qüa	qüa	adüa, qüa	arua, küa
éléphant	eshunō	eshünā	azonī	aswī, asüi	süi
hippopotame	nshu-shunō	nzu-shünā	nzüre-zonī	nzhüe-swī	nzüe-süi
lamantin	. . . .	. . . .	tere '	tere	. . . .
oiseau	anoma	anoma	ano-yarè	anoma	anomā
poule	akòkò	okòkò	kòkò	akò, ñgòkò	akò

	Assanti	Abron	Zéma	Aféma	Baoulé
œuf	kisüa	küisüa	krimvüa	krumvya	krinzüa
caïman	odeñke	adeñke	eleñgɛ	eleñge	aleñge
serpent	owo	ewo	èwo	ewo	wo
poisson	agüeni	agüene	egüèni	egüe	güe
igname	odye	edye	elüe	elüe, edüe	duo
banane (grosse)	boradye	borodye	bana	bana, bănda	mănda
patate	. . . .	. . . .	. . . .	elenda	alenda
taro	. . . .	. . . .	koko	koko	koko
manioc	bañki	agba	bedè	vedè, agba	agba
haricot	adua	adua	alua	aluba	aloa
piment	māku	māku	māku	māku	mūkŏ
maïs	aburo	abro	. . . .	able	able
sel	ñkini	ñkini	ñgini	ñgi	ñgi
riz	emŏ	aure	ahure	aure	ayüe
palmier à huile	be	be	me	me	me
amande de palme	ayeni	ayeni	ayī	aye	ae
huile de palme	eñgo	eñgo	ñgo	ñgo	ñgo
vin de palme	. . . .	. . . .	ză, nză	nză	nză
bière de maïs	pinto	pinto	. . . .	pindo	able-nză
arachide	ñkātye	ñkātye	ñgātye	ñgatè	ñgātè
caoutchouc (préparé)	kŏgo	kŏgo	potombo	poyüe	apotombo
tabac (en général)	bosro	bosro	diki	bosro, diki	asra, bosro
viande	năm	nă	nă	nă, nắe	nè, nī
pain indigène *	adüani	. . . .	arye	adye, alye	arye
sauco	ñkwani	. . . .	tro	tro	tro
tête	ti	ti	ti	ti	ti
cheveux	tiri-ñüi	eüi	. . . .	ti-mwī	ti-mwī
yeux	ni	ani	ñyè	ñyc, ñima, jhima	ñima, ima
oreille	sŏ	aso	zŏ	su	su
nez	jhüi	ejhüni	bwi	bwe	bwe
bouche	anŏ	anŏ	nwă, lwă	nwă	nwă
langue	ketere-mă	tekere-mă	. . . .	tafelema	tafremă
dents	si	si	gye	gye	gye
cou	koŭ	ekŭ	. . . . . .	komi	komi
nuque	kou-ñki	eku-ñki	. . . . . .	komi-sį	komi-sį
poitrine	mu	koko	. . . . . .	we	we
seins	nufu	nofu	ñyafănè	ñofure	ñofrè
ventre	yafum	nofuru	ko	ku	ku

	Assanti	Abron	Zéma	Aféma	Baoulé
dos	*ki*	*ki*	……	*si*	*si*
reins	……	……	……	*üi*	*üi*
derrière	……	……	……	*butumă*	*mutwă*
pénis	*koti*	*kotye*	……	*twa*	*twa*
testicules	*shoha*	*jhüerewa*	……	*ndoma*	*ndoma*
vagin	*qüė*	*qüė*	……	*kȯ*	*kȯ*
main	*sa*	*sa*	*sa*	*sa*	*sa*
bras	*sa-düa*	*sa-düa*	*sa-baka*	*sa-baka*	*sa-kominu '*
doigt	*sa-nzoa*	*sa-ma*	*sa·yarė*	*sa-ma*	*sa-ma*
ongle	……	……	……	*sa-bwi*	*sa-bwi*
main droite	*sa-nifă*	*sa-nifă*	*sa-fema*	*sa-fama*	*sa-fama*
— gauche	*sa-beñkum*	*sa-beñkumi*	*sa-bène*	*sa-bė*	*sa-bė*
cuisse	*serė*	*serė*	……	*sowa*	*sowa*
genou	*kotogüe*	*kotogüe*	……	*nǎgroma*	*nǎgromǎ*
pied	*nā*	*na*	*gyake*	*gya*	*gya*
jambe	*nā·ntü*	*na-ntu*	*gya-baka*	*gya-baka*	*gya-kominu*
peau	*umǎ*	*ohunǎm*	……	*umǎ, kpro*	*ûmǎ, kpro*
chair	*nǎm*	*nǎm*	*nǎ*	*nǎ*	*nė, nī*
sang	*mogya*	*mogya*	*mogya*	*mogya*	*mogya*
graisse	……	……	*edüi*	*düi*	*lüi*
tissu	*ntama*	*ntǎre*	*dǎre*	*etrǎ*	*tǎne*
pagne	*ntama*	*ntǎre*	*dǎre*	*trǎni, kondro*	*kondro, tǎne*
vêtement	*tradye*	*tradye*	*tradye*	*tradye*	*trare*
perles	……	……	*aferė*	*afre*	*afre*
corail	……	……	……	*neñgre-ba*	*aneñgre-ma*
anneau	*nka*	*nka*	……	*ñga*	*ñga*
or	*shika*	*shika*	*ezüka*	*sika*	*sika*
argent	……	*dzhüete*	……	*güete*	*gyete, dara*
poudre d'or	*shika-ndütüre*	……	*ezüka-buture*	*sika-mbutre*	*sika-moutre*
chose	*de, dya*	*de, dye*	*de, dye*	*dike, dye*	*rike, rye*
nom	*di*	*di*	……	*duma*	*duma*
parole	……	……	*güekė*	*güere*	*güere*
palabre	……	……	*güekė*	*güere, ndė*	*ndė*
langage	*kasa*	*kasa*	*güekė*	*güere*	*güere*
prix (valeur)	*ogwa*	*egwa*	*gwa*	*gwa*	*gwa*
talisman	*busum*	*busum*	*amŏne*	*amwi*	*amwi*
jour (date)	*da*	*da*	*de*	*de, kyīni*	*le, kyī*

	Assanti	Abron	Zéma	Aféma	Baoulé
jour (durée)	da	da	de	de	le
mois	osrani	esrani	sara	sara	awŏro
année	ofu	afwo	. . . .	afwe	afwe
matin	. . . .	. . . .	ñromo	ñgromo	ñgremu
soir	. . . .	. . . .	nŏsürĕ	nosuba	noswa
dimanche	. . . .	meme-da	. . . .	me-de	mone
lundi	. . . .	kwasi-da	. . . .	kesi-de	kesye
mardi	. . . .	gyo-da	. . . .	güe-de	güere
mercredi	. . . .	benă-da	. . . .	mnă-de	mană
jeudi	. . . .	ku-da	. . . .	u-de	we
vendredi	. . . .	yao-da	. . . .	ya-de	ya
samedi"	. . . .	fye-da	. . . .	fwe-de	fwe
aujourd'hui	ène	nne	ène	ènne	nĕ, neke
hier	ènora	nnera	anomă	anuma	anuma
demain	okinĭ	akinĭ	èjhima	ajhima	aima
après demain	orikyĭ	arikyĭ	èdikyĭ	arikyĭ	aima-si
pirogue	okuru, ode	adere	èlèni -	ele, elie	alie
pagaie	. . . .	. . . .	. . . .	dabwa	tèbwa
baleinière	. . . .	. . . .	sürüku	. . . .	. . . .
barre (surf)	. . . .	. . . .	sèrèki	sereki	. . . .
Accra	E'ñkra	E'ñkra	Ñkra	Ñgra	. . . .
Cape-Coast	Ogwa	Agwa	Egwa	Egwa	. . . .
Axim	Brafo	. . . .	Brafo	Brafo	. . . .
Assinie	. . . .	Mafya	Asoko	Mafya	Mămvya
Coumassie	Kumă-si	Kumă-si	Kumă-si	Kumă-si	Kumă-si
Bondoukou	Buntuku	Butuku	Bonduku	Bonduku	Bonduku
Kong	Kpŏ	Kpŏ	Kpŏ	Kpŏ	Kpŏ
Basse-Volta	Akoroho	Akoroho	. . . .	. . . .	. . . .
Volta Noire	Aderè	Aderè	. . . .	Kumwe "	. . . .
Comoé	Kumwe	Kumwe	Komwe	Kumwe	Kumwĕ
Fanti	Fănti	Fănti	Făndi	Făndi	Făndi
Assanti	Asăti, Asănti	Asănti	Azănde	Azăndrè	Aa
Abron	Abrŏ-mfo	Borŏ-mvo	Brŏ-fürè	Abonŏ-fwe	Abonu-fwe
	ou Gyamă-fo	Abrŏ-mvo	Gyamă	Gyamă-fwɔ	Gamă-fwe
Ntakima	Ntakima	Woñki-fo	. . . .	. . . .	. . . .
Doma	Domna-fo	Domă-mvó	. . . .	Doma-fwe	. . . .

	Assanti	Abron	Zéma	Aféma	Baoulé
Zéma	Zema-fo	Zema-fo	Zema	Zema	Asoko-fwe
Agni	Awòñüi	Bonnaï-fo	Aòüi	Añi	Añi
Bonna	Bonta-fo	Bonnaï-fo	. . . .	Bonda	Bonda, Bonna
Sikassoufouó	. . . .	Güabene-fo	. . . .	S¹kāso-fwe	Sikāsu-fwe
Assayé	Sejhüi fo	Asèye-fo	Asèyüe	Asèüe	. . . .
Bouressya	Buresya	Buresya	Aburesyï	Aburesya	. . . .
Baoulé	Bahule	Bahule	Bahule	Bahule	Baule
Dyoula	Wǎkara-fo ''	Ngyüra-fo	Kǎga	Gyüla-fwe	Kǎga-fwe
Koulango	Nkorǎ-mfo	Nkólǎ-mvo	. . . .	. . . .	. . . .
Nafâna	Bǎndǎ-fo	Pǎntara-fo	. . . .	. . . .	. . . .
Dégha	Gyoma	Mō	. . . .	. . . .	. . . .
Gbanyan	Nta-fo	Bore-fo	. . . .	. . . .	. . . .
			. . . .	. . . .	. . . .
musulman	Nkaramo-fo	Nkaramo-fo	Karamo	Karamo-fwe	Karamo-fwe ''
Européen	Bure-ni	Bure-ni	Brò-fürè	Brò-fwe	Brò-fwe
soldat	soñgyā-fo	soñgyā-fo	zara-fürè	nzarā-fwe	soñgyā-fwe ''
chercheur de caoutchouc	kōgo-ni	kōgo-fo	potombo-fürè	poyo-fwe	potombo-fwe

Notes. — 1. Il est à remarquer qu'on emploie le même mot, en assanti et en abron, pour désigner le « bois à brûler » et le « feu » ; le radical de ce mot subsiste en zéma et en agni pour désigner le « bois à brûler », mais on a un radical différent pour désigner le « feu ». — 2. Il existe d'autres mots pour désigner les rivières : *asüe-ba* ou *asüe-o-ba* en abron et en aféma, *nzüe-ba* en baoulé (l'eau qui vient), servent à désigner les ruisseaux qui n'ont pas de nom ; *bo-nza* en aféma, *bro-nzüe* en baoulé, servent à désigner les torrents qui descendent des montagnes ou leur lit quand ils sont à sec ; *agyoma* en agni désigne un bief, souvent à sec, qui sert de déversoir à une rivière en temps de crue. En composition et placé après un mot, le mot abron *asüe* devient *süe* (*nsüe* après une voyelle nasale) et le mot agni *asüe* devient *nzüe* : *ebwa-süe* (abron), *yaebwe-nzüe* (aféma), « la rivière des pierres ». — 3. Les formes abrégées *kru* et *kró* s'emploient en composition, après un nom d'homme : *Kofi-kru* ou *Kofi-kró* « le village de Kofi ». On voit souvent sur les cartes anglaises les orthographes *kurum* et *krum* ; elles sont inexactes : *kurum* veut dire « au village, dans le village », et correspond au *kuró-ro* des Agni ; ex. : *be fre kuru ni se? be fre Kofi-kru* (abron), « comment appelle-t-on ce village? on l'appelle Kofikrou » ;

me ko kurum, *me ko Kofi-krum* (abron), *me ko kuró ro*, *me ko Kofi-króro* (baoulé), « je vais au village, je vais à Kofikrou ». — Après un nom autre qu'un nom d'homme, on se sert, pour former des noms de lieux, d'expressions telles que *nu* « dans », *su* « sur, lieu de » (*so* en aféma et en zéma), *bo* « sous », *nwă* ou *anwă* « bord, au bord de », *ăse* « à terre, la terre de » (*si* ou *ăsi* en assanti et en abron); souvent, en assanti et en abron, *nu* se remplace par un *n* ou un *m* placé après le mot; ex. : *Ese-nu* (assayé), *Esen* (assanti) « dans les cruches, pays des cruches »; *Sikă-su* (baoulé), *Sikă-so* (aféma) « le lieu de l'or »; *Awèsè-bo* « sous les arbres à cola »; *Bya-nwă* « au bord de la Bya »; *Lalye-ăse* (agni), *Dadi-ăsi* (abron) « du minerai de fer à terre, la terre du minerai de fer », etc.

4. Le mot *gügüre* désigne l'herbe qui sert à faire les toitures, une sorte de chiendent géant; *aure* veut dire « l'herbe » par opposition aux arbres : *aure-nu* « savane ». — 5. Le mot *kpĭni*, *kpĭhi*, *kpĭi* veut dire à proprement parler « un homme parvenu à la maturité »; le mot *aura* ou *èura* veut dire « un homme riche, un homme généreux »; le mot *osae* (*asae* en agni) veut dire « un conquérant, un chef d'armée ». — 6. Les mots *kăgarè*, *kăgane*, *kăgani*, ne signifient pas à proprement parler « esclave », mais « enfant d'homme du nord, d'homme tatoué, de *Kăga* », les populations tatouées du nord (Sénoufo, Bobo, etc.) fournissant la majorité des esclaves des Agni. — 7. Les mots *fo*, *fürè*, *fwe*, s'ajoutent en général aux noms de pays et aux noms d'instruments ou aux verbes de métier pour former les noms de nationalité et de profession; ils servent aussi à former des noms d'état qui remplacent nos adjectifs. Pour les noms de nationalité, on peut ne pas ajouter *fo*, *fürè* ou *fwe* au nom du pays ou de la tribu, mais on l'ajoute toujours au nom du village. Après une voyelle nasale, *fo* devient souvent *mfo* ou *mvo*, et *fwe* devient parfois *mvwe*; ex. (en abron) : *Asănti* ou *Asănti-fo* « les Assanti », *Abrŏ-mvo* « les Abron », *adu-swa-fo* « porteur » (de *adu* « charge » et *swa* « porter »), *ya-pa-fo* « courageux » (de *ya* « colère », *pa* « bonne »), *Kumăsi-fo* (les gens de Kouman-si).

8. Par « pain indigène » il faut entendre une pâte, préparée au pilon, d'ignames, de bananes, de manioc ou de taro, préalablement bouillis. — 9. Les expressions *sa-düa* et *sa-baka* veulent dire « l'arbre de la main »; *sa-kominu* veut dire « le cou de la main ».

— 10. Les noms des jours de la semaine sont au fond les mêmes dans toutes les langues agni-assanti, mais, en baoulé (et très souvent aussi dans les autres dialectes agni), on n'y ajoute pas le mot qui signifie « jour » (*da* ou *de* ou *le*).

11. Les Agni qui connaissent la Volta lui donnent le même nom qu'à la Comoé. — 12. Le mot *Wăkara-fo* vient de *Wăgara* ou *Wăkore*, nom donné aux Mandingues par les Haoussa. — 13. Tous ces mots viennent du mot mandingue *kara-morho* ou *kara-mo* (de l'arabe *kara* « lire » et du mandingue *morho* ou *mo* « homme ») par lequel on désigne les lettrés. — 14. Le mot *soñgya* vient de l'anglais « soldier »; le mot *zara* ou *nzara* désigne en agni une troupe de gens armés (d'où *nzară-nu*, *zară-nu*, en assanti *nsèrem* ou *nsèrim* « un camp, l'endroit où se réunit une armée »).

REMARQUES SUR LES NOMS. — 1° *Composition.* — Dans toutes les langues agni-assanti, les noms composés se forment par juxtaposition, en mettant le premier le nom du possesseur et le second le nom de l'objet possédé ou dépendant; si le nom composé est formé du nom d'un agent, d'un verbe et d'un nom régime du verbe, on met le régime d'abord, puis le verbe, puis le nom de l'agent. La voyelle initiale des noms disparaît le plus souvent en composition dans le mot qui se trouve placé le dernier; souvent aussi la consonne initiale du dernier mot se modifie lorsqu'elle suit une voyelle nasale (*b*, *p*, *f*, *v* devenant *mb*, *mp* ou *mb*, *mf* ou *mv*, *mv*: *d*, *t*, *s*, *z* devenant *nd*, *nt* ou *nd*, *ns* ou *nz*, *nz*; *g*, *k* devenant *ng* ou *ñg*, *nk*, *ñk* ou *ñg*); en général les consonnes restent fortes après une nasale en abron et en assanti, et s'adoucissent en agni. Ex. : *Abrŏ-fo* ou *Abrŏ-mfo* ou *Abrŏ-mvo* (assanti ou abron) « un homme de l'Abron »; *trò-sua-fwe* (baoulé) « un porteur, charge-porte-homme ».

2° *Rapport de possession.* — Le rapport de possession ou de dépendance s'exprime de la même manière : *Kofi ti* « la tête de Kofi », *sika ñga* « un anneau d'or ». Parfois, lorsque le possesseur est un être animé, on intercale un adjectif possessif entre son nom et celui de l'objet possédé : *Kofi i ti* (Kofi sa tête), *Abrŏ-fo be kuru* (les Abron leur pays).

3° *Pluriel.* — Les noms forment leur pluriel en ajoutant au singulier le suffixe *me*, *mu*, *mŭ* ou *mŏ*, à l'exception du mot *ba* ou *wa* « enfant » qui fait au pluriel *ma*, mais seulement dans l'acception d'enfants d'un même père, et encore on peut faire suivre *ma* du suffixe qui indique le pluriel. Mais il convient de se rappeler que le suffixe du pluriel disparaît toujours en composition ainsi que devant un nom de nombre ou un mot qui renferme en lui-même l'idée de pluralité (comme le mot « beaucoup de »); de plus le suffixe du pluriel disparaît le plus souvent lorsque le nom est suivi du pronom de la 3ᵉ pers. du pluriel (*be*), ainsi qu'après les noms de tribus terminés ou non en *fo, fûrè, fwe*; enfin les noms collectifs restent toujours à la forme du singulier (*edye, elüe, duo* « des ignames ») : si on veut les nombrer, on en forme un nom d'unité en y ajoutant le mot *ba* ou *ma* « grain, fruit », lequel peut prendre la marque du pluriel : *edye ba kŏ* (abron) « une igname », *edye ba nŭ* « cinq ignames », *edye ba mŭ* « quelques ignames ».

III. — ADJECTIFS ET PRONOMS

Note. — La plupart de nos adjectifs qualificatifs se traduisent, dans les langues agni-assanti, soit par des verbes d'état (être grand, être long, etc.), soit par des noms terminés en *fo, fûrè* ou *fwe* (voir plus haut). Je ne donne ici que des adjectifs proprement dits : ils se placent après le nom qu'ils qualifient et restent toujours invariables; il en est de même des adjectifs déterminatifs, exception faite pour les adjectifs possessifs, qui se placent avant le nom.

— Les pronoms sujets ou adjectifs possessifs terminés par *e* élident généralement cet *e* devant une voyelle; cependant cette élision est rare en agni.

	Assanti	Abron	Zéma	Aléma	Baoulé
blanc	*fufu*	*fufu*	*fufûre*	*fufwe*	*ufwe, fufwe*
rouge	. . . .	. . . .	*kokore*	*kokore*	*kokre*
noir	*biri*	*biri*	*ble*	*bile*	*ble*
bon	*pa*	*pa*	*kpare*	*kpa*	*kpa*
mauvais	*tè*	*tè*	*tane*	*tè*	*tè*
grand	. . . .	. . . .	*tendene*	*tendeni*	*tende*
gros	. . . .	*kasi*	*kpore*	*kpuri*	*kpri*
petit	*kuma*	*kakra*	*ki*	*kakra, kă*	*kă*
stupide	*kwasya*	*kwasya*	*kasya*	*kwasya*	*sinzi, kwasya*
tout, tous	. . . .	. . . .	*koti*	*kora, kokoti*	*krwakrwa*

	Assanti	Abron	Zéma	Aféma	Baoulé
moi (sujet)[1]	me, mi	me, mi, m	me	me, m, mi	me, m, mi
tmoi (régime)	mi	mi	mi	mi	mi
loi (sujet)	wo, u	wo, u[3]	ho	è	wo, è
toi (régime)	wo	wo	wè	wo	wo
lui, elle (sujet)	o	o	o	o, a	o, a[5]
lui, elle (régime)[4]	nu, ni	ni, n, nu	ði, a	i, ði	i, ði
nous (exclusif)[5]	ye	ye	ye	ye	ye
nous (inclusif)[6]	ame	ame	yame	ame	ame
vous[7]	amene	amene	yame-e, be	b·	amũ
eux, elles	be	be	be	be	be
mon, ma, mes[8]	mi, me	mi, me	me	mi, me	mi, me
ton, ta, tes	wo	wo	è	wo, è	wo
son, sa, ses	oe	we	o, i	i	i
notre[9]	ye, ame	ye, ame	ye, yame	ye, ame	ye, ame
votre[10]	amene	amene	yame-e, be	be	amũ
leur	be, ba	be	be	be	be
le mien, à moi	me dya	mi dye	me dye	me dye	mi rye
le tien, à toi	wo dya	wo dye	è dye	è dye	wo rye
le sien, à lui	oe dya	we dye	o dye	i dye	i rye
e nôtre, à nous	ye dya, ame dya	ye dye, ame dye	ye dye	ye dye, ame dye	ye'rye, ame rye
le vôtre, à vous	amene dya	amene dye	be dye	be dye	amũ rye
le leur, à eux[11]	be dya	be dye	be dye	be dye	be rye
ce, cette, ces[12]	ni, yi	ni, yi	nyã	ni, ne, ka	ñga, ni, ye
celui-ci	ni, yini	ni, yini	nyã	yeka	ñga, yeni
ceci	ni	ni	nyã	eka	ñga, ye
en, du, de la, des	bya	bye	bye	bye	ũe, bye
quelque chose	de bya	de bye	de bye	dike	rike
quelqu'un	enipè kŏ	nipè kŏ	sena kŏ	menyã kŏ	sónã kŏ
rien[13]	de fi	de fi	de fire	dike fi	rike fi
personne	enipè fi	nipè fi	sena fire	menyã fi	sónã fi
qui[14]	mo, o	mo, o	. . . .	mò, o	mò, o
que[15]	bo	bo	. . . .	bò	bò
quel?	hohi	yahi	wonye	honi	woni, bonyã
qui?	wã	wã	wã	wã	wã
quoi?[16]	nzu, nsu	nzu, nsu	nzukė	nzu	nzu

Notes. — 1. La forme la plus généralement employée est *me*, dont l'*e* s'élide devant une voyelle et souvent aussi devant une consonne; *mi* ne s'emploie guère qu'au futur. — 2. La forme *u*, en assanti et en abron, ne s'emploie guère que dans les phrases négatives ou interrogatives; l'*o* de *wo* s'élide devant une voyelle. — 3. La forme *a* s'emploie assez rarement, et seulement devant un verbe d'état et lorsque le sujet est indéterminé. — 4. La forme du pronom régime de la 3ᵉ pers. du singulier varie beaucoup selon la terminaison du verbe ou de la particule de conjugaison ou de négation qui le précède; on peut d'ailleurs, presque toujours, le supprimer sans inconvénient. La négation *ma*, suivie du pronom régime de la 2ᵉ ou de celui de la 3ᵉ pers. du sing., se contracte avec eux pour donner les formes *mŏ* (2ᵉ pers. dans toutes les langues agni-assanti), *me* (3ᵉ pers. dans les langues zéma et agni). Le pronom sujet de la 3ᵉ pers. peut se supprimer lorsque le verbe a un substantif comme sujet. — 5. Le pronom *ye* implique la personne qui parle et celles à qui l'on parle, à l'exclusion de celles devant lesquelles on parle. — 6. Le pronom *ame* ou *yame* implique la personne qui parle et toutes les personnes présentes. — 7. Même dans les dialectes qui ont une forme spéciale pour la 2ᵉ pers. du pluriel, on remplace souvent cette forme par celle de la 3ᵉ pers. du pluriel, ou bien on les emploie ensemble : « Vous allez » *amene ho* ou *be ho* ou *amene be ho* (assanti). — 8. La forme habituelle est *mi*; on n'emploie en général *me* que devant des noms monosyllabiques terminés par le son *i* ou le son *ye*. Il y a pour les expressions « mon père » et « ma mère » des formules spéciales qu'on trouvera aux phrases et exemples. — 9. Voir les notes 5 et 6. — 10. Voir la note 7. — 11. Les pronoms possessifs sont des expressions qui signifient « ma chose, ta chose, etc. ». — 12. La forme *ni* joue quelquefois le rôle d'une sorte d'article défini, à peine démonstratif. — 13. Les expressions usitées pour dire « rien » et « personne », et qui signifient « aucune chose, aucun homme », demandent à être accompagnées de la négation, comme en français. — 14. On peut remplacer la forme *mo* ou *mò* par le simple pronom sujet *o*. — 15. Le pronom conjonctif régime peut se supprimer, mais alors il faut toujours exprimer le pronom personnel régime à la suite du verbe, chose qui n'est que facultative si on fait usage du mot *bo* ou *bò* : « la chose qu'ils veulent », *rike bò be kuro* ou *rike be kur'e* ou *rike bò be kur'e* (baoulé). — 16. Le mot *nzu* est souvent suivi du verbe « être » ou du verbe « aller » : *nzu-ho* (assanti), *nzu-ya* ou *nzu-ko* (abron), *nzu-ho, nzu-wo, nzu-ko* (agni).

IV. — LES VERBES

	Assanti	Abron	Zéma	Aféma	Baoulé
aller	ko	ko	ko	kò, hò	ko, wo
partir	ko	ko	ko	kò, hò	ko, wo
venir, arriver[1]	bà	ba	ba	ba	ba
venir de	fi	fi	fi	fi	fi
rester debout	gină	gină	girĭ	gină	gină
s'asseoir[2]	trăse	trăse	trăze	trăse	trăse
se lever	sori	sori	gŭazu	gyazo	gyazu
se coucher	da	da	da	da	la
dormir	ado	da	dafi	dafe	lafi
courir	. . . . .	. . . . .	năndi	ahŏndi	awŏndi
tomber	wi	. . . . .	tò	tò	tò
mourir	wu	hu	hu	ahu	au
être (verbe attrib.)	ti	ti	le	ti, te	ti
être (dans un lieu)	ho	ya, da	wo	wo, ho	wo
ne pas être (attrib.)	. . . . .	. . . . .	ne	. . . . . .	. . . . . .
ne pas être (en un lieu)	. . . . .	. . . . .	. . . . .	numa	numă
prendre	fa	fa	fa	fa	fa
apporter	fa-bra	fa-bra	fa-bala	fa-bla, blè	fa-bra, brè
emporter[3]	fa-ko	fa-ko	fa-ko	fa-ko	fa-ko
aimer	kuro	kuro	kuro	kuro	kuro
chercher	. . . . .	. . . . .	. . . . .	kendè	kundè
appeler	fre	fre	fre	fre, ho-ri[4]	fre
comprendre	ti	ti	de	ti, te	ti
voir	hŭ	hŭ	hŭ	ahŭ	awŭ
connaître	ni, nim	nyumŭ	. . . . . .	si	si
dire	se	se	se	se	se
parler	kasa, kă	kasa, kă	kă	kă, gyŭgyo	kă, gyŭgyo
manger (verbe neutre)	. . . . .	. . . . .	di arye	di alye	di arye
manger (verbe actif)	di	di	di	di	di
boire	num, nŏ	nŏ	nŏ	nŏ	nŏ
frapper	bo	ho	bo	bo	bo
battre	fi	fi	fi	fi	fi

	Assanti	Abron	Zéma	Aféma	Baoulé
casser	bu	bu	bu	bu	bu
couper	kwe	kwe	. . . . . .	kpè	kpè
fendre	paki	paki	. . . . . .	kpaki	kpaki
donner [*]	ma, kye	ma, kye	ma, qye	ma, qye	ma, kye
acheter	tò	to	to	to	tó
faire cuire	nua	. . . . . .	. . . . . .	tõ	tõ
demander (verbe actif)	serè	serè	zerè	serè	srè
demander (verbe neutre)	bisa	bisa	biza	bisa	bisa
laver	pu	pu	. . . . . .	kpu, unzi	kpu, unzi [*]
se laver	gyare	. . . . . .	bya	bya, unzi	unzi
tuer	kum	kū	kū	ku	ku, kū
pleurer	sū	sū	sū	sū	su, sū
rire	sere	sere	ziri	siri	sri
respirer	le-hume	le-hume	. . . . . .	de-humye	le-umye
être nombreux	sõ	sõ	sõ	sõ	sõ
être sec	awo	awu	. . . . . .	ahu	au
être humide	afo	afo	. . . . . .	adua	alua, afafa
être pauvre	di-yarè	di-yarè	li-ñyakè	di-yarè	di-yarè
remercier [*]	dāse	dāse	dāze	dāse	dāse
avoir	le	le	de, lc	de, le	le
faire [*]	yo, di	yo, di	yè, li	yo, di	yo, di
se lever (le jour)	akī	akī	bahī	aqyī	akyī
baisser (id.)	azā	asā	azā	asā	asā
attacher	ki	ki	ki	ki	ki
détacher	. . . . . .	. . . . . .	. . . . . .	sāñgi	yāñgi
atteindre	. . . . . .	. . . . . .	gyü	qyü, tyü	gyü
payer	. . . . . .	. . . . . .	tua-kakè	tüa-kare	tüa-karè
s'éveiller	tiñe	tiñe	tuñwe	tiñge	tiñge
palabrer	. . . . . .	. . . . . .	li-güekè	di-güere	kā-ndè
marcher	nanti	nanti	tia	nandi, tu	nati
porter (sur la tête)	. . . . . .	. . . . . .	swa	swa	sua
attraper	. . . . . .	. . . . . .	so	tra, sò	tra, sò [*]
ouvrir	. . . . . .	. . . . . .	tuke-zu	tike-so	tike-su
fermer	. . . . . .	. . . . . .	tüa-zure	kata-so	kata-su [*]
monter	. . . . . .	. . . . . .	fo	fu	fu, fū
descendre	. . . . . .	. . . . . .	gyü-aze	qyü-ase	gyüla
entrer	wuru	wuru	wuro	wuru	wuru
sortir	fite	fite	finde	fite	fite
mesurer	süsu	süsu	sünzü	süsü	sünzu
charger (un porteur)	su	su	zu	su	sua

	Assanti	Abrou	Zéma	Aféma	Baoulé
retourner (sur ses pas)	. . . . .	. . . . .	sya	sya, sa	sa
déchirer	ti	ti	. . . . .	ti	titi
avancer	. . . . .	. . . . .	. . . . .	jhünu	di-ñinu
envoyer	soma	sóma	zoma	sumã	sumã
poser, mettre	wira	wura	. . . . .	hura	ura
garder	sye	sye	zye	sye	sye
obtenir	nyã	nyã	nyï	ñyã	añyã
oublier	wirãfi	wurãfi	. . . . .	hurãfi	urãfi

Notes. — 1. Le verbe *ba* fait à l'impératif et au subjonctif *bra* ou *bla* (*bala* en zéma). — 2. Le verbe *trãse* ou *trãze* veut dire exactement « demeurer par terre » (*trã ãse* ou *trã ãze*); le radical *trã* tout seul signifie « demeurer, rester assis, rester ». — 3. Les verbes *fa-bra* et *fa-ko* sont composés chacun de deux verbes (prends-viens, prends-va); aussi doit-on mettre le régime entre les deux : *fa arye bra* « apporte la nourriture », *f'èi ko* « emporte-le » (baoulé); le verbe *blè* ou *brè* est un verbe simple. — 4. Le verbe *fre* s'emploie dans le sens d' « appeler » et dans le sens de « nommer »; quant à l'expression *ho-ri* ou *wo-ri* (qui est pour *bo ri*, prétérit de *bo*), elle ne s'emploie que dans le sens de « nommer » : *be ho-ri se?* « comment l'appelle-t-on? » (pour *be bo ri i duma se?* on a frappé son nom comment?). — 5. Le verbe *ma* veut dire simplement « donner, mettre en mains »; *kye* veut dire « faire cadeau de ». — 6. Le verbe *kpu* ne s'emploie en agni qu'en parlant du linge; *unzi* s'emploie dans tous les cas. — 7. L'expression *dãse* ou *dãze* est une contraction de *da ãse* ou *de ãse*, « se coucher par terre » ou « prendre de la terre », allusion à la coutume qui consiste, pour exprimer sa gratitude, soit à se prosterner contre terre, soit à prendre une motte de terre et à la déposer aux pieds de son bienfaiteur. — 8. Le verbe *yo* signifie « faire » dans un sens général; *di* ou *li* s'emploie dans des expressions particulières, telles que « faire du travail, faire (l'extraction de) l'or, faire (le métier de) soldat, etc. » — 9. Le verbe *tra* signifie « s'emparer de, saisir »; *sò* veut dire « attraper au vol, recevoir dans ses mains ». — 10. Les verbes qui signifient « ouvrir » et « fermer » veulent leur régime entre le verbe proprement dit et la particule (*zu, zure, so, su*) : *tuke alaka zu* « ouvre la caisse » (zéma).

V. — LA CONJUGAISON

Je donne ci-après les types des temps les plus employés en assanti et en baoulé. Comme je le dirai après, les conjugaisons des
autres dialectes peuvent toutes se rapporter à l'un de ces deux
types. — Je ne donne que la première personne de chaque temps;
pour avoir les autres, il suffira de remplacer le pronom de la
1re pers. par le pronom sujet convenable (voir le tableau des pronoms et les notes qui suivent).

1° Verbe actif ou neutre commençant par une lettre autre que
« a » :

	Assanti	Baoulé
je mange *ou* j'ai mangé *ou* je mangerai	*me di* ou *m di*	*me di* ou *m di*
je suis en train de manger	*me le di*	*me su di*
j'ai mangé	*m'ā di*	*me di ri* et *m'ā di*[1]
que je mange	*m'ăn di*[1]	*m'ăn di* ou *mi n di*[1]
mange	*di*	*di* ou *di e*[1]
manger	*di*	*di*
action de manger	*di-re*	*di-re*[1]

2° Verbe actif ou neutre commençant par « a » :

La conjugaison est la même, sauf que l'*a* initial du verbe s'élide
après toute voyelle autre que *e*; l'*e* final de certains pronoms sujets
et de la particule *le* s'élide au contraire en général devant l'*a* initial
du verbe qui subsiste, quoique le contraire ait lieu aussi quelquefois;
enfin le pronom sujet *o* de la 3° personne se retranche souvent :
« il meurt », *o'u* ou *au* (baoulé); « il baisse », *o'ză* ou *ază* (assanti).

3° Verbe passif :

	Assanti	Baoulé
je suis mangé, *ou* j'ai été mangé *ou* je serai mangé	*m'ădi*[1]	*m'ădi*[1]
je suis en train d'être mangé	*me le ădi*	*me su ădi*
j'ai été mangé	*m'ā ădi*	*m'ădi ri*
être mangé[1]	*ădi*	*ădi*[1]

4° Verbe négatif :

	Assanti	Baoulé
je ne mange pas, *ou* je n'ai pas mangé	*me n di'*	*me di mā* ou *me di ā''*
je ne mangerai pas	*mi n di''*	*m'ā di mū*
je n'ai pas mangé	*m'ān di ou me n di yi''*	*me niā di ri mā ''*
ne mange pas	*nă di*	*nă di* ou *nă di e''*
n'être pas mangé	*nă di*	*nā di ''*

Les verbes commençant par « a », à la voix négative, se conjuguent comme les autres, sauf en ce qui concerne les élisions, lesquelles se pratiquent comme il a été dit précédemment. — Les verbes passifs ne s'emploient guère à la voix négative qu'au temps indéfini (*me n ădi, m'ădi mă*), au prétérit (*m'ān ădi, me niă ădi ri mă*) et, en baoulé, au temps de volition (*me su ădi mă*, je ne veux pas être mangé).

Notes. — 1. L'*n* se change en *m* devant *m, b, p, f, v* et en *ñ* devant *g* et *k*, généralement ; les pronoms *wo, ye, ame, amene, be,* élident leur voyelle devant les particules *ā* et *ăn* ; à la 3ᵉ personne, on a *o ā di* « il a mangé », *n'ān di* « qu'il mange » ; on peut aussi, pour le subjonctif, employer le temps indéfini précédé de *kè* « que ». — 2. Le vrai prétérit en baoulé est *me di ri* ; la forme *m'ā di* signifie proprement que l'action est proche, soit dans le passé, soit dans le futur, et peut se traduire par « je viens de manger » mais aussi par « je vais manger » ; la voyelle finale du pronom *wo* de la 2ᵉ personne s'élide devant la particule *ā* ; les autres pronoms en général demeurent intacts ; la particule *ri* du prétérit devient le plus souvent *ni* après une nasale ou un *u* ; lorsque deux verbes se suivent immédiatement, *ri* se place après le second : *be ko se ri* « ils sont allés dire ». — 3. L'*n* devient *m* devant *m, b, p, f, v* et *ñ* devant *g* et *k* ; la forme *m'ăn di* ou *mi n di* ne s'emploie qu'à la 1ʳᵉ personne ; aux autres, on se sert du temps indéfini *me di* précédé de *kè* « que » ; à la 3ᵉ pers., on a aussi *mŏ di*. — 4. La particule *e* (généralement *o* au pluriel) est explétive et se place après le régime s'il y en a un. — 5. Le suffixe *re* du nom d'action, souvent prononcé *le, rè* ou *lè*, devient en général *ne* après une nasale ou un *u* ; plusieurs verbes ont un nom d'action irrégulier, comme *gyŭgyo* « parler », qui donne *gŭere* « parole, langue », et *gŭgŭere* « prononciation, façon de parler »; *lafi* « dormir », qui donne *lafre* « sommeil », etc. — On a en baoulé un temps supplémentaire : *me su ā di* « je commence à manger ».

6. Les verbes commençant par *a*, qui d'ailleurs sont presque tous des verbes neutres, n'ont pas de passif. — 7. La voyelle *ă* qui caractérise le passif ne s'élide jamais, mais la voyelle finale des pronoms sujets peut s'élider devant elle et le pronom *o* peut disparaître. — 8. Le verbe passif a, en baoulé, un temps supplémentaire : *me su ā ădi* « je vais être mangé ».

9. La négation assanti *n* devient généralement *m* devant *m*, *b*, *p*, *f*, *v* et *ñ* devant *g* et *k*; la consonne qui suit *peut* s'adoucir (*b* en *m*, *f* en *v*, *k* en *g*, *p* en *b*, *s* en *z* et *t* en *d*). — 10. Les autres personnes sont semblables à celles du temps précédent, sauf qu'on dit le plus souvent *u n di* à la 2° pers. — 11. La voyelle finale des pronoms sujets disparaît le plus souvent devant *ăn*; le pronom *wo* devient souvent *u*; le pronom *o* ne varie pas. — L'*n* de *ăn* subit les mêmes modifications, s'il y a lieu, que la négation simple *n* (note 9), de plus elle est peu sensible devant un *h* et alors le ton de la voix ou le geste indiquent seuls que la phrase est négative : *m'ā hu nu* (pour *m'ān hŭ nu*) « je ne l'ai pas vu ». — La forme *me n di yi* ou encore *m'ăn di yĭ* se reconnaît dans les expressions *o m ma yi* (pour *o m ba yi*) et *o ăm ma-y* (pour *o ăm ma yi*) « il n'est pas venu ». — 12. La forme *me di mā* peut s'employer dans tous les cas; la forme *me di ā* ne peut s'employer que lorsque le verbe est suivi d'un régime ou d'un attribut. — 13. La forme *me niă di ri mă* ou *me niă di* signifie « je n'ai pas encore mangé »; la forme du passé simple *me di ri mă* est peu usitée et on la remplace par le temps indéfini (*me di mă*). — 14. Aux autres personnes de l'impératif, le pronom se place avant *nă*, sauf le pronom *be* : « ne mangez pas », *amŭ nă di o* ou *nă be di o* (voir aussi la note 4). — 15. On a en baoulé, à la voix négative, un temps supplémentaire : *me su di mă*, « je ne veux pas manger ».

Remarques sur les autres dialectes. — La conjugaison *abrŏ* est exactement la même que la conjugaison *asănti*; la conjugaison *zema* est également la même sauf que le nom verbal est *di-kè* (au lieu de *di-re*) et que la conjonction du subjonctif est *mo* (au lieu de *kè*).

9

La conjugaison *afema* est la même que la conjugaison *baule*, sauf que : 1° « je suis en train de manger » se dit à la fois *me le di* comme en assanti et *me su di* comme en baoulé ; 2° *m'ā di* a presque toujours le sens passé, comme en assanti, bien que la forme *me di ri* existe aussi, comme en baoulé ; 3° la négation s'exprime à la fois comme en assanti (*me n di*) et comme en baoulé (*me di ma*).

VI. — PLACE DES RÉGIMES

Le régime se place toujours après le verbe, sauf à l'infinitif (voir plus loin). Si le verbe est suivi d'une particule, comme *yi* ou *ri*, ou d'une négation, comme *mā* ou *ā*, le régime se place après la particule ou la négation. (Exception est faite pour *e* et *o*, particules exclamatives de l'impératif, qui doivent suivre le régime.)

Lorsqu'il y a plusieurs régimes, on place le premier le régime le plus court, quelle que soit sa nature. Si les deux régimes sont des pronoms, on place le régime direct le premier, ou mieux, si le sens n'a pas à en souffrir, on le supprime.

Dans les verbes composés de deux verbes (comme *fa-bra*, *fa-ko*) ou d'un verbe et d'une particule (*tüke-zu*, *tike-su*), on place en général le régime direct entre les deux verbes ou entre le verbe et la particule, et le régime indirect, s'il y a lieu, après le second verbe ou la particule.

Lorsque le régime est un pronom de la 2ᵉ ou de la 3ᵉ personne du singulier, il se contracte souvent avec la voyelle finale du verbe ou avec la négation qui le précède ; ces modifications sont apprises par l'usage. Le pronom régime de la 3ᵉ pers. du sing. se retranche toujours après la particule *yi* ou *ri*, et souvent dans les autres cas.

Le régime direct de l'infinitif se place en général avant ce dernier : *o ā wirafi odye to* (assanti), « il a oublié d'acheter des ignames ». Cependant :

1° L'inversion n'a pas lieu dans les expressions composées du verbe *di* ou *li* et d'un nom, comme *di rike* (baoulé) « manger quelque chose », *di bata* (aféma) « faire du commerce », *di gyumā* (assanti et agni) « travailler », etc. ;

2° Avec les verbes de mouvement, tels que *ko*, *ba*, *fi*, et avec les verbes *kuro* « aimer », *kora* « pouvoir », on place le régime direct indifféremment avant ou après l'infinitif qui suit ces verbes : *me ko nŏ nzüe* (baoulé), « je vais boire de l'eau » ; *o ñ kora edüa paki* vassanti), « il ne peut pas fendre le bois ».

En général, il est plus élégant de remplacer par le nom verbal l'infinitif accompagné d'un régime direct, et alors ce dernier, devenant régime d'un nom, le précède naturellement : *o ā wirafi odye to-re, o ñ kora edüa paki-re.*

Le verbe passif ne peut pas avoir de régime dans les langues agni-assanti ; la phrase « ce bœuf a été acheté par Kofi » devra se tourner « ce bœuf, Kofi l'a acheté », *nañgüe ni, Kofi o ā to ni* (assanti).

VII. — PHRASES ET EXEMPLES

Outre quelques exemples des dialectes assanti et abron et de la langue zéma, je donne ici des mots et expressions de divers dialectes agni qui m'ont paru différer des mots et expressions correspondants en baoulé (exception faite pour les mots aféma qui figurent déjà dans les vocabulaires qui précèdent) et enfin des mots et expressions baoulé qui ne se trouvent pas dans l'*Essai de manuel de la langue agni.*

Asănti. — Mon père, *me gya* ; ma mère, *m'abrewa* ou *me nă* ; mon fils, *me ba.* Viens, *bra* ; va-t-en, *ko.* Il est venu, *o ba* ou *o ā ba* ; il n'est pas venu, *o m ma yi.*

Où est-il ? *o ho hi* ? il est au village, *o ho kurum* ; va lui dire de venir, *ko fre nu n'ăm bra* (va appeler lui qu'il vienne).

Quel est ton nom ? *wo di sèñ* ? (ton nom comment) ; je m'appelle Kofi, ou Kouabran, ou Kouakou, *me di Kofi, sè Kwabrā, sè Kwaku.*

A qui est ce pagne ? *wă dya ntama ni* ? il est à moi, *me dya* ; c'est à lui, *oe dya.*

Comprends-tu l'assanti ? *wo ti Asănti kasa* ? je ne le comprends pas, *me n ti.* Connais-tu cet homme ? *u nim enipè* ? je ne le connais pas, *me n ni nă* ; l'as-tu vu ? *u hu ni* ? je ne l'ai pas vu, *m'ā hu nu.*

Que dit-il ? *o se nsu-ho* ? je dis que je n'irai pas, *me se kè mi ñ ko.*

Abrŏ. — Mon père, *m'agya* ; ma mère, *mi no* ; mon fils, *mi ba* ; mon village, *mi kuru* ; leurs yeux, *b'ăni* ; leurs oreilles, *b'ăso* ; leur bouche, *b'ănŏ* ; leurs dents, *bè si* ; leur cou, *b'ekŭ.*

Viens, *bra*; venez, *amene bra*; va, *ko*; allez, *amene ko*; je vais au village, *me ko kurum*; il est venu, *o ā ba*; il n'est pas venu, *o ăm ma-y* (souvent prononcé *o ăm 'ay*).

Où est le roi de l'Abron? *Borŏ hini o ya hi?* il est au village, *o ya kurum* ou *o ya kurum nuhă*; il est ici, *o ya ha* ou *o da ha*; il n'est pas ici, il n'y en a pas, *o n da ha*; il est là, *o ya dufă*.

Va le chercher, *ko kè fre-n* (pour *ko kè wo fre ni*, va que tu appelles lui). Comment t'appelle-t-on? *be fre wo se?* on m'appelle Kofi, *be fre mi Kofi*; mon nom est Kouabran, *me di Kwabră*.

A qui est cela? *wă dye ni?* c'est à moi, *mi dye*.

Comprends-tu l'abron? *wo ti Aborŏ be kasa?* (tu comprends Abron leur langue?) je ne le comprends pas, *me n ti*.

Connais-tu cet homme? *u nyum enipè yi?* ne connais-tu pas cet homme? *u n nyum enipè yi?* je le connais, *me ñyumŭ nu*; je ne le connais pas, *me n nyumŭ nu*. L'as-tu vu? *wo hu ni?* je ne l'ai pas vu, *m'ă hu nu* (pour *m'ăn hŭ nu*).

Que dit-il? *o se nsu?* il dit qu'il partira jeudi, *o se kè o ko ku-da*; je n'irai pas aujourd'hui, *mi ñ ko nne*.

Merci, *m dăse* ou *m da ăse*; merci beaucoup, *m dăse pĭ* ou *m dăse papa*.

Zema. — Mon père, *egya* ou *me ze*; ma mère, *omò* ou *me ni*; mon pagne, *me dăre*.

Je vais au village, *me ko süazo ro*; je pars, *m'oƒo*; viens, *bala*; je viens, *m ba*; viens boire du tafia, *bala mo ye nŏ Brŏfürè ză* (viens que nous buvions Européens alcool); je veux boire de l'eau, *me kuro m'ăn nŏ zŭre mbye*.

C'est bon, c'est bien, *o le krama*; c'est bon à manger, *o le kpare mo be di a* (c'est bon que ils mangent lui); ce n'est pas bon, *o ne kpare*; c'est mauvais, *o le tane*.

As-tu compris? *w'ă de?* n'as-tu pas compris? *w'ăn de?* je comprends, *me de*; je n'ai pas compris, *m'ăn de*; je ne comprends pas, *me n de*.

Il vient raconter son affaire *o ba li güekè*; que dis-tu? *wo se nzu-kè?* Comment t'appelle-t-on? *kè be fre wè?* comment l'appelle-t-on? *kè be fre èi e?* on l'appelle Kofi, *be fre Kofi*.

Apporte-moi de l'eau, *ƒa zŭre bala*; emporte-le, *ƒa kŏ* (prends va); attrape-le, *so èi e*; demande-lui quelque chose, *biz 'èi e de bye*.

Où est-il? *o wo nyeŭ?* il est à la maison, *o wo i süè nuhă* (il est sa maison dans). Ouvre la porte, *tuke anăkè*; ouvre cette caisse, *tuke alaka nyă zu*; ferme-la, *tü 'èi zure.*

Ils montent sur la montagne, *bè fo boka nyă zuro* (ils montent montagne cette sur); ils descendent à terre, *be gyü āze*; entre ici, *wuro ke*; je viens du Baoulé, *me fi Bahule lo yè m ba* (je viens Baoulé dans et j'arrive); demain j'irai jusque-là, *èjhima me gyü lo* (demain j'atteindrai là); je suis malade, *me hŭ yè me ñyane* (mon corps fait moi mal).

Il est grand (de taille), *o le tendene*; le chemin est long, c'est loin, *adăne le tendene*; il est gros, *o le kpore*; il est très gros, *o le balane*; il est petit (de taille), *o le zina.*

Bonjour (le matin), *yà, ahi o* ou *ya, ajhi o* (quand on s'adresse à un homme); *omò, ahi o* (quand on s'adresse à une femme). — Réponse à la salutation précédente : *èyaŏ, egya, aere o* (quand on s'adresse à un homme); *èyaŏ, omò, aere o* (quand on s'adresse à une femme).

Bonjour (dans le milieu de la journée), *ndya, üa o* (à un homme), *omò, üa o* (à une femme). — Réponse : *èyaŏ, ndya, nati o* (à un homme), *èyaŏ, omò, nati o* (à une femme).

Bonsoir : *ndya, anu o* (à un homme), *omò, anu o* (à une femme). — Réponse : *èyaŏ, ndya, aosi o* (à un homme), *èyaŏ, omò, aosi o* (à une femme).

Formule de commisération (à un malade, à quelqu'un en deuil, etc.) : *yăko.*

Buresya. (Ce dialecte est très voisin du dialecte aféma; comme dans ce dernier, on parle du nez, on remplace souvent *u* par *o*, on emploie le *h* et le *jh*, et la conjugaison a des formes empruntées à l'assanti et au zéma). — Porteur, *adü-swa-fwe*; soleil, *sïnze*; à droite, *fama* ou *fama-so*; à gauche, *bè* ou *bè-so*; pirogue, *elie*; baril, *balu*; emprunt, *bosya*; se laver, *bya*; riz, *aure*; lamantin, *tere*; caïman, *aleñge*; rivière, *asüe*; citron, *domu.*

Arishyï. (Mêmes remarques que pour le bouressya; de plus les Arissyin se servent beaucoup de mots propres au zémà; le zéma est d'ailleurs compris par tous les Arissyin). — Pirogue, *elie* ou *ele*; igname, *elüe* ou *luo*; papier, *kartà* (carta) ou *umà* (peau);

montre, *wati* (anglais « watch »); heure, *do*; table, *tabele* (français
« table »); chapeau; *kele, kere*; livre sterling, *kpondu* (anglais
« pound ») Français, *Frãze*; Anglais, *Ãglezi* ou *Ãglesya*; merci,
mõ ou *nãse*; je comprends, *me ti*; je ne comprends pas, *me n de*
ou *me ti mã*; je n'aime pas, *me ñ guro* ñu *me kuro mã*; tout, *kokoti*.

Asini. (Mêmes remarques que pour l'Arissyin).

Sãmvi (de Krinjabo). — (Même dialecte que l'aféma). — Papier,
umã (peau); casse occidentale (faux quinquéliba), *akendé-aluba*;
pérodictique (animal nocturne et hurleur), *aüa*; pangolin, *akplare*;
avancez, *be jhünu* ou *be tu o*; marchez, *be nandi* ou *be nãnde*;
écrire quelque chose, *ura dike umã nu* (mettre chose papier
dans); orange, *kutu*; orange douce, *bròfwe kutu*; se laver, *bya*
d'où le nom de la rivière de Krinjabo); soleil, *sĩnze* ou *üa*;
soldat, *nzara-fwe*; doucement; *koso-koso* et *bleble*; vérité, *nahurè*;
c'est vrai, *nahur'o*; tribu, *ama*; ici, *ama*; ici, *fã*; là, *brè*; là, par là,
lohã, losa; pagayer, *tamga*; singe rouge, *atüeye*; plateau, étendue de
terrain entre deux vallées, *eti* (les Agni de l'est comptent les dis-
tances par le nombre des *eti*); torrent, creux d'une vallée, *bonza*;
pirogue, *ele* et *elie*; pigeon vert, *poro*; gros escargot, *kerekete*;
mangue, *amãgo*; carrefour, *ñgwãnda* (*ñkwãnta* en abron et en
assanti, *ñgonda* en bonna et en baoulé); petite antilope grise,
ketebo; navire, *mèri*; sur la montagne, *boka so*.

Afema. — Singe jappeur, *koü*; taon noir, *tüi*; tout, *kora* ou
krwa ou *krwakrwa* ou *kokoti*; un franc, *sile kŏ* (anglais « shilling »);
1 fr. 50, *sile ne fã*; 0 fr. 60, *taku fã*; 0 fr. 50, *taku* ou *Frãze taku
fã*; 0 fr. 30, *simpwa*; se laver, *bya*; visage, *jhinu*; bougie, *krãne*
(anglais « candle »); école, *sukuru* (anglais « school »); allu-
mettes, *makyizi* (anglais « matches »); verre, *ñgranzã* (anglais
« glass »); pétrole, *ñgrezi* (anglais « kerosene »); factorerie,
fyãdi (anglais « factory »); pluie, *nyamye* ou *nzüe*; esclave destiné au sacrifice, *adumu-fwe*; porc-épic, *kotoko*; assiette en métal,
preti (anglais « plate »); derrière, *butumã* et *butwã*; noix de coco,
agüe; vêtement intime des femmes, *sare*; coussinet (que les femmes
placent à la chute des reins), *keywa*; ce, cette, ces, *ni* ou *ne*; il

ne comprend pas, *o n ti* ou *o ti mā*; comment appelle-t-on cela?
be hɔ-ri se? ou *i duma ti se?* — Salutation (en arrivant dans un
village) : *ahi o* ou *ajhi o*; réponse : *ayo, akwābo* ou *ayo,mvre o*. —
Salutation (à un ami qu'on n'a pas vu depuis longtemps) : *ya ya
ya ya... ahi o*; réponse : *ayo, akwābo*. — Salutation (du dernier
arrivé au premier arrivé) : *dumwa o* ou *dumwa mo*; réponse : *ayo,
arisyī o*. — Salutation (à quelqu'un qui revient d'un voyage) :
akwābo. — On dit *ndya* en parlant à un homme, *nana* ou *aura* en
parlant à un vieillard ou à un chef, *mo* en parlant à une femme;
les hommes répondent *ayo* ou *èya* aux salutations; les femmes
répondent *ae* ou *ayo*. — Merci : *mō* ou *nāse*.

Betie. — Je m'en vais, *m'ā hɔ̀*; beaucoup, *mboho*; cet homme,
sònā ka; homme (opposé à femme), *brinzüa*; femme, *brèsüa*; mon
père, *me si*; ma mère, *me ni*; mon fils, *mo wa*; va, *kɔ̀*; lève-toi,
gyaso; viens ici, *bra fā*; merci, *nāsi o* ou *mō*; je remercie, *m da
āse* ou *m nāse*. — (Le dialecte des Bettiénoufoué est presque
identique à l'aféma, mais il emploie plutôt les *d* là ou les Aféma
emploient les *l*; les formes de conjugaison d'origine fanti ou zéma
(négation *n* par exemple) sont moins fréquentes que dans l'aféma).

Ndenye. (Même dialecte que le Bettié). — Caméléon, *dodoire*;
âne, *afumu*; école, *sukuru* (anglais « school »); porc-épic, *akroko*
ou *kotoko*; hyène, *kotokwaku* et *bogrokofi*; amande de noix de
coco, *bròfwe-agüe*; quoi de nouveau? *amānye?* demande les nouvelles, *bisa amānye?* ruisseau, *asüe-o-ba* ou *asüe-ba*; rivière, *asüe*;
plateau entre deux vallées, *eti*; bière de maïs, *pindo*; caoutchouc
(liquide), *amane* ou *amale*; caoutchouc (coagulé), *poyüe*; chercheur
de caoutchouc, *poyo-fwe* ou *poyüe-fwe*; sur la montagne, *boka só*
ou *boka su*; singe rouge, *tèi*; singe jappeur, *koū*; petite antilope
grise, *ketebo*; éléphant, *asüi* et *aswī*; gibier, viande, *nā* et *nāe*;
mesurer, *süsü*; avancer, *di ñinu*; marche devant moi, *di mi ñinu*;
tout, *krwa* ou *kora* ou *krwakrwa*; comment l'appelle-t-on? *o ho-ri sè?*
ou *o wo-ri sè?* ou *i duma wo-ri sè?* eau de senteur, *anatre*; vêtement
intime des femmes, *sāre*; coussinet (que les femmes portent à la
chute des reins), *kèywa* ou *furubo*; se laver, *bya*; se coucher, *da*;
couteau, *dadye*; le mien, *me dye*; être, aller, se trouver, *ho*; ici,
fā, ha; là, *bre, loha*; ce, cette, ces *ni* ou *ne* et *ka*; poisson, *egüe*;

igname, *edüe*; banane, *bănda*; manioc, *vedè*; deux, *ñyüä*; stupide,
kwasya; salut, *ahi o* et *añi o*; réponse : *akwăbo*.

Asaye. (Même dialecte que le Bettié et le Ndényé, mais avec
quelques traces d'influence assanti). — 1 *kŏ*, 2 *ñyŏ*, 3 *nsă*, 4 *nă*,
5 *nu*, 6 *nsyī*, 7 *nso*, 8 *moküe*, 9 *ŏñgorä*, 10 *buru*; mon père, *ñ gya*
ou *me sye*; ma mère, *mo* ou *me ni*; mon fils, *mi ma*; village, *kuró*;
maison, *süa*; feu, *sį*; terre, *asye*; viens ici, *bra fī*; va-t-en, *ko*; c'est
bien, *o ti pa*; à droite, *fama*; à gauche, *bè*.

Dadiesu. (Même dialecte que les Sikassoufoué, c'est-à-dire un
dialecte intermédiaire entre l'aféma et le baoulé; cependant la situation des Dadiessoufoué, entre les Bouressya et les Assayé, a introduit dans leur idiome des tournures aféma qu'on ne rencontre
pas chez les Sikassoufoué). — Minerai de fer, *dadie*; couteau, *dadye*
ou *lalye*; pirogue, *ale*; nouvelles, *amăni*; quoi de nouveau? *amăni e*?
un shilling, *sile kŏ*; 1 shilling 6 pence, *sile ne fä*; 6 pence, *taku fä*.

Sikăsu. (Dialecte très voisin du Baoulé; la négation *n*, qu'on
rencontre encore dans le Ndényé, n'existe plus et est remplacée
par la négation *mä*; la particule *su* remplace définitivement *le* au
présent absolu et le prétérit se forme toujours avec le suffixe *ri*.
Cependant on trouve encore la lettre *h*, et *d* au lieu de *l* ou *r*). — Le
mien, *mi dye*; couches-tu ici? *è da ha*; il est ici, *o wo ha*; piment,
măku; banane, *bana* ou *banda*; igname, *elüe*, *lüe* et *duo*; je t'ai
payé, *me tü'o kare*; viens ici, *bra fä*; je ne puis pas y atteindre,
me kora mä me kyü nu; ceci, cela, *eka*; se laver, *unzi*; aujourd'hui,
ènne; nouvelles, *amani*; quoi de nouveau? *amani e*? porc-épic,
kotoko; 1 franc, *sile kŏ*; 0 fr. 50, *takufä*; 0 fr. 30, *simpwa*; sur la
montagne, *boka su*.

Bonna. (Dialecte encore plus voisin du Baoulé que celui des
Sikassoufoué; les Bonna établis dans le Baoulé parlent naturellement le dialecte du Baoulé; les *Binye* et les *Kumwěnufwe* parlent .
le même dialecte que les Bonna du sud de l'Abron). — Ruines,
bŏmvä; savane, *awa* ou *awa-nu*; affluent (d'une rivière), *mo*; bras,
(de rivière), *sama*; corail, *neginä*; quoi de nouveau? *lo-kă se*? (là-
parler comment?) ou *dodi*? ou *lori*? c'est bon, ça va bien, *o ti mä tè*
(ce n'est pas mauvais).

D'après les informations que j'ai recueillies, les *Bomofwe*, les

Ndaméfwe et les *Ngãnufwe* parlent le même dialecte que les Baoulé, à très peu de choses près.

Il en est de même des *Moronufwe* et des *Wure*, qui pourtant ont l'articulation *h* : *me ho*, je vais; *me ho ri*, je suis allé.

Les *Agbèñyaũ* parlent exactement comme les Baoulé du sud (région de Tiassalé).

Baule. — Lion, *kãga-nè* (la bête du pays des Kanga, la bête du Soudan) et *asõmbòni* (mot sénoufo); chat-volant ou écureuil volant (polatouche ou ptéromys), *ñyaru*; ichneumie ou mangouste à queue blanche, *kakramati*; écureuil des palmiers, dit parfois rat palmiste, *akremya*; rat palmiste à queue de rat, *ziñziñgã*; tamia ou écureuil de terre, *kwasre*; buceros blanc et noir à bec large, *loka*; buceros à bec long, *tüetüe*; aigle brun, vulgairement charognard, *kotokro*, *kimãgro*, *akinãgro*; aigle blanc et noir, *asri-mbrim·bri* (et non *asri*); épervier gris, *asri*; faucon, *gbotogbwe* (et non *wokogbwe*); grand touraco bleu, *kogyo-baru* (et non : touraco noir, *kogyo-alu*); chenille (que mangent les Soudanais), *ndro*; papillon, *wawè*, *kõgo* et *abèbe*.

Graines de concombre qui se mangent en sauce, *mvyele-ma*; le concombre lui-même, *mvyele*; sorte de noix de cola à saveur poivrée, *kanãgbri*; karité, arbre à beurre, *ñgwĩ-waka* (et non *kaya*, *kaa*); finsan, arbre donnant des noix à goût de noisette, *kaya* ou *kaa*; frangipanier, *nda-waka*; oignons, *añüe*; arbre dont l'écorce pilée sert à paralyser les poissons, *kyengye*; arbre dont le bois sert à teindre en noir ou bleu foncé, *koya*; cendres de bois de fromager servant à la fabrication du savon et utilisée aussi pour empêcher la mauvaise odeur dans la préparation de l'indigo, *bro*.

Talisman fait avec le bois d'un certain arbre, *agyumane* (est employé comme nom propre d'homme); navire, *mèri*; bateau à vapeur, *wusre-alie*; image, portrait, photographie, *mvonye*; perles de cornaline anciennes, *tüè* ou *tè* (assez communes au Soudan, plus rares dans le sud); perles anciennes à stries rouges, blanches et bleues, *mbuka* ou *mvuka*; voile de gaze, *lamlaka*; marmite en fonte, *lanzè*; toute espèce d'art manuel, *agüi̧*, d'où : *di agüi̧*, faire des meubles, faire des bijoux, etc.; *agüindifwe*, artisan; menuisier, bijoutier, forgeron; galons ou broderies sur les manches, *sasu* (*sa-su*, sur le bras).

Esclave, *kăgani* ou *kăgane* (de *Kăga*, gens du Soudan).

Fête publique, *nyă*; fête européenne, *brò-nyă* (14 juillet, 1ᵉʳ janvier); harmattan, vent sec, *kotroko, keseblakesi, kplakaswa, fufu, aboyirikwasi-săsănzüe*; cadeaux de fiançailles, douaire, mariage, *atōmvre*; fiancée, *atōmvre-bla*; se fiancer, se marier après fiançailles, *fa atōmvre*; donner sa fille en mariage, *fa atōmvre bla ma*...

Petite vérole volante, *ñgbăüe*; urticaire, bourbouille, *ñgbăüe*; coqueluche, *kesèkesè*; avoir la coqueluche, *bo kesèkesè*; hernie, *ñgbre, lalo*; syphilis, *kona* (et non *potò* : ce dernier mot désigne une enflure de la verge produite, soit par la syphilis, soit par d'autres causes; quant à la syphilis, les Baoulé croient à sa contagion par les rapports sexuels et connaissent plusieurs de ses symptômes : chancres, bubons, plaques muqueuses, maux de gorge, chute des dents, ulcérations cancéreuses de la face, amaigrissement, etc.); lèpre, *kokoüe* (les Baoulé ne la croient pas contagieuse ni héréditaire, mais la regardent comme incurable, ainsi que la syphilis; elle produit souvent une sorte d'ulcération cancéreuse des lèvres et du nez, mais les Baoulé savent distinguer entre le cancer de la lèpre et le cancer syphilitique); blennorragie, écoulement, *lorye* (nom du latex des arbres à caoutchouc et des ficus; les Baoulé appellent du même nom l'écoulement blennorragique des deux sexes; les uns nient que cette maladie se propage par contact sexuel et prétendent qu'on peut l'attrapper en marchant à l'endroit où a uriné un blennorragique; les autres nient ce dernier mode de propagation et en tiennent pour la contagion par rapports sexuels); — on appelle *tukpakye*, non seulement l'épilepsie, mais encore toute maladie organique grave, telle que la syphilis, la lèpre, et aussi parfois la folie furieuse : *o di tukpakye* ou *o le tukpakye*, il est très malade; *tukpakye-fwe*, malade.

Caresses, *ndarye*; caresser, fleureter, *tra ndarye*; qui aime les caresses, *ndarye-kuro-fwe*. — Signification, sens (d'un mot, d'une fable, etc.), *bo*; je ne sais pas ce que cela veut dire, *me si ma i bo*. — Ennui, *aurabwe*; je m'ennuie, *aurabwe ku mi* (l'ennui me tue). — Réflexion, *akunda*: je réfléchis, *me bo akunda mi kunu lo* (je frappe la réflexion dans mon ventre).

Beau, joli, bien fait, *kopè*; joli garçon, *gbafrĭ kopè*; jolie fille, *tarwa kopè*. — Vert d'eau ou bleu (en parlant des yeux), *ñgoroñgoro*; très noir, *kisi-kisi*; très blanc, *fita-fita*; bleu clair, *frisi*;

de couleur incertaine, *pro*; moitié bleu moitié blanc, *ble-pro*; vert jaunâtre, *pro-pro*. — Le mot *ñgumi*, outre le sens de « différent », a aussi celui de « uniquement, rien que » : *kuró ñga ti bro ñgumi*, ce pays n'est que de la brousse; *nā wo ñgumi*, pas rien que toi, pas seulement toi.

Détester, *kpo*; je le déteste, il ne me revient pas, il me dégoûte (en parlant d'une personne ou d'une chose), *me kp'è*; je le dégoûte, il me déteste, *o kpo mi*. — Se coucher en Z, *muñgye*; se coucher sur le côté, la tête sur la main, *losa*; glisser sur le bord ou en dehors du lit, *miă*. — Baiser (un enfant) sur la bouche, *tafi (ba) nwă*; baiser (une femme) sur la bouche, *fo (bla) nwă*. — Se rappeler une chose (après l'avoir oubliée) ou se rappeler tout à coup, (*rike*) *kpè... kunu*; je me le rappelle, *o kpè mi kunu* (il coupe mon ventre); il me revient que, *o kpè mi kunu kè...* — Se moquer (de quelqu'un), *fita (sónă) awŭnè su*; ne te moque pas de moi, *nā fita mi awŭnè su* (ne souffle pas sur mon cœur). — Avoir très peur de, trembler de peur devant, *sè... ñya*; il a très peur de lui, *o sè i ñya*. — Effrayer, surprendre, faire peur brusquement à, *kpiti*; il m'a fait sursauter de peur, *o kpiti ri mi*; ne me fais pas peur ainsi, *nā kpiti mi sò*. — Porter (quelqu'un sur ses épaules), *lolo*.

L'expression *arie akyi* « le jour se lève » s'emploie aussi, au cours d'un récit, pour signifier « le lendemain » : *o gyü ri boka i gya, o la ri lo*; *arie akyi o gyasu ri, o wo ri kuró ro* (il atteignit le pied de la montagne, il y coucha; le lendemain — ou : le jour s'étant levé — il partit et alla au village).

Le mot *kăzu* s'emploie assez souvent pour signifier « alors »; le mot *săñgè* ou *săgè* s'emploie assez souvent pour signifier « mais, cependant ».

A ajouter à la page 134 du *Manuel agni* (noms propres de personnes) : lorsqu'une femme a, de suite, plusieurs enfants du même sexe, garçons ou filles, le 3ᵉ reçoit le nom de *Ngesă*; le 4ᵉ et le 5ᵉ le nom de *Ndri*; le 8ᵉ le nom de *Nyamke*; le 9ᵉ le nom de *Ngoră*; le 10ᵉ le nom de *Buru* ou *Bru*, le 11ᵉ le nom de *Duku*; le 12ᵉ et les suivants le nom d'*Amane*. (Dans les mots *Ngesă*, *Nyamke*, *Ngoră* ou *Ăñgoră* ou *Nyăgoră*, *Buru*, on retrouve les nombres *nsă*, trois, *moküe*, huit, *ŏgŏră*, neuf, et *buru*, dix; le mot *Duku* vient de l'assanti *du-ku* ou *du-kŏ*, « dix-un, onze ».)

CHAPITRE IV

Langues mandé-tamou et mandé-fou.

De la lisière méridionale du Sahara à la lisière septentrionale de la grande forêt et de l'Océan Atlantique au cours inférieur du Niger, c'est-à-dire dans tout le Soudan Occidental, est répandue une famille ethnique très importante, qui ne se connaît pas à elle-même d'appellation générique, et qui est généralement désignée par les Européens sous le nom de « Mandingue » ou *Mande*[1]. Ce nom vient de celui de l'une des principales tribus de cette famille, les *Mande-ñga* ou *Mane-ñka* ou plus vulgairement *Mali-ñke*. Le nom des Malinké (gens de Mali, Mané ou Mandé), à son tour, vient de celui de la ville ou du pays qui, sous les appellations de *Melli*, *Mali*, *Mani*, *Mane*, *Mande*, fut florissant du xiii⁰ au xv⁰ siècles de notre ère dans la région nigérienne comprise entre Bammako et Oualata. Enfin, d'après M. Binger et d'autres auteurs, le nom de *Mali* ou *Mani* viendrait de *ma* « lamantin », cet animal étant à l'origine l'animal sacré de la famille mandé, celui dont il était défendu de manger la chair, ou encore de *mali* ou *mani* « hippopotame », pour une raison analogue.

D'après le *Tarikh es-Sudân*, les 44 premiers empereurs du Mali, dont 22 auraient régné avant l'hégire et 22 après, résidaient à Ghâna, qu'on identifie généralement avec Oualata, et étaient de race blanche; leurs sujets étaient des Nègres que l'auteur du *Tarikh* appelle « Ouankoré », c'est-à-dire des Mandingues (ces derniers sont en effet appelés *Wâgara* par les Haoussa et *Wâkore* par les Songhaï).

1. Et aussi sous le nom de « Bambara », qu'il convient cependant de rejeter à cause des équivoques qu'il peut produire, l'appellation de *Bambara* ou *Bâbara* étant donnée par les musulmans du Soudan Occidental à des populations païennes très différentes les unes des autres, telles que les Bamana, les Sénoufo et les Gbanyan, dont la première seule est de famille mandingue.

Le 45° empereur du Mali fut un nègre et fonda une dynastie indigène à laquelle on donna le nom de son pays, *Mali*. Sous cette dynastie, l'empire prit plus d'importance et s'étendit vers le sud-est jusqu'à San, et vers le sud-ouest jusqu'à l'Océan. C'est au xiv° siècle qu'un empereur du Mali nommé Kankan-Moussa, qui fit le pèlerinage de La Mecque en 1324 d'après Ibn Khaldoûn, soumit la ville de Gao ou Gogo, située sur le Niger entre Tombouctou et Say, et plaça sous l'autorité du Mali tout le pays des Songhaï. Ce fut lui aussi qui s'empara de Tombouctou; prise et détruite par les Mossi sous l'un des successeurs de Kankan-Moussa, cette ville fut réoccupée par les Mandé qui la conservèrent jusqu'au xv° siècle, époque à laquelle ils en furent chassés par les Touareg qui, à leur tour, en furent dépossédés 40 ans après par Sonni-Ali, roi des Songhaï, en 1468.

C'est en 1355 qu'un prince songhaï ou peut-être mandé, nommé Ali-Kolon, affranchit le pays songhaï de la domination des empereurs du Mali et fonda la dynastie des Sonni, qui régna sur les Songhaï de 1355 à 1493.

Sonni-Ali (1464-1492), seizième successeur d'Ali-Kolon et avant-dernier roi de la dynastie des Sonni, démembra l'empire de Mali, dont la destruction fut complétée par El-Hadj Mohammed, fondateur de la dynastie songhaï des Askia, qui succéda en 1493 à celle des Sonni.

Après les guerres que leur firent Sonni-Ali et El-Hadj Mohammed, les Mandé se divisèrent en trois groupes : l'un, qui prit le nom de *Soni-ñke* parce qu'il avait à sa tête, dit-on, les partisans vaincus du dernier roi sonni, Abou-Bakari-Dao, demeura dans la partie septentrionale de l'ancien empire de Mali; le second groupe, dont la tribu principale était celle des *Soso*, s'enfonça dans le sud-ouest; le troisième, qui conserva le nom de l'empire (*Mali* ou *Mande*), alla s'établir dans le sud-est.

Dans la suite, cette répartition des Mandé primitifs subit bien des changements; il y eut des migrations, des retours vers le point de départ, des guerres pour la suprématie, des unions entre tribus de groupes différents et entre tribus mandé et tribus étrangères; certaines populations mandé, s'attachant au sol conquis, devenant des cultivateurs, finirent par absorber les éléments autochtones et par devenir la famille dominante, sinon la seule, dans le pays où elles s'étaient établies ; d'autres, demeurant guerrières, continuèrent à aller de razzia en razzia et de pays en pays, perdant leur homogénéité et leurs caractères originaux au contact des races vaincues et par suite du changement continuel de leurs habitats successifs ; d'autres enfin, s'adonnant soit au commerce, soit à l'industrie, soit à la science et à la prédication, se répandirent par groupements peu nombreux au milieu de populations étrangères qu'ils arrivèrent souvent à dominer et à civiliser par la seule influence de leur autorité morale ou de leur supériorité en affaires, fondant çà et là des villes musulmanes florissantes au sein de tribus païennes primitives et sauvages, ou bien, colporteurs et traitants, n'ayant d'autre patrie que les grandes artères commerciales où ils nomadisent sans cesse.

Mais, quelle que soit la dispersion actuelle des Mandé, quelle que soit la diversité de leur état politique, religieux et social, on peut reconnaître chez toutes les fractions des attaches plus ou moins étroites avec l'un des trois groupements qui se sont formés au moment de la destruction de l'empire de Mali.

A défaut de nom indigène, j'ai songé à désigner chaque groupe de langues mandé par le mot le plus généralement employé dans ce groupe pour exprimer le nombre « dix » : c'est ainsi que l'on aura les langues *mănde-tamu* parlées par les descendants du groupe des Soninké, les langues *mănde-fu* parlées par les descendants du groupe des Sosso, et les langues *mănde-tă* parlées par les descendants du groupe des Mali ou Mandé proprement dits[1].

Une étude approfondie et attentive de ces trois groupes de langues montre qu'elles appartiennent indubitablement à la même famille, quoiqu'il y ait actuellement des différences assez profondes entre chacun des trois groupes et entre les diverses langues du groupe de fou. Mais on peut se rendre compte combien il est facile de passer d'un groupe à l'autre et combien il y a de rapports entre certaines langues de l'un quelconque des groupes et certaines

---

1. Dans mon *Essai de manuel pratique de la langue mandé* (Paris, 1901, gr. in-8), je n'ai indiqué que deux groupes, rattachant le soninké au groupe de « tan » ; mais une étude plus approfondie des langues mandé m'a conduit à faire un groupe à part du soninké et des langues analogues, qui se rapprochent autant du groupe de « fou » que du groupe de « tan » et peuvent servir de trait d'union entre ces deux groupes.

langues des deux autres. Du soninké ou sarakolé on passe insensiblement au bozo, dont la parenté avec le sya ou bobo-dyoula est suffisamment nette; du sya on passe également facilement, soit au sosso d'une part, soit au dialecte des Noumou d'autre part, et le sosso nous conduit à travers toutes les langues mandé-fou, tandis que le noumou nous fait arriver plus aisément encore au dyoula et au malinké. Et durant tout ce voyage à travers les nombreuses langues mandé, on ne peut pas manquer d'être frappé à chaque instant des ressemblances de tel ou tel mot, de telle ou telle forme grammaticale, avec un mot ou une forme appartenant à une langue qui peut paraître, au premier abord, fort éloignée de celle que l'on étudie.

Laissant les langues mandé-tan pour le chapitre suivant, je ne m'occuperai en celui-ci que des langues mandé-tamou et mandé-fou.

L'état actuel de nos connaissances ne nous permet d'assigner au groupe *Mandé-tamu* que trois langues distinctes, mais il est probable que des recherches ultérieures nous en feront connaître d'autres. Ces trois langues sont :

1° La langue des *Soni-ñke* ou *Marka-ñke* (appelés *Sarakulle* par les Foulbé, Sarakolé par les Européens), qui est parlée, avec quelques différences dialectales, sur les deux rives du Sénégal de Matam à Kayes et surtout sur la rive gauche (région de Bakel); dans le nord du Kaarta-Bine, dans le Kingui (région de Nioro) et le Bakhounou; dans la majeure partie du Ouagadou et dans une partie des cercles de Gombou et de Sokolo; dans le grand Marka-dougou (à l'est de Sansanding, et entre San et Dienné et dans le nord du Dafina); dans un certain nombre de villages de la région de Ségou où la famille soninké des Diaouara forme la majorité de la population; chez les *Nyare*, métis de Maures et de Soninké, qu'on trouve dans la région de Bammako; entre Lamordé et Say, sur le Niger, où les Soninké sont appelés *Sillabé* par les Foulbé; enfin sur toutes les routes commerciales et dans la plupart des centres de la Boucle du Niger et de la haute Côte d'Ivoire, où les traitants et artisans soninké sont nombreux et où ils sont appelés *Marka* ou *Malarha-Gyale* par les Dyoula;

2° La langue des *Azer*, parlée, d'après Barth, à Tichit, à Ouadân et à Oualata ou Ghanata, concurremment avec les dialectes berbères et arabes des nomades de qui dépendent ces oasis;

3° La langue des *Bozo* ou *Boso*, qui habitent les deux rives du Niger et du Bani, de Dienné à Tombouctou, et détiennent dans cette région le monopole de la navigation. (Les Somono, qui exercent en amont de Dienné le même métier que les Bozo en aval, seraient de langue et de race bamana, c'est-à-dire mandé-tan.)

Je dois ajouter que les *Samorho*, qu'on rencontre entre Sikasso et le Bagoé, sont apparentés aux Soninké par M. Binger[1].

Quant aux langues *mănde-fu*, elles sont parlées tout le long d'une bande de territoire, d'ailleurs assez étroite, qui s'étend depuis Conakry à l'ouest jusqu'à Bondoukou à l'est, et qui est limitée au sud par des tribus de familles diverses (timéné, famille krou, famille agni-assanti), et au nord par des tribus mandé-tan, sénoufo et mossi-gourounsi. A la Côte d'Ivoire, l'habitat des Mandé-fou correspond à peu près avec la lisière de la forêt dense. Nos connaissances actuelles permettent de porter à quatorze le nombre des langues ou dialectes mandé-fou et des tribus de cette famille. Ces tribus sont, en allant de l'ouest à l'est :

1° Les *Soso* ou *Susu*, qui habitent la majeure partie de la région côtière dans la Guinée Française, depuis le Rio-Nuñez au nord, et qui vont au sud jusqu'à la Grande-Scarcie, où ils débordent sur le territoire anglais, s'étendant à l'est et au nord jusqu'au Fouta-Dyalon: leur dialecte est parlé en outre par presque tous les Landouman, les Nalou et les Baga qui vivent au milieu d'eux;

2° Les *Lăngă* et les *Sako* (appelés *Dyalŏ-ñka* par les Malinké, Dyalonké par les Européens), qui semblent être les plus anciens habitants du Fouta-Dyalon et l'habitent à côté des Foulbé et des Sidianka;

3° Les *Loko* ou *Landorho*, qui habitent entre la Grande-Scarcie et la rive droite de la Roquelle ou rivière de Sierra-Leone, limités

---

1. Peut-être conviendrait-il de rattacher aux Mandé-tamou les Kourteï, population de marins analogues aux Bozo qui habite sur les deux rives du Niger et dans les îles depuis les rapides d'Ayorou jusqu'à Karma, au sud de Sansan-Haoussa, et qu'on rencontre, mêlée à des Soninké, à des Songhaï et à des Haoussa, à Zinder-sur-Niger, à Sansan-Haoussa et dans la région de Say. D'après M. Hourst, ils parleraient en général le songhaï, mais auraient une langue à eux ; ils seraient issus d'un mélange de Bozo et de Foulbé et auraient émigré du Massina vers le sud-est à la fin du xvie siècle, allant jusqu'à Boussa pour remonter ensuite vers Sansan-Haoussa. Ce passage à Boussa justifierait peut-être la localisation près de cette ville d'un dialecte mandé-fou donné par Koelle sous le nom de Boko.

au nord par les Limba et au sud par les Timéné qui ne sont ni les uns ni les autres de famille mandé ;

4° Les *Mende* ou *Mendi* (appelés *Koso* par les Timéné), qui habitent le long de la mer entre la rivière de Sherbro et la rivière Soulima, et s'étendent à l'intérieur presque jusqu'aux sources du Niger, limités à l'ouest par les Boullom ou Mampoua, au nord par les Timéné et les Limba, au nord-est par les Kissi (toutes tribus étrangères à la famille mandé), et à l'est par les Manianka et les Vaï, qui sont des Mandé-tan ;

5° Les *Loma* (appelés *Toma* par les Konianka, *Tŏalè* par les Kpêlé, *Buzi* ou Bousie par les Libériens), qui habitent au sud des Kissi et à l'ouest du Konian une région dont les centres principaux sont Zolou et Bokessa et où l'on rencontre aussi beaucoup de Mandé-tan (Manianka et Konianka) ;

6° Les *Wèima*, qui habitent au sud du Konian, entre Beyla et Nzô (région de Zigaporassou et de Koïma) ;

7° Les *Kpéle* (appelés *Gberese* par les Manianka, *Gbèize* par les Loma, *Kpese* par les Vaï, *Pessy* par les Libériens, Gouersé ou Guerzé sur les cartes), qui habitent au sud des Loma sur les deux rives du Saint-Paul (région de Bakoma) et au sud des Oueïma dans la région de Nzô, limités au sud par les tribus de famille krou ;

8° Les *Gbêlé* ou *Manŏ* (Nguéré ou Gon sur les cartes), qui habitent au sud et à l'est des Kpêlé, depuis le Saint-Paul jusqu'au Kô, affluent du Sassandra (régions de Mana (à l'ouest du Cavally), de Houné (sur le haut Cavally), de Blou ou Blolo, de Man), limités au sud par les tribus de famille krou ;

9° Les *Gyo* ou *Gurowï* (Dioula anthropophages et Ouobô sur les cartes, appelés *Koro* ou *Guro-Dyula* par les Mandé-Dyoula), qui habitent au nord et à l'est des Gbêlé ou Manon, les régions du Oua et du Gouro (est de Nzô), de Guélémou, et le sud du Mahou ou Guiola et du Gouaran, où ils sont mélangés à des Sénoufo et à des Mandé-tan ;

10° Les *Kweni* (appelés *Lò* par les Mandé-tan, *Guro* par les Agni), qui s'étendent à l'est des Guio depuis le Sassandra jusqu'au Bandama Rouge, ont des villages sur les deux rives de ce dernier à partir de Dyorolé jusqu'à Gouropan, puis occupent encore une bande de terrain sur la rive occidentale du Bandama allant au sud jusqu'à hauteur de Singrobo et limitée à l'ouest par les tribus krou du groupe bété ;

11° Les *Mwĩ* ou *Mwă* (appelés *Mona* par les Dyoula, *Moni* par les Agni) habitent entre le Bandama Rouge et le Bandama Blanc, au sud du Kourodougou, au nord-est des Kouéni, et au nord des Baoulé-Kodé ;

12° Les *Ngă* (Gan-né ou Ganra sur les cartes), qui habitent, mélangés à des Agni qu'on appelle à cause de cela Ngan-nou-foué (gens du pays des Ngan), le sud-est du Dyammala (région de Ouassadougou) et se rencontrent sur la rive occidentale de la Comoé depuis Mango ou Groumânia jusqu'à Atakrou, mêlés aux Agni-Binyé ; beaucoup d'entre eux parlent, outre leur langue, l'agni ou le dyoula ; ils sont séparés des Kouéni et des Mouin par des populations (Yohouré, Kodé, Gori, Satikra, Nzoko, Sondo, Sandoro) qui, englobées aujourd'hui dans la famille agni, ont dû, à une époque relativement récente, parler des dialectes mandé-fou, et où le dialecte des Kouéni ou Gouro est, aujourd'hui encore, assez répandu, surtout chez les Yohouré, les Kodé et les Gori ;

13° Les *Gbĩ* ou *Bĩ* (appelés *Bĩñfo* par les Abron, *Gurungo* ou *Gurombo* par les Koulango et les Nafâna), qui occupaient la région s'étendant de Mango ou Groumânia à Bondoukou, bien avant les Koulango et les Abron, et qui se considèrent comme les véritables autochtones du Barabo et de Bondoukou, où ils furent rejoints par les Nafâna d'abord, puis par la famille koulango des Lorho ; actuellement, ils sont presque entièrement absorbés par les Nafâna dans l'est et par les Koulango dans l'ouest ; néanmoins leur langue est encore parlée à Bondoukou même par quelques femmes âgées de la famille des *Gereñgbe* ou *Gurombo* (qui tire son nom d'un arbre appelé *gereñgbe* à l'ombre duquel était l'habitation de son fondateur), à Kangaré par un vieillard, à Soko par quelques familles, à Yanango (près Assorokrou) par une famille, et dans les montagnes situées à l'ouest de Bondoukou ainsi que dans le Barabo par quelques familles qui se livrent à la chasse et à l'extraction de l'or ;

14° Enfin les *Sya*[1], qui habitent la région de Bobo-Dioulasso et principalement le sud et le sud-ouest de cette ville, entre les Boua

---

1. Ne pas confondre les *Sya* de Bobo-Dioulasso avec la famille mandé-tan des *Siya* qui est répandue surtout dans le Kourodougou.

ou Bobo-Fing au nord et au nord-est, les Dyan, les Dagâri et les Lobi à l'est, les Kyéfo, les Dorhossiè, les Karaboro au sud, les Mbouin au sud-ouest et les Sénoufo du Kénédougou ou Sendéré à l'ouest; ceux d'entre eux qui habitent la ville même de Bobo-Dioulasso se sont en partie convertis à l'islam, ont adopté les vêtements et les noms de famille des Dyoula installés chez eux, et ont reçu le surnom de *Bobo-Gyüla* ou *Bobo-Dyula*, appellation très impropre, puisqu'ils ne sont ni Bobo ni Dyoula; peut-être les Tousia, qui habitent au sud-ouest de Bobo-Dioulasso, sont-ils de la même tribu : *tu-sya* veut dire en dyoula « Sya de la brousse, de la forêt ». La tribu des Sya semble être assez isolée parmi les autres tribus mandé-fou, qui forment une chaîne sans véritable solution de continuité; mais il est fort possible que certaines tribus qui habitent entre Bobo-Dioulasso et la grande forêt, et que l'on connaît fort peu, par exemple les *Mbwĭ* de la région de Léra, fassent partie du même groupe; il y aurait intérêt aussi à savoir ce que sont exactement les idiomes des anciens autochtones de Kong, les *Myoru* ou *Ñyoru*, et de leurs voisins de l'est et du nord-est, les *Karaboro*, les *Dorhosyè* et les *Kyefo*, afin de connaître s'il faut les rattacher au même groupe que le dyan et le lobi ou les ranger dans les langues mandé-fou. Pour ce qui est des Sya, leur langue a certainement des liens de parenté assez étroits avec l'ensemble des dialectes mandé-fou, d'une part, et avec les dialectes mandé-tamou d'autre part, en même temps qu'avec les dialectes mandé-tan des Noumou, des Huéla et des Ligbi; mais il semble aussi qu'elle ait été influencée par le sénoufo et par les langues voisines de la famille mossi-gourounsi, le dyan notamment; chose curieuse, la plupart des radicaux communs au sya et au dyan se retrouvent également dans le koulango et dans les langues agni-assanti, ce qui pourrait venir à l'appui de l'hypothèse plaçant dans le Dagomba et le Gondja l'habitat primitif de la famille agni-assanti et de la tribu des Koulango.

Je note ici pour mémoire que le vocabulaire donné par Koelle dans ses *Polyglotta Africana* sous le nom de *Bóko* semble en partie appartenir à une langue mandé-fou : or Koelle place l'habitat des *Bóko* à Kayoma, près du bas Niger, et dans un pays vassal des Bariba qui s'étendrait au nord-est jusqu'à Boussa inclus. Il est bien invraisemblable qu'on puisse trouver une tribu mandé-fou aussi loin vers l'est; peut-être l'informateur de Koelle, avant de venir s'échouer à Sierra-Leone, avait-il passé un certain nombre d'années en captivité dans un pays de langues mandé-fou, ou avait-il simplement désappris en partie sa langue maternelle au contact des Landorho de famille mandé-fou auprès desquels il vivait.

Je vais donner ci-après de courts vocabulaires des langues soninké, bozo, sya, mouin et gbin, avec des notes plus étendues concernant le mouin. Je n'insisterai pas sur le soninké, qui est relativement connu et qui n'a qu'une importance secondaire pour la région qui nous occupe, bien que les Soninké soient nombreux dans la police de la Côte d'Ivoire et dans les centres commerciaux; si j'en publie ici un court vocabulaire, c'est surtout pour permettre les comparaisons avec les autres langues. Quant au bozo, ayant pu recueillir quelques informations sur ce dialecte jusqu'ici totalement inconnu, j'ai cru qu'il y avait intérêt à les publier; des Bozo sont d'ailleurs employés comme laptots au service de la flottille de la Volta.

Le vocabulaire *soninke* a été recueilli en 1900 à Kouadio-Kofikro (Baoulé) auprès de trois Soninké originaires, l'un de Bakel, les deux autres de Nioro, aussi bons informateurs et aussi sûrs que possible.

Le vocabulaire *bozo* a été recueilli en 1902 à Kyessorhola (pays Dagâri) auprès d'un Bozo originaire des environs de Dienné et en service à la flottille de la Volta; je crois pouvoir répondre de la sûreté de ses informations.

Le vocabulaire *sya* a été recueilli en 1903 à Bondoukou auprès de trois Sya de Bobo-Dioulasso qui paraissaient consciencieux mais étaient malheureusement peu intelligents.

Le vocabulaire *mwĩ* a été recueilli en 1900 à Bouaké (Baoulé Nord) auprès d'une femme Mouin de la région de Mankono; remplie de bonne volonté, mais trop âgée pour que je puisse donner toutes ses informations comme absolument sûres.

Le vocabulaire *gbĩ* a été recueilli en 1902 à Boudoukou auprès de deux femmes de la famille des Gourombo et revu avec un vieillard gbin de Kangaré, tous bons informateurs.

Quant aux nombres et aux quelques mots *gbêle* et *kweni*, ils proviennent (pour le gbêlé, le guio et le kouéni du sud de Séguéla) de notes communiquées par M. Thomann, et (pour le kouéni du Bandama Rouge), de ce qui me reste des notes recueillies par moi en 1899 dans le Yohouré. Enfin la numération en *ñgã* de Kamélinsou (nord d'Atakrou) m'a été très obligeamment communiquée par M. le Dr. Maclaud, qui l'a recueillie sur place durant son voyage de 1893-94.

I. — LA NUMÉRATION

	Soninké	Bozo	Sya	Gbêlé	Guio
1	*bāni*	*sanna*	*tala*	*do, dobo*	*do*
2	*fillo*	*tenne*	*pila*	*pile*	*pile*
3	*sikko*	*sike*	*saa*	*yaka*	*yaka*
4	*narhato*	*natã*	*nã*	*izye*	*izye*
5	*kargo*	*kuwõ*	*ko*	*solu*	*solu*
6	*tumã*	*tummi*	*ko-nara*	*sora-do*	*sora-do*
7	*ñyeru*	*yeni*	*ko-pla*	*sora-pire*	*sora-ple*
8	*segu*	*seki*	*koro-saa*	*sora-aka*	*sora-ka*
9	*kabu*	*kapi*	*koro-nõ*[2]	*so.a-izye*	*sora-izye*
10	*tamã, tamu*[1]	*tèmi*	*fã*	*bu*	*kwando*[2]

	Kouéni (sud de Séguéla)	Kouéni (Bandama Rouge)	Mouin	Ngan	Gbin
1	*du*	*du*	*du*	*do*	*do*
2	*ße*	*fye*	*ple*	*pla*	*paa*
3	*ya*	*ya*	*yaka*	*ya*	*ñga, ña*
4	*zyĩ*	*zyĩ*	*izye*	*syĩ*	*sye*
5	*solu*	*sulu*	*suo*	*sõ*	*sōo*
6	*süe-du*	*süenu*	*sura-du*	*so-do*	*sōrü-do*
7	*süa-vie*	*tra-fye*	*sura-pere*	*so-pla*	*sosowa*
8	*sora-a*	*tra-ya*	*sura-a*	*so-ya*	*kyenze*
9	*sora-zyĩ*	*tra-zyĩ*	*sura-izye*	*sisi*	*sisi*
10	*bevu*	*befã, fã*	*fu, menfu*	*ebu*	*bu*

	Soninké	Sya	Mouin
11	*tamŭ-no-bāni*	. . . .	*ta-a-du'*
12	*tamŭ-no-fillo*	. . . .	*ta-a-ple*
20	*tă-pille*	*ñima-pila'*	*miă-du'*
30	*tă-ñgyikke*	*ñima-saa*	*ta-yaka*
40	*tă-narhate*	*ñima-nă*	*miă-ple*
50	*tă-karge*	*ñima-ko*	*ta-suo*
60	*tă-ndume*	*kyŭro-saa*	*miă-yagɩ*
70	*tă-ñyere*	. . . .	. . . .
80	*tă-sege*	*kyŭro-nă*	*miă-izye*
90	*tă-kabe*	. . . .	. . . .
100	*kame*	*kyenă'*	*miă-suo*
1.000	*wugyune'*	. . . .	. . . .

Notes. — 1. Le mot soninké *tamŭ* ou *tamu* « dix » prend au pluriel la même forme que dans les langues mandé-tan. — 2. Comparez le mot sya *ko-ro-nŏ* « cinq et quatre » avec le mot dyoula *korondo* ou *konondo* « neuf ». — 3. Koelle donne pour « dix » en guio la forme *go*. — 4. Les nombres qui multiplient mille, en soninké, prennent la finale *i*, comme ceux qui multiplient 100 prennent la finale *e* : 2.000 *wugyune-filli*, 3,000 *wugyune-sikki*, 4.000 *wugyune-narhati*, 5.000 *wugyune-kargi*, 6.000 *wugyune-tuni*, 7.000 *wugyune-ñyeri*, 8.000 *wugyune-segi*, 9.000 *wugyune-kabi*, 10.000 *wugyune-tămi*. — 5. On trouve aussi pour 20 la forme *kyŭro* qui réapparaît dans *kyŭro-saa* « soixante » et *kyŭro-nă* « quatre-vingts ». — 6. Je ne suis pas sûr de la forme *kyenă*, qui n'est peut-être qu'une contraction de *kyŭro-nă*. — 7. Ici réapparaît la forme du nombre « dix » dans les langues mandé-tan. — 8. On compte en mouin tantôt par vingtaines (*miă*), tantôt par dizaines (*ta*).

II. — LES NOMS

	Soninké	Bozo	Sya	Mouin	Gbin
terre	*ñiñye*	*duba*	*lo, lo-mă*	*tere*	*teme*
feu'	*yimbe*	*tou*	*togho*	*.tě*	*lañ*
eau'	*gyi*	*duò*	*nzhŭo*	*yi*	*yi*

	Soninké	Bozo	Sya	Mouin	Gbin
rivière	khwõle	pagu'	lòho	üye	. . . .
herbe	be	sou	sorho	bõ	kyen
arbre*	yite	dyuguka	. . . .	iri	yiri
bois à brûler	swa	suba	sò, so	yo	. . . .
village	debe	nogo	kiri	pla, plè	wa
chemin	kille	. . . .	sogho	zi	zè
plantation	teni	swo	larha	gbala	sõ
village de cultures	ñgene-debe	. . . .	kiüè-so	gbala-plè	. . . .
brousse	ñgene	. . . .	kiüè	mene-ntere	. . . .
maison	kõpe	ñyama*	kõ	fè	ku
viande	tye	. . . .	kika	wi	sõ
sél*	sape	. . . .	ñi	wè	üê
aliment farineux	futo	. . . .	ñyumu	. . . .	bile
sauce	. . . .	. . . .	ñyã	. . . .	. . . .
pagne, tissu*	yirhame	. . . .	zorho	so	perè
couteau[7]	labu	doyè	tawala	wula	. . . .
houe	toñge	somõ	kora	kpo	tãra
natte	daba	. . . .	sãmbare	. . . .	. . . .
marmite*	gine	koru	shüo	. . . .	. . . .
cruche	lalle	. . . .	. . . .	gbò	lò
calebasse	kholla	kũnu	koko	pa	tè
pirogue	mpure	ki̭	. . . .	kũ	. . . .
pagaie	sumbade	kumme	. . . .	. . . .	. . . .
chaise	tarhade	. . . .	. . . .	kpe	gba
pierre	gide	. . . .	. . . .	kãvere	yè
homme (être humain)	soro	ñümi	nümĭ	mè	so
homme (mâle, mari)	yugo	kaegu	sĭshu	gulĭ	goõ
femme	yarhare	yõ	ya	le	lē
père	faba	ka	tõ	te	dè
mère	ma	na	sye	ni	na
fils, fille	lemme	dyã	nu	ne	lè
tête*	yime	ñyõu	mu	bolo	üi
crâne	. . . .	. . . .	mu-nturu	. . . .	. . . .
cheveux	yinte	ñyõ-ti	mu-nsoro	mwinde	üi-sia
yeux	ñyãkhe	ñyõ-mpi	ñinã	ñyirebè	yo
oreille	toro	twò	tœla	tonõ	tõra
nez	norhone	mũ	minna	ni	ñi
bouche	lakhe	do	do	dè	li

	Soninké	Bozo	Sya	Mouin	Gbin
dents	*kambe*	. . . .	*ñini*	*sömbe*	*sò*
langue	*nene*	. . . .	*nèn*	*na*	*nana*
cou	*khanne*	. . . .	*morho*	. . . .	*kã*
poitrine	*gidime*	*kine*	*dũ*	. . . .	*zu*
ventre	*norho*	. . . .	*tulu*	*kpe*	. . . .
dos	*falle*	*koto*	*ku*	. . . .	*twa*
main [16]	*kite*	*syũ*	*sira*	*gbè*	*wo*
— droite	*kite-tee*	*sumu-syũ*	*ndige-soro*	*gbè-ko*	*wo-ñgyeñgye*
— gauche	*kite-noge*	*kunne-syũ*	*ninnarhã*	*gbè-ye*	*wo-mverè*
pied	*ta*	*taba*	*kã*	*gã*	*gã*
peau	*gudya*	. . . .	*kũ*	*fle*	. . . .
sang	*fore*	. . . .	*daro*	. . . .	. . . .
poil	*yinte*	*nti*	*nsoro*	*yinde*	*sia*
épaule	*kuñke*	. . . .	. . . .	*gbè-palo*	*wo-mpare*
sein	. . . .	. . . .	. . . .	*ñyõ*	*ñyõī*
mâle	*yugo*	*yegu*	*shi̧*	*gulī*	*sya*
femelle	*ni*	*yō*	*ya*	*nã*	*na*
petit	*lemme*	*ndyã*	*nu*	*ne*	*lè*
bœuf	*nã*	. . . .	*ñyã*	*dīri*	*zo*
taureau	*gumbo*	. . . .	*ñyã-shi̧*	*tura*	*zo-sya*
vache	*nã-ni*	. . . .	*ñyã-ya*	*dīri-nã*	*zo-na*
veau	*na-lemme*	. . . .	*ñyã-nu*	*dīri-ne*	*zo-lè*
mouton	*gyerhè*	. . . .	*gba*	*bla*	*barha*
chèvre	*sugo*	. . . .	*sege*	*bo*	*borho*
chien [17]	*wule*	. . . .	. . . .	*go*	. . . .
poule	*seliñe*	. . . .	*nã*	*mã*	*mene*
œuf	*seliñ-kha*	. . . .	*nã-mwele*	*mã-ñyene*	*mene-fo*
igname	*ku*	. . . .	*meñe*	*nyã*	*zugbè*
mil	*gedyaba*	. . . .	*dugho*	. . . .	*koko*
farine	*dyura*	. . . .	*dugho-fo*	. . . .	*üisi*
arachide	(*tiga*	. . . .	*tigile*	*ble*	*kare*
tabac [18]	*sira*	. . . .	. . . .	. . . .	*asara*
huile	*te*	. . . .	. . . .	*ñyonõ*	*ti*
beurre de cé	*khari-te*	. . . .	. . . .	*ñyonõ-pu* [19]	*se-ti*
nom	*torho*	. . . .	*togho*	. . . .	*toè*
chose [20]	*fo*	*fo*	*fila*	*pè, pè-ra*	*po*

Notes. — 1. En guio *ta*, en kouéni *tyè* et *tè*. — 2. En guio *gi*,
en kouéni *gyi*. — 3. Les Bozo appellent *dugu* un grand cours
d'eau : *Syendugu*, le Niger. — 4. En kouéni *iri*. — 5. En guio *ko*.
— 6. En guio *ñapo*, en kouéni *so* : *so punu*, un pagne blanc ; *so ti*,
un pagne noir ; *so te*, un pagne rouge. — 7. En guio *lawa* et *muni*.
— 8. En guio *sapa*. — 9. En guio *nukŭ*. — 10. En guio *mō* « main »
et *mō-bè* « bras ». — 11. En kouéni *ba* « mouton », *bĭ* « chien ».
— 12. En guio *zaĭ*. — 13. C'est-à-dire « beurre blanc ». — 14.
Quelques substantifs guio : *zò* « perles », *ma* « riz », *basŏ* « maïs »,
gò « banane », *gèfè* « piment », *vu* « fusil » ; quelques substantifs
kouéni : *be* « ami », *irite* « soleil », *tere* « jour, lumière », *guro*
« noix de cola », *vañe* « papaye », *sa* « riz ».

REMARQUES SUR LES NOMS. — 1° *Composition et rapport de possession ou de dépendance.* — Dans toutes les langues qui nous occupent, les noms composés se forment par juxtaposition, en mettant le premier le nom du possesseur et le second le nom de l'objet
possédé ou dépendant ; le second mot peut être une particule qui
indique le lieu, l'instrument, l'agent ; le rapport de possession on
de dépendance s'exprime de même. Exemples : *seliñe* « poule »,
seliñ-kha « œuf » (soninké) ; *be* « herbe », *ra* « dans, lieu de », *be-
ra* « savane » (soninké) ; *Mwă* ou *Mwĭ* « Mouin », *ta* « pays, lieu
de », *Mwă-ta* « pays des Mouin ».

2° *Pluriel.* — En soninké, les substantifs forment leur pluriel
en général en changeant en *u* leur dernière voyelle : *kŏpe* « maison »,
kŏpu « des maisons » ; *debe* « village », *debu* « des villages » ; en
général le nom reste au singulier devant un nom de nombre : *kŏpe
tamŭ* « dix maisons ». En mouin on ajoute *nă* au singulier. — Je
n'ai pas d'indications sur la façon dont s'exprime le pluriel des
noms en bozo, en sya ni en gbin, mais je sais que, dans ces différentes langues, le nom reste au singulier devant un nom de nombre
ou un adjectif indiquant la pluralité. — Le nom d'unité se forme
en soninké en ajoutant *ne* ou *ni* au nom collectif et en sya en
ajoutant *nu* : *goro* « noix de cola », *goro-ni* « une noix de cola »
(soninké) ; *nă-mwele* « des œufs », *nă-mwele-nu tala* « un œuf » (sya).

II. — ADJECTIFS ET PRONOMS

Note. — La plupart des adjectifs qualificatifs se rendent par des verbes. Les adjectifs qualificatifs proprement dits, comme les noms de nombre et les adjectifs déterminatifs, se placent après le nom auquel ils se rapportent. Exception est faite pour les adjectifs possessifs et pour certains adjectifs démonstratifs, qui se placent avant le nom.

	Soninké	Bozo	Sya	Mouiu	Gbin
blanc	*khulle, khuyi*	*ku*	*foro*	*pu, kwa*	. . . . .
rouge	*dumbe*	*tomò*	*dughuñi*	*te*	. . . . .
noir	*binne*	*pi̥*	*perèñi*	*li*	. . . . .
moi (sujet)	*ñe, n* [1]	*ni, n* [3]	*mi, ne, n* [5]	*ñüo, n* [7]	*ni, m*
moi (régime)	*ñe, ña* [2]	*na*	*mi*	*mi, ni*	*mi, m*
toi (sujet)	*an* [8]	*d*	*bi, be*	*i, bi*	*e, i*
toi (régime)	*an añe* [9]	. . . . .	*he*	*i*	*i*
lui, elle (sujet)	*a, ao*	*a*	*a*	*o, yo, a; e, ye* [6]	*a*
lui, elle (régime)	*a*	*a*	*a*	*a; e*	*a*
nous	*o*	. . . . .	. . . . .	*min, mið*	. . . . .
vous	*akha*	. . . . .	. . . . .	*o, wa*	. . . . .
eux, elles	*i*	. . . . .	*ki*	*ka, o*	. . . . .
mon, ma, mes	*m* [9]	*m, n*	*mi*	*n* [11]	*n* [16]
ton, ta, tes	*an* [10]	*am, an*	*be*	*i*	*e, i*
son, sa, ses	*a*	*a*	*a*	*a*	*a*
notre	*o*	. . . . .	. . . . .	*anu, min* [15]	. . . . .
votre	*akha*	. . . . .	. . . . .	*o*	. . . . .
leur	*i*	. . . . .	*ki*	*o*	. . . . .
ce, cette	*bā, ke* [14]	*ke* [15]	*bè*	*be, za* [16]	*sa*
ces	*ku*	. . . . .	*bè*	*be, za*	*sa*
celui-ci	*ke sere*	*ke ñümi*	*nümi bè*	*mè be*	*so sa*
ceci, cela	*ke fo, ke*	*ku*	*fila bè*	*pè za*	*po sa*
un, une, quelque	*de*	. . . . .	. . . . .	*de*	. . . . .
qui	*a*	*a*	*a*	*o; e*	*a*
quel?	*kă*	. . . . .	. . . . .	. . . . .	. . . . .
qui?	*kŏ*	. . . . .	. . . . .	. . . . .	. . . . .
quoi?	*mă, mane* [17]	. . . . .	*munu*	. . . . .	*mă*

Notes. — 1. La forme abrégée *n* se change en *m* devant une labiale et en *ñ* devant une gutturale; après ce pronom *f* se change en *p*, *s* en *ky* ou *gy*, *t* en *d*. — 2. La forme *ña* est pour *ñe yi* « à moi » et sert pour le régime indirect. — 3. L'*n* final de *an* donne lieu aux mêmes observations que le pronom *n* (note 1). — 4. La forme *añe* ou *aña* sert pour le régime indirect; avec les autres pronoms, ou ajoute simplement *yi* après le pronom ordinaire pour avoir le régime indirect : *a yi* (ou *a ya*), *o yi*, *akha yi*, *i yi*. — 5. La forme abrégée *n* se change aussi en bozo en *m* devant une labiale et en *ñ* devant une gutturale, et la consonne qui suit s'adoucit généralement. — 6. La forme *mi* ou *m* en sya est réservée aux verbes neutres; la forme *ne* ou *n* peut s'employer avec tous les verbes. — 7. La forme mouin *ñüo* est en réalité une contraction de *n* et de la particule de conjugaison *go*; la forme *n* devient *m* devant une labiale et *ñ* devant une gutturale, sans qu'il semble y avoir de modification dans la consonne qui suit. — 8. Les formes *o*, *yo*, et *a* semblent s'employer de préférence quand le sujet est une personne, et les formes *e* et *ye* quand le sujet est une chose ou qu'il est indéterminé.

9. — Après le pronom *m*, *f* se change en *p*; ce pronom se change généralement en *ñ* devant une gutturale et en *n* devant *l* ou *t*, sans que cette règle pourtant soit absolue. — 10. Voir la note 3. — 11. Voir la note 7. — 12. Mêmes changements de l'*n* en *m* ou *ñ* que pour le pronom de la 1re pers. du sing. (voir la note 7). — 13. Voir la note 7.

14. — Le démonstratif *ke* se place avant le nom et fait *ku* au pluriel : *ke fo* « cette chose », *ku fu* « ces choses »; *bā* se place après le nom et reste invariable. — 15. En bozo aussi *ke* se place avant le nom; j'ignore s'il se modifie au pluriel. — 16. En mouin on paraît réserver le démonstratif *be* aux personnes et le démonstratif *za* aux choses; comme en sya et en gbin, le démonstratif suit le nom et reste invariable : *mè be* « cet homme », *mè-nā be* « ces hommes ».

17. — La forme *mā* se place avant le verbe dont elle est le régime; la forme *mane* sert pour le régime indirect et se place après le verbe. Le mot sya *munu* se place avant le verbe qu'il régit, le mot gbin *mā* se place après.

III. — LES VERBES

	Soninké	Bozo	Sya	Mouïa	Gbin
aller	*tele*	*swo*	*buge*	*gi, gi-lè*	*ta*
partir	*daga*	*so*	*ya, buge*	*gi*	*ta*
marcher	*tele*	. . . . . .	*ya*	. . . . .	*gà*
venir	*ri, li*	*be*	*na*	*nu, l*	*nu*
venir de	*bo-gu*	*ba-ga*	*sa-ra*	. . . . . .	. . . . . .
être (verbe attributif)	. . . . .	. . . . . .	. . . : . .	*pe* '	. . . . . .
ne pas être (id.)	*tè*	*ta*	. . . . . .	. . . . . .	. . . . . .
être (dans un lieu)	*wè, bè*	. . . . . .	*ti*	. . . . . . '	*ni, yi*
ne pas être (id.)	*tè, ntè*	. . . . .	. . . . . .	. . . . .	*nŏ*
s'asseoir	*takho*	*duba*	*tăñga*	*ya-la* '	*ya-ra* ''
se lever	*giri*	*kiri*	*tumă*	*uni*	*yo*
s'arrêter	*sigi*	. . . . . .	*ta*	*du-la* '	. . . . . .
se coucher	*sŏ*	. . . . . .	*să*	*ñyia-rè* ''	*yi-ra* ''
dormir	*khe-ñkè*	. . . . . .	*ñyi*	*yi*	. . . . . .
être bon '	*siri*	*mmèi*	*forŏ*	*dere, zeri*	. . . . . .
être mauvais	. . . . .	. . . . . .	. . . . . .	*yōle*	. : . . . .
mourir	*kara* '	*să-ñga* '	*siri*	*ka*	*ga*
être fini	*ñyeme*	*duă-ñga* '	*üè*	*ñya-nè* ''	*ñya-na* ''
manger	*yige*	*dye*	*zŏ*	*li, lirhe*	*bi*
boire	*mini*	*mene*	*menè*	*mine*	*mi*
prendre '	*ta, nda*	. . . . . .	*yo*	*sa*	*sa*
attraper	*tinda*	. . . . . .	*fughă*	*kuni*	. . . . . .
laisser	*wara*	. . . . . .	*sŏ*	. . . . . .	. . . . . .
donner	*kini*	*do*	*pere*	*na, ba*	*ñgba*
attacher	*yete*	. . . . . .	*perè*	*yire*	. . . . . .
ouvrir	*muñi*	. . . . . .	*kwa*	*plo*	. . . . . .
fermer	*terhe*	. . . . . .	*gboro*	*tă*	. . . . . .
couper	*kutu*	. . . . . .	*kyè*	*kă*	. . . . . .
désirer	*khanu*	. . . . . .	*kya*	*ñyèri*	*ni*
dire	*ti*	. . . . . .	*ti*	*pe, bi*	*pŏ*
comprendre '	*mugu*	. . . . . .	*mŏ, mo*	*ma*	. . . . . .
voir	*wori*	. . . . . .	*za*	*ya*	. . . . . .
regarder	*fayi*	. . . . . .	*segè*	*we*	. . . . . .
connaître	*tu*	. . . . . .	*tyo*	. . . . . .	. . . . . .
appeler	*khiri*	. . . . . .	*uri*	*si*	. . . . . .
tuer	*kari*	*waa*	*yarè*	*gyə*	*dè*

Notes. — 1. En kouéni : *e zima* « c'est bon ». — 2. En kouéni : *da* « prendre ». — 3 En kouéni : *ma* « comprendre »; *i mă ma?* « n'as-tu pas compris? » *m'a ma* « je l'ai compris, je comprends ». — 4. Le verbe *kara* « mourir » est le passif de *kari* « tuer »; on dit aussi *fati*, qui est un terme plus respectueux que *kara*. — 5. Le verbe bozo *să-ñga* a pour radical *să*, la particule *ñga* indiquant le passif ou le verbe d'état ; comparez en malinké *sa-ta* « être mort ». — 6. Le verbe *duă-ñga* est le passif de *duă* « finir ». — 7. On peut, en mouin, ne pas exprimer le verbe attributif; lorsqu'on emploie le verbe *pe*, on met en général l'attribut avant lui : *e dere pe* « c'est bon », *e nana pe* « c'est bon à manger », *yo kuna-ni pe* « il est brave » (comparez en dyoula *a kele-ni bè* « il est seul »); mais on dit *e pe te* « il est rouge », *e pe ra a dere* « il n'est pas bon » (il est pour ne-pas être-bon). Dans les autres langues, le verbe « être » attributif ne s'exprime pas en général. — 8. Le verbe « être » signifiant « se trouver » ne s'exprime pas en mouin : *yo f'ara* (pour *yo fè ara*), « il est à la maison » (lui maison dans). — 9. *La* est une particule indiquant le verbe neutre. — 10. La particule *rè* indique aussi le verbe neutre. — 11. Le verbe *ñya-nè* est le passif de *ñyă* « finir ». — 12. *Ra* est une particule indiquant le verbe neutre. — 13. Le verbe *ñya-na* est le passif de *ñyă* « finir ».

IV. — LA CONJUGAISON

Les verbes neutres ne se conjuguent pas toujours exactement comme les verbes transitifs; de plus ces derniers ne peuvent pas s'employer sans régime direct; si aucun régime n'est indiqué spécialement, on place toujours le pronom *a* (le) devant le verbe : « je comprends » se traduira comme s'il y avait « je le comprends ». Enfin il existe des verbes passifs et des verbes neutres à forme passive qui se conjuguent comme ces derniers. Je donnerai donc un modèle de verbe neutre ordinaire, un modèle de verbe transitif et un modèle de verbe passif; chacun de ces modèles est donné à la première personne du singulier : il suffira, pour avoir les autres personnes, de remplacer le pronom de la 1re pers. du sing. par le pronom sujet convenable.

1° Verbe neutre :

	Soninké	Bozo	Sya	Mouin	Gbin
je pars, ou je partirai, ou je suis parti	ñe daga	ni so	mi buge	ñ'gi	ni ta
je suis en train de partir	ñe daga ne ou m'pa daga ni[1]	ñ'ga so	ne tini mi buge[2]	ñüo gi[3] ñ'go gi	ni na ta
je partirai	ñe daga	ni so	mi buge	n'li e gi	ni ta
je suis parti	ñe daga	ni so ga[4]	mi buge	ñ'gi gwĩ	ni ta
pars	daga	so	buge	gi	ta
partir	daga	so	buge, ke buge	gi, e gi[5]	ra ta[6]
je ne pars pas, ou je ne partirai pas, ou je ne suis pas parti	n'te daga	n'ti so	n'ā buge e[7]	ne ā gi	m'ā ta la
je ne pars pas maintenant	n'te daga ne	......	......	ne pe ra ā gi	m'ā na ta la[8]
je ne partirai pas	n'te daga	n'ti so	n'ā buge e	ne ā gi	m'ā ta la
je ne suis pas parti	m'ma daga	n'ti so	n'ā buge e	ne ā gi lè	m'ā ta la
je ne suis pas encore parti	m'ma daga ne	n'ti so goe	n'ā buge deñga	......	zalè m'ā ta la
ne pars pas	marha daga	......	ka buge ka	......	ti ta la
ne pas partir	ma daga	......	......	ra ā gi	ra ā ta la

2° Verbe transitif :

	Soninké	Bozo	Sya	Mouin	Gbin
je le tue, ou je le tuerai, ou je l'ai tué	ñe a kari	ni a waa	n'a yarè	n'a gye	m'a dè
je suis en train de le tuer	ñe a kari ne ou m'pa a kari ni[1]	ñ ga a waa	ne tini n'a yarè	ñ'go a gye ou ñüo a gye[5]	ni na a dè
je le tuerai	ñe a kari	ni a waa	n'a yarè	n'l'a gye[11]	m'a dè
je l'ai tué	n'd'a kari[9]	ni a waa ga[4]	n'a yarè	n'a gye gwĩ	m'a dè
tue-le	a kari	a waa	a yarè	a gye	a dè
le tuer	a kari	a waa	a yarè	a gye, e a gye[5]	ra a dè[6]
je ne le tue pas ou je ne le tuerai pas, ou je ne l'ai pas tué	n't'a kari[10]	n'ti a waa	n'a yarè rha	n'ā a gye	m'ā a dè la
je ne le tue pas maintenant	n't'a kari ne	......	......	......	m'ā na a dè la
je ne l'ai pas tué	m'ma a kari	n'ti a waa	n'a yarè rha	n'ā a gye	m'ā a dè la
je n'ai pas encore tué	m'ma a kari ne	n'tia waa goe	n'a yarè deñga	n'ā a gye gwĩ	zalè m'ā a dè la
ne le tue pas	marha a kari	......	ka a yarè ka	......	ti a dè la

3° Verbe passif :

	Soninké	Bozo	Sya	Mouin	Gbin
je suis tué	ñe kara	ni waa ga[4]	ne yarè-ra[12]	ñ'gye-lè[13]	ni dè-ra[13]
je ne suis pas tué[14]	m'ma kara	n'ti waa	n'ā yarè è[7]	ñe ā gye-lè	ni ā dè la

Notes. — 1. La particule *pa* devient *fa* à toutes les personnes, sauf à la 1re et à la 2e du singulier. — 2. La particule *ga* devient *ñga* après une voyelle nasale : *a să-ñga* « il est mort ». — 3. On dira à la 2e pers. : *bi tini bi buge*, à la 3e : *a tini a buge*, etc. — 4. La négation s'indique par un *ā* long placé devant le verbe et par la répétition de la voyelle finale du verbe : c'est bon, *a forò* ; ce n'est pas bon, *a ā forò ò*. — 5. Aux autres personnes on emploie toujours la particule *go* précédée du pronom convenable. — 6. Très souvent on fait précéder l'infinitif de la particule *e*, qui correspond au *ka* des langues mandé-tan : *ka gi e fè klè* « ils viennent (pour) maison faire, ils viennent faire une maison ». — 7. La particule *ra* joue en gbin le même rôle que *e* en mouin et *ka* en dyoula : *a sa ra nu* « apporte-le » (le prends pour venir). — 8. La particule *la* devient *na* après une voyelle nasale, et cette dernière perd sa nasalisation : *i a ñyā?* « l'as-tu fini ? », *zalè m'ā a ñya na* « je ne l'ai pas fini encore ».

9. — La particule du passé est *da* ; l'*a* final s'élide devant le pronom *a* mais reparaît devant tout autre régime. — 10. L'*e* de la négation *te* s'élide généralement devant *a*. — 11. L'*i* de la particule *li* s'élide en général devant *a*. — 12. La particule *ra* devient *na* après une voyelle nasale. — 13. La particule *lè* prend aussi les formes *rè* ou *la*, et *nè* après une voyelle nasale ; cette dernière perd alors sa nasalisation.

14. — Les verbes neutres à forme passive, comme *ba-ga* « venir de », *să-ñga* « mourir » (bozo), *sa-ra* « venir de » (sya), *ya-la* « s'asseoir », *du-la* « s'arrêter », *ñyia-rè* « se coucher » (mouin), *ya-ra* « s'asseoir », *yi-ra* « se coucher » (gbin), se conjuguent comme les verbes passifs.

Forme interrogative. — Il n'y a pas de forme spéciale pour l'interrogation ; seule l'intonation indique que la phrase est interrogative. Cependant en sya, dans les phrases interrogatives, on met souvent un *e* avant le sujet.

Place des régimes. — Le régime direct, dans toutes ces langues, se place toujours immédiatement *avant* le verbe : sa place est d'ailleurs indiquée dans le modèle de conjugaison du verbe transitif par le pronom *a* (qu'il ne faut pas confondre avec l'*ā* long qui exprime la négation en sya avec les verbes neutres, en mouin et en gbin avec tous les verbes). — Quant au régime indirect, il se place après le verbe.

V. — PHRASES ET EXEMPLES

1° *Soniñke*. — Où est ton père? *am paba bè minna*? il est parti au village, *a daga debe na*. Je viens, *ñe ri ne*; je ne viens pas, *n te ri ne*; je ne suis pas venu, *m ma ri*. Ne vas-tu pas au village? *an te tele debe na*? ne viens-tu pas avec moi? *an te telle*? (tu ne vas pas?) où vas-tu? *an tele minna*? ils viennent, *i fa ri ni*.

C'est très bon, *a siri ñyè*; ce n'est pas bon, *a ma süro*.

Que dis-tu? *an ti mane*? (tu dis dans quoi?) ouvre cette caisse, *ke kèsi muñi*; je mange, *ñe yige ne*; je ne mange pas en ce moment, *n te yige ne sasa*.

Il est ici, *a bè ire*; il n'y est pas, *a tè ire*; ne le vois-tu pas? *an t'a uori ne*? viens le regarder, *li a fai*; as-tu compris? *am a mugu*? j'ai compris, *n d'a mugu*; je n'ai pas compris, *m ma a mugu*.

2• *Bozo*. — Mon père, *m ka*, ma mère *n na*, c'est rouge, *ku tomŏ*; une chose rouge, *fo tomo-na* (une chose elle est rouge).

D'où viens-tu? *ăm ba-ga mitiŏ*? où vas-tu? *ă swo mitiŏ*. Je vais aux plantations, *ñ ga swo swo*.

Donne-moi cela, *ku do na*; donne-moi un couteau, *doyè do na*.

Un homme est mort, *ñimi să-ñga*; il n'est pas mort, *a ti să*; il a tué un homme, *a ñimi waa ga*; il n'est pas encore mort, *a ti să ñgoe*.

C'est bon, *ku mmèi*; ce n'est pas bon, *ku ta mmèi*; c'est fini, *a duă-ñga*; ce n'est pas fini, *a ti duă*.

Viens boire de l'eau, *be duò mene*.

3° *Sya*. — Mon père, *mi tŏ*; ma mère, *mi sye*; ton fils, *be nu*. — Ici, *ba*; où? *odo*? *wodo*? hier, *dugu*; demain, *shin*; comment? *ni*?

Viens ici, *na ba*; va-t-en, *ya, bi ya*; où vas-tu? *bi ya odo*? je vais à la maison, *mi buge ko no nă*; d'où viens-tu? *bi sa-ra odo*? je viens de la brousse, *mi sa-ra kiüè so* ou *mi sa-ra kiüè*.

Où est-il? *e a ti wodo?* il est ici, *a ti üedè* ; il n'y est pas, *a ā ti yega* ; il est parti, *a buge* ; il vient, *a tini a na* ou *a tini na* ; il est venu hier, *a na dugu* ; il viendra demain, *a na shin* ; il n'est pas encore venu, *a ā na deñga.*

Viens manger, *na ke zū* (viens pour manger) ; viens boire de l'eau, *na züo menè* ou *na nzhüo menè* ; assieds-toi par terre, *tāñga lo-mā* ; prends cette chose, *fila bè yo* ou *fila bè, bi yo* ; attrape-le, *a fughā* ; donne-le moi, *a pere mā* ; laisse-le, *a sŏ.*

Ouvre la porte, *kŏ-ndo kwa* ; ferme la porte, *kŏ-ndo gboro* ; va couper du bois, *ya sò kyè.*

C'est fini, *a üè* ; ce n'est pas fini, *a ā üè deñga* ; c'est bon, *a forò* ; ce n'est pas bon, *a ā forò ò.*

Ils l'ont tué, *ki a yarè* ; ils ne l'ont pas tué, *ki a yarè deñga* ; il est mort, *a siri.*

Que veux-tu? *bi munu kya?* quel est ton nom? *bi togho ti ni?* comment l'appelle-t-on? *e ki a uri ni?* ne comprends-tu pas? *bi a mo rha?* je ne comprends pas, *ne a mo rha* ; je comprends, *n'a mŏ.*

Je l'ai vu, *n'a za* ; je ne l'ai pas vu, *n'a za rha* ; le connais-tu? *bi a tyo?* regarde-le bien, *a segè forò* ; ne le regarde pas, *ka a segè ka.*

4° *Gbï.* — Ici, *nŏ* ; où? *mari?* mon père, *n dè* ; ma mère, *n na* ; mon fils, *n lè.*

Viens ici, *nu nŏ* ; où vas-tu? *mari e na ta?* je vais aux plantations, *ni na ta sŏ* ; il marche vite pour y aller, *a gā nzara nu o ta.*

Il mange, *a na bile bi* ; il boit de l'eau, *a na yi mi.*

Donne-moi mon pagne, *m perè sa ra ñgba* (mon pagne prends pour donner) ; je ne te le donne pas, *m'ā na a ñgba la* ; apporte-le, *a sa ra nu* (lui prends pour venir).

Il est mort, *a ga* ; il a tué un homme, *u so dè* ; ne le tue pas, *ti a dè la.*

Dis, qu'est-ce que tu veux? *a pò, e na ni mā?* je dis que je veux du mil, *m pò ni koko ni* ; as-tu fini? *zalè i ñyā?* (déjà tu finis?) ce n'est pas encore fini, *zalè a ā ñya na.*

Que dit-il? *a a pò?* (il le dit?) où es-tu? *mari e yi?* il est ici, *a ni nŏ* ; il n'est pas ici, *a nŏ nŏ.*

Quel est son nom? *a toè pò?* (son nom dit?).

5° *Mwĩ.*

singe	*wo*	roi	*masa*	pagne indigène	*dãgo*
singe gris	*wo pu*	ami	*megle*	tissu (en général)	*so*
singe rouge	*wo te*	ennemi	*sarasoni*	bonnet	*fa*
singe noir	*wo ti*	guerre	*gule*	chaussures	*sawala*
abeille	*zoro*	étranger	*iregwã*	chapeau	*lèfè*
cire	*nzoro-kanya*	famille	*bōla*	cuir, peau	*fle*
antilope	*winne*	forgeron	*tõmu*	tambour	*peni*
caïman	*gŭlè*	frère	*nuã*	clochette	*kõgò*
éléphant	*bye*	marché	*gesiprè*	calebasse-crécelle	*gye*
crapaud	*pori*	montagne	*gõ*	clou en cuivre	*aapõ*
fourmi	*kyĩkyĩ*	fleuve	*üye*	corbeille	*tyè*
coq	*mã-gulĩ*	pluie	*la*	corde, liane	*ble*
crête	*goõ*	ciel	*la-flè*	corne, oliphant	*mèle*
arbre	*iri, lāni*	soleil	*irritè*	conte, fable	*tiã*
écorce	*iri-klo*	lune	*mĕne*	commerce	*plè*
forêt	*bò*	jour	*irite*	faire du commerce	*plè go*
brousse	*mene-ntere*	mois	*mĕne*	commerçant	*plè-go-ni*
fromager	*vè*	année	*leto*		
palmier à huile	*se*	colline	*gwalè*	talisman	*yo*
vin de palmier à huile	*mwĕ*	fer	*pī*	forge	*kwa*
raphia	*blakò*	cuivre	*goli*	fourneau	*po*
vin de raphia	*bla-mwĕ*	or	*kyã*		
dattier	*gõ*	plomb	*nwã*	pays	*tere; ta*
ronier	*senze*	argile	*pè*	notre pays	*anu ta*
arbre à beurre	*ñyonõ-iri*	cendre	*ye*	le pays Mouin	*Mwã-ta*
patate	*nyãna-kuni*	charbon	*tè-tini*		
manioc	*sukuru*	fumée	*tè-guni*	dimanche	*iritè* (le soleil)
citron	*lomuru*	barre de sel	*wè-iri*	lundi	*tenenye* (arabe)
citrouille	*gugĩ*	charge	*kwe*	mardi	*tyesa*
riz	*mõnõ*	balai	*mã*	mercredi	*mura-plè*
banane (grosse)	*balanda*	hamac	*iro*	jeudi	*zema-plè*
— (petite)	*koatya*	flèche	*di*	vendredi	*klago*
papaye	*vãñe*	fusil	*marfa*	samedi	*sibiri* (ara be)
coton	*kunē*	balle	*marfa-bè*	est	*iritè-pwĕ-ire*
branche	*iri-gbè*	poudre	*pi*	(l'endroit où se lève le soleil)	
chef du pays	*tere-syã*	baril de poudre	*pi-we*	ouest	*iritè-bara-ire*
— de village	*pla-syã*	fil	*gese*	(l'endroit où tombe le soleil)	
— de case	*wa-syã*	anneau	*pĩ-bè*	aujourd'hui	*nsõ*
serviteur	*du*	ceinture	*dyula*	hier	*eya*
				demain	*to*
				avant-hier	*eya-tama*

après-demain	*to-tama*	petit enfant	*ne fīni*	balayer	*golè*
le lendemain d'après-demain		grand	*gbāni*	se battre	*gulegule*
	to-tama-sānta	bon	*dere, zeri*	se bien porter	*bera*
d'abord	*alwa*	bon au goût	*nana*	être malade	*gama*
autrefois	*ilwelale*	méchant	*kulo*	montrer	*lè*
tout de suite	*saa-nimbè*	mauvais	*yōle*	changer	*tabolè*
bientôt	*sanue*	bien	*nia*	chercher	*we*
		fou	*kwani*	être en colère	*pri-la*
os	*belè*	brave	*kunani*	coudre	*sara-lè*
barbe	*nègū*	fort	*fwata*	couler	*lo*
bras	*gbè-iri*	froid	*nini*	cracher	*di*
mollet	*gā-kporigè*	chaud	*fu*	être sale	*linyo*
cœur	*zulu*			être creux	*gulu*
corps	*flé*	courir, fuir	*blasā*	faire cuire	*dokye*
coude	*gbè-kpāgbo*	acheter	*lore*	cultiver	*yewo*
doigt	*gbè-nimbè*	vendre	*kosi*	déposer	*zi*
pouce	*gbè-nimu-kpa*	être nombreux	*peperi*	descendre	*zi-na*
index	*delèbè*	abattre	*ba*	charger	*do*
petit doigt	*damabè*	tomber	*ba-ra*	dérober	*fāna*
visage	*ñulè*	porter	*sire*	se disputer	*gule da*
cils	*ñyire-kye*	enfanter	*ere*	querelleur	*gule-da-ni*
vagin	*èblā*	faire	*klè*	entrer	*ula*
cicatrice	*be*	travailler	*gbāo*	sortir	*pwē*
cadavre	*gba*	s'amuser	*zablu-!è*	être fatigué	*terebwa*
petit	*fīni*	attendre	*magbī*	danser	*fini klè*

Mon père, *n te*; mon frère, *n nuā gulī*; ma sœur, *n nuā le*; ma mère, *n ni*; ma tête, *m bolo*; ma main, *ñ gbè*.

Je bois de l'eau, *ñ go yi mine*; je vais à la maison, *ñüo gi la lè*; va manger quelque chose, *gi-lè pè lirhe*; viens ici, *nu pe*; reste ici, *du-ra pe*.

J'achète des perles, *ñüo ñyene lore*; combien les vend-on? *ka kosi mena?* combien y en a-t-il? *ye owè?* il y en a beaucoup, *ye peperi*.

Ce n'est pas bon, *e ā dere*; c'est mauvais, *ye yōle*; c'est grand, *ye gbāni*; il est petit, *yo fīni*.

Ils vont à Kanyéné, *ka gi Kanyene yi*; le soleil se lève, *iritè bo pwē-rè*; le soleil se couche, *iritè ba-ra*; je tombe par terre; *ñüo ba-ra tere-ma*; elle a accouché, *o ne ere*.

Allez faire une case, *o gi e fè klè*; ils vont faire une case, *ka gi e fè klè*; ils l'ont faite, *o a klè gwī*; viens la faire, *bi l'a klè* (pour *bi li a klè*) ; moi, je la ferai, *mi n'a klè* ; faire quelque chose, *de-za-ra klè* ; balayer la maison, *fara golè* (pour *fè-ara* ou *fè-ra*, dans la maison, l'intérieur de la maison).

J'ai faim, *ñgbŏ u ma* (la faim est dans moi) ; j'ai soif, *yi mi ndoro u ma* (le besoin de boire de l'eau est dans moi) ; apporte-moi de l'eau, *nu gba yi ba* (viens, apporte, eau donne) ; va en chercher, *gi a we*.

Donne-moi quelque chose, *pè-ra na ni* ; donne-moi un pagne blanc, *dāgo pu na ni* ; montre-moi le chemin, *zi lè* ; montre-moi quelque chose, *pè de lè*.

Je suis en colère, *n zulu pri-la* (mon cœur s'échauffe).

Ces gens vont faire du commerce, *mè-nā be gi-lè plè go*.

Il dit, *a pe, a pi* ; je dis que, *m bi a* ; comprends-tu ? *i a ma ?* dans la maison, *fara, fè kwe* ; hors de la maison, *fè li*.

Où est-il ? *yo na ?* il est ici, *yo nu* ; il n'y est pas, *yo o nu* ; il est à la maison, *yo fara*.

Je suis fatigué, *n terebwa* ; viens danser, *nu e fini klè* ; ce n'est pas fini, *e ā ñya nè* ; il est malade, *a gama* ; il se porte bien, *a be-ra* ; pour moi, je vais au village de Soti, *mi gbu ñ gi-lè Soti-pla*.

CHAPITRE V

Langues mandé-tan.

Les langues mandé-tan sont tellement voisines les unes des autres qu'on peut ne les considérer que comme des dialectes d'une langue unique. On pourrait répartir ces dialectes, d'après leurs affinités, en quatre groupes, dont le premier se rapproche plus que les autres du groupe mandé-tamou et du groupe mandé-fou, ce qui permet de supposer qu'il est le plus ancien.

Ce premier groupe comprend le *Numu-kpera*, le *Ligbi-kpira*, le *Hüela-kă* et le *Vèu* (parlés par les Noumou, les Ligbi, les Huéla et les Vaï).

Le second groupe comprend le *Gyüla-kă* ou langue des Dyoula et ses divers sous-dialectes.

Le troisième groupe comprend le *Bămana-ñkè-koma* ou langue des Bamana du Haut-Sénégal et de Ségou (vulgairement Bambara) et le *Toro-ñkè koma* ou dialecte du Toron.

Le quatrième groupe comprend le *Khaso-ñkè koma*, le *Mane-ñka-kă* ou *Mănde-ñga-kă*, le *Wasulu-ñka-kă*, le *Miniă-ka-kă*, le *Sidiă-ka-kă*, le *Maniă-ka-kă*, le *Koniă-ka-kă* et le *Mau-ka-kă* (parlés par les Khassonkè, les Manenka ou vulgairement Malinké, les Ouassoulounka, les Minianka, les Sidianka, les Manianka, les Konianka et les Maouka ou Mahou). Le dialecte des Manenka ou Malinké, eu égard à la vaste étendue des régions où il se parle, s'est subdivisé lui-même en un certain nombre de sous-dialectes d'ailleurs très voisins les uns des autres.

On peut dire d'une façon générale qu'un indigène parlant un dialecte ou sous-dialecte quelconque de l'un de ces quatre groupes comprendra sans difficulté un autre indigène parlant un autre dialecte ou sous-dialecte du même groupe, et qu'il comprendra aussi, mais moins facilement et seulement après une accoutumance d'ailleurs vite acquise, un indigène parlant un dialecte de l'un des trois autres groupes. La preuve de ce que je viens d'avancer se manifeste dans la facilité avec laquelle nos tirailleurs de famille mandé-tan, de quelque région qu'ils soient originaires, se font comprendre de tous les gens de famille mandé-tan avec lesquels ils se trouvent en contact.

1ᵉʳ *groupe.* — Les *Numu,* d'après leurs propres traditions habitaient autrefois avec les Ligbi et les Huéla à Bégho, près du Foughoula actuel, au sud et près du coude de la Volta Noire, et formaient avec ces deuxtribus un seul peuple parlant le même dialecte. Des Dyoula (familles Ouatara et Kari-Dyoula) avaient une ville à côté de la leur, mais les deux populations n'étaient pas mêlées. La ville de Bégho fut pillée et abandonnée à la suite d'une guerre civile qui éclata pour un motif des plus futiles : une femme dyoula et une femme ligbi s'étant disputées au marché à propos d'une calebasse cassée par l'une d'elles, les Dyoula présents prirent parti pour la première, les Ligbi pour la seconde, la querelle s'envenima, on en vint aux coups, et le résultat fut une guerre suivie de la dispersion des habitants de Bégho, qui avait été jusqu'alors la ville la plus florissante de toute cette partie du Soudan (xivᵉ siècle). Les Huela se rendirent en majorité à Sorhobango et se convertirent en partie à l'islamisme; les Ligbi, qui étaient déjà presque tous musulmans, émigrèrent en partie vers l'ouest, laissant une colonie à Guénéné et une autre près de Bondoukou, laquelle retourna dans la suite près de l'ancien emplacement de Bégho où elle fonda le quartier musulman de Foughoula ou Banda. Quant aux Noumou, les uns restèrent dans leur pays, où on les rencontre encore, formant des quartiers distincts parmi les Nafâna, à Lôrha (Louha ou Boué) et à Foughoula; les autres émigrèrent un peu partout vers l'ouest et le nord-ouest : on en trouve à Guioboué ou Bouroumba (Assafoumo), à Soko (où ils peuplent tout le quartier où se trouve le poste de douane), à Bondoukou, à Sorhobango, à Golé (nord-ouest de Bondoukou), à Kan-nton, à Kouassi-Ndaoua, à Sapya. Tous exercent les métiers de forgerons, cordonniers, menuisiers, et leurs femmes fabriquent des poteries. Ils se sont répandus dans toute la partie occidentale du bassin du Niger, transportant partout leurs industries, ce qui fait que, dans tous les pays de langue mandé, *numu* est devenu synonyme de

« forgeron » ou plus généralement d' « artisan » (comme *gyüla* cu
dyula est devenu synonyme de « commerçant » et *maraba*
(Haoussa) synonyme de « teinturier »). L'émigration des Noumou
ne s'est pas faite en masse, mais individuellement : de temps en
temps, quelque ouvrier noumou habile, apprenant que tel centre
nouveau est dépourvu d'artisans, va s'y établir, bientôt suivi par
quelques autres ; le jour où les pratiques font défaut, ils se trans-
portent ailleurs. Un certain nombre de Noumou suivent habituellement les bandes de conquérants tels que El-Hadj-Omar, Samori ;
Bâbato, etc., réparant les armes, fabriquant des selles, etc. Partout
ils ont conservé leur dialecte, qu'ils parlent entre eux.

Dans les pays du Haut-Niger, tous les Noumou sont païens et
jamais ils n'épousent une femme en dehors de leur tribu. De Kong
à la Volta où les Noumou sont moins dispersés, où ils ont quelques
villages ou quartiers de villages qu'ils habitent de façon perma-
nente, ils se mélangent davantage au reste de la population et
contractent assez souvent mariage avec des femmes d'autres tribus, notamment des femmes dyoula. Les garçons nés d'un Noumou et d'une femme dyoula sont généralement confiés à un mara-
bout et élevés dans la religion musulmane ; ils oublient le dialecte noumou et rien ne les distingue plus des Dyoula de race
pure. Quant aux Noumou de race pure, ils demeurent païens et se
vêtent en général d'un pagne et non d'un boubou, et habitent,
soit des huttes rondes à toit conique, soit de préférence des cases
rectangulaires au toit de paille à double pente ou plus rarement
des cases à terrasse.

Les *Ligbi* ou *Nigbi* (Ligouy et Nigoui des cartes) se rencontrent
actuellement à Lorha (Louha ou Boué) sur la Volta Noire, à Foughoula ou Banda (notamment dans les quartiers ou villages de
Tyoulou et de Kamayana), à Guénéné (près et à l'ouest de la frontière franco-anglaise) : dans tous ces lieux, ils vivent côte à côte
avec des Nafâna ou Pantara, qui forment la majorité de la population environnante, avec des Noumou, et (à Guénéné) avec des
Huéla. De plus, ils ont une colonie assez importante à l'ouest du
Kourodougou, au nord de Séguéla [1].

1. C'est à tort que, dans mon *Essai de manuel mandé* (page 264), j'avais identifié
le dialecte des Ligbi avec celui des Vaï : il y a assurément des liens de parenté
assez étroits entre ces deux dialectes, mais il y a aussi entre eux d'assez grandes

Les *Hüela* (appelés *Vüela* par les Dyoula) habitent actuellement presque toute la ville de Sorhobango, presque tout Guénéné (ou mieux *Gyenene*), Ndâmessa ou Adâmissa (près de Foughoula), Soghobo ou Boundou (à l'ouest-nord-ouest de Bondoukou) ; ils ont quelques familles à Bondoukou et à Assafoumo. Ils sont en partie musulmans et en partie païens ; les Hüela musulmans portent le boubou, ont des cases à terrasse, et, outre leur dialecte, parlent tous le dyoula ; les Hüela païens s'habillent de pagnes, ont des cases à toiture de paille comme leurs voisins Koulango ou Nafâna, et parlent presque tous, outre leur dialecte, le koulango dans l'ouest ou le nafâna dans l'est. On prétend que l'islamisme avait été introduit à Bégho, vers le XI⁰ siècle de notre ère, par un Huéla qui avait fait le pèlerinage de La Mecque ; les Huéla musulmans sont beaucoup plus fervents que les Dyoula, bien que l'islamisme soit bien moins répandu chez eux que chez ces derniers.

Les *Vaï* ou *Vèi* seraient issus d'une fraction des Huéla qui, antérieurement à la destruction de Bégho et à l'introduction de l'islamisme en cette région, auraient émigré vers l'ouest avec des Ligbi ; ces derniers seraient demeurés au nord du Ouorodougou, les Huéla se seraient avancés à travers la région forestière jusque vers la mer, seraient devenus les Vaï, auraient inventé l'alphabet syllabique qui les a rendus célèbres et se seraient convertis à l'islam au contact des Manianka. Actuellement on les rencontre au Libéria et dans le sud-ouest de Sierra-Leone, depuis le fleuve Lofa (Half-Cape-Mount-River) à l'est jusqu'à la rivière Soulima sur la côte et la rivière Gallinas plus au nord à l'ouest, et depuis la mer jusqu'à une ligne à peu près parallèle à la côte et distante de celle-ci de 100 à 120 kilomètres ; ils ont aussi des villages sur le Saint-Paul et le Mesurado.

2⁰ *groupe*. — Les *Gyüla* au Dyoula semblent ne former nulle part, dans la vaste région où ils sont répandus, le fond de la population ; mais ils se rencontrent dans les grands centres où ils constituent, souvent la presque totalité de la population, d'autres

---

différences. C'est à tort aussi que j'avais attribué aux Ligbi le surnom de « Kari-Dyoula» ou «Kalo-Dyoula » ; ce surnom leur est bien donné parfois par des Dyoula de Kong et du Guimini, mais par erreur : c'est en réalité le nom d'une famille dyoula pure, originaire de Bégho, et qui a des représentants à Bondoukou, à Mango, à Bouna et en plusieurs autres villes.

fois un simple quartier, et dans un certain nombre de villages moins importants sous forme de familles plus ou moins nombreuses. Tous les Dyoula de race pure sont musulmans et presque tous s'occupent de commerce et organisent des caravanes ; aussi leur langue est-elle très répandue et parlée par un nombre considérable d'indigènes non dyoula. Les Dyoula de race pure ne sont pas tatoués, mais beaucoup d'enfants nés de Dyoula et d'autochtones portent le tatouage de ces derniers (Sénoufo, Bobo, Mossi, Gbanyan, etc.) et beaucoup d'autochtones tatoués, convertis par les Dyoula à l'islamisme, ont adopté les noms de famille des Dyoula et se donnent comme Dyoula, ce qui a fait croire souvent que les Dyoula étaient tatoués. En réalité le nombre des Dyoula de race pure est assez restreint ; ils s'appellent eux-mêmes *Gyüla-wóro* (les Dyoula libres ou nobles) ; ils donnent le nom de *Soroñgi* aux métis de Dyoula et d'autochtones, et le nom de *Bãbara* aux autochtones païens, principalement à ceux qui sont marqués de trois cicatrices horizontales ou en éventail (Sénoufo) ou de trois cicatrices verticales (Gbanyan).

Le *gyüla-kã* est parlé, avec de légères différences locales de prononciation et quelques expressions spéciales à telle ou telle région, mais sans modifications réelles, dans les pays suivants :

Le Ouataradougou (famille Ouatara), entre le Kaladiandougou et le Ouorodougou (autochtones Sénoufo) ;

Le Ouorodougou (familles Ouatara, Kouroubari, Siya, etc., autochtones Sénoufo et mandé-fou) ;

La région de Tiémou (familles Ouatara, Kouroubari, etc. ; métis Sorongui, autochtones Sénoufo) ;

Le Kourodougou (familles Siya ou Siyaka, Kounaté, Kouroubari, etc. ; autochtones Sénoufo et mandé-fou) ;

Le Guimini ou Djimini (familles Ouatara, Kouroubari, Guiara, Sarhandorho, etc. ; autochtones Sénoufo) ;

Le Guiambala ou Dyammala (mêmes familles ; autochtones Agni et Mandé-fou) ;

La région de Sikasso (mêmes familles ; autochtones Sénoufo) ;

La région de Bobo-Dioulasso (familles diverses ; autochtones Mandé-fou, Mossi-Gourounsi et Sénoufo) ;

La région de Kong (*Kpõ* ou *Kã* ; familles Ouatara, Kouroubari, Dao, etc. ; autochtones Sénoufo et Mossi-Gourounsi) ;

La région de Mango et le Barabo (familles Ouatara, Kari-Dyoula, etc.; autochtones Mandé-fou et Koulango, envahisseurs Agni-Assanti);

La région de Bondoukou (familles Ouatara, Timité, Kona-ndé, Kari-Dyoula, Kamaya, Nanaya, Sissé, Sarha-ndorho, Dérébo; autochtones Mandé-fou, Sénoufo et Mossi-Gourounsi; envahisseurs Agni-Assanti);

La région de Foughoula (famille Kari-Dyoula; autochtones Nafâna, Ligbi, Huéla et Noumou);

La région de Bôlé (familles Kari-Dyoula, Touré, etc.; autochtones Mossi-Gourounsi dits Bambara);

La région de Bouna (familles Ouatara, Kari-Dyoula, Sissé, Touré, etc.; autochtones Mossi-Gourounsi);

La région de Oua (familles Sissé, Touré, etc.; autochtones Mossi-Gourounsi; colonies Haoussa; la langue commerciale usuelle est le haoussa);

La région de Diébougou (familles Ouatara, Kari-Dyoula, Sissé, etc.; autochtones Mossi-Gourounsi);

Le Dafina (dans ce dernier pays les *Dafiñga* (ou gens du *Dafin*) parlent le dyoula, mais avec une prononciation spéciale, disant souvent *i* au lieu de *e*, comme *kiri* « un », et toujours *z* au lieu de *gy* ou *dy*, comme *Zula* « Dyoula », *Zene* « Dienné », etc.; à côté d'eux sont des Nyénigué autochtones (Mossi-Gourounsi du groupe Bobo), des Marka ou Soninké et des Foulbé;

Enfin le Mossi et le Gourounsi, où les gens parlant dyoula sont assez peu nombreux et ont la même prononciation que dans le Dafina;

Dans tous les pays mentionnés ci-dessus, et qui constituent en gros un vaste quadrilatère compris entre le Bagoé et le haut Sassandra à l'ouest, la Volta Blanche à l'est, le 12° de latitude nord au nord et le 8° au sud, les Dyoula sont en réalité des étrangers, venus sans doute du nord-ouest avant la constitution de l'empire de Mali pour aller s'établir près de la Volta Noire, d'où ils se sont répandus un peu partout aux xiv° et xv° siècles, reprenant en sens inverse le chemin de leur migration primitive. Comme je le disais plus haut leur langue est la langue dominante dans presque toutes les villes de quelque importance et est comprise sur les routes commerciales, sauf à l'est de la Volta Noire où le haoussa la remplace comme langue franque.

3° *groupe*. — Les *Bāmana-ñkè* (vulgairement appelés Bambara) sont sans doute les seuls mandés-tan, avec les Noumou, les Huéla et les Vaï, qui soient restés païens en grande partie : de là vient leur surnom de Bambara. Ce sont les seuls Mandé-tan de race pure qui soient tatoués (trois cicatrices verticales sur chaque joue). Ils habitent le Kaarta, le Bélédougou, le Kalari, le Mourdiadougou, le Kouroumadougou ; sur la rive nord du Haut-Sénégal depuis Médine jusqu'à Badoumbé environ, et le long du haut Niger depuis Bammako jusqu'à Sansanding, pour contourner ensuite le Massina à l'ouest et réapparaître sur la rive droite du Niger à hauteur du lac Débo. Ils forment en général dans ces pays la majorité de la population mais ont au milieu d'eux des colonies soninké et foulbé assez importantes. Eux-mêmes ont aussi des colonies souvent populeuses en pays manenka, dans le Fouladougou et le Gangaran, notamment ; en pays songhaï et foul, dans le Massina par exemple et la région des lacs ; et surtout en pays soninké, dans le Kaarta-Bine, le Guémou, le Diagounté, le Kingui (région de Nioro), le Kolon (région de Gombou), etc.

Les *Toro-ñkè* ou *Toro-ñga* habitent le Toron, région située au au nord-est de Bissandougou et que l'on rattache souvent au Ouassoulou. Ils appartient à la même tribu que les Bamana de Ségou et parlent le même dialecte, mais ne sont pas tatoués ; la famille la plus répandue au Toron est celle des Korouma ou Korouman. On prétend que les Bamana de Ségou auraient le Toron comme pays d'origine. A cause de leur situation géographique au milieu des Ouassoulounka, beaucoup de Toronkè parlent indifféremment leur propre dialecte et celui du Ouassoulou.

 4° *groupe*. — Les *Khaso-ñkè* habitent une région de peu d'étendue située sur la rive gauche du Sénégal de Kayes à Bafoulabé et sur la rive gauche du bas Bafing en amont de Bafoulabé, et qui comprend le Khasso, le Logo et le Natiaga. On rencontre en outre des Khassonkè, formant la majorité de la population, dans un certain nombre de villages du cercle de Nioro, notamment dans le Sanga ou Lakamané, qui semble être leur pays d'origine. La principale particularité de leur dialecte est qu'ils remplacent habituellement le *k* par un *kh* (ﺥ des Arabes), articulation qui n'existe pas dans les autres dialectes mandé-tan, quoiqu'on l'y ait signalée par erreur, la confondant avec le *rh* (r gras ou $\dot{\mathcal{E}}$), qui est bien différente; mais cette articulation existe en soninké et dans plusieurs dialectes mandé-fou (le sosso notamment).

Les *Mane-ñka* ou *Mănde-ñga* (appelés *Mali-nke* par les Soninké, d'où la prononciation vulgaire Malinké) sont répandus dans une région très vaste où ils forment, tantôt le fond de la population, tantôt de simples colonies. Leur dialecte offre quelques divergences parfois assez sensibles suivant les pays où il est parlé et on peut pour cette raison le diviser en trois sous-dialectes : celui de l'ouest, parlé par les Manenka répandus dans le bassin de la Basse-Gambie, la Casamance et la Guinée portugaise, au milieu d'autochtones de familles diverses; celui du nord, parlé par les Manenka qui voisinent avec des Foulbé dans le Ferlo, le Kalonka-dougou, le Bondou, le Bambouk, le Gangaran et le Fouladougou, c'est-à-dire dans les bassins de la Haute-Gambie, de la Falémé, du Bafing et du Bakhoy; celui du sud, parlé par la grande majorité de la population dans le Kouranko, le Sankaran ou Sangaran, le Dinguiray, le Bouré, le Banian, les régions de Siguiri et Bougouni, c'est-à-dire le long du Haut-Niger en amont de Bammako, et dans la bande de terrain qui s'étend à l'est du Niger et au nord du Toron et du Ouassoulou jusqu'au Bagoé.

Les *Wasulu-ñka* sont répandus dans les diverses provinces qu'on réunit généralement sous le nom de Ouassoulou, dont le centre est formé par la région de Kankan et de Bissandougou, et qui s'étend au nord jusqu'à Kéniéra inclus; ils ont aussi des familles ou des villages dans le Sankaran, le Kouranko, le nord du Konian, et sur les deux rives du Niger près de Siguiri. Dans tous ces pays, ils forment le fond de la population, les autres indigènes étant d'ailleurs comme eux de famille mandé-tan (Manenka, Konianka et Toronkè). Cependant les Ouassoulounka ne sont pas des Mandé de race pure; ils sont sans doute le résultat d'une fusion des Foulbé avec les Manenka; leurs noms de famille (Sidibé, Diakité, Sankaré ou Sangoré, Diallo) sont portés aussi par des familles foulbé. Néanmoins la langue foul n'est comprise que tout à fait occasionnellement par les Ouassoulounké, dont le dialecte est presque identique au sous-dialecte méridional des Manenka et au dialecte des Konianka.

Les *Miniă-ka*, qui ont la même origine et les mêmes noms de famille que les Ouassoulounka et parlent à peu près le même dialecte, se donnent souvent à eux-mêmes le nom de *Folo* (ne pas confondre avec les Foro ou Folo, autochtones sénoufo du Folona). Ils habitent le Bendougou et l'ouest de la région de Koutiala, entre le Bani ou Mayel-Balèvel au nord et son affluent le Banifing au sud, à l'ouest des Bobo-Oulé ou Kyan qui sont répandus au sud de San. Auprès d'eux vivent des Sénoufo autochtones.

Les *Sidiă-ka* sont des Mandé-tan analogues aux Ouassoulounka et aux Minianka, c'est-à-dire assez fortement mélangés d'éléments foulbé, mais parlant un dialecte très voisin des vrais Manenka; beaucoup d'entre eux parlent en outre la langue des Foulbé. Ils habitent dans le Fouta-Dyalon à côté d'autochtones Mandé-fou et de Foulbé, et aussi dans le Pakessi et le Rio-Grande où ils sont de race plus pure.

Les *Maniă-ka* (appelés *Mani-mŏ* par les Vaï) sont venus du Konian et se sont établis au nord des Vaï, dans la région de Boporo: ils ont des colonies chez les Vaï, les Gola, les Dé, les Loma et les Kpêlé en Gbéressé. Leur dialecte diffère peu de celui des Konianka.

Les *Koniă-ka* sont établis dans le Konian, région située au sud du Ouassoulou, avec Beyla comme centre, et s'étendant jusqu'à Kérouané et Sanankoro, avec des colonies dans les pays mandé-fou du sud (Loma et Oueïma notamment).

Les *Mau-ka* ou gens du Mahou parlent, comme les Konianka, un dialecte très voisin du sous-dialecte manenka du sud. Ils comprennent : les *Maninyă-ka* (région de Maninian, au nord-ouest d'Odienné); les *Wogyene-ka* (région d'Odienné ou mieux Ouoguiéné); les *Mau-ka* proprement dits ou *Gyo-mane-ñka* (région de Touba); les *Kaladyă-ka* (région de Koro et du Kaladiandougou). Ils se composent de Mandé-Tan de race pure et de métis issus des unions des Mandé-tan envahisseurs avec les Sénoufo et les Mandé-fou autochtones; ces derniers se nomment eux-mêmes *Gyo* ou *Guro* ou *Gurowï*; les Maouka appellent leur pays *Gyola* ou *Gyula* (d'où l'appellation de Dioula qui leur a été donnée par quelques voyageurs) et les Dyoula l'appellent *Guro-Gyula*. C'est à tort que, dans mon *Essai de Manuel Mandé*, j'ai donné à ces autochtones Mandé-fou le nom de « Guio ou Mahou », ce dernier étant réservé plutôt au pays de Touba et aux populations de langue mandé-tan qui y habitent. Le nom des Guio se retrouve dans celui de *Gyo-Mane* ou *Gyo-Mãnde* (Mandé de Guio), qu'on donne souvent aux gens de langue mandé-tan d'Odienné et de Touba, en souvenir de leur double origine. Le dialecte des Maouka (*mau-ka-kã* ou *gyomane-ñka-kã*) est presque identiquement semblable à ceux des Ouassoulounka, des Konianka et des Manenka du sud (Ouassoulou, Beyla, Kouranko, Siguiri); il offre d'ailleurs de légères différences de prononciation et de conjugaison suivant les diverses provinces où il est parlé. Mais le vocabulaire peut être considéré comme semblable à celui des Manenka du sud. L'articulation *rh* est en général, soit supprimée (avec ou sans sa voyelle), soit remplacée par *gh*.

Sauf les trois dialectes Noumou, Ligbi et Huéla et les cinq derniers dialectes du quatrième groupe, tous les dialectes mandé-tan ont été étudiés. Je n'insisterai donc pas sur les caractères généraux de la langue, renvoyant pour les études comparatives aux ouvrages de Steinthal et du capitaine Rambaud, ainsi qu'à mon *Essai de manuel mandé*, dans lequel on trouvera aussi une étude détaillée du dialecte dyoula. Je me contenterai de publier ici des vocabulaires inédits des dialectes Noumou, Ligbi, Huéla et Maou, avec un vocabulaire dyoula pour faciliter les comparaisons.

Le vocabulaire *Numu* a été recueilli en 1903 à Bondoukou auprès d'une famille noumou habitant cette ville et offre toutes les garanties. Le vocabulaire *Ligbi* a été recueilli en 1902 à Pinntouri (cercle du Lobi) auprès d'un Ligbi de Foughoula et revu en 1903 à Bondoukou auprès de deux Ligbi de Guénéné, tous bons informateurs. Le vocabulaire *Hüela* a été recueilli en 1903 à Bondoukou auprès de deux Huéla habitant cette ville et d'un autre habitant Sorhobango, tous trois excellents informateurs. Le vocabulaire *Mau* a été recueilli en 1903 à Bondoukou auprès de trois gardes de police originaires l'un d'Odienné, le second de Koro et le troisième de Touba, tous bons informateurs. Enfin le vocabulaire dyoula provient de notes recueillies en 1899-1900 dans le Baoulé, auprès de Dyoula du Guimini, du Guiambala et de Kong, et revues à Bondoukou en 1902-1903 pour ce qui concerne les particularités, d'ailleurs très rares, du dialecte parlé en cette ville.

VOCABULAIRES NOUMOU, LIGBI, HUÉLA, DYOULA ET MAOU

I. — LA NUMÉRATION

	Noumou	Ligbi	Huéla	Dyoula	Maou
1	die [1]	die [1]	die, dye [1]	kele	kele, kile
2	fala	fala	falla	fila	fila, fula
3	segba	segba	segba	sāüa	saba
4	nāni	nāni	nāni	nāni	nāni
5	sŭlu	sōro	sŭlo	lŭri	lŭlu
6	māru	mwōro [1]	māro	wōró	wòro
7	māla	māfala	mawalla	wōrómvla	wòromvila
8	māsegba	māsegba	masegba	syēgi	sēgi
9	mānāni [1]	mānāni	manāni	konondo	konontò
10	tă	tă	tan, tă	tă	tă
11	tă ni do	tă ni do	tă ni do	tă ni kele	tă ni kele
12	tă ni fala	tă ni fala	tă ni falla	tă ni fila	tă ni fila
13	tă ni segba	tă ni segba	tă ni segba	tă ni sāüa.	tă ni saba
14	tă ni nāni	tă ni nāni	tă ni nāni	tă ni nāni	tă ni nāni
15	tiga [1]	tiga	tiga	tă ni lŭri	tă ni lŭlu
16	tiga ni do	tiga ni do	tiga ni do	tă ni wōró	ta ni wòro
17	tiga n'fala	tiga n'fala	tiga n'fala	tă ni wōrómvla	tă ni wòromvla
18	tiga n'segba	tiga n'segba	tiga n'segba	tă ni syēgi	tă ni sēgi
19	tiga n'nāni	tiga n'nāni	tiga n'nāni	tă ni konondo	tă ni konondò
20	kele-mŏ [1]	kele-mŏ [1]	kyele-mŏ [1]	mughă	mughă, muhă
30	tiga-fala [1]	tiga-fala [1]	tiga-falla [1]	mughă ni tă	bi-saba [1]
40	kele-fala	kele-fala	kyele-falla	morhò fila [1]	bi-nāni
50	kele-fala ni tă	kele-fala ni tă	kyele-falla ni tă	kyeme tara	bi-lŭlu
60	kele-segba	kele-segba	kyele-segba	morhò sāüa	bi-woro
70	kele-segba ni tă	kele-segba ni tă	kyele-segba ni tă	morhò sāüa ni tă	bi-woromvla
80	kele-nāni	kele-nāni	kyele nāni	morhò nāni	bi-sēgi
90	kele-nāni ni tă	kele-nāni ni tă	kyele-nāni ni tă	morhò nāni ni tă	bi-konondo
100	kele-sŭlu	keme	kyeme	kyeme	keme
1.000	ba	ba	ba	wŭru, ba [1]	ba

Notes. — 1. Dans la forme *die* ou *dye*, qui devient *do* dans le nombre onze, on retrouve le *do* du Gbêlé, du Guio, du Ngan, du Gbin, le *du* du Kouéni et du Mouin, le *dondo* du Vaï et le *dò* qui en dyoula signifie « un, quelque ». — 2. Dans la forme ligbi *mwōro*, on retrouve le *woro* des dialectes dyoula, maou, etc. ; cette forme elle-même rappelle le *māro* des Huéla qui est mis pour *ma do* (*sūlo ma do*, cinq plus un). — 3. Les nombres 6, 7, 8 et 9 en noumou, ligbi et huéla sont à rapprocher des formes *solo-ma-sakhā* ou *ma-sakhā*, *solo-ma-nani* ou *ma-nani* (8 et 9 en sosso), *mai-ta*, *mai-vere*, *mai-gyaba*, *mai-nā* (6, 7, 8, 9, en kpêlé). — 4. On remarquera que les Noumou, les Ligbi et les Huéla ont un mot spécial (*tiga*) pour exprimer le nombre « quinze » et qu'ensuite ils comptent « quinze et un, quinze et deux, etc. ». — 5. Les formes *kele-mŏ* ou *kyele-mŏ* rappellent la forme dyoula et maou *mughā* (pluriel *morhŏ*), la forme vaï *mugbāndi* (pluriel *mŏ*), la forme sosso *morho-nyä* et la forme mouin *miā-du* : toutes ces expressions signifient étymologiquement « un homme, un homme complet », c'est-à-dire « deux pieds et deux mains, vingt doigts, les doigts d'un homme ». — 6. L'expression *tiga fala* veut dire « deux fois quinze » ; on trouve aussi *tiga segba* 45, *tiga nani* 60, *tiga sulu* 75, bien que ces formes soient peu employées. De 20 à 30, on compte en huéla de la façon suivante : 21 *kyelem' tōdi die*, 22 *kyelem' tōdi falla*, 23 *kyelem' tōdi segba*, 24 *kyelem' tōdi nāni*, 25 *tā ni tiga* (dix et quinze), 26 *kyelem' tōdi māro*, 27 *kyelem' tōdi mawalla*, 28 *kyelem' tōdi mascgba*, 29 *kyelem' tōdi manāni*. — 7. On compte par dizaines en maou au lieu de compter par vingtaines comme dans les autres dialectes ; le mot *bi*, qui devient ainsi le pluriel de « dix », rappelle la forme *bu* des Gbêlé, des Ngan, des Gbin, le *pu* des Mendé, des Loma, des Kpêlé, le *fu* des Sosso et des Mouin, le *fū* des Sya et des Kouéni. — 8. On trouve aussi *debe* pour dire « quarante » et *debe fila* pour dire « quatre-vingts ». L'expression *kyeme tara* (cinquante) signifie « moitié de cent ». — 9. On emploie de préférence *wuru* dans le Guimini et *ba* à Bondoukou.

II. — LES NOMS

	Noumou	Ligbi	Huéla	Dyoula	Maou
terre (sol)	*dughu*	*dogho*	*dogho*	*dugu*	*dughu, du*
feu	*ta*	*ta*	*ta*	*ta*	*ta*
eau	*yi*	*yi*	*yi*	*gye*	*gyi, gi*
rivière	*gyu*	*wugyo*	*uyo*	*kwò*	*kò*
fleuve	*kowa*	*koa*	*gyogbo*	*ba*	*ba*
herbe	*bi*	*bi*	*hi*	*bi̧*	*biñ*
arbre	*gwa*	*gbã*	*gwa*	*yiri*	*iri*
morceau de bois	. . . . .	*gbã-dere*	. . . . . .	*kolomã*	*bele*
bois à brûler	*sorhorha*	*sorhorha*	*sorhorha*	*lòrhò*	*lòghò*
village	*ka*	*kã*	*ka*	*so*	*so*
chemin	*kili*	*kili*	*kini*	*sira*	*sila*
plantation	*konõ*	. . . . . .	. . . . . .	*kõgo, sene*[1]	*sene*
marché	. . . . . .	*lōrha*	. . . . . .	*lorhò, lōrha*[2]	*lorhò*
maison	*gba*	*gbã*	*gba*	*bõ*	*bõ*
porte	*gba-nda*	*gbã-nda*	*gba-nda*	*bo-nda*	*bõ-nda*
viande	*sie*	*sie*	*sie, sye*	*sorho*	*subo*
sel	*korho*	*korho*	*koò, korhò*	*korho*	*kogho, korho*
aliment farineux	*to*	*to*	*tüo*	*two, tüo*	*tó*
sauce	. . . . . .	. . . . . .	. . . . . .	*nã, barha*	*nã, bagha*
pagne, tissu	*gã*	*gã*	*ga*	*fãni*	*fãni*
vêtement (boubou)	*derege*	*derege*	*derege*	*derege*	*derege*
couteau	. . . . . .	*gborhofyĩ*	. . . . . .	*muru*	*muru*
homme (être humain)	*morhò*	*morho*	*morho*	*morhò*	*morho*
homme (mâle, mari)	*kini*	*kili*	*kini*	*kyè*	*kyè, kè*[3]
femme	*ñyã*	*ñyĩ*	*ñyĩ*	*muso*	*muso*
père	*gye*	*gye*	*gye*	*fa*	*fa*
mère	*ne*	*ne*	*ne*	*na*	*ba*
fils, fille	*de*	*de, di*	*de*	*dĕ, de*	*de*
tête	*wu*	*uwu*	*wu*	*kũ*	*kũ*
cheveux	*wu-tigi*	*uwu-tigi*	*wu-tigi*	*ku-nzigi*	*ku-nzigi*
yeux	*ñyarha-de*	*ñyarha-di*	*ñyarha-de*	*ñyã dĕ*	*ñyã-di*
oreille	*tolo*	*toro*	*tulo*	*toro*	*tolo*
nez	*nu*	*nu*	*nu*	*nu*	*nũ*
bouche	*nda*	*nda*	*nda*	*da*	*da*
dents	*ñi*	*ñi*	*ñi*	*ñi*	*ñi*
cou	. . . . . .	*foli*	. . . . . .	*kã*	*kã*

12

	Noumou	Ligbi	Huéla	Dyoula	Maou
poitrine	*yeli*	*sisi*	*sisi*	*sisi*	*sisi*
dos	. . . . . .	*kăna*	. . . . . .	*kwo*	*kɔ̀*
main	*bolo*	*gbolo*	*gbulu*	*buru*	*bulu*
— droite	*bolo-tokŏ* [4]	*gbolo-tokŏ*	*gbulu-tüokŏ*	*kini-mburu*	*kini-mbulu*
— gauche	*nohoro*	*gale*	*gbulu-norhole*	*numa-buru*	*numă bulu*
pied	*kpɔ̀*	*poo*	*kpɔ̀*	*sĕ, sè*	*sè*
peau	*gulo*	. . . . . .	. . . . . .	*gbulo*	*gbolo*
ciel	. . . . . .	. . . . . .	. . . . . .	*să*	*să*
soleil	*tali*	*teli*	*teli*	*tere*	*tile*
lune	*kei*	*kari*	*kare*	*kari*	*kalo*
nom	*torho*	*torho*	*kyiri*	*torho*	*togho*
chose	*sü*	*sü, si*	*sĭ*	*fè*	*fĕ*
lieu	. . . . . .	*dirha*	. . . . . .	*dugha*	*duha*
charge	*solo*	. . . . . .	*suru, sulu*	*doni*	*doni*
porteur	*solo-sŏ-morhɔ̀*	. . . . . .	*sulu-sŏ-morho*	*doni-ta-barha*	*doni-ta-la*
voleur	*gbonyă-morkɔ̀*	. . . . . .	. . . . . .	*sañya-li-kè-barha*	*suñya-li-la*
langage	*kpera*	*kpira*	*kă*	*kă*	*kă*
fois	*küĩ*	. . . . . .	. . . . . .	*ko, siñya*	*siñya*
jour (date, durée)	*ñi*	. . . . . .	. . . . . .	*la*	*fă*
aujourd'hui	*bi*	*bi*	*bi*	*bi*	*bi*
hier	*ulo*	*ulu*	*ulu*	*kunu*	*kunu*
demain	*sumă*	. . . . . .	. . . . . .	*sini*	*sini*

Notes. — 1. Le mot *kŏgo* signifie non seulement la campagne cultivée mais aussi la campagne non cultivée, la brousse (*kŏgo-sorho*, bête sauvage); *sene* veut dire un champ cultivé. — 2. On prononce plutôt *lorhɔ̀* dans le Guimini et *lŏrha* à Bondoukou. — 3. Le suffixe de nationalité est *ka* ou *ñga* en dyoula, *ka* ou *ñka* en maou. — 4. C'est-à-dire « la main pour manger le pain ».

Remarques sur les noms. — 1° *Composition*. — Les noms composés se forment, soit par juxtaposition (en mettant le second le nom de l'objet possédé, dépendant ou déterminé), soit par l'addition de suffixes qui ne s'emploient pas isolément. Exemples : *ñyarha-de* « œil » (enfant du visage), *solo-sŏ-morhɔ̀* « porteur » (charge-porter-homme, homme qui porte une charge), en noumou ; — *ñyarha-di* « œil », en ligbi ; — *gba-nda* « porte » (bouche de la maison), *sulu-sŏ morho* « porteur », en huéla ; — *ñyă-dĕ* « œil », *bo-nda* « porte », *kŏgo-so* « village de cultures », *doni-ta-barha* « porteur », *Mănde-ñga* « Maneuka, Mandingue », en dyoula ; — *bŏ-nda* « porte », *doni-ta-la* « porteur », *Mau-ka* « homme du Maou », en maou. (Les suffixes *barha* ou *la*, pour les noms de métiers ou d'agents, *ñga* ou *ka*, pour les noms de nationalité, *koro* ou *kolo*, *na*, *ra* ou *la*, pour les noms de lieux, ne s'emploient pas isolément, sauf le dernier qui s'emploie après les noms avec le sens de « dans ».)

2° *Rapport de possession ou de dépendance*. — Il s'exprime par simple juxtaposition, le nom de l'objet possédé ou dépendant se plaçant le second : la maison de Mamadou, *Mamadu gba* (noumou), *Mamadu gbă* (ligbi), *Mamadu gba* (huéla), *Mamadu bŏ* (dyoula et maou).

3° *Pluriel*. — Le pluriel des noms se forme en ajoutant au singulier le suffixe *nu* (en noumou, ligbi et huéla), *ru* (en dyoula, *u* après une voyelle nasale), *lu* (en maou) : des hommes, *morho-nu*, *morhŏ-ru*, *morho-lu*. Devant un nombre qui les multiplie ou devant un adjectif indiquant la pluralité, les noms restent au singulier : *morho tă* « dix hommes », *morhŏ syamă* (dyoula) « beaucoup d'hommes » ; cependant on trouve quelquefois le suffixe du pluriel employé devant le mot « tous » : tous les hommes, *morhŏ-nu kpè* (noumou), *morhŏ byè* ou *morhŏ-ru byè* (dyoula). — Les noms qui ont un sens collectif restent au singulier ; on en fait des noms d'unité en y ajoutant le mot qui veut dire « enfant, fruit, graine » (*di*, *dĕ*, *dĕ*).

III. — ADJECTIFS ET PRONOMS

	Noumou	Ligbi	Huéla	Dyoula	Maou
blanc	*kpè*	*ñkpyè*	*kpè*	*gbè*	*gbè*
rouge	*tanamă*	*ntanama*	*tanama*	*ule*	*ule*
noir	*gbu*	*mbughu*	*gbugu*	*fi, fima*	*fi, fima*

	Noumou	Ligbi	Huéla	Dyoula	Maou
moi (sujet)[1]	*n, na*	*n*	*ni, n*	*ni, n*	*ni, n*
moi (régime)	*n, ni*	*n, ni*	*ni, n*	*ni, n, ñi*	*ni, n*
toi (sujet)	*i*	*i*	*i*	*e, i, ye*	*i, e*
toi (régime)	*i*	*ye, ya*	*i*	*i, ya*	*i*
lui, elle	*e, a*	*a, e*	*e, a*	*a, è*	*a*
nous	. . . . .	. . . . .	. . . . .	*añi, an*	*ne-lu*
vous	. . . . .	. . . . .	. . . . .	*ar, ara*	*i-lu, il*
eux	. . . . .	. . . . .	*mă, e*	*ar, are*	*al, a-lu*
mon, ma, mes[2]	*n, na, mi*	*n*	*n*	*n, ni*	*ne, n*
ton, ta, tes	*i*	*ye*	*i*	*e, i, ye*	*i, e*
son, sa, ses	*e, a*	*a, e*	*e, a*	*a*	*a*
notre, nos	. . . . .	. . . . .	. . . . .	*anuru, añi*	*nelu*
votre, vos	. . . . .	. . . . .	. . . . .	*aluru*	*ilu*
leur, leurs	. . . . .	. . . . .	*mă, e*	*ar, are*	*alu, ale, al*
le mien, à moi	. . . . .	. . . . .	. . . . .	*ni-ta, n-da*	*ne-ta*
le tien, à toi	. . . . .	. . . . .	. . . . .	*e-ta*	*e-ta*
le sien, à lui	. . . . .	. . . . .	. . . . .	*a-ta*	*a-ta*
le nôtre, à nous	. . . . .	. . . . .	. . . . .	*anuru-ta*	*nelu-ta*
le vôtre	. . . . .	. . . . .	. . . . .	*aluru-ta*	*ilu-ta*
le leur	. . . . .	. . . . .	. . . . .	*ar-ta*	*alu-ta*
ce, cette, ces[3]	*mă, marha, măha*	*marha, ma*	*mă, marha*	*mi, le*	*mi, ni*

Notes. — 1. La forme abrégée *n* du pronom de la 1re pers. du sing. se transforme en *m* devant *m, b, p, f, v* et en *n* devant *g* et *k*; de plus, en dyoula, on adoucit presque toujours la consonne qui suit ce pronom (*s* se change en *z*, *t* en *d*, *f* en *v*, *p* en *b*, *k* en *g* : *m va* (pour *n fa*) « mon père », *ñ gū* (pour *n kū*) « ma tête », etc.) — 2. Les adjectifs possessifs précèdent le substantif qu'ils déterminent. — 3. Les adjectifs démonstratifs, comme tous les adjectifs (possessifs exceptés) et les noms de nombre, se placent après le substantif qu'ils déterminent. En dyoula, on emploie le plus souvent la forme du pronom possessif en guise d'adjectif possessif avec les noms de choses autres que les noms de parties du corps et noms abstraits.

IV. — LES VERBES

	Noumou	Ligbi	Huéla	Dyoula	Maou
être (qq. part)	*ghã*	. . . . .	*wo*	*bè*	*bè*
ne pas être (id.)	*rè, nè*	. . . . .	*wo-nè* [1]	*tè*	*tè*
être (attributif) [2]	*ya*	*yè, mvè*	*vè, üè*	*bè*	*bè*
ne pas être (id.) [3]	*yè-rè*	*ya-ra*	*vè-rè*	*tè*	*tè*
être (qqun ou qqchose) [4]	*ya*	*yè*	*üè*	*lo*	*do, ye*
ne pas être (id.) [5]	*yè·rè*	*ya-ra*	*üè-rè*	*tè*	*tè*
aller	*ta*	*ta*	*ta*	*tarha*	*ta*
partir	*tarha*	*tarha*	*tarha*	*tarha*	*tagha*
venir	*ya*	*ya*	*ya*	*na*	*na*
venir de [6]	*bo-re*	*bo-re*	*bo-re, bo-ra*	*bò-ra*	*bo-la*
s'asseoir	*yarha*	*yarha*	*yarha*	*sigi*	*sigi*
se lever	*yele*	*yele*	*yele*	*uri*	*uli*
s'arrêter	*yõ*	*yõ*	*yõ*	*lo*	*lo*
se coucher	*sa*	*sa*	*sa*	*la*	*la*
dormir	. . . . .	*ñibao*	. . . . .	*sündorho*	*sünorho*
courir	. . . . .	*fere*	. . . . .	*bori*	*bori*
être gros	. . . . .	*kunü*	. . . . .	*bõ*	*bõ*
être bon	*ñyè*	*ñye*	*ñyi*	*ñi* [7]	*ñi* [8]
être long	*fü*	*forho*	*furhu*	*gyã*	*gyã*
être noir	*gbu-re*	*mbughu-ne*	*gbugu-ne*	*fi-na*	*fi-na*
être fini	*na-ne*	*gba-ne*	*na ne*	*ba-na*	*ba-na*
être nombreux	*syi*	. . . . .	*fïni*	*syã*	*sya*
manger (en général)	*kõ*	*kõ*	*kõ*	*domü*	*domõ*
manger (de la viande)	*du*	*du*	*dunu*	*ñimi*	*ñyimi*
manger (sans régime)	. . . . .	. . . . .	. . . . .	*domu-ni-kè*	*domo-ni-ke*
boire	*mi*	*me*	*menu* [9]	*mi*	*mi*
prendre	*ycle*	*yele*	*yele*	*ta*	*ta*
attraper	. . . . .	*sorho*	. . . . .	*mina*	*mina*
donner [10]	*ko*	*ko*	*ko*	*sõ, di*	*sõ, di*
apporter [11]	*ya·ko*	*ya-ko*	*ya-ko*	*ta-di*	*na-ti*
appeler	*kele*	*kele*	*kyele*	*kiri*	*kili*
dire	. . . . .	*kya*	. . . . .	*ko, fò* [12]	*ko, fò* [13]
parler	. . . . .	*torho*	. . . . .	*ko-ma, fò* [14]	*ko-n.a, fò* [15]
comprendre	*me*	*me*	*me*	*me*	*me*
voir	. . . . .	. . . . .	. . . . .	*ye*	*ye*
finir (actif)	*nã*	*gbã*	*nã*	*bã*	*bã*

	Noumou	Ligbi	Huéla	Dyoula	Maou
tuer	*kpă*	*kpă*	*kpă*	*farha*	*farha*
mourir [12]	*kpă-re*	*kpă-ne*	*kpă-re*	*farha-ra*	*barha-la*
voler (dérober)	*gboñyă*	. . . . .	. . . . . .	*sañya*	*suñya*
porter	*sŏ*	*sŏ*	*sŏ*	*ta*	*ta*
ouvrir	*lagyi*	*lagyi*	*laɉyi*	*yirė*	*laka*
fermer	*ta*	*togho*	*torho*	*tugu*	*tugu*
couper	*bi*	. . . . .	. . . . . .	*tigè*	*tege*
frapper	*bèto*	. . . . .	*bere*	*bugo,gbasi*[13]	*gbesi*
ôter	*bo*	*ho*	*bo*	*bŏ*	*bo*
puiser	. . . . . .	. . . . .	*tirı*	*bi*	

Notes. — 1. Le verbe *wo-nė* est simplement le verbe *wo* à la voix négative. — 2. Ces formes s'emploient quand l'attribut est un adjectif; en noumou, en ligbi et en huéla l'adjectif se place avant le verbe « être » ou « ne pas être »; en dyoula et en maou il se place après, à moins qu'il ne soit terminé en *ni*. — 3. Les formes *yè-rè*, *ya-ra*, *vè-rè*, ne sont pas autre chose que les verbes *ya, yè, vè* à la voix négative. — 4. Ces formes s'emploient quand l'attribut est un nom ou un pronom possessif; dans tous les dialectes, cet attribut se place avant le verbe « être » ou « ne pas être ». — 5. Voir la note 3. — 6. Les mots employés pour signifier « venir de, sortir » sont les passifs du verbe *bo* « ôter ». — 7. Le verbe *ni* l'emploie généralement précédé de la particule *kya* à la voix affirmative. — 8. Les verbes *ko* et *sŏ* veulent le nom de la personne à laquelle on donne au régime direct et le nom de l'objet donné au régime indirect avec la particule *ra* ou *la*; le verbe *di*, qui signifie « donner momentanément, remettre entre les mains », se construit avec le nom de l'objet donné au régime direct et le nom de la personne au régime indirect avec la particule *ma*. — 9. L'expression *ya-ko* signifie « venir-donner » ainsi que l'expression *na-ti*; l'expression *ta-di* signifie « prendre-donner »; pour la place des régimes, voir les phrases et mots divers. — 10. Le verbe *ko* est neutre et le verbe *fŏ* actif. — 11. Le verbe *ko-ma* est neutre et le verbe *fŏ* est actif; ce dernier s'emploie pour traduire « parler » dans l'expression « parler une langue » (*kă mvŏ* en dyoula, *kă fŏ* en maou). — 12. Les mots employés pour dire « mourir » sont des passifs du verbe « tuer ». — 13. En dyoula, on emploie plutôt *bugo* quand le régime est une personne, et *gbasi* quand le régime est une chose.

V. — LA CONJUGAISON.

Je donne ci-après un modèle de la conjugaison d'un verbe neutre, d'un verbe transitif et d'un verbe passif, tous à la 3ᵉ personne du singulier; il suffira de remplacer le pronom de la 3ᵉ pers. par le pronom sujet convenable pour avoir les autres personnes. (Voir le tableau des pronoms et la note 1.) — Le verbe transitif doit toujours être accompagné d'un régime direct, même dans les cas où il n'en a pas en français : dans ce cas on lui donne comme régime le pronom de la 3ᵉ pers. du singulier; c'est ce pronom que j'ai fait figurer comme régime dans le modèle qui va suivre ; on verra par la place qu'il occupe que le régime direct se place toujours avant le verbe. — Les verbes neutres à forme passive, c'est-à-dire terminés par la particule du passif, se conjuguent comme les verbes passifs.

1° Verbe neutre

	Noumou	Ligbi	Huéla	Dyoula	Maou
il vient	e yⁿ	a ya	e ya	a na	a na
il est en train de venir	e ya sisã	a ya sisã	e ya sisã	a bè na ra	a na toni
					ou a bè na sisã
il viendra	e ya ko '	a ya ko '	e ya ko '	a na	a bè na
il est venu	e ya re '	a ya re '	e ya re '	a na ra '	a na ra '
id.	. . . .	. . . .	. . . .	a ka na '	a ka na '
viens	ya	ya	ya	na	na
venir	yⁱ	ya	ya	ka na '	ka na '
action de venir	. . . .	. . . .	. . . .	na-ma '	na-ma '
il ne vient pas	e ya rè '	a ya ra'	e ya rè '	a ti na	a te na
il ne vient pas maintenant	e ya sisã nè '	a ya sisã na '	e ya sisã nè '	a tè na ra	a mã na toni
il ne viendra pas	e ya ko rè	a ya ko ra	e ya ko rè	a ti na	a te na
il n'est pas venu	e ya re rè	a ya re ra	e ya re rè	a mã na	a mã na
il n'est pas encore venu	e ya re tun nè	a ya re tun na	e ya re tu né	a mã na ba	a mã na ba
					ou a mã na folo
ne viens pas	ma ya rè '	ma ya ra	ma ya rè	kana na	kana na
ne pas venir	. . . .	. . . .	. . . .	ka na na '	ka na na '

2° **Verbe transitif :**

	Noumou	Ligbi	Huéla	Dyoula	Maou
il l'ôte	e a bo [9]	a a bo [9]	e a bo [9]	a a bò [9]	a a bo [9]
il est en train de l'ôter	e a bo sisä	a a bo sisä	e a bo sisä	e b'a bò ra [10]	a a bo toni
				ou	a b'a bo sisä [10]
il l'ôtera	e a bo	a a bo	e a bo	a a bò	a b'a bo [10]
il l'a ôté	a a bo re	a a bo re	e a bo re	a ka a bò	a ka a bo
ôte-le	a bo	a bo	a bo	a bò	a bo
l'ôter	a bo	a bo	a bo	ka a bò [2]	ka a bo [2]
action d'ôter	. . . .	. . . .	. . . .	bò-li [11]	bo-li [11]
faire l'action d'ôter	. . . .	. . . .	. . . .	bò-li-kè	bo-li-ke
il ne l'ôte pas	e a bo rè	a a bo ra	e a bo rè	a t'a bò [12]	a t'a bo [12]
				ou	a ti a bò
il ne l'ôte pas maintenant	e a bo sisä nè	a a bo sisä na	e a bo sisä nè	a t'a bò ra [14]	a mä a bo toni
il ne l'ôtera pas	a a bo rè	a a bo ra	e a bo rè	a ti a bò	a t'a bo [12]
il ne l'a pas ôté	e a bo re rè	a a bo re ra	e a bo re rè	a mä a bò	a mä a bo
il ne l'a pas encore ôté	e a bo re tun nè	a a bo re tun na	e a bo re tu nè	a mä a bò ba	a mä a bo ba
ne l'ôte pas	ma a bo rè	ma a bo ra	ma a bo rè	kana a bò	kana a bo
ne pas l'ôter [15]	. . . .	. . . .	. . . .	ka na a bò [9]	ka na a bo [9]

3ᵉ Verbe passif :

	Noumou	Ligbi	Huéʼa	Dyoula	Maou
il est ôté *ou* il a été ôté	e bo-re [14]	a bo-re [14]	e bo-re [14]	a bò-ra [14]	n bo-la [14]
il est en train d'être ôté	e bo-re sisñ	n bo-re sisñ	e bo-re sisñ	a bè bò-ra	n bè bo-la sisñ
il sera ôté	e bo-re	a bo-re	e bo-re	n bè bò-ra	n bè bo-la
sois ôté	bo-re	bo-re	bo-re	e bò-ra	i bo la
être ôté	bo-re	bo-re	bo-re	ka bò-ra '	ka bo-la '
il n'est pas ôté					
ou il n'a pas été ôté	e bo-re rè	a bo-re ra	e bo-re rè	a mä bò	a mä ho
il n'est pas ôté maintenant	e bo-re sisñ nè	n bo-re sisñ na	e bo-re sisñ nè	a tè bò-ra	a mä bo toni
il ne sera pas ôté	e bo-re rè	n bo-re ra	e bo-re rè	n tè bò-ra	n te bo-la
il n'a pas encore été ôté	e bo-re tun nè	n bɔ-re tun na	e bo-re tu nè	a mä bò ba	a mä bo ha
ne sois pas ôté	ma bo-re rè	ma bo-re ra	ma bo-re rè	e kana bò-ra	i kana bo-la

Notes. — 1. Les verbes terminés en *rha* suppriment cette syllabe devant la particule *ko*. — 2. Les particules *re* et *ra* deviennent généralement *ne* et *na* après une voyelle nasale ou une syllabe commençant par *n*; la voyelle nasale elle-même se transforme souvent en voyelle simple. Avec les verbes terminés en *ra, re, ri, ro, ru*, on supprime souvent la dernière voyelle du verbe devant les particules *re* et *ra*. — 3. La particule négative *rè* ou *ra* donne lieu aux mêmes observations que les particules *re* et *ra* du passé (voir note 2). En ligbi, on entend parfois prononcer *rha* la particule négative et *rè* ou *rhè* la particule du passé. — 4. On voit que la négation *rè* ou *ra* peut se placer après un complément circonstanciel : *e ya re ulu nè* ou *e ya re ulu rè*, il n'est pas venu hier. — 5. La négation *ma* prend quelquefois la voyelle du verbe ou une voyelle analogue : *mŏ yŏ nè*, ne t'arrête pas ; *mu bi rè* (pour *ma a bi rè*), ne le coupe pas. — 6. La première forme du passé, en dyoula et en maou, s'emploie avec tous les verbes neutres ; la deuxième ne s'emploie qu'avec ceux qui expriment un mouvement. — 7. Généralement, quand un infinitif suit un autre verbe, on le fait précéder en dyoula et en maou de la particule *ka*, qui joue le même rôle que le *to* de la langue anglaise ; pourtant on supprime souvent cette particule lorsque le verbe qui précède l'infinitif exprime un mouvement ; enfin, lorsque l'infinitif est accompagné d'un régime direct et sert lui-même de régime direct à un verbe transitif, on peut le placer avant ce verbe et alors on supprime toujours la particule *ka* : je veux venir, *ni ñyini ka na*; tâche de le voir, *korosi ka a ferè*; viens t'asseoir, *na sigi*; je veux acheter du papier, *ni ñyini ka kardasi sä* ou *ni kardasi sä ñyini* (dyoula). — 8. Cette forme n'est pas usitée pour tous les verbes.

9. Le pronom sujet est le premier et le pronom régime le second, à tous les temps. — 10. *B'a* est ici pour *bè a*; *bè* reparaîtra devant un régime commençant par une consonne. — 11. La particule *li* (ou *ri*) du nom verbal se change généralement en *ni* après une voyelle nasale, et celle-ci peut devenir une voyelle simple. — 12. *T'a* est ici pour *ti a* (voir la note 10). — 13. *T'a* est ici pour *ti a* (voir la note 10). — 14. *T'a* est ici pour *te a* (voir la note 10). — 15. Souvent la voyelle finale des particules *bè, tè, ti, te, ka, mä, kana, na*, s'élide, en dyoula et en mahou, devant les pronoms *i* ou *e* (2ᵉ pers. sing.), *añi* (1ᵉ pers. plur.), *ilu* ou *il* (2ᵉ pers. plur.); de-

vant les pronoms de la 3ᵉ pers. du sing. (*a*) et du plur. (*ara, are, ar, ala, ale, al*), les voyelles *é, i, e* s'élident également, mais la voyelle *a* subsiste ou se contracte avec l'*a* initial du pronom pour former un *ã* long.

16. La particule du passif donne lieu aux mêmes observations que la particule du passé (voir note 2).

VI. — PHRASES ET MOTS DIVERS

1ᵉ *Numu*. — Mon père, *ã gye* : ma mère, *n ne*.

Je mange de la viande, *na sie du* : je mange, *na to kõ* (je aliment mange) : boire de l'eau, *yi mi*.

Viens ici, *heli ya* : comment t'appelles-tu ? *i torho kele mene* ? (ton nom appelle comment ?) comment l'appelle-t-on ? *e torho kele mene* ?

C'est bon, *a ñyè* ; ce n'est pas bon, *a ñyè rè* ; c'est fini, *e na-ne* ; ce n'est pas fini, *e na-n'nè* (pour *e na-ne nè*) ; ce chemin est long, *kili mã e fũ ya* (chemin ce lui long est) ; il n'est pas long, ce n'est pas loin, *e fũ yè rè*.

Tu porteras une charge, *i solo sõ* ; les porteurs sont venus, *solo-sõ-morho nu ya re* ; il y a beaucoup de voleurs, *gboñyã-morhò syĩ* (voleur être nombreux).

Il a tué un homme, *a morhò kpã re* ; il ne l'a pas tué, *a a kpã re rè* ; il est mort, *a kpã-re* ; ne le tue pas, *ma a kpã nè*.

Prends cette chose et donne la-moi, *sü mãha yele ñ ko* (chose cette prends moi donne).

Il est parti, *e tarha re* ; il n'est pas parti, *e tarha re rè* ; où est-il ? *e mi ghã* ? (il où est ?) il est ici (ou) il y en a, *e ni ghã* ; il n'est pas ici (ou) il n'y en a pas, *e ni nè*.

Où vas-tu ? *i ta mi* ? ou *i ta ko mi* ? je vais sur le chemin, *na ta kili ma* (expression usitée pour dire qu'on va à la selle). D'où viens-tu ? *i bo-re mi* ? je viens de mes plantations, *m bo-re mi konõ* ; je viens du village, *m bo-re ka marha ma* (je viens village ce dans ; le démonstratif, en noumou, en ligbi et en buéla, est souvent employé comme simple article défini : *kei mã bo-re*, la lune est levée).

Va couper du bois et apporte-le moi, *ta sorhorha bi, ya n ko* (va bois couper, viens moi donne); ne le coupe pas, *mu bi rè*.

Arrête-toi, *i yŏ*; ne l'arrête pas, *mŏ yŏ nè*.

Tous les hommes sont venus, *morhò-nu kpè ya re*.

Je pars maintenant, *na ta sisã*; je partirai tout à l'heure, *n ta ko sisã*; je partirai demain, *n ta ko sumã*; il est parti hier, *a tarha re ulo*; va-t-en, *i tarha*; ne t'en va pas, *ma tarha rè*; je ne pars pas maintenant, *na ta sisã nè*; je ne partirai pas demain, *n ta ko sumã nè*.

Un jour, *ñi ndie*; deux jours, *ñi fala*; une fois, *küï ndie*; deux fois, *küï fala*.

2° *Ligbi*. — Manger du pain, *to kŏ*; manger de la viande, *sie du*; boire de l'eau, *yi me*.

Il a tué un homme, *a morho kpã ne*; cet homme est bien mort, *morho marha kpã-ne fi*.

Va me chercher cette chose, *ta sü ma yele n ko* (va chose cette prendre moi donne); va me chercher cet homme, *morho marha i kele n ko* (homme ce toi appelle, moi donne); donne-moi cela, *n ko sü marha ra* (moi donne chose cette dans : le verbe *ko* veut le nom de la personne au régime direct et celui de la chose au régime indirect).

Je dis que... *n kya a...*

Comprends-tu le ligbi? *i Ligbi kpera me ne?* (tu Ligbi langage as compris?) je ne le comprends pas, *n a me ne ra*; comment t'appelles-tu? *ye torho kele mene?* (ton nom appelle quoi?)

C'est bon, *a ñyè*; ce n'est pas bon, *a ñyè ra*; c'est fini, *a gba-ne*; ce n'est pas fini, *a gba-ne ra*; c'est loin, *e dirha forho mvè* (son lieu loin est); ce n'est pas loin, *e forho ya-ra*; c'est grand, il est gros, *e kunü yè*; ce n'est pas grand, *e kunü ya-ra*.

Salut, *kene pyã*; merci, *kene* (comparez en vaï : *kunè*).

3° *Hüela*. — Mon père, *n gye;* ma mère, *n ne*; cet homme (ou) l'homme, *morho marha*.

Je mange, *n tüo kŏ*; je mange de la viande, *ni sie dunu*; je bois de l'eau, *ni yi menu*.

Viens ici, *ya ni*; tu porteras une charge, *i suru sŏ;* ferme bien la porte, *gba-nda torho ñyi.*

C'est bon, *e ñyi;* ce n'est pas bon, *e ñyi rè*; c'est fini, *e na-ne;*

ce n'est pas fini, *e na-ne ra* ou *e na-ne rè*; le chemin est long, *kini mā e furhu vè*; ce n'est pas loin, *e furhu vè-rè*.

Comment t'appelles-tu? *i kyiri mini?* (ton nom quoi?) je m'appelle Kassé Dokonon, *mā ñ kyele Kase Dokonŏ* (ils moi appellent, etc.).

Il a tué un homme, *a morho kpa re*; un homme est mort, *morho kpa-re*; il n'est pas mort, *a kpā-re rè*; ne le tue pas, *ma a kpā rè* ou *mi kpā rè* (pour *ma i a kpā rè*).

Où est-il? *e wo mi?* il est ici (ou) il y en a, *e wo ni*; il n'est pas ici, *e wo ni nè*.

D'où viens-tu? *i bo-re mi?* je viens du village, *m bo-re ka ma*; les Huéla viennent de Bégho; *Hüela-nu bo-re Gbēgho*; ils ne sont pas nombreux, *e fīni üe rè*; beaucoup de choses, *si mfini*.

Va me chercher de l'eau, *ta yi tiri, ya ñ ko* (va eau puiser, viens moi donne); apporte-moi cela, *si marha ya ñ ko* (chose cette viens moi donne).

J'irai, *n ta ko*; je n'irai pas, *n ta ko rè*; il est parti hier, *e tarha re ulu*; il n'est pas parti hier, *e tarha re ulu nè*; il n'est pas encore parti, *e tarha re tu nè* ou *e tarha ra tu nè*; ne t'en va pas, *ma tarha rè*.

Bonjour, salut, *ne kpyī*; bon matin, *ne kwa, enu kwa*; bon midi, *tela*; bonsoir, *enula*; merci, *era gyasū*.

4° *Gyüla* (Expressions spéciales à Bondoukou). — Ils vont, *u tarha* et *ar tarha*; où vas-tu? *e tarha mi-na?* et *e tarha mi?*

Avant-hier, *kuna-sini* et *kunu-kwo*; oui, c'est bon, *to* (mot haoussa); mille, *ba* et *wuru*.

Chimpanzé, *ghoŏ*; gros mil ou sorgho, *ñyŏ*; petit mil blanc, *sañyŏ*; mil à épis de maïs, *foñyŏ*; manioc, *banagu*; marché, place publique, *lŏrha* et *lŏrhò*; brousse, *kŏgo*; animaux sauvages, *kŏgo-sorho*; balance, *dyā*; cuiller à or, *kato*; sébille à or, *fāfā*; savon, *safuna*.

Être content, *dya-ra*; passer la nuit, *si*.

Pourquoi? *muñkato?* et *muñkèra?* (pour quoi? (et) dans faire quoi?).

Salutation aux fêtes religieuses, *Alla bi di a.*

0 fr. 50, *tāga* et *takufā*; 1 fr., *tāmba kele* et *siri kele* (de l'anglais « shilling »); 1 fr. 50, *tāmba kele ni tāga* et *siri kele ni takufā*;

2 fr., *siri fila*; 2 fr. 50, *siri fila ni takufã*, etc.; 5 fr., *dorome kele* et *wariba kele* (*dorome* vient de l'arabe « dirhem, darâhim » qui a la même racine que « drachme ».)

5° *Mau*. — Un homme du Maou, *Mau-ka*; la langue du Maou, *Mau-ka kã* ou *Gyomane-ñka kã*.

J'ai faim, *kŏ bi na*; tu as faim, *kŏ b'i la*; il a faim, *kŏ b'a la*.

A qui est ce pagne? *gyŏ nta fãni bè ni*? c'est à moi, *ne ta do*; ce n'est pas à moi, *ne ta té*.

Je viens du village, *m bo-la so la* ou *m bo-la dughu la*; je ne m'en vais pas, *n te tagha*.

Va dire à Moussa de venir, *tagha a fŏ Musa ye ko a na* (va le dire Moussa à que il vienne) ou *ta a fŏ*, etc.

Parles-tu le maou? *i Mau-ka kã fŏ*? je le parle, *ni a fŏ* ou *ñ ga a fŏ* (je l'ai parlé); j'ai bien compris, *ñ ga a me hali* ou *ñ kã me hali*; l'as-tu vu? *i ka a ye*? je ne l'ai pas vu, *m mã a ye*.

Le pays du Maou, *Mau-ka dughu* ou *Mau-ka gyamana* ou *Mau-ka-la*; la Terre, le globe, *dughu-kolo*; de la terre, de la boue, *bãñgu*; l'ensemble du ciel, *sã-ñgolo*; rocher, *kuru*, petites pierres, *bele*; grosses pierres, *kaba*; montagne, *tindi* ou *kŏkè*.

Viens manger, *na tó domŏ*; manger de la viande, *subo ñyimi*.

C'est fini, *a ba-na*; ce n'est pas fini, *a mã bã*, *a mã bã folo*; arrête-toi, *i lo*; assieds-toi, *i sigi*; lève-toi, *e uli*; couche-toi, *i la*; ne dors-tu pas encore? *e mã sünorho ba*? Ne le frappe pas du tout, *e kana a gbesi fyo*.

Quel jour partiras-tu? *e bè tagha fã ñgyono fè*? je partirai demain, *m bé tagha sini*; où est-il? *a bè mi*? il est ici, *a bè yã*.

CHAPITRE VI

La langue Sénoufo.

Dans l'immense région comprise entre les confins du Massina,
au nord et le parallèle de Bondoukou au sud, entre la frontière
orientale du Ouassoulou à l'ouest et la Volta Noire à l'est, formant
une sorte de T renversé, habite une famille encore relativement
peu connue, souvent confondue avec les populations environ-
nantes, que personne, à ma connaissance, n'a encore étudiée en
dehors de M. Binger, sur la langue de laquelle rien absolument, je
crois, n'a été publié encore, et qui, cependant, est une des familles
nègres les plus importantes du Soudan occidental, d'abord parce
qu'elle forme le fond de la population de contrées étendues et
peuplées, ensuite parce que, de nature douce et soumise, elle a
été de tout temps le point de mire des conquérants noirs qui l'ont
répandue par l'esclavage dans presque toutes les provinces du
nord-ouest de l'Afrique et jusqu'à la côte, qu'elle fournit de porteurs les caravanes qui sillonnent la Côte d'Ivoire et son arrière-
pays, et qu'elle constitue pour nous une mine de travailleurs précieux : cette famille si intéressante est celle que nous désignons
généralement sous le nom étranger de *Senufo* (Sénoufo)[1], nom
que je lui conserve à défaut d'appellation indigène.

1. Le nom de *Senufo*, *Senefo* ou *Senofo*, donné à la famille en question par la
plupart des Mandingues, vient probablement du nom de l'une de ses tribus, les
Senere, *Syenere* ou *Sendere* du Kénédougou ; les Mandingues appellent leur langue
Sene-ka et disent, en parlant des gens qui parlent cette langue ou un dialecte
analogue, *u Sene-ka fò*, ou bien *u Sene fò*, *u Senu fò* (ils parlent la langue Séné,
le Séné, le Sénou). On pourrait peut-être aussi trouver une étymologie acceptable
dans l'expression *sænoforho* (de *sænū*, soleil), qui est usitée chez plusieurs tribus
Sénoufo pour la salutation du milieu de la journée.

Dans la grande majorité des pays qu'ils habitent et dont ils paraissent être les autochtones, les Sénoufo sont placés sous la dépendance politique plus ou moins complète d'étrangers de famille mandingue qui se sont infiltrés parmi eux et les ont dominés, soit par la force des armes, soit par la supériorité de leur intelligence et de leur état politique, religieux et social.

Un certain nombre de Sénoufo, surtout parmi les membres de l'ancienne aristocratie, ont adopté le costume, la religion, les noms de famille des Mandé musulmans, afin de conserver ainsi la première place dans la société nouvelle ; la langue mandé s'est répandue parmi eux, des alliances nombreuses ont eu lieu, et les enfants issus de ces alliances ont été marqués souvent du tatouage propre à certaines tribus sénoufo (trois cicatrices horizontales ou en éventail sur chaque joue). C'est là l'origine de la confusion que l'on a faite souvent entre Mandé et Sénoufo, entre étrangers dominateurs et vassaux autochtones, alors que, au triple point de vue ethnographique, anthropologique et linguistique, la différence est profonde entre ces deux familles.

L'état actuel de mes recherches concernant la famille Sénoufo me permet d'avancer qu'elle parle une langue unique, qu'on peut diviser en neuf dialectes, ces dialectes ne présentant les uns avec les autres que des différences assez secondaires, mais cependant très nettes.

Ces dialectes, en allant du nord au sud et de l'ouest à l'est, sont les suivants :

1° Le dialecte *Bamăna*, parlé, dans la région de Nénesso, Koutiala, Kouoŕo, etc., entre le Minian proprement dit et les pays Bobo, par une tribu sénoufo, plus ou moins vassale des Mandé-Minianka, qui se donne à elle-même le nom de Bamăna et que les Mandingues appellent *Bamăna-Senufo* ou *Băbara-Senufo* pour la distinguer des *Bămana-Măndefo* ou *Băbara-Măndefo* (Bamana ou Bambara de langue mandé) de la région de Ségou et du Kaarta ; il est possible que ce soit le nom de cette tribu qui, prononcé « Bambara », ait été attribué par les Mandingues musulmans d'abord à tous les gens de langue sénoufo et ensuite à plusieurs tribus païennes de langues diverses. — Le dialecte des Bamăna est parlé encore, sauf quelques modifications peu importantes, par les *Senere* (appelés aussi *Syenere* ou *Sendere*, et connus des Mandingues sous les noms de *Senefo* ou *Senufo* et de *Bâbara*), qui habitent le Kénédougou (région de Sikasso), entourés d'un grand nombre de Dyoula qui souvent exercent sur eux la suprématie, et par les *Tagba* (Tagoua et Tagoura des cartes), qui habitent entre Sikasso et Bobo-Dioulasso. Les Sénoufo de ces trois tribus sont en général tatoués.

2° Le dialecte *Noholo*, parlé par les autochtones de la région et de la ville d'Odienné (*Ogyene*, *Wogyere* ou *Wogyende*), qui ont comme voisins à l'est et au sud des Nafâna, Sénoufo comme eux et de dialecte très voisin, au nord des Foulbé et des Mandé-Ouassoulounka, à l'ouest des Mandé-Konianka. Parmi les Noholo habite la tribu mandé-tan des Ouoguiéné-nka, apparentée aux Guiomané ou Guiomandé ou Maou, qui exerce la suprématie. Les Noholo ne sont pas tatoués.

3° Le dialecte *Na-ndaga*, parlé par une partie des autochtones du Kourodougou, dans la région qui s'étend entre Sakala ou Sarhala et Marabadyassa, au nord des Mouin (Mandé-fou) et sous la tutelle des Dyoula de la famille Siya ; ce dialecte est très voisin du dialecte Takponin.

4° Le dialecte *Foro*, parlé par les Foro ou Folo, qui habitent, des deux côtés du haut Bandama, les régions de Kouton et de Niélé, entre les Tagba au nord, les Nafâna et les Kpalarha au sud, les Toronké à l'ouest et les Mbouin et Karaboro à l'est (pays appelés Folona ou Forona par les Mandé).

5° Le dialecte *Kpalarha* ou *Kpalagha* (Pallakha des cartes), parlé du haut Bandama à la haute Comoé entre les Foro au nord et les Tafilé au sud et atteignant la ville de Kong ; ce dialecte diffère légèrement du nord au sud, se rapprochant davantage du dialecte Tafiré à mesure qu'on s'avance vers le sud. (Ne pas confondre avec la langue des Koulango, appelés Kparhala — vulgairement Pakhalla — par les Dyoula).

6° Le dialecte *Tafilé* (ou Tafiri), parlé depuis le Bandama à l'ouest (à hauteur du poste de Bandama) jusqu'à Kong à l'est (région de Kati), entre les Kpalarha au nord et les Takponin au sud. La plupart des Tafiré sont tatoués, comme aussi un grand nombre de Foro et de Kpalarha.

7° Le dialecte *Takponi* (Tagbona en dyoula, Tagbana sur les cartes), parlé entre les Tafilé au nord et les Baoulé au sud, entre le Bandama à l'ouest et les Guimini ou Djimini à l'est ; on rencontre aussi des Takponin à l'ouest du Bandama, au sud et près de Tiémou. Les Takponin, qui ont fourni un nombre d'esclaves considérable, notamment dans le Baoulé, sont presque tous tatoués ; les Baoulé les appellent Kanga-Blé (Kanga Noirs).

8° Le dialecte *Gimini* est parlé dans la province du même nom (Djimini des cartes, région de Sokola, Dabakala, Darhara et Ouandarama), au sud de Kong et au nord du Baoulé, à l'est des Takponin. Les Guimini de race pure, appelés Bambara par les Dyoula comme leurs voisins les Takponin, les Tafilé et les Kpalarha, sont presque tous tatoués, ainsi que les *Soroñgi*, ou métis de Sénoufo et de Dyoula ; ils vivent plus ou moins sous la tutelle des Dyoula et ont parfois emprunté les noms de famille de ces derniers. Leur famille principale est celle des Kyépéré ou Kyépilé, qui a aussi des représentants parmi les Takponin. Comme ces derniers, les Guimini ont fourni un nombre considérable d'esclaves et ont émigré en partie au moment de l'invasion de leur pays par Samori ; ils sont retournés chez eux pour la plupart, mais ont laissé encore quelques colonies dans le Baoulé, et dans l'Abron près de Bondoukou et du poste anglais de Sangba ou Sikassiko.

9° Le dialecte *Nafãna* est parlé par une tribu très dispersée, généralement non tatouée, appelée par les Dyoula *Bãbara* ou *Bãmbara* ou encore *Bãndara* ou *Wãndara*, par les Koulango *Gã-mo* ou *Gã*, par les Abron *Pãntara*, *Gbãndara*, *Gbãndara-fo* ou *Bãnda-fo* ; cette dernière appellation (gens de Banda) vient du nom de Banda (ou Foughoula), ville principale des Nafâna de l'est ; les appellations Pantara, Gbandara, Bandara, Wandara ou encore Vandra proviennent, soit de la même origine, soit de l'expression *pã ndarha* employée par les Nafâna pour dire « viens ici ». Cette tribu se donne à elle-même le nom de *Nafãna*, *Nafâna* ou *Nafara*.

Elle habite depuis fort longtemps la région de Banda ou Foughoula et existait dans la région de Bondoukou avant l'arrivée des Koulango, des Dyoula et des Abron ; elle y était sans doute contemporaine des Gbin. Le chef nafâna de Bondoukou, que les Abron appellent le *Pāntara-hini*, est encore reconnu comme le maître du sol de la ville ; c'est un de ses ancêtres qui a donné droit de cité aux Abron en leur accordant un morceau de bois à brûler comme symbole du droit qu'il leur conférait d'occuper sa terre. Les Nafâna se sont répandus vers l'ouest jusqu'au Kouian, par petites fractions isolées.

Actuellement on les rencontre : dans la région comprise entre la Volta Noire à l'est, Kassa inclus au nord, Bondoukou inclus à l'ouest et Sangba ou Sikassiko inclus au sud, débordant même sur la rive gauche de la Volta Noire à Diamma et Tassalimo (actuellement en ruines), ayant au milieu d'eux des Ligbi, des Huéla, des Noumou, des Dyoula, des Abron, des Dégha et quelques familles Gbin et Koulango, et dépendant politiquement du roi des Abron, quoique l'autorité de ce dernier ne se fasse plus sentir dans la partie anglaise de la région ; autour de Ouandarama, sur les confins du Guimini (le nom de la ville *Wāndara-ma* vient de ce qu'elle a été fondée ou occupée par des Nafâna ou Ouandara) ; sur la rive droite du haut Bandama, au nord de Tiémou, entre les Takponin au sud et les Foro au nord ; dans le Ouorodougou, au nord-est de Séguéla ; enfin à l'est et au sud d'Odienné. Les uns sont tatoués, les autres ne le sont pas.

D'après les indigènes, il conviendrait de rattacher au dialecte nafâna celui des *Borŏ*, autochtones sénoufo de la région de Sakala ou Sarhala (Kourodougou), et celui des *Gbāto*, autochtones sénoufo de Koro et du Kaladiandougou.

D'après des informations qui m'ont été fournies par des indigènes mais que je n'ai pu encore contrôler à l'aide de documents linguistiques, il y aurait lieu de rattacher encore à la famille sénoufo : les *Humbere* ou Sénou-Houmbéré et les *Senu-Bāgāso*, qui habitent à l'est et au sud-est du Massina ; les *Mbwī* (Mboing) de la région de Léra, près des sources de la Comoé ; et les *Komono*, qui habitent le long de la haute Comoé au nord de Kong. Cependant je n'ose encore me prononcer sur la place à assigner à ces tribus : il serait possible que les deux dernières appartinssent, soit au groupe mandé-fou, soit à la famille mossi-gourounsi. En tout cas, je crois pouvoir dire que c'est à tort que j'avais fait entrer les Komono dans la famille agni-assanti (voir le chapitre III).

Je donne ci-après des vocabulaires bamâna, foro, tafiré, takponin, guimini et nafâna, quelques mots noholo et un court vocabulaire kpalarha; je ne possède rien concernant le na-ndaga.

Le vocabulaire *bamāna* a été recueilli en 1903 à Bondoukou auprès d'un Bamâna de Nénesso, bon informateur; le vocabulaire *foro* a été recueilli en 1900 à Bouaké (Baoulé nord), auprès de deux Foro très bons informateurs; le vocabulaire *tafile* a été recueilli en 1903 auprès d'un Tafilé de la région de Kati, très intelligent et excellent informateur; le vocabulaire *takponī* a été recueilli en 1900 à Kouadio-Kofi-kro (Baoulé) auprès d'une dizaine de Takponin, dont deux au moins étaient d'excellents informateurs; le vocabulaire *gimini* a été recueilli à Toumodi en 1895-96-97 et à Kouadio-Kofi-kro en 1900 auprès de nombreux Guimini réfugiés dans le Baoulé après l'invasion de Samori, par conséquent dans d'excellentes conditions; le vocabulaire *nafāna* a été recueilli en 1902 à Lôrha (Louha ou Boué), village nafâna sur la Volta, et en 1903 à Bondoukou auprès du chef nafâna de Bondoukou et de sa famille, c'est-à-dire dans les meilleures conditions possibles. Les quelques mots *noholo* m'ont été fournis en 1903 à Bondoukou par un Noholo des environs d'Odienné, capturé très jeune par des sofa et ayant passé toute sa jeunesse dans le Maou, où il avait oublié en partie sa langue maternelle pour le mandé; je ne pouvais donc faire état de ses informations, mais les quelques mots qu'il se rappelait avec certitude suffisent pour montrer que le noholo est un dialecte sénoufo. Les notes concernant le *kpalarha* m'ont été fournies en 1903 à Bondoukou par un Tafilé qui comprenait le dialecte kpalarha, mais dont la qualité d'étranger me force à ne donner ses informations que sous réserves.

VOCABULAIRES BAMÂNA, FORO, TAFILÉ, TAKPONIN, GUIMINI ET NAFÂNA

I. — LA NUMÉRATION

	Bamâna	Foro	Tafilé	Takponin	Guimini	Nafâna
1	nēne,ñki,niñke	nono	kyãgã	nono	nugbã	nunu
2	shyõni	si	shị	shị	shyī	shyī
3	tãre	tãrã	tãre	tãrã	tãre	tãre
4	tityēre	tikyēre	tīkyere	tīkyere	tigyere	kigyere
5'	kãguru	kõgunõ	kogunõ	kõgunõ	kãgurugo	konugo
6	gbãni	nūlu	koolnõ	nūlu	korholo-nu	nãnu
7	gbarashyõ	nasị	kõl-shị	nashị	korho-shyī	noshyī
8	shyõlãkè°	natãre	kõl-tãre	natãre	korho-tãre	notãre
9	untulãkè°	nakyēre	kõli-kyere	nakyere	korho-gyere	nãgyere
10	kãntokè°	kè	kè	kè	kè	kyè
11	kè ni ñki	. . . . .	kè nipa kyãgã	. . . . .	kè makari nugbã	kyè mo nunu
12	kè ni shyõ	. . . . .	kè nipa shị	. . . . .	kè makari shyī	kyè mo shyī
20	gbã-nyege	funnère	murhã°	funnère	nafã	forūgyo
30	gbã-nyege ni kè	. . . . .	napakè°	. . . . .	nafã mairi kè	. . . .
40	gbī-shyõ	. . . . .	sira-murhã'	. . . . .	nafã-shyī	forūgyo shyī
50	gbī-shyõ ni kè	. . . . .	kèle-kogunõ	. . . . .	nafã-shyī mairi kè	. . . .
60	gbī-tãre	. . . . .	kèle-koolnõ°	. . . . .	nafã-tãre	forūgyo-tãre
70	gbī-tãre ni kè	. . . . .	kèle-kõl-shị	. . . .	. . . .
80	gī-tyēre	. . . . .	kèle-kõl-tãre	. . . . .	nafã-tigyere	forūgyo-kigyere
90	gī-tyēre ni kè	. . . . .	kèle-kõlikyere	. . . .	. . . .
100	gī-nãkuru	. . . . .	kèle-kè	. . . . .	nafã-kãgurugo	lafãrha
120	gī-gbãni	. . . . . .	. . . .	. . . .	. . . .
140	gī-gbara	. . . . . .	. . . .	. . . .	. . . .
200	. . . . .	. . . . . .	. . . .	. . . . .	nafã-kè	. . . .

Notes. — 1. Le radical du nombre « cinq » semble être tantôt *kã* ou *ko* (qu'on retrouve sous les formes *gba*, *kooli*, *korho* ou *korholo* pour les nombres suivants), tantôt *na*, *nă* ou *no*; il est facile de se rendre compte que la numération sénoufo est quinaire. — 2. Le mot *shyŏlākè* veut dire « dix moins deux ». — 3. Le mot *untulākè* veut dire probablement « dix moins un ». — 4. Le radical du nombre « dix » est *kè* ou *kyè* (*kèle* au pluriel) dans tous les dialectes sénoufo; en bamâna on retrouve ce radical dans les nombres 11, 12, etc., 30 (20 + 10), etc. — 5. Le mot *murhă* est d'importation mandingue. — 6. Comparez *napakè* avec le mot guimini *nafă* « vingt » : *napakè* signifie « vingt et dix ». — 7. L'expression *sira-murhă* doit signifier, « deux fois vingt », sans que je puisse me prononcer sur l'étymologie de *sira*. — 8. On remarquera qu'à partir de 50 les Tafilé comptent par 10, et non par 20 comme les autres Sénoufo. — 9. Les Nafâna des bords de la Volta ont aussi la numération suivante : 1 *nunu*, 2 *shyi*, 3 *kare*, 4 *kigyere*, 5 *konŏ*, 6 *konŏ-nu*, 7 *kono-shyi*, 8 *kono-kaŕe*, 9 *kono-kigyere*, 10 *kyè*. — Voici maintenant la numération kpalarha : 1 *wunigbă*, 2 *wushyi*, 3 *wutāre*, 4 *wurikyere*, 5 *wāpa*, 6 *wokoronu*, 7 *wokoroshyi*, 8 *wokorotāre*, 9 *wokorokyere*, 10 *okerè*; si on retranche le préfixe *wu*, *wo* ou *o* et le nombre « cinq », cette numération présente peu de différence avec la numération des Guimini et des autres Sénoufo.

II. -- LES NOMS

Les noms marqués de la lettre (M) sont d'origine mandingue ou au moins ont un correspondant dans les langues mandingues.

	Bamâna	Foro	Tafilé	Takponin	Guimini	Nafâna
1° La nature.						
eau	yo-'a	ñyŭ-mu	to-mŏ	ñyu-mu	to-mŏ	ñyŭ-mŏ, ñyŏ-mu
feu	nă, na-rhe	kŏ-gi	ko-shŏ	kwŏ	ka-shyŏ	ka-shŏ
terre	ni-ñe	tā-re	dā-la	tra	ta-ra	ta-ra
pays	ku-lo	. . . . . .	. . . . . .	. . . . .	ka-'a, ka-ha	'a-rha
village	kă-he, ku-lo	kū-gi, kā-'a	ka-ha	ka-ha	ka-'a, ka-ha	ka-rha, ¹⁵
chemin	koro-le	. . . . . .	kolu-gho	klo-ho	. . . . . .	. . . . . .

	Bamâna	Foro	Taßlé	Takponin	Guimini	Nafâna
forêt	……	……	*koro-go*	……	……	*kāfò*
brousse	*si-ge*	……	……	……	……	*si-gi*
champ	*fwa-'a*	……	*ke-le*	*kē-re*	*ke-rè*	*kē-re*
herbe	……	……	*ñyă*	*ñye, ñya*	*ñyă*	*ñyă*
arbre, bois	*ti-ge*	*tĭ-ri*	*ti-ge*	*yi-re*	*kăgără*	*ti-ñighe*
bois à brûler	*siñgye-ge*	……	*kesă-ra*	……	*kene*	……
feuille	……	*wé-re*	……	……	*we-ñge*	……
rivière	*du-go*	*lò-gò*	*lò-rhò*	……	*lò-rhò*	*lò-rhò*
fleuve	*gba*	……	*lòkpo-rhò*	……	*gbă*	*gbă, kpă*
montagne	*tinti-ñe*	*ăñgo-lu*	*ñyăgu-rugo*	……	……	*ñyama-rha*
rocher	*funte-ñe*	……	……	……	……	……
pierre	*tumbe-ñe*	*sind-lĭ*	*siddăni-gè*	*nhglè*	*war-ga*	*dine-ghc*
sable	*kyekye-ñe*	……	……	……	*te-ra*	……
argile	……	……	……	……	*gyŭ-ro*	……
or	*sani* (M)	*tè*	*tyè*	……	*tè*	*shua*
fer	*tŏ-ghŏ*	*tümòro*	*tumoro*	*timōrò*	*tümorŏ*	*tümoro*
cuivre	*tŏ-wo*	……	……	……	*bata*	……
plomb	*tŏ-ñyi-ge*	……	……	……	*tasa*	……
ciel	……	*ñyege-le*	……	……	*niñye-ne*	……
soleil	*kyă-ga*	*yā-gi*	……	……	*sœ-nŏ*	*yœ-la*
lune	*losō-le*	*yē-gi*	……	……	*ye-ñge*	*ñye-ñge*
jour (lumière)	*kyă-ga*	……	……	……	……	……
nuit	……	……	……	……	*yeme-ne*	……
matin	……	……	……	……	*pùlùmà-so-rho*	……
soir	……	……	……	……	*sœnŏ-ko-rho*	……
vent	……	……	……	……	*tefèli-ge*	……

2° L'habitation, les instruments, etc.

	Bamâna	Foro	Taßlé	Takponin	Guimini	Nafâna
maison	*pu-ghè*	*kpā-gi*	*sa-la*	*gyo*	*yu-go*	*ñyu-go*
chez soi	……	……	……	……	……	*lül-lo*
couteau	*ñwŏ*	*pē-ni*	*mwă-lă*	*kpe-le*	*gbe-ne*	*borhofyĭ*
épée	……	……	……	……	*gbere-borho*	……
houe	*tō-go*	……	*tya*	……	……	……
fusil	*marfa-ña* (M)	*marfa* (M)	*barfa* (M)	……	……	……
poudre	*marfa-mi*	*mĭmi*	*mĭme*	……	*marfa* (M)	*powa*
balle	……	……	……	……	*mume*	*powa-tiüe*
arc	……	……	……	……	*marfa-mbio*	……
flèche	……	*andā-gi*	*siddè-le*	……	*sămbo*	……
	……	*făm-piü*	*nă-gha*	……	*gyere-ñge*	……

	Bamâna	Foro	Taïlé	Takponin	Guimini	Nafâna
pagne	*fā-ghā*[1]	*para-'a*[2]	*kpwėsya-ra*[2]	*gbese-ha*[2]	*par-ga*[2]	*yumbu*
blouse	.....	....	*bu-rugo*	.....	*sœræ-mugo*	*suku-lugo*
culotte	.....	....	*kursi* (M)	.....	.....	.....
bila[4]	.....	....	*lurhu-lo*	.....	.....	.....
bonnet	.....	.....	.....	.....	*ñgya-la*	.....
anneau	.....	.....	.....	.....	*ñyi-ne*	.....
bracelet	.....	....	.....	.....	*ka-ñyi-ne*	.....
perles	*kŏ*	*ßkyĭ-ri*	.....	.....	*shyo-mi*	*shā'a-ra*
chaise	.....	*akyo-'ŏ*	*kyo-rhŏ*	*akyŏ*	*gyo-rhŏ*	*gyo-rhugo*
natte	.....	*furū-gi*	*yasyĭ-re*	*fru ho*	*furu-go*	*nāñga*
marmite	*kyȯ*	*kyȯ-li*	*wodwo-lā*	*gyo-lȯ*	*kyo-rho*	*tüo*
assiette	.....	.....	.....	.....	*be-rė*	*bubu-'u*
calebasse	*kye-re*	*kye-ne*	*tigya-la*	*kye-ne*	.....	.....
pirogue	*kurumŏ*	.....	.....	.....	.....	.....
pagaie	*bu-gha*	.....	.....	.....	.....	.....

3° L'humanité, la famille, etc.

	Bamâna	Foro	Taïlé	Takponin	Guimini	Nafâna
homme (être humain)	*tupya, shyĭ*	*syĭ*	*shyĭ, shyĭ-li*	*jhyă*	*le-re, syĭ, sĭ*	*lo-rho*
homme (mâle, mari)	*nā-ghā*	*nā-hu*	*nā-gwȯ*	*nā*	*nā-ghā*	*gbu-lo*
femme	*kyė*	*kyė-lu*	*kyė-le*	*kye-lė*	*gyȯ, gye-rüė*	*kyœ-lo*
père	*to*	*to*	*tu*	*to*	*to*	*to*
mère	*nu*	*nu*	*nu*	*no*	*no*	*ma*
fils, fille	*pya*	*piü*	*pwȯ*	*pyȯ*	*pyo*	*po*
ami	.....	.....	.....	.....	*hŏrŏ*	*goro*
chef	*fȯ*	*fo-lȯ*	.....	*fo-lo*	*fȯ*	*lopuŏ*
forgeron	*tundu*	.....	.....	.....	.....	.....
tisserand	*fa-tiñe*	.....	.....	.....	.....	.....
porteur	*tugotugo-lo*	.....	.....	.....	.....	.....
sorcier	*gine-fė*	.....	.....	.....	.....	.....
frère	.....	*lė-'u*	.....	*kyo-nŏ*	*ndo* (?)	.....
jeune homme	.....	.....	.....	*hi-miyu*	.....	.....
jeune fille	.....	.....	.....	*mọ-biyu*	.....	.....
grand-père	.....	.....	.....	.....	*mama*	.....
Dyoula	.....	.....	.....	.....	.....	*Sorho-ro*

4° Les parties du corps.

	Bamâna	Foro	Taïlé	Takponin	Guimini	Nafâna
tête	*ñü-ghŏ*	*yū-gu*	*yu-ghu*	*ꞏu-go*	*yu-go*	*ndara-gha*
cheveux	*ñü-sĭ-re*	.....	*ñyü-sĭ-re*	.....	*yi-zi-re*	*ñyü-ro*

1. Du mot mandingue *fāni*. — 2. De *para* « coton ». — 3. Du mot mandingue et agni *gyese* ou *gesė* « fil de coton ». — 4. Le *bila* (mot mandingue) est le vêtement intime des hommes.

	Bamána	Foro	Tañlé	Takponin	Guimini	Nafána
yeux	ñyē	ñyè-le	ñye-le	ñye-ne	ñyi-gene	ñye-ne
nez	munna	....	menănă	minā-le	nă	mănănă
oreille	ni-ge	nă-gurŭ	lĭ-ge	nă-gupōlo	nu-mbolo	ni-ghe
bouche	ñyu	nŏ	ñyŏ	ñyŏ	ñyŏ	ñyŏ
dents	ñkă	ga-'e	gă-hălă	ga-hĭ	ñgă-na	nănă
langue	nre	....	nene	ne-le	ñine	......
cou	katyi-ge	....	yeti-ge	......	yoru-gò	yolo-rho
poitrine	fusi-ge	di	kukpò	de-ge	koto-rho	gbu
ventre	yakye-re	lă-le	lă-ra	la-le	la-ra	siri-ghe
dos	kantu-gu	kado	kodo-rho	kado-go	pu-ñgo	bu-nugo
reins	....	....	senĕ	......	......	......
derrière	....	....	......	......	naŭ-ge	......
pénis	fŭĭ	....	fĭ-ñgĕ	......	fe-ñge	......
testicules	gyo	....	dò-lo	......	gyò-lò	......
vagin	kyĭ	....	tapo-ro	......	topo-rho	......
main	ke-ñe, ka	kè-i	ko-lo, ka	kye	ke	kă-mi, kye
main droite [1]	ka-di-ge	....	ke-llige-kolo	......	......	ka-lli-ghe
— gauche	ka-me-ne	..:.	ka-mă-kolo	......	......	kă-me-ñghe
doigt	......	....	......	......	kă-bye-re	kămi-ghele
ongle	......	....	......	......	ko-rugo	......
cuisse	.....	....	ki-le	kyĭ-le	gye-gboro	tolo-rho
pied	tò-rhò	klō-i	yĕ	......	sană	tolo-rho-kămi
peau	sĕ-ge	....	sele-gè	hlĕ	syeri-ge	......
poil	sĭ-re	....	zĭ-re	......	si-re	......
sang	no-rho	....	nò-go [2]	......	kasama	......
os	......	....	......	......	kagyiri-ge	......
queue	.....	....	......	......	narha	......
corne	.....	....	......	......	ñyeneñyene	......

5° Les cultures et les aliments.

	Bamána	Foro	Tañlé	Takponin	Guimini	Nafána
coton	......	gyese (M)	gyesye (M)	para	gyese (M)	......
liane à indigo	......	....	......	......	gale (M)	......
liane à caoutchouc	......	....	......	......	mana (M)	......
tabac	......	folo	yafolo	bosro (A)	sara (M)	......
igname	fŭ-'o	nande-go	du-ho	nando-ho	ndo-rho	feñyi-ghe
manioc	....	....	gbedi	......	gbende	doo

1. Dans tous ces dialectes, l'expression employée pour désigner la main droite signifie « la main pour manger ». — 2. Mots supplémentaires en tañlé : front, *gbo-lo*; crâne, *kŏrkŭ-go*; épaule, *poku-rugo*; talon, *yĕ-ñybele*; plante du pied, *yĕ-dāla*.

	Bamâna	Foro	Taflé	Takpouin	Guimini	Nafâna
banane (grosse)	.....	.....	.....	.....	baranda (A)	.....
riz	.....	mani	.....	akpa	mari	.....
mil	sumã	syɔ-lo	shüo-la, koshɔ	sihō-la	shyo-lo	wɔrha
maïs	bye-re	nandē-ge	made-ge	nande-ge	mbōghŏ	burhuzogo
papaye	.....	.....	.....	.....	marhañgye (M)	.....
ananas	.....	.....	.....	.....	borobya (A)	.....
arachide	bu-'o	.....	gbeda	.....	.....	.....
palmier à huile	.....	.....	.....	.....	sĕ	.....
graines de palme	.....	.....	.....	.....	sĕ-ghĕ	.....
vin de palme	.....	.....	.....	.....	sĕ-sime	.....
huile de palme	.....	.....	.....	.....	sēghĕ-mî	.....
rônier	.....	.....	.....	.....	sĕ-ndyughu	.....
arbre à beurre	lo-gho	.....	.....	.....	.....	.....
beurre, huile	si-mî	sï-mu	sü-mã	hmu	shi-me	kutu
raphia	.....	.....	.....	.....	fleni-ge	.....
ficus à écorce textile	.....	.....	.....	.....	yoñgo	.....
piment	.....	.....	.....	.....	gbesi	.....
bière de mil	sime	.....	.....	.....	sime	.....
sel	sōmu	sōlomu	shœlœmã	kwo	kɔ	üiñge
viande	kãra	kãri	kara	kãre	kara	kãra
haricots	gyaa	.....	dyara	.....	.....	.....
farine	mi	mïmi	mïme	.....	mume	tiüe
pain indigène	süro	suro	suro	hro	süra	süru
sauce	tigĕ	.....	syã	.....	.....	tiye

6° Les animaux.

	Bamâna	Foro	Taflé	Takpouin	Guimini	Nafâna
animal	kãra	kãri	kara	kãre	kara	kãra
mâle	polo	.....	polo	nã	poro	.....
femelle	kyo	.....	.....	kyelĕ	gyɔ	kyœlo
petit	mpya, püro	.....	.....	mpyɔ	mpyo	po
bœuf	nu	nɔ	nu	nu	nɔ	nɔ
taureau	nu-polo	.....	nu-polo	nu-nã	na-poro	na-meleghe
vache	nu-kyo	.....	naure	nu-kyelĕ	nanɔ	nɔ-kyœlo
veau	nu-püro	.....	nãã	nu-mpyɔ	nɔ-mpyo	nɔ-po
mouton	dugu	sumbyɔ	sügbɔ	mbyɔ	shimyo	mwo
chèvre	sigba	sika	sükpɔ	mpɔ	shigbɔ	sugbo
chien	pã	.....	.....	.....	pyɔ	.....
éléphant	.....	sōlu	.....	.....	süro	sulu
oiseau	.....	.....	.....	.....	señgini	sãñyɔ

	Bamána	Foro	Tafilé	Takponin	Guimini	Nafána
poulet	ñgo-lo	go-lo	go-lo	go-lo	go-lo	ñgu-lo
œuf	ñgo-kye-re	go-kye-ne	go-tye-ne	.....	.....	ñgu-ke-le
caïman	.....	kakyŏ	.....	.....	.....	.....
serpent	.....	wō-go	.....	.....	wŏ-ñgo	.....
poisson	fya	fyò	fo-lò	fyo	fyò	.....
hippopotume	.....	kundrū-gi	.....	.....	gundro [1]	murugu
cheval	.....	.....	swŏ (M)	.....	.....	.....

Note. — 1. Mots supplémentaires en guimini : coq, *go-poro* ; panthère, *kamonŏ* ; lion, *sombŏ* ; singe, *kolò* ; antilope, *lifa* ; canard, *laprò* ; perdrix, *sikye* ; pintade, *ñyeghe* ; insecte, *fyenĭ*.

7° Noms divers.

	Bamána	Foro	Tafilé	Takponin	Guimini	Nafána
chose	.....	gyāghi	.....	.....	yèrhi	.....
nom	.....	yi-re	.....	.....	.....	.....
langage	.....	.....	nere	.....	.....	me-ghè
propriété	üi	.....	wo-ho	.....	.....	kayu-ru
jour (date, durée)	kyā-ga	.....	.....	.....	wo-go, wŏ	we
aujourd'hui	ñyĭ	alā-ghi	.....	pono	ñi, ñi-biri	.....
hier	la-ñyĭ	yāgă	.....	ala-ha	nana	.....
demain	ni-ge	yāga-na	.....	pundukadoho	mbamako	.....
avant-hier	.....	.....	.....	pondo	ñioto, ioto	.....
après-demain	.....	.....	.....	.....	plia-korugo	.....
charge	.....	.....	.....	.....	plia-na	.....
	.....	.....	.....	.....	tugu-ro	.....

Noms *noholo* : village, *kpa-rha* ; rivière, *lo-rho* ; igname, *fo-lo* ; viande, *kara* ; bœuf, *nŏ* ; poulet, *go-ri* ; œuf, *go-tye-ri*.

Noms *kpalarha* : eau, *yo-rhò* ; feu, *kò-sŏ* ; terre, *dā-la* ; village (ou) maison, *gyā* ; chemin, *kunŏ* ; arbre, *tĭ-ge* ; herbe, *ñyă* ; rivière, *lō-fulu* ; — couteau, *kpe-rige* ; houe, *tya* ; pagne, *lugbu-go* ; calebasse, *tigyā-la* ; natte, *yasyĭ* ; — homme (être humain), *wollevile* ; homme (mâle, mari), *uyo-rho* ; femme, *gyò* ; ami, *horŏ* ; jeune homme, *dye-re* ; — tête, *yu-ghu* ; bouche *ñyŏ* ; — igname, *fū-lo* ; mil, *shŭō-la* ; arachides, *tugbo-go* ; pain indigène [1], *wŏsŭro* ; sauce, *tèrhiyè* ; viande (ou) animal, *kara* ; sel, *shŭrŭmā* ; — bœuf, *nu* ; mouton, *sŭbgò* ; chèvre, *sŭkpò* ; poulet, *go-lo*.

1. Par « pain indigène » il faut entendre soit une pâte bouillie et pilée d'igname, manioc, mil, etc., soit du coussscouss, c'est-à-dire en général un aliment farineux qui fait la base de la nourriture.

REMARQUES SUR LES NOMS. — 1° *Composition*. — La grande majorité des substantifs, dans les divers dialectes sénoufo, se composent d'un radical fixe et d'un suffixe (que, dans les vocabulaires, j'ai, autant que possible, séparé du radical par un trait d'union). Ce suffixe varie suivant les dialectes, suivant la catégorie à laquelle appartient le substantif, suivant le nombre de ce dernier et aussi suivant le rôle qu'il joue dans la phrase. Il ne m'est pas possible de cataloguer ces suffixes par catégories, non plus que de préciser les règles concernant leurs modifications ou leur disparition ; on peut constater seulement qu'ils disparaissent souvent au pluriel (ou se modifient) et qu'ils tombent généralement lorsque le nom auquel ils appartiennent forme le premier élément d'un mot composé ; exemple : *ngo-lo, go-lo, ñgu-lo* « poule », *ñgo-kye-re, go-kye-ne, go-tye-ne, ñgu-kē-le* « œuf ». A part ce rôle des suffixes, les noms composés se forment en sénoufo, comme dans les autres langues étudiées jusqu'ici, par juxtaposition, le nom de l'objet possédé ou dépendant se plaçant le second.

2° *Rapport de possession ou dépendance*. — Il se forme de même par juxtaposition, le nom du possesseur se plaçant le premier, le nom de l'objet possédé ou dépendant se plaçant le second.

3° *Pluriel*. — Je n'ai pas réussi à me rendre un compte exact de la façon dont les substantifs forment leur pluriel en sénoufo ; il se peut même que certaines particules données comme des suffixes nominaux soient des marques de pluralité ou de collectivité. Cependant on peut dire que les noms restent en général invariables (à moins que le suffixe ne soit supprimé, ce qui est rare, semble-t-il) lorsqu'ils sont accompagnés d'un nom de nombre ou d'un déterminatif indiquant la pluralité ; pourtant, quelques substantifs, qui ont un pluriel différent du singulier, prennent la forme du pluriel devant un nom de nombre, comme le mot *ñi, ñi-biri* ou *biri* « jour » qui fait au pluriel *plie* en guimini. On peut dire encore qu'en général les substantifs monosyllabiques ou non formés à l'aide d'un suffixe restent toujours invariables au pluriel. Voici maintenant des remarques concernant quelques dialectes : en *tafile*, beaucoup de noms forment leur pluriel en ajoutant la particule *rè, ra* ou *re* soit au radical seul soit au radical suivi du suffixe ; en *gimini*, on a souvent une modification complète, soit du suffixe, soit du radical : *gye-riè* ou *gye-riiè* « femme », plur. *gyendelè* ; *syl* « homme », plur. *uñye* ; *biri* « jour », plur. *plie*.

III. — ADJECTIFS ET PRONOMS.

	Bamâna	Foro	Tafilé	Takponin	Guimini	Nafâna
blanc	*ñge, fiñye*	....	*ñge*	....	*ñofwe*	....
rouge	*ñydga .*	....	*ñyarha*	....	*yene*	....
noir	*wo*	....	*worha*	....	*worhô*	....
gros, grand	......	....	*kpohŏ*[1]	....	*gborho*	*lunu*
petit	......	....	....	....	*pige*	*bile*
moi (sujet)[2]	*me, na, n*	*mi, m*	*mi, mu*	*mi, m*	*me, mu, m*	*na, ni*
moi (régime)[2]	*na, ni*	*na, ni*	*na, ni*	*nè, na, ni*	*na, ni*	*na, ni*
toi	*ma, mã*	*ma*	*ma, mã*	*ma*	*ma*	*ma, mu*
lui, elle	*u, o*	*u*	*u, o*	*u*	*u, o*	*u, e*
nous	*su*	*su*	*we*	*su*	*su, e*	*e*
vous	*mu*	*mo*	*mu (?)*	....	*ye*	*ye, mu*
eux	*pe*	*pe*	*pè, pe*	*pe*	*pe*	*pe*
mon, ma, mes	*na, me*	*mi*	*na, mi*	*na*	*na*	*ni, n, mi*
ton, ta, tes	*ma, mã*	*ma*	*ma, mã*	*ma*	*ma*	*ma, mu*
son, sa, ses	*u*	*u*	*u, i*	*u*	*o*	*u*
notre, vos	*su*	*su*	*we*	*su*	*su, e*	*e*
votre, vos	*mu*	*mo*	*mu (?)*	....	*ye*	*ye*
leur, leurs	*pe*	*pe*	*pe*	*pe*	*pe*	*pe*
le mien, à moi	*me üi, me mughu*	....	*mi woho*	....	*mu wogo*	*mi we*
le tien, à toi	*mã üi, ma mughu*	....	*mã woho*	....	*mo wō*	*ma we*
le sien, à lui	*u üi, u mughu*	....	*uru woho*	....	*o wō*	*u we*
le nôtre, à nous	*su üi*	....	*we woho*	....	*su wō*	....
le vôtre, à vous	*mu üi*	....	*mu woho (?)*	....	*ye wō*	....
le leur, à eux	*pè üi*	....	*pe woho*	....	*pe wō*	*pe we*
à qui ?	*gyofo-yè üi*	....	*ñgha woho*	....	*dgo wogo*	*mbi u we*
qui ?	*gyofo*	....	*ñgha*	....	*dgo*	*mbi*
quoi ?	*gyi*	....	*gaa*	....	....	*ñgi*
quel ?	......	....	....	*kadu*	*ge*	....
ce, cette, ces	......	*ge*	*ga, ñge*	....	*ñga*	....
celui-ci, ceci	*ke, ki*	*ki, ku*	*ke, ko*	*ke, ki, ku*	*ki ke,*	*ke, ki*

1. C'est de ce mot que vient le nom indigène de la ville de Kong : *kpohŏ*, *kpoŏ* ou *kpŏ* (la grande) dont les Dyoula ont fait *kŭ* et les Européens « Kong ». — 2. La forme abrégée *m* ou *n* se change parfois en *ñ* devant *g* et *k*; parfois aussi elle amène un adoucissement de la consonne suivante. — 3. En général *na* sert pour le régime indirect et *ni* pour le régime direct.

Notes. — En général les voyelles finales *e, è, i* des pronoms s'élident devant les voyelles ; le démonstratif *ke* ou *ki* prend souvent la forme *ko* ou *ku* lorsqu'il est suivi d'un mot où se trouve la voyelle *o* ou *u*. — Tous les adjectifs et les noms de nombre se placent après le nom qu'ils déterminent, à l'exception des adjectifs possessifs, qui se placent avant.

IV. — LES VERBES.

	Bamâna	Foro	Tafilé	Takponin	Guimini	Nafâna
être (en un lieu)[1]	*ăyè*	. . . . .	*ñye*	*ñye*	*ñyè, yè*	*e*
ne pas être (id.)	. . . . .	. . . . .	*uru*	. . . .	*rho*	*u*
être (attributif)[2]	*ke*	. . . . .	*o, ge*	. . . . .	*le, wŭ*	. . . . .
ne pas être (id.)	. . . . . .	. . . . .	*a, oo*	. . . .	. . . . .
être (appart.)[3]	*üi*	. . . . .	*woho ge*	. . . .	*wogo-üi*	*we*
ne pas être (id.)	. . . . . .	. . . . .	*woho ba*	. . . .	*mă*
aller	*shye, sye, ta-sye*	*se*	*shye, kare*	*se, sye*	*shye*	*se,she,shye*
aller (faire qqchose.)[4]	*ta*	*kă*	. . . . . .	*ta*	*ka, karama*	. . . . .
partir	*ka,kari; sc, ta-se,shyè*	*kari*	*tishye, kare*	*tusye*	*kari, tashye*	*sye*
marcher	*tashye, ta*	. . . . .	. . . . . .	. . . .	*tashye*	*se*
venir	*pa*	*pă*	*pă*	*pa*	*pă*	*pă*
venir de	*yiri*	*yiri*	*gyere*	*gyè*	*yiri*	*yiri*
s'arrêter	*yire*	*yire*	*yīre*	*yire*	*ire*	*ire*
s'asseoir	*tere*	*tene*	*kpè*	*klĕ*	*kyĭ*	*tenĕ*
se lever	*yiri*	*yiri*	*gyere*	*gyè*	*iri*	*iri*
se coucher	*shine*	*sene*	*shyĭni*	*si*	*shi*	*shini*
dormir	. . . . . .	*ñgono*	. . . . . .	*gbono*	. . . . .	*hunŏ*
courir	*tafe*	. . . . .	*tufe*	. . . .	*fe*	*fi*
mourir	*ku*	*ku*	*ku*	*ku*	*ku*	*ku*
tomber	*na*	*to*	*ñye*	*wa*	*to*	*to*
— par terre	*niñe na*	*to tarc na*	*ñye dāla na*	*wa tra*	. . . . .	. . . . .
être bon	. . . . . .	. . . . .	*ñyŏ*	. . . .	*ñyŏ, ashyĭ*	*perema,ñyŏ*
être mauvais	. . . . . .	. . . . .	. . . . . .	. . . .	*le gyarha*(M)	. . . . .
être grand	. . . . . .	. . . . .	*o kpohŏ*	. . . .	*nughŏ*	*tunu*
être petit	. . . . . .	. . . . .	. . . . . .	. . . .	*gyèlè*	. . . . .
être loin	. . . . . .	. . . . .	*lige*	. . . .	. . . . .
être près	. . . . . .	. . . . .	. . . . . .	. . . .	. . . . .
être fini	*kwo*	*ko*	*kwŏ*	*kwŏ*	. . . . .	. . . . .

	Bamâna	Fero	Tafilé	Takponin	Guimini	Nafâna
entrer	.....	gye	.....	...	...	.....
sortir	.....	ñyini	.....	...	...	.....
dire	gyu, du gyinɔ, no	.....	.....	...	gyo	yu, yō, yao
parler	.....	.....	.....	...	le-gyo	kurige
mentir	.....	.....	flī	...	...	.....
dire la vérité	.....	.....	kyī-gagi	...	...	.....
prendre	lo	lɔ	lè	lè	lè	shyɔ
porter	lo	.....	.....	...	lè	.....
attraper	tu	.....	.....	...	yigi	yigi
apporter	.....	konu-kā	.....	...	kona-kā	.....
emporter	.....	.....	.....	...	lè-rasye*	.....
donner*	ka	ka	ka	kā	ka	ñga
frapper	gbõ	.....	.....	puõ	.....	.....
couper	.....	.....	kū	kā	kõ	.....
tuer	gbo	.....	kpo	...	gbo	gbo
fermer	ñyuto	.....	.....	tõ	.....	.....
ouvrir	yirige	.....	.....	krehè	.....	.....
comprendre	lorhu	.....	lorho	...	.....	lurhu, lughū
connaître	kyè	.....	tyī, tyī-lo	...	.....	gyī
voir	ñyā	.....	ñyā	...	.....	.....
acheter	.....	syõ	.....	...	shyo	.....
vendre	.....	perè	.....	...	pere	.....
manger	dige, di	li	li, gheka'	le	li	lí
boire	gba	gbɔ	gbɔ	gyɔ	go	gbɔ
attacher	pwo	.....	.....	...	.....	.....
laisser	yawa	.....	.....	...	.....	.....
appeler	.....	yire	yiri	ye	yiri	.....
vouloir	za	.....	kya	...	.....	pa
demander	.....	.....	solõ	...	.....	.....
faire mal	.....	.....	.....	ya	.....	.....
travailler	.....	.....	.....	...	marhā	.....

Notes. — Verbes *kpalarha* : aller, *kari* ; venir, *pā* ; s'asseoir, *kpē* ; s'arrêter, *yiri* ; se lever, *gyere* ; se coucher, *shilī* ; manger, *sā* ; boire, *gyɔ* ; prendre, *sɔ* ; tuer, *kpo* ; mourir, *ku*. — 1. Le verbe « être » signifiant « se trouver », affirmatif ou négatif, se place immédiatement après son sujet. — 2. Le verbe « être » attributif *ke* (bamâna), *ge* (tafilé), *wū* (guimini), se place après l'attribut ; le verbe attributif *le* (guimini) se place entre le sujet et l'attribut ; quant aux formes *o*, *a*, *oo* (tafilé), la première n'est autre que le pronom de la 3ᵉ personne, la seconde est la négation, la troisième est la négation de la première : elles se placent entre le sujet et l'attribut. — 3. Le verbe « être » signifiant « appartenir » n'est autre que le pronom possessif accompagné ou non d'un verbe attributif ; il doit être précédé de l'adjectif possessif ; de plus, en nafâna, on intercale généralement le mot *u* entre l'adjectif et les formes *we* et *mă*. — 4. En guimini, on place en général la particule *sa* devant un infinitif qui suit un verbe de mouvement : va l'appeler, *karama sa o yiri* ; je vais acheter des bananes, *m na shye sa baranda shyo*. — 5. On répète le pronom sujet devant la seconde partie du verbe composé *lè-rasye* : emporte-le, *u lè ma rasye* (le prends tu vas-avec). — 6. Le verbe « donner » se construit : en bamâna, foro tafilé et takponin avec le nom de l'objet donné au régime direct et le nom de la personne à qui l'on donne au régime indirect ; en guimini et en nafâna de la manière inverse. — 7. Le verbe *gheka* veut dire proprement « mâcher » et s'emploie lorsque le régime est de la viande ou un aliment analogue.

V. — LA CONJUGAISON.

Je donne ci-après, à la 1ʳᵉ personne du singulier, les temps les plus usuels d'un verbe neutre et d'un verbe transitif dans les divers dialectes sénoufo. On aura les autres personnes en remplaçant le pronom de la 1ʳᵉ pers. du sing. par le pronom convenable. Si le sujet est un nom, on peut ou non exprimer après lui le pronom sujet. Les verbes transitifs peuvent s'employer sans être accompagnés d'un régime direct. — On se rappellera que les verbes d'état ou verbes adjectifs prennent en général au présent négatif la forme du prétérit.

	Bamâna	Foro	Tafilé	Takpouiu	Guimiui	Nafâna
venir	pa	pã	pã	pa	pã	pã
je viens[1]	m pa, me pa	mi pã	mi pã, mu pã	mi pa	m pã	na pã, n'o pã[2]
je suis en train de venir	me na pa	mi na pã	m'o pã[3]	m na pa	m na pã	mi na pã
je viendrai	me pu	mi ya pã	mu pã	m pa	na mbe pã	ni pã
je suis venu	me pa ri[4]	mi mã pã	mu ge pã	mimãpa[5]	m pã ñi[4]	n'o pã[2]
viens	pu	ma pã, pã	pã	pa, ma pa pã		pã
je ne viens pas[1]	me e pa e[6]	mi gyã pã	mu a pã	. . . . .	mu rho pã[7]	ni ma pã
je ne viens pas maintenant	me na pa e	. . . . . .	m'oo pã[8]	. . . . .	mu rho na pã	. . . . .
je ne viendrai pas	me na pa wae	mi gyã pã	mu a pã	. . . . .	mu rho pã	. . . . .
	ou me mã pa					
je ne suis pas venu	me zã pa	mi ruga pã[9]	mu aya pã	mi fo pa	mu i pã	ni i pã
			ou me wa pã			
je ne suis pas encore venu	me zã pa yé	mi ruga pã i me wa pã gbè	. . . . .	. . . . .	. . . . .
ne viens pas	mã pa è[10]	ma ñgyã pa	me dige pã	. . . . .	ma rha pã	amõ pã
prendre	lo	lò	lè	lè	lè	shyò
je prends[1]	me lo, na lo	mi lò	mi lè, mu lè	mi lè	m lè	na shyo, ni shyo
je suis en train de prendre	me na lo	mi na lò	m'o lè[8]	m nᵃ lè	me na lè	ni na shyò
je prendrai	me lo	mi ya lò	mi lè	m lè	m lè	ni shyò
j'ai pris	me lo	m ma lò	mu ge lè[11]	mi mã lè	me ma lè	n'o shyò[2]
prends	lo	ma lò, lò	lè	lè	lè	shyò
je ne prends pas[1]	me e lo ye[12]	mi gyã lò	mi sage pã[13]	. . . . .	mu rho lè[7]	ni i shyò[14]
je ne prends pas maintenant	me na lo ye	. . . . . .	. . . . . .	. . . . .	mu rho na lè	. . . . . .
je ne prendrai pas	me mã lo	mi gyã lò	me na lè	. . . . .	mu rho lè	. . . . .
je n'ai pas pris	me e lo è[15]	mi ruga lò[9]	m'awa lè[16]	. . . . .	mu i lè yé	ni zu shyò
			ou me wa lè			
je n'ai pas encore pris	me zã lo yé	mi ruga lò i me wa lè gbè	. . . . .	. . . . .	. . . . .
ne prends pas	mã lo	ma ñgyã lò	me dige lè[17]	. . . . .	ma rha lè	amõ shyò

Notes. — 1. La forme du présent simple s'emploie aussi pour le passé et le futur ; la forme du présent d'actualité (je suis en train de...) s'emploie aussi pour le présent d'habitude. — 2. L'*a, e* ou *i* du pronom sujet s'élident généralement devant la particule *o*. — 3. En tafilé on élide *i, è, e* devant la particule *o*, mais *a* ne s'élide pas en général. — 4. Je ne suis pas très sûr des formes *me pa ri* (bamâna) et *m pã ñi* (guimini). — 5. On trouve aussi la forme *m pa ra*, mais il semble qu'elle s'emploie indifféremment pour le passé ou pour le futur. — 6. Le premier *e* n'est autre chose que la dernière voyelle du pronom sujet, dont la répétition exprime l'idée négative ; on dira donc à la 2ᵉ pers. *ma pa ɛ*, à la 3ᵉ *u u pa e*, etc. L'*e* de la fin est là pour renforcer la négation ; il peut se modifier en *è*, *ye* ou *yè* et peut aussi amener une modification de la dernière voyelle du verbe. — 7. La particule négative *rho* se prononce aussi *'o*. — 8. Après la particule *ruga* on change souvent en *g* le *k* initial du mot qui suit, s'il y a lieu : *u ruga gu i* (pour *u ruga ku i*) « il n'est pas encore mort ». — 9. L'*i* de *ni i pă* n'est pas une particule spéciale, comme l'*i* de *mu i pă* (guimini), mais simplement la dernière voyelle du pronom sujet, répétée pour exprimer la négation ; on dira donc à la 2ᵉ pers. *ma a pă*, à la 3ᵉ *u u pă*, etc. — 10. On peut supprimer la particule finale *è* et dire simplement *mă pa* ; le mot *mă* ici est une négation et non pas le pronom de la 2ᵉ pers. — 11. L'*e* de la particule *ge* s'élide devant le pronom régime de la 3ᵉ pers. du sing. — 12. Voir la note 6 ; on évite la répétition de la dernière voyelle du sujet lorsque celui-ci est suivi d'un régime direct, et alors, ou bien on répète la dernière voyelle du régime, ou bien on se contente du *ye* ou *è* final pour exprimer l'idée négative. — 13. Le pronom sujet se retranche souvent devant *sage* ; l'*e* de *sage* s'élide devant le pronom régime de la 3ᵉ pers. du sing. — 14. Voir la note 9 ; lorsque le verbe est précédé d'un régime direct, c'est souvent la dernière voyelle de ce régime qu'on répète pour exprimer la négation. — 15. Les voyelles *i*, *è* et *e* s'élident en général devant *awa*.

Place des régimes. — Le régime direct se place toujours avant le verbe, entre la particule et le verbe dans les temps composés ou négatifs ; le pronom régime de la 3ᵉ pers. du sing. peut se supprimer si le sens n'a pas à en souffrir. — Le régime indirect se place après le verbe et, si ce dernier est suivi d'une particule, après celle-ci.

Prononciation. — Les voyelles longues se font en général très fortement sentir, en faisant traîner le son assez longtemps. — L'*ò* ouvert est généralement long, surtout en foro. — Dans la plupart des dialectes, surtout en foro, en takpouin et en guimini, on remplace souvent et indifféremment l'une par l'autre les articulations *rh*, *h* et ʻ (ع arabe); parfois aussi on les supprime : *karha, kaha, ka'a, kaa, kā*, « village ».

VI. — PHRASES ET EXEMPLES.

1° *Bamana.*

Mon père, *na to*; ma mère, *na nu* ; mon fils, *na pya.*

Je vais aux plantations, *me sye fwa'a ma*; tu vas dans la brousse, *ma sye sige ni.*

C'est blanc, *ke fiñye* ou *ke ñge*; un homme blanc, *shyĭ ñye*; un homme noir, *shyĭ wo.*

Assieds-toi là, *tere nă*; viens ici, *pa na*; viens boire de l'eau, *pa yo'a gba.* Où vas-tu? *ma na se mi?* vas-tu au village? *ma se kulo ni?* d'où viens-tu? *mi ma yiri?* je viens des plantations, *me yiri fwa'a ma.*

Donne-moi cela, *ki ka na* ou *ke ka na*; prends cela, *ke lo*; laisse-le, *ke yawa*; attrape-le, *u tu* ou *ke tu*; tue-le, *u ybo*; ne le tue pas, *mă u gbò è* ou *mă bu gbò è*; frappe-le, *u gbō*; ne le frappe pas, *mă u gbō*; attache-le, *u pwo*: ferme-le, *ke ñyuto*; ouvre-le, *ke yirige.*

Va lui dire de venir, *shye no u pa* (va dire il vient); il dit qu'il ne viendra pas, *u gyino u mă pa*; je n'irai pas, *me na shye wae*; que dis-tu? *gyi mă du e?* (pour *gyi mă gyu e?* quoi tu dis? *e* est explétif); je dis que je m'en vais, *me gyu na se* ou *me gyu me na se*; il s'en va, *u na se* ou *u na ñka* (pour *u na ka*); ils sont partis, *pe kari* ; ils ne sont pas partis, *pe ză shyè.*

Je veux manger, *na za n di*; (je veux je mange). C'est fini, *ke kwo*; ce n'est pas encore fini, *ke ză kwo yè*; il est mort, *u ku*; il n'est pas encore mort, *u ză ku yè.*

Je ne comprends pas, *me e lorhu ye*; je comprends, *me lorhu*; je l'ai vu, *me o ñyă*; je ne l'ai pas vu, *me o ñye è*; je le connais, *me o kyè* ; je ne le connais pas, *me o kyè è.*

A qui est-ce? *gyofo-yè üi?* c'est à moi, *me üi* ou *me mughu ke*; c'est à lui, *u mughu ke.*

Un jour, *kyăga niñke* ; tous les jours, toujours, *kyăga bèri.*

2° *Foro.*

Mon père, *mi to* ; ma mère, *mi nu* ; mon fils, *mi piü* ; son fils, *u piü.*

Va-t-en, *ma kari* ; partons, *su kari* ; viens, *ma pä* ; lève-toi, *ma yiri* ; arrête-toi, *ma yire* ; donne-moi cela, *ki ka na* ; je te le donne, *mi ki ka mä* ; apporte-moi de l'eau, *ma ñyümu konu-kä.*

Je vais à ce village, *mi na se kaha ge nä* ; d'où venez-vous ? *mo yiri sè ?* nous venons de ce village, *su yiri kaha ge nä* ; où allez-vous ? *mo na se sè ?* ou *mo na si sè ?* ne t'en va pas, *ma ñgyä kari* ; je ne m'en irai pas, *mi gyä kari* ou *mi gyä gari* ; je suis venu hier, *yägä m mä pä* ; je partirai demain, *yägana mi ya kari.*

Il est mort, *u mä ku* ; il n'est pas mort, *u ruga gu i* ou *u ruga ku i* ; c'est fini, *ki mä ko* ; ce n'est pas fini, *ku ruga go i.*

Comment t'appelles-tu ? *pe na ma yire mene ?* je m'appelle Laté, *pe na ni yire Late* (ils m'appellent Laté).

As-tu acheté quelque chose ? *ma ma gyäghi syŏ ?* j'ai acheté de l'huile, *m ma sīmu syŏ.*

3° *Kpalarha.*

Mon ami, *na horŏ* ; mon amie, *na horŏ gyò.*

Va-t-en, *kari* ; donne-moi de l'eau pour boire, *yorhò sò me gyò* (eau prends je boirai) ; ne le tue pas, *me dig'o kpo* ; viens ici, *pä ñga.*

4° *Tafile.*

Mon père, *na tu* ; ma mère, *mi nu* ; mon fils, *na pwò.*

Viens ici, *pä na* ; va-t-en, *tishye* ; viens manger, *pä na w'o li* (viens ici nous mangeons) ; ils mangent, *p'o li* ; donne-moi de l'eau pour boire, *tomŏ ka na mu gòò* (eau donne-moi je boirai).

Ils ont tué un homme, *pè shyï kpo* ; ils ne l'ont pas tué, *p'awa kpo* ; ne le tue pas, *me dig'o kpo* ; j'ai compris, je ne le tuerai pas, *mu g'u lorho, me na o kpo* (je l'ai compris) ; il est mort, *u ku* ; il n'est pas mort, *u aya ku* ; on lui a coupé la tête, *pè i yu kü* (pour *pè u yu-ghu kü*, ils sa tête ont coupé).

Tu mens, *ma flï* ; je dis la vérité, *kyï n gagi* (vérité je parle).

Que veux-tu ? *gaa mä kya ?* je veux des pagnes, *mu kpwèsya-rè kya.*

Où est-il ? *u ke ?* il est ici, *u ñye we* ; il n'est pas ici, *u uru we*

(il n'y en a pas); il est parti, *u kare*; il vient ici, *u pã we*; il ne vient
pas, *u oo pã* ou *u u pã*; où est-il parti? *u kare se?* il est allé au village, *u kare kaha kana*; d'où viens-tu? *ma gyere se?* je viens du
village, *mi gycre kaha kani.*

C'est loin, *ke lige*; c'est très loin, *ke lige kpa*; ce n'est pas loin,
k'oo lige. C'est bon, *ke ñyõ*; ce n'est pas bon, *ke a ñyõ*; c'est grand,
k'o kpohõ; c'est ainsi, *k'o sa*; ce n'est pas ainsi, *k'oo sa*; c'est fini,
ko kwõ ou *k'o kwõ*; ce n'est pas fini, *ke wa kwõ*; ce n'est pas encore
fini, *ke wa kwõ gbè*; c'est tombé par terre, *ki ñye dãla na.*

Comment t'appelles-tu? *pe ma yiri ga?* je m'appelle Fabyé, *pe
ni yiri Fabye* (ils m'appellent Fabyé).

A qui est-ce? *ngha woho ge?* c'est à moi, *mi woho ge*; est-ce à
toi? *mã woho ge?* c'est à cet homme, *shyĩ-lĩ ñge uru woho ge*; ce
n'est pas à lui, *uru woho ba*; c'est à ces personnes, *niñye-re ñye
pe woho ge* (*niñye-re* semble être un pluriel irrégulier de *shyĩ* ou
shyĩ-lĩ).

Demande-lui s'il parle tafilé, *u solõ u Tafile shyĩ-re nere kyĩ-lo,*
(lui demande il Tafilé hommes langage connaît); je le parle, *mu
g'u lorho* (j'ai lui compris); je ne le parle pas, *sage tyĩ* (pas connaître). Je ne comprends pas, *sag'u lorho.* Connais-tu ce village?
kaha ga, ma ge tyĩ-lo? je ne le connais pas, *sage tyĩ.* Ne l'as-tu pas
vu? *sage ñyã?* je l'ai vu, *mu ge ñyã*; je ne l'ai pas vu, *sage ñyã.*

5° *Takponĩ.*

Mon père, *na to*; ma mère, *na no*; mon fils, *na pyò*; mon frère,
na kyonõ; le chef du village, *ka'a folo.*

Va-t-en, *tasye* ou *tase*; je m'en vais, *m na sye*; viens ici, *pa
naha*; arrête-toi, *yire* ou *ma yire*: va manger, *ta le*; viens boire de
l'eau, *pa ñyumu gyò.* Je vais au village, *m na sye ka'a lo*; viens-tu
du village? *ma gyè ka'a kano?*

Comment t'appelles-tu? *pe na ma ye mene?*

J'ai faim, *fuñkene nè ya* (la faim me fait mal).

Où est-il? *ki ñye he?* il est aux champs, *ki ñye kère*; donne-le
moi, *ke ka na.*

C'est fini, *ku mã kwò*; ce n'est pas fini, *ku fo gwò.*

Quel jour es-tu venu? *pono kadu ma pa ra?* je suis venu hier,
pundukadoho mi m pa ra; je viendrai demain, *pondo m pa ra.*

6° *Gimini.*

Mon père, *na to* ; ma mère, *na no* ; mon fils, *na pyo* ; mon ami, *na hŏrŏ* ; mon amie, *na hŏrŏ-gyŏ* ; le chef du village, *karha fŏ* [1].

Comment appelle-t-on cela? *pe ke gyo mene*? ou *ke pe gyo mene*? (ils cela disent comment? ou cela, ils disent comment?) Comment t'appelles-tu? *pe ma yiri mene*? (ils t'appellent comment?)

Viens ici, *pŏ ndarha* ou *pè ndarha* ou *fè ndarha* ; je viens *m pŏ* ; va-t-en, *tashye* ; je ne m'en vais pas, *mu rho na shye* ; partons, *su kari* ; viens manger, *pŏ ma li* (viens tu manges); je vais me coucher, *m ka sa shi* ; arrête-toi, *ire* ; marche vite, *tashye fanafana* ; allons, marchons, *su kari* ou *u kari*.

Ils ont tué un homme, *pe syŏ gbo* ; cet homme est mort, *sŏ ñga o ku*.

Apporte-moi de l'eau pour boire, *na ka tomŏ ñ go* (moi donne eau je boive) ou *tomŏ ko na iri ka ñ go* (eau cherche moi et donne je boirai).

Où vas-tu? *ma na shye se*? d'où viens-tu? *ma yiri se*? je vais au village, *m na shye karha* ; je viens du Guimini, *m yiri Gimini*.

Il est grand, *u nughŏ* ; il est petit, *u gyèlè* ; une chose rouge, *yèrhi yene* ; une chose noire, *yèrhi worhŏ* ; un gros village, *karha gborho* ; un petit village, *kŏ pige* ; c'est bon, *ki ñyŏ* ; tu es bon, *ma ashyŏ* ; c'est mauvais, *o le gyarha*.

Qui vient ici? *ŏgo pŏ na*? c'est moi, *mu*. A qui est-ce? *ŏgo wogo wŏ*? c'est à moi, *mu wogo üi* ; c'est à toi, *mo wŏ üi* ; c'est à lui, *o wŏ üi* ; c'est à eux, *pe wŏ üi*.

Quel jour es-tu venu? *ma pŏ ñi biri ge*? je suis venu hier, *mbamako m pŏ* ; je suis venu il y a longtemps, *m pŏ fa* ; je suis venu il y a dix jours, *plie kè m pŏ* ; est-il venu? *u pŏ*? il n'est pas venu, *u i pŏ* ; il viendra demain, *iotŏ u mbe pŏ*.

Il y a beaucoup de monde ici, *lere gborho-syŏ u ñyè na* (gens nombreux il est ici). Où est Tèchyon? *Tèshyŏ u ñyè se*? il est au village, *u ñyè karha* ; il est chez lui, *u ñyè u yugo* (il est sa maison).

---

1. En s'adressant à quelqu'un, on dit *ndo* (pour *na-to*, mon pere) à un homme âgé ou respectable, *no* (mère) à une femme âgée, *na hŏrŏ* (mon ami) ou *na hŏrŏ-gyŏ* (mon amie) aux jeunes gens.

Je vais acheter des bananes, *m na shye sa baranda shyo*; va dire à Toulouchyon de venir, *karama sa Tulushyŏ yiri o på* (va pour Toulouchyon appeler il vienne); va lui dire de partir, *karama sa u gyo u ka* (va pour lui dire il parte); il dit que... *u gyo o...*

Attrape-le, *u yigi*; prends-le, *u lè*; emporte-le, *u lè ma rasye*; travaillez, *ye marhă*: je vais travailler. *me na shye sa marhă*; je vais vendre de la viande, *me na shye sa kara pere*; il va couper du bois, *o kari sa kene kŏ*; il porte une charge, *o tuguro lè*; parle, *te-gyo* (pour *ke gyo*, dis cela); ne parle pas; ne le dis pas, *ma rha u gyo*.

Il y a des ignames, *ndorho yè na*; il n'y a pas d'ignames, *ndorho or ho na*.

Salutations :

1° D'homme à homme; le matin : *ndo e mè* ou *ndüè mè* (réponse *ndo ande*); à midi : *ndo e sœnoforho* ou *ndüè sœnoforho* (réponse *ndo ande, e sœnoforho*); le soir : *ndo e sœnokò* ou *ndüè sœnokò* (réponse *ndo ande, e sœnokò*);

2° D'homme à femme; le matin : *no e mè* ou *nüè mè* (réponse *maè ndo*); à midi : *no e sœnoforho* ou *nüè sœnoforho* (réponse *maè ndo, e sœnoforho*; le soir : *no e sœnokò* (réponse *maè ndo, e sœnokò*);

3° De femme à femme; le matin : *no e mè* (réponse *maè no*); à midi : *no e sœnoforho* (réponse *maè no, e sœnoforho*); le soir : *no e sœnokò* (réponse *maè no, e sœnokò*);

4° De femme à homme; le matin : *ndo e mè* (réponse *no ande*); à midi : *ndo e sœnoforho* (réponse *no ande, e sœnoforho*); le soir : *ndo e sœnokò* (réponse *no ande, e sœnokò*).

7° Nafâna.

Mon père, *ni to* ou *n do*; ma mère, *ni ma*; mon fils, *ni po* ou *ne pò*; mon ami, *ni goro*; mon amie, *ni goro-ñgyœlo*; chef de village, *karha lopuŏ*.

Viens ici, *på ndarha*; viens manger, *på tüo li* (le mot *tüo*, d'origine mandingue, a le même sens que le mot indigène *sürü*; « pain, aliment farineux, nourriture »). Je mange des ignames, *na feñyighe li*; il boit de l'eau, *u ñyŏmu gbò*. Donne-moi de l'eau, *ni ñga ñyŏmu*; donne-moi cela, *ni ñga ki*.

Marche vite, *se holahola*. Où vas-tu ? *sună ma she ?* je vais à mon village, *na shye ni karha*; je vais chez moi, *na shye n lüllo*; d'où viens-tu? *sună m'o yiri?* je viens de la brousse, *ni yiri sigi*.

Il est mort, *u ku*; il n'est pas mort, *u u ku*; on l'a tué, *p'o u gbo*; on ne l'a pas tué, *pe zu u gbo*; ne le tue pas, *amŏ u gbo*.

C'est bon, *ke perema*; ce n'est pas bon, *ke e ñyŏ*; il est grand, *u tunu*; il est très grand, *u tunu pepe*; il n'est pas grand, *u u tunu*.

A qui est-ce? *mbi u we*? c'est à moi, *mi we*; ce n'est pas à moi, *mi u mă*; c'est à mon père, *n do u we*.

Où est le chef? *lopuŏ e sună*? il est ici, *u e ndarha*; il n'est pas ici, *u u ndarha*.

Comprends-tu? dis-le moi, *mu lurhu*? *ma ni yō*; je comprends, *ni lurhu*; je ne comprends pas, *ni i lurhu* ou *ni i e lurhu*. Les connais-tu? *mu pe gyĭ*? je ne les connais pas, *ni i pe gyĭ*.

Comprends-tu le nafâna? *mu Nafâna lughū*? comprends-tu le dyoula? *mu Sorhoro lughū*? je ne parle pas cette langue, *ni kayuru u kurige*.

Quel est ton nom? *mu meghè ñgi*? mon nom est Kourou, *ni meghè Kuru*; comment appelle-t-on cela? *ki meghè ñgi*?

Que disent-ils? *mini pe yu*? il disent qu'ils veulent partir, *pe yu pe pa sye*; il m'a dit que, *u ni yao*...; il dit que, *u yao* ou *o yō o*...

CHAPITRE VII

Les langues mossi-gourounsi.

La famille qui fait l'objet du présent chapitre est sans doute la plus importante de toutes celles étudiées dans cet ouvrage, au point de vue du nombre de ses membres. Ceux-ci sont répandus dans presque toute la Boucle du Niger proprement dit : on les rencontre depuis le parallèle de Diennó au nord jusqu'à celui de Bondoukou au sud, et depuis la partie orientale du cours du Niger jusqu'à sa partie occidentale puisqu'ils touchent presque au Niger près de Say et au Bani près de San. Leur véritable domaine est l'immense région de plateaux et de collines d'où partent les différents cours d'eau qui se réunissent pour former la basse Volta, ainsi que les affluents du Niger oriental. Ils semblent être les autochtones de cette région, dont ils ne sont guère sortis d'ailleurs, sauf pour essaimer un peu vers l'ouest et le sud-ouest, dans la direction de la haute Comoé.

Très nombreux, formant des groupes très denses séparés par des régions à peu près désertes, ils sont en général demeurés dans un état de civilisation fort primitif, vont pour la plupart entièrement nus ou presque, ont conservé l'usage de l'arc et des flèches, se mutilent fréquemment les lèvres et les oreilles pour y introduire des objets divers, sans parler des marques ethniques qui distinguent la plupart de leurs tribus. Mais d'autre part, ils sont le plus souvent des agriculteurs remarquables, possèdent de nombreux troupeaux de bœufs, sont cavaliers (au moins dans le nord), savent en général extraire le fer du minerai, sont robustes, fiers et amoureux de l'indépendance.

Quelques-unes de leurs tribus cependant, comme les Koulango, les Dagári et les Gbanyan, moins intelligentes et plus craintives, n'ont pas su résister aux conquérants de la Boucle et ont fourni des quantités d'esclaves, notamment dans la Côte d'Or anglaise.

D'autres tribus, comme les Mossi, se sont depuis longtemps livrées à de fructueuses expéditions guerrières aux dépens de leurs voisins, ainsi que nous l'apprend le *Tarikh es-Sudân*. Certains groupements ont accepté la suzeraineté plus ou moins effective d'étrangers musulmans (Mandé ou Haoussa) ou païens (Abrou, Assanti) ; d'autres, surtout dans les centres commerciaux et sur les routes des caravanes (comme à Ouaghadouhou Diébougou, Oua, Salaga, etc.), se sont convertis en partie à l'Islam, s'habillent à la musulmane, ont des mosquées et des écoles, et arrivent presque à éclipser en civilisation les musulmans étrangers établis auprès d'eux.

Mais le plus grand nombre, même dans le voisinage immédiat des grandes villes, sont restés fidèles à leurs coutumes et à leurs traditions religieuses et sociales.

Au point de vue linguistique, cette famille se divise en un certain nombre de groupes souvent fort différents les uns des autres, assez différents même pour que les idiomes parlés par ces divers groupes soient considérés comme des langues distinctes, ayant chacune ses dialectes, mais ayant toutes ensemble pourtant des liens de parenté facilement reconnaissables. Chose digne de remarque : certaines tribus qui, au point de vue linguistique, appartiennent à des groupes différents, ont des mœurs et des caractères ethnographiques presque identiques (par exemple les Lobi et les Birifo).

Autant que me le permet l'état actuel de nos connaissances, je propose de diviser en *cinq groupes* cette famille, à laquelle je donne le nom de « famille mossi-gourounsi » parce que ces deux mots sont les appellations vulgaires et répandues partout des deux tribus les plus connues de la famille, tribus qui d'ailleurs semblent être la souche des deux groupes les plus importants. En ce qui concerne les dialectes dont je n'ai pu encore me procurer les vocabulaires, je ne donne la répartition suivante que sous toutes réserves, prêt à la rectifier et à la compléter lorsque l'occasion s'en présentera.

A. *1er groupe.* — On pourrait l'appeler *groupe mossi* ou encore *groupe yani* (à cause de la salutation la plus généralement usitée). Il comprend les tribus suivantes :

1° Les *Gurma*, qui habitent entre les Mossi et le Niger oriental, et ont auprès d'eux quelques Foulbé pasteurs et quelques Haoussa;

2° Les *Morho* ou *Mo'o* ou Mossi (Moshi ou Mushi sur les cartes anglaises) habitent les régions de Koupéia, de Béri et de Ouaghadougou, entre les Foulbé du Liptako et les Samo du Yatenga au nord, les Bobo-Niéniguё à l'ouest, les Gourounsi, les Mampoursi et les Boussangsi au sud, et les Gourma à l'est. Ils seraient venus du sud et auraient conquis leur pays sur des Houmbé (de famille sénoufo probablement). Ils sont en général tatoués. Ils ont auprès d'eux des Mandé-tan, des Haoussa et des Foulbé; un certain nombre se sont convertis à l'islamisme;

3° Les *Wulewule* ou Dagâri-Oulè (Dagâri Rouges) habitent sur la rive droite de la Volta Noire au nord du 11° parallèle, à l'est et au sud des Pougouli et des Bobo-Fing (région de Ba): ils ont aussi une petite colonie à cheval sur la Volta Noire, à peu près à hauteur de Gaoua (région de Gohoumparé ou Goumparé, Yâro ou Kyaré et Kyessorhola). Leur dialecte est presque complètement identique à celui des Dagâri proprement dits;

4° Les *Dagâri* proprement dits (Dagarti sur les cartes anglaises) occupent toute la région située entre le 11° parallèle environ au nord, les Gourounsi au nord-est et à l'est, les Gbanyan au sud et la Volta Noire à l'ouest (régions de Ouassa, Hamalu, Lorha, Oua, etc.). A l'ouest de la Volta Noire, ils occupent de plus deux bandes assez étroites allant, l'une de Guioumbalé au sud jusqu'à Simouan au nord (9° 47' à 10° 30' environ), l'autre de Goziri (10° 46' environ) jusqu'au parallèle de Diébougou, où ils se continuent par les Woulékwoulé. Leurs voisins de l'ouest sont les Birifo, qui se sont plus ou moins mélangés avec les Dagâri habitant à l'ouest de la Volta; les dialectes des deux tribus sont d'ailleurs presque identiques. A Oua et aux environs sont établis des Haoussa et quelques Foulbé; les Dagâri de Oua se sont en grande partie convertis à l'islamisme.

Les Dagâri se subdivisent en un certain nombre de sous-tribus dont les dialectes présentent parfois quelques légères différences : Ndrouman, Kpêlé, Oua, Gban-né, Zéghè, Kyérépouo ou Kyéréba, Dafyélé, Daouâri, Birifo-Dagâri (mélangés de Birifo), Lobi-Dagâri (mélangés de Lobi), Gbolé et Sorhola ou Dagâri-Fi (Dagâri noirs), ces derniers touchant aux Gourounsi et étant en partie islamisés. Les Dagâri ne sont pas tatoués en général ; quelques-uns cependant. surtout dans le nord, portent sur les tempes des lignes simples ou doubles, verticales ou obliques, formées de petites cicatrices presque imperceptibles ;

5° Les *Birifo* (appelés souvent à tort « Birifon ») habitent à l'est des Dagâri, depuis les monts Kpéré qui les séparent des Koulango de Bouna (9° 27′ environ), jusqu'aux environs du 11° parallèle au nord, touchant à la Volta au sud de Guioumbalé et des deux côtés de l'embouchure du Bougouriba ; leur pays renferme quelques enclaves habitées par des Lobi (nord-ouest de Dokita, région de Gaoua et des monts Dyoulou, route de Diébougou à Lorhosso). A l'ouest, ils poussent des pointes entre ces enclaves lobi jusqu'aux territoires des Komono, des Dorhossyè, des Gan et Lorho de la région de Lorhosso, des Dyan de Diébougou et des Pougouli du haut Bougouriba. Les Birifo ne sont pas tatoués et sont tous demeurés païens ;

6° Les *Gbanyä* ou *Gbanye* (appelés *Nta* ou *Nta-fo* ou *Gwân* par les Assanti, *Gwanya* ou *Gwandja* par les Haoussa, *Bâbara* par les Dyoula, Gouan, Gondja et Banjaue par les Européens) sont en général tatoués de trois raies verticales sur chaque joue ; ils occupent les régions de Bôlé ou Boualé, de Daboya et de Salaga, entre la Volta Noire à l'ouest et au sud, le Dako à l'est, les Dagboma ou Dagomba et les Dagâri au nord ; ils ont un village (Tantama) sur la rive droite de la Volta Noire dans la circonscription de Bouna (au nord-est de cette ville). Au milieu d'eux, dans les villes importantes, sont établis des Haoussa et des Mandé ; dans les districts du sud on rencontre des Assanti, des Koranza et des Abron qui exercent parfois une sorte de suzeraineté sur le pays. Je les avait à tort apparentés à la famille agni-assanti : mon excuse est dans le fait que les Assanti appellent du même nom de *Ntafo* (gens du Nta) les Gbanyan autochtones et les Assanti, Koranza et Abron qu'on rencontre en petit nombre parmi eux[1] ;

7° Les *Dagboma* (Dagomba sur les cartes) habitent entre les

---

1. Ce sont les musulmans de la région de Salaga que les Assanti appellent *Nta-fufu* (Nta Blancs), à cause peut-être de la couleur habituelle de leurs vêtements.

Mampoursi et les Gbanyan, à l'est de la Volta Blanche (régions de Karaga ou Karga et de Yendi).

C'est probablement au même groupe qu'il convient de rattacher les tribus suivantes :

8° Les *Samo* ou Tombo ou Somno (ne pas confondre avec les Somono, Mandé-tan de tribu Ban-mana, qui habitent les bords du Niger en aval de Ségou habitent le Yatenga (région de Ouahi-gouya) et la rive gauche de la haute Volta Noire depuis ses sources jusqu'à hauteur de Boromo environ. On rencontre parmi eux des Foulbé pasteurs ;

9° Les *Kipirsi* ou Kipirga habitent à l'ouest des Mossi et au sud des Samo du Yatenga ; M. Binger les rattache aux Mossi ; ils ne sont sans doute qu'une sous-tribu des Samo ;

10° Les *Nonuma* habitent à l'ouest et au nord-ouest du Gou-rounsi, entre Sati et Boromo, sur la rive orientale de la Volta Noire, au nord des Dagâri ; peut-être se confondent-ils avec ces derniers, peut-être aussi leur dialecte est-il différent. Le capitaine Chanoine en faisait une tribu gourounsi, mais il faisait de même des Dagâri qui, certainement, diffèrent sensiblement des Gou-rounsi proprement dits. Des familles de Foulbé pasteurs vivent à côté des Nonouma.

B. 2° *groupe* ou *groupe gourounsi*, du nom de la principale de ses tribus. Ce groupe est entouré d'une sorte de ceinture, sauf à l'est, par le groupe précédent. Il comprend les tribus suivantes :

1° Les *Guresi* ou Gourounsi habitent entre la Volta Blanche au sud-est et les Nonouma au nord-ouest (régions de Boura, Léo et Sati), au nord des Gbanyan et des Dagâri et au sud des Mossi ; ils sont en général tatoués de trois cicatrices en éventail sur chaque joue. Quelques Haoussa habitent dans leur pays et ont fait parmi eux des conversions à l'Islam ;

2° Les *Siti*, venus autrefois du Gourounsi dans la région située entre la Volta Noire et Bouna, n'ont plus actuellement que deux villages, tous deux situés sur la partie française de la route de Bôlé à Bouna : Vonkoro, sur la Volta, et Himbyé, plus à l'ouest. Ils racontent que leur migration se composait surtout d'hommes, qu'établis dans un pays à peu près inhabité, ils n'ont pu contracter d'unions, ont eu peu de descendants et ont vu leurs villages disparaître les uns après les autres par extinction. Ils ne sont pas tatoués. Outre leur langue, ils comprennent et parlent le koulango;

3° Les *Degha* (appelés *Gyamu* par les Dyoula, *Mō* par les Abron, *Buru* par les Koulango et les Nafâna, Diammou ou Diomma par M. Binger), sont venus, à une époque fort lointaine, d'un pays situé de l'autre côté de la Volta Noire et dans le nord, probablement le Gourounsi, en même temps sans doute que la tribu des Siti; sous la poussée d'une invasion dagâri, ils furent refoulés jusqu'au sud de Bôlé, passèrent la Volta, et fondèrent dans le nord-est et l'est de Bondoukou quatre agglomérations dont trois subsistent encore. L'un des chefs de la migration, nommé Sâfou, fonda à l'est de Bondoukou un groupe de cinq villages qu'il appela *Gyobwe* (village des *Gyo*, du nom de la famille dégha à laquelle il appartenait, et qui est appelé *Gyamu-dugu* ou *Gyo-ma* par les Dyoula, *Sāfu-Buru* (les Bourou de Sâfou) ou *Buru-mba* (village des Bourou) par les Koulango, *Sāfu-Mō* ou Assafoumo (les Mô de Sâfou) par les Abron. Les autres colonies dégha sont *Gyarhala* ou *Zaghala* (au nord-est de Tambi) et *Urike* (appelé *Buru* ou *Buro* ou *Bō* par les Nafâna et *Mōtya* ou *Mōtya-Mō* par les Abron, entre Assafoumo et Oûrigné-Soumbala). Quant à la quatrième colonie, elle se trouvait à *Pedago* (appelé *Burukpōko* par les Nafâna et *Mō* par les Abron), entre Tambi et Sorhobango; mais les Nafâna de Yakassé étant venus s'établir à Pédago à la suite de la destruction de leur village par les bandes de Samori, les Dégha leur cédèrent la place et se replièrent sur Guiarhala.

Les Dégha ne sont pas tatoués. Ils ont en partie, sauf à Assafoumo, abandonné les cases à terrasses pour des cases à toiture de pailles. Ils ont auprès d'eux, à Assafoumo, quelques Noumou et quelques Huéla. Outre leur langue, beaucoup d'entre eux comprennent le koulango[1].

C'est à la suite d'une double erreur que, sous le nom de *Gyoma* ou Diammou, je les avais, dans mon *Essai de manuel agni*, appa-

1. Les Dégha avaient autrefois une colonie sur la rive gauche de la Volta Noire, à Diamma et Tassalimo, où ils étaient mêlés aux Nafâna ou Pantara et à des musulmans Haoussa, et où M. Binger les a rencontrés. Mais, après la destruction de ces villages par les bandes de Samori; ils se sont dispersés, les uns se réfugiant à Guiarhala, les autres se laissant absorber par les Nafâna de Lôrha ou Boué et de Banda.

rentés linguistiquement aux Pantara ou Nafâna et aux peuples Agni-Assanti.

Il conviendrait peut-être de rattacher au même groupe les tribus suivantes :

4° Les *Bariba* habitent le Borgou (région de Nikki), au sud des Gourma, à l'ouest du pays de Boussa, au nord du Yorouba et du Dahomé, à l'est du Kouandé; ils ont au milieu d'eux des Foulbé et des Haoussa. Les *Adyakatye* ou Tchabé du nord-ouest de Carnotville parleraient à peu près la même langue.

5° Les *Kauri* occupent les massifs montagneux de l'Atakora (région de Nagon-Kaouri ou Konkobiri);

6° Les *Mâpursi* ou Mampourga et les *Kyâsi* ou Kiamba habitent la région de Gambagha, à l'est du Gourounsi et au nord du Dagomba. Il convient peut-être de leur rattacher les populations dont Koelle a donné des vocabulaires sous les noms de *Legba* et de *Tchelaña* et qui semblent être celles du Boussangsi (régions de Sapéliga, Djébiga et Pama au nord et au nord-est du Mampoursi) et du Mangou (région de Sansanné-Mango et des peuplades appelées Kafiri par les musulmans);

7° Les *Kyâlo* ou *Akyulo* habitent près de la ville de Léo et sont enclavés dans les Gouressi.

C. 3° *groupe* ou *groupe lobi*, du nom de sa tribu la plus connue. Il est situé à l'ouest du premier groupe et comprend les tribus suivantes :

1° Les *Lobi* occupent la région montagneuse de Dyoulou et de Ganhoura ou Gaoua, enclavés au milieu des Birifo; ils ont aussi des colonies au sud-est de Lorhosso et entre cette ville et Diébougou. Ils ne sont pas tatoués. C'est à tort que l'on confond vulgairement sous le nom de Lobi les diverses populations nues que l'on rencontre au nord de Bouna : les Lobi n'en forment que la petite minorité et la langue lobi n'est pas comprise des autres tribus.

2° Les *Puguli* ou Bougouri habitent au N. N. O. de Diébougou sur les deux rives du Bougouriba (Rivière des Bougouri ou Pougouli) et au nord-ouest des Dagâri-Gholé et des Wouléwoulé. Ils semblent former une population intermédiaire entre les Lobi et les Dyan.

3° Les *Dyan* ou *Dyân* ou *Dyâ* ou encore *Dyânu* (Dian-né de la carte Binger) occupent la région de Diébougou (Diébougou, Molé, Dolo); un certain nombre d'entre eux se sont convertis à l'islamisme sous l'influence des Dyoula installés à Diébougou avec des Haoussa.

4° Les *Gã* (Gan-né du nord sur les cartes) occupent la région et la ville de Lorhosso. Près d'eux, au sud-est, habitent les Lorho, sur lesquels on n'a que de vagues renseignements et qui font sans doute partie de la famille koulango du même nom (voir plus loin). L'influence de la langue sénoufo sur le dialecte gan est assez sensible. [Ne pas confondre les *Gã* de Lorhosso (peuple mossi-gourounsi) avec les *Gã* d'Accra (peuple agni-assanti), ni avec les *Ngã* de l'Anno et du Dyammala (peuple mandé-fou), ni enfin avec les Sénoufo-Nafàna appelés *Gã* par les Koulango].

Peut-être faudra-t-il rattacher au même groupe :

5° Les *Myoru* ou *Ñyoru* de la région de Kong ;

6° Les *Kyefo*, qui habitent au sud des Sya ou Bobo-Dioula;

7° Les *Dorhosyè*, qui habitent entre les Mbouin de Léra et les Gan de Lorhosso et sur la route de Lorhosso à Bobo-Dioulasso;

8° les *Karaboro*, qui habitent sur la rive gauche de la haute Comoé entre les Mbouin et les Komono (région de Lorhognilé).

J'espère pouvoir étudier prochainement les dialectes de ces tribus et leur attribuer définitivement la place qui leur convient.

D. *4° groupe* ou *groupe bobo*, du surnom donné à plusieurs de ses tribus par les Mandé, qui les appellent Bobo, c'est-à-dire « bègues », par dérision pour la langue qu'ils parlent et que les Mandé comparent, à tort d'ailleurs, à un simple bégaiement. Les membres de ce groupe se donnent parfois à eux-mêmes le nom générique de *Bwa*. Ils sont en général tatoués. Ce groupe, le plus occidental de la famille mossi-gourounsi, comprend les tribus suivantes :

1° Les *Nyenige* ou Bobo-Niéniégué, autochtones du Dafina, habitent la rive droite de la haute Volta Noire depuis la latitude de Dienné environ jusqu'à Boromo et Ouahabou, à l'ouest des Samo, au nord des Wouléwoulé et des Pougouli, à l'est des Boua ou Bobo-Fing, des Tara ou Bobo-Oulé et des Marka ou Soninké du Markadougou. Ils ont au milieu d'eux des Foulbé pasteurs, des Dyoula et des Marka;

15.

2° Les *Bwa* proprement dits (*Bobo-Fi* ou Bobo Noirs des Dyoula) habitent au sud-ouest du Dafina, entre les Nyenig"é et Bobo-Diou-lasso ;

3° Les *Tara* (*Bobo Ule* ou Bobo Rouges des Dyoula) habitent à l'ouest des Nyénigué, depuis le sud du Markadougou au nord jusqu'aux Sya ou Bobo-Dyoula et aux Sénoufo-Tagba ou Tagoua au sud ;

4° Les *Kyñ* (*Bobo-Gbè* ou Bobo Blancs des Dyoula) habitent à l'ouest le pays des Tara, depuis San au nord jusqu'aux Tagba au sud, pénétrant à l'ouest le pays des Sénoufo-Bamâna.

E. *5ᵉ groupe* ou *groupe koulango*, du nom de la seule de ses tribus qui nous soit connue actuellement.

Les *Kulãgo* appellent leur pays *Kólã* ou *Kulã* ou *Kulã-ãñgo*, leur tribu *Kulã-ñgo*, *Kulã-mbio* ou *Kòlã-mbio* (enfants du Koulan) et leur langue *kulã-gho*, *kulã-go* ou *ñkulã-ñgo*; les Dyoula les appellent *Kparhala* ou *Kpaghala* (Pakhalla sur les cartes), les Assanti *Nkorã-mfo*, les Abron *Nyorã-fo* ou *Ngurã-mvo* ou *Kulã-mvo*. Ils se disent originaires du Mampoursi et seraient venus, il y a six ou sept siècles, par le Dagboma ou Dagomba et le Gbanyan ou Gondja, dans la région de Bouna ; de là ils ont essaimé vers Lorhosso, puis vers Kong, puis vers Groumânia et Bondoukou.

C'est une de leurs familles, celle des *Lorho*, qui vint la première s'installer dans la région de Bondoukou, alors peuplée de Gbin et de Nafâna. Cette famille habitait auparavant la région de Lorhosso, qui a conservé son nom (*Lorho-so*, village des Lorho). A la suite d'une invasion des Gan et de difficultés avec les Lobi, les Lorho se replièrent sur Bouna, laissant probablement près de Lorhosso quelques membres de leur famille qui ne seraient autres que les *Lorho* que l'on rencontre aujourd'hui aux environs de Lorhopéni (près et au sud-est de Lorhosso), où ils habitent des cases en terre bâties sur des assises de pierre. De Bouna, les Lorho descendirent avec d'autres familles koulango dans le Nasian, le Barabo, et jusqu'aux confins de la forêt. Un chasseur lorho établit un campement de chasse à l'endroit où se trouve actuellement la salle à manger du poste de Bondoukou : la région était déserte et le gibier y pullulait. Des Gbin et des Nafâna du voisinage, ayant appris

les succès cynégétiques du chasseur lorho, vinrent lui demander
de les laisser s'établir auprès de lui ; il leur désigna un emplacement situé dans l'est, où se trouve aujourd'hui le quartier haoussa,
en leur disant dans sa langue, c'est-à-dire en koulango : « *Bia
guntugo* ! » (allez en arrière !) Les Gbin et les Nafâna, ignorant le
koulango, crurent que le mot *guntugo* était le nom de cet endroit ;
ils y bâtirent des huttes de chasse dont le nombre s'accrut peu à
peu, jusqu'à faire un village auquel on conserva ce nom de *Guntugo*, qui, déformé dans la bouche des tribus diverses qui le pro-
nonçaient sans le comprendre, devint *Gutugo*, *Gutvgu* ou *Gotogo*.
Cette dernière prononciation est la plus répandue, mais on entend aussi, surtout chez les Agni-Assanti, les prononciations *Gbo-
togo*, *Botugu*, *Butuku*, *Buntuku* et enfin *Bonduku,* que nous
avons adoptée [1].

Les descendants de ce chasseur lorho, qui fut ainsi le premier
fondateur de Bondoukou, habitent encore aujourd'hui dans le
quartier où se trouve le poste. C'est longtemps après qu'eut lieu
l'arrivée des Dyoula venus de Bégho, suivie elle-même de la conquête du pays par les Abron (voir les chapitres III et V). Entre
temps, les Koulango s'étaient répandus dans l'ouest de Bondoukou, absorbant peu à peu les Gbin. Plus tard, ils suivirent des
familles Abron et Bonna dans la forêt, où on les rencontre jusque
tout près d'Assikasso (Deimba, Toundoumou, Kouakou-Gbrira-
krou sont leurs villages les plus méridionaux).

Actuellement, on trouve les Koulango répandus dans la majeure
partie de la région comprise entre la Volta Noire continuée par la
frontière franco-anglaise à l'est et la Comoé à l'ouest, le parallèle
9° 25′ au nord et le parallèle 7° 12′ environ au sud. Ils se retrouvent
même à l'ouest de la Comoé, sur la route de Bouna à Kong, jusqu'en cette dernière ville, où ils sont connus sous les noms de
Nambaï ou *Nabe* et de *Zazere*. Dans le pays de Bouna (ou mieux
Gbōna) et dans le Nasian, ils forment la presque totalité de la population et sont restés indépendants. Dans le Barabo, le Siangui et
l'Abron proprement dit, ils forment la majorité de la population,
mais sont vassaux des Abron. A Bondoukou et à l'est et au nord-

1. A remarquer qu'en gbanyan on dit *butugu* pour signifier « à droite ».

est de cette ville, ils sont peu nombreux, les Mandé dans les villes et les Nafâna dans les villages formant la majorité de la population. Leur langue est la plus répandue de toutes celles qui se parlent dans la région de Bondoukou et est comprise de la grande majorité des Gbin, des Dégha, des Nafâna, des Noumou, des Huéla, des Dyoula et des Abron; ces derniers même la parlent parfois entre eux de préférence à leur propre langue. Par contre, les Koulango parlant l'abron ou le dyoula sont assez rares.

Les Koulango sont demeurés païens même dans les villes où, comme à Bouna, ils ont parmi eux des musulmans assez nombreux (Dyoula et Haoussa). Ils ne sont pas tatoués en général; quelques-uns pourtant ont trois ou quatre petites incisions parallèles près des commissures des lèvres. D'autres ont des points en relief sur diverses parties de la face et du corps, comme les Agni-Assanti. Ce sont, je crois, les seuls membres de la famille mossi-gourounsi, avec les Dégha de Guiarhala et Ouriké et les Siti, qui aient abandonné les vastes châteaux-forts en terre à terrasses, dits *sokala*, pour adopter les cases à toit de paille ; ils ont dans le nord des huttes à toit conique et dans le sud des cases rectangulaires avec toit à double pente, analogues à celles des Abron, et qu'ont adoptées aussi les Nafâna.

La langue koulango est une ; cependant il existe quelques différences dialectales suivant les régions : les quatre dialectes principaux sont ceux de Kong, de Bouna, du Nasian et de Bondoukou, ce dernier parlé dans l'Abron, le Binié, le Siangui, le Barabo et dans la direction de Bouna jusqu'à Bandoli, où se voient les dernières cases rectangulaires.

Le dialecte mossi a été étudié par le lieutenant Bluzet (*Bulletin du Comité de l'Afrique Française*) et M. Félix Dubois a publié dans le même Bulletin des vocabulaires mossi et gourma. Rien, je crois, n'a été publié encore sur les autres langues ou dialectes de la famille mossi-gourounsi, en dehors de quelques vocabulaires de Koelle, sujets à caution et difficile à identifier, et de quelques mots donnés par Bowdich, Clarke, Christaller et von François. C'est pourquoi j'ai cru utile de publier ici de courts vocabulaires de quatorze langues ou dialectes de cette famille : *dagări, biri/o, gbanyã* et *dagboma* (groupe mossi ou yani), *guresi, siti* et *degha*

(groupe gourounsi), *lobi*, *dyă et gă* (groupe lobi), *tara* et *kyă*
(groupe bobo), *kulăgo* de Bouna et *kulăgo* de Bondoukou (groupe
koulango), plus quelques mots *puguli* qui m'ont été fournis en
1902 à Gaoua (cercle du Lobi) par M. le lieutenant Schwartz.

Les vocabulaires *dagări, birifo, gbanyă, siti, degha, lobi* et
kulăgo ont été recueillis en 1902-1903 dans les pays mêmes où se
parlent ces langues, auprès d'indigènes nombreux appartenant à
différents villages ; ils présentent donc des garanties sur lesquelles
je n'insiste pas. Le dialecte gbanyan étudié est celui de la région
de Bôlé.

Le vocabulaire *dagboma* a été recueilli en 1903 à Bondoukou
auprès de quatre Dagboma de Zan-mvorougo (Savélougou de la
carte Binger, au sud-ouest de Karaga ou Karga), qui avaient quitté
leur pays depuis vingt ans pour vivre au milieu de Haoussa; leurs
informations ne sont donc pas absolument sûres, bien qu'elles
m'aient cependant paru dignes de foi, étant donné que ces gens
parlent encore entre eux, dans leur famille, leur langue maternelle.

Le vocabulaire *guresi* a été recueilli en 1902 à Oua auprès d'un
Gouressi voyageant depuis plusieurs années en pays koulango et
birifo, mais très intelligent et spécialement doué pour l'étude des
langues puisqu'il en parle six en outre de sa langue maternelle, et
revu avec trois Gouressi amenés à Oua, vers 1897 par les bandes
de Babato.

Le vocabulaire *dyă* a été recueilli en 1902 à Gaoua (Lobi) auprès
d'un Dyan très intelligent, informateur sûr et réfléchi.

Le vocabulaire *gă* a été recueilli en 1902 à Gaoua auprès d'un
Lobi ayant séjourné longtemps à Lorhosso : je fais mes réserves
sur l'exactitude de plusieurs expressions et sur la prononciation.

Les vocabulaires *tara* et *kyă* ont été recueillis en 1900 à Bouaké
(haut Baoulé) auprès d'un Tara et d'un Kyan de la région de San
qui avaient quitté récemment leur pays pour s'engager dans une
compagnie de gardes-frontières, mais qui, malheureusement,
étaient peu intelligents et comprenaient assez mal le dyoula, langue
qui me servait pour converser avec eux.

I. — LA NUMÉRATION

	Dagàri	Birifo	Gbanyan	Dagbomà	Gouressi	Siti	Dégha
1	yeni	yeni	ya	ye '	nidò	hilikpŏ	kpe
2	ayi	ahyi	hyi	ayi	bale	ārè	nĭ
3	ata	ata	ata	ata	butoro	shyōro	tolo
4	anāre	anāri	anāsi	anuhe	bană	ndso	năre
5	anu	anu	anu	anu	banu	nüē	năme
6	ayōüe	ayobi	aliōbe	ayōbu	bazidò	nüē-mbele	mbele
7	ayōpwe	ayōpwe	ayupuị	apwè	balepè	nyē-ārè	nnĭ
8	anĭ	ant	annĭ	ant	neüè	nyē-shyōro	ntolo
9	awae	awèy	awĩi	awèi	nĩvi	nüē-ndso	nnăre
10	pie	piė	pie	piya	fĭ	ndsikyè	fi

	Lobi	Dyan	Gan	Tara	Kyan	Koul.-nord	Koul.-sud
1	byèli	byel	okpo	do	do	taa	taa
2	vüeñyŏ	yeñyŏ	eñyŏ	ñyŏ	ñyŏ	bila	bila
3	vüentire	yeleñi	ata	ti	tĭ	să	săă
4	vüenă	yenă	eñyè	nă	nă	nă	nă
5	yemhañ	dyima	mwĭ	onŏ	onu	tò	to
6	mārĭdo	molodü	mwĭ-ñkpo	ode	ozi	tòrofiri-ta	toro-ta
7	mokoñyŏ	moloñyŏ	muñyŏ	oñyŏ	oñyŏ	— -ñyŏ	torofiri-ñyŏ
8	mokontèri	moloteñi	mansă	oti	ote	— -să	— -să
9	ñyŏrŏbĭrĭpĕru	neñkpotyibre	mañyè	deñi	endwe	— -nă	— -nă '
10	ñyŏrŏpi	neñkpo	kpogho	pirule	ebwe	nunnu	nŭnu [2]

Notes. — 1. On a aussi en dagboma la forme *larhafo*, qui signifie « un seul ». — 2. A remarquer que les formes *ñyŏ*, *să*, *nă*, *nu* qui se retrouvent pour exprimer les nombres 2, 3, 4, 5 dans la plupart des langues mossi-gourounsi se rencontrent dans toutes les langues agni-assanti. — 3. Les Koulango (nord et sud) comptent comme suit de 20 à 100 : 20 *ipilo*, 30 *ipilo si nunnu*, 40 *ipio-ñyŏ*, 50 *ipio-ñyŏ si nunnu*, 60 *ipio-să*, 80 *ipio-nă*, 100 *igo-kyeme*.

II. — LES NOMS

1° La nature :

	Dagàri	Birifo	Gbanyan	Dagboma	Gouressi	Siti	Dégba
eau	ko-ŏ	ko-ŏ	ko-ŏ	ko-om	le	ñyŏ	ne
rivière [1]	kola	kola	kola	kulu	fuo	kola	kpolo
fleuve [2]	mãne	mãne	aderè	mãre	mŏrhe	mughe	aderè
feu	vu, bugu	bughu	bugu	burhu	minɩ	nīni	nini
terre, pays [3]	teñe	teñge	teñge	tugbani	tinkye	hèle	hare
village [4]	teñe	teñge	teñge	tiña	teñga	ăne	bwĕ
—	yi-ri	yi-ri	yi-re	yi-ra	boy	dehɩ	bwe
maison [5]	dyo, dye	dyo	dɩ	dŭ	gyā	danŏ	dya, da [6]
chemin [6]	sō-re	sō-ri	so-re	so-re	. . . .	. . . . .	wĩnɩ
champ [7]	pwo	üao	mwo	pŭ	talɩ	taho	wo, koo
montagne [8]	taña	tañga	lãñgu	. . . .	. . . . .	. . . . .	bwe
pierre	kŭri	kure	kubɩri	kurule	daboyɩ	bwe	bwe
arbre	gomŏ	dā	dā	dā	dao	dūhă	da
bois à brûler	da	dāri	dāro	dāre	da	dā	dare
herbe [9]	mwŏ	mŏ	. . . .	. . . .	. . . .	ñyahŏ	hăre
or	. . . .	. . . .	sālini	. . . .	. . . . .	. . . . .	suga
argent	. . . .	. . . .	biti	. . . .	. . . . .	. . . . .	gbwerè
fer	. . . .	. . . .	kutu	kurugo	kuru	. . . . .	gbŭni
soleil	muna	. . . .	. . . .	. . . .	. . . . .	. . . .	. . . .
lune	kyu	. . . .	. . . .	. . . .	. . . . .	. . . .	. . . .

	Lobi	Dyan	Gan	Tara	Kyau	Koul.-nord	Koul.-sud
eau	ñyŏni	ñumu	ñyo	ñyomŏ	ñyŏ	yo-kò	yo-kò
rivière [1]	poni	bolo	dagha	vŭhŏ	vŭ	kolo-gho	kolu-gho
fleuve [2]	mɩro	pormu	. . . .	. . . .	. . . .	buru-ñgo	buru-ñgo
feu	dò	dyɩ	naga	. . . .	. . . .	da-rha	da-rha
terre, pays [3]	tină	gyarŏ	. . . .	tiñi	tŭ	sā-kò	sā-kò
village [4]	dɩ	gyo	siri	lo-rho	do-rho	ăñgo	ăñgo
—	gyɩ	dini	. . . .	lŏ	dŏ	banẵgo	băgo, ba
maison [5]	kyoro	goro	togho	zi	zŏ	yo-ghò	yo-rhò
chemin [6]	wó	vye	. . . .	. . . .	. . . .	bwă-ñgo	bŏ-ñghò
champ	leo	. . . .	. . . .	. . . .	. . . .	khā-ñyɔ	khā-ñi
montagne [8]	gŏgŏ	sorɩgo	. . . .	ɔhoro	oho	bò-kò	bo-kò
pierre	bukari	dukpĕŭ	. . . .	koe	bibyo	nɩ-kò	lĕ-kò
arbre	tiri	syŏ	takugho	vèi	vŭwe	dĕ-kò	dè-kò

	Lobi	Dyan	Gan	Tara	Kyan	Koul.-nord	Koul.-sud
bois à brûler	*dye*	*dabŏ*	*nakpèsi*	. . . .	. . . .	*dè-kò*	*dè-kò*
herbe [9]	*hŏni*	*ũĩhŏ*	*wŏgo*	*ñini*	*ñye*	*isi-kò*	*misi-kò*
or	*dyè*	*mara*	. . . .	*sănu*	*sănu*	*sowa*	*soha*
argent [10]	*dyè*	. . . .	. . . .	. . . .	. . . .	*wari*	*soha*
fer	*teri*	. . . .	. . . .	*hălo*	*hănu*	*dăgye*	*dĩyo*
soleil [11]	*üiri*	*oliu*	. . . .	. . . .	. . . .	. . . .	*berèku*
lune [12]	*pări*	*puru*	. . . .	. . . .	. . . .	. . . .	*feñyŏ*

Notes. — 1. On trouve aussi pour « rivière » les expressions *kulu* et *ba* (dagâri), *koli, kulu, ba* et *poli* (birifo), *pono* et *bũ* (lobi), *gyol* (dyan) : ces expressions ne sont usitées qu'en composition, *kulu* et *koli* s'employant suivis d'un adjectif, *ba* et *bũ* s'employant après un nom de village, de pays, d'accident de terrain, etc., comme *kola*. — 2. Les mêmes mots, qui servent à désigner tout cours d'eau important, sont employés pour désigner la Volta, le Bougouriba, la Comoé, etc. — 3. On trouve aussi en dagâri et en birifo les prononciations *teghe, teñghe* et *tiñe* ; en koulango *să-kò* désigne plutôt la matière et *ăngo* un pays. — 4. Les mots donnés en première ligne sont employés pour désigner l'ensemble d'un village ou en composition après un nom d'accident géographique, d'arbre, etc. ; les mots donnés en seconde ligne s'emploient en composition après un nom d'homme et désignent l'habitation de cet homme et de sa famille plutôt que le village entier ; on les emploie aussi pour désigner la sokala ou l'ensemble des constructions où habite une même famille. — 5. Voir la remarque précédente ; en lobi, on entend aussi prononcer *kyore*. — 6. Un « carrefour » se dit *sŏ-kyerè* en dagâri et *gbòholañ* en koulango-sud. — 7. Un « village de cultures » se dit *po-yire* en gbanyan et *dămŭni* en dégha ; on trouve aussi pour « plantations » les expressions *popo* et *pwo* en birifo, *po* en gbanyan et *kwo* ou *ko* en dégha. — 8. En dagâri, birifo et gbanyan le mot *taña, tañga* ou *tăñga* devient en géral *tă* en composition : *Kpere-tă* « les monts Kpéré » ; en dyan, *sorĩgo* devient *seru* dans le même cas. — 9. Les mots donnés pour « herbe » servent aussi à désigner la savane ; « forêt » se dit *korŏ* en birifo, *lũ* en lobi, *basi* en tara et *banu* en kyan ; un terrain sablonneux se dit *tera* en dégha. — 10. Les Lobi et les Koulango n'ont pas de mot spécial pour désigner l'argent ; ils disent *dyè-bulă* lobi), *soha-vuñgo* (koulango), ce qui signifie « or blanc », ou bien emploient le mot mandé *wari*. — 11. Les Lobi appellent le « ciel » *tămbaiyŭ*, la « pluie » *tămba*, le « jour » *üiri*, la « nuit » *dŭtŭnă* ; les Koulango appellent le « jour » *berè* et la « nuit » *dirè*. — 12. Suivent quelques mots « pougouli » ; eau *ñyèma*, rivière *poli*, fleuve *mohă*, village *dăzya*, maison *brĭ*, montagne *pala*, soleil *ure*, lune *peno*.

2° Le mobilier, les instruments, etc.

	Dagări	Birifo	Ghanyan	Dagboma	Dégha
tissu	*kăñgya*	*kweñgyene*	*wagya*	. . . . .	*yalo*
houe	*kuri*	*kuri*	*kurı*	. . . . .	*pale*
couteau	*nela*	*nela*	*nela*	*sua*	*boroʃyı*
arc	*ta-mŏ*	*ta-mŏ*	*ta*	*ta*	*ta*
flèche	*pi*	*pī*	*pĭ*	. . . . .	. . . . . .
pot à poisson	*loŭi*	*lobi*	*lobi*	. . . . .	. . . . . .
jarre	*dorho*	*dorho*	*doghŏ*	*durho*	*vi*
calebasse	*mani*	*mbane*	*gbanne*	*gbăne*	*lu*

	Lobi	Dyan	Gan	Koul.-nord	Koul.-sud
tissu	*kiñkyeni*	*băburhu*	. . . .	*găntarha*	*gyatarha*
houe	. . . . .	*bŭnu*	*pomŏ*	*jhyo-ghò*	*tămba*
couteau	*swo*	*kpèru*	*kperi*	*uzzu-kò*	*berefyă*
arc	*ta*	*agbăi*	*sosige*	*sakpa-kò*	*sòkpa-hò*
flèche	*si, syi*	. . . . .	. . . .	*sawò*	*sawò*
jarre	*bŏla*	*gbonu*	. . . .	*dembye*	*dèmigyu*
calebasse	*ñyăkpŏni*	. . . . .	. . . .	*jhyeghè*	*heyu*
assiette	. . . . .	. . . . .	. . . .	. . . . .	*kyeligyu*
natte	*yalie*	. . . . .	. . . .	. . . . .	. . . . . .
panier	. . . . .	*kpèlŏ*	. . . .	. . . . .	. . . . . .
chaise	. . . . .	. . . . .	. . . .	. . . . .	*gbokubo*
pirogue	. . . . .	. . . . .	. . . .	*bwă*	*bò-rhò, bò-ghò*
fusil	. . . . .	*gbăn*	. . . .	*tüi*	*tüi*
poudre	. . . . .	*gba-munumu*	. . . .	*tüi-sige*	*tüi-sigyu*

Note. — **En dagboma « assiette » se dit** *lă* ; **en dégha « vêtement » se dit** *wŭlu*, **« natte »** *kete*, **« chaise »** *kala*, **« porte »** *da-*

manwă ; en lobi « carquois » se dit *tū* ; en dyan « vêtement » se dit *lōna*, « coupe-coupe » *kpèrikyo* ; en tara « tissu » se dit *băforo,* « natte » *wesĕ*, « jarre « *pèhŏ*, « calebasse » *gi*, « chaise » *arhōni* ; en kyan « tissu » se dit *băsoro*, « natte » *wesè*, « jarre » *sonu*, « calebasse » *giyo* ou *gizo*, « chaise » *ahōnu* ; en koulango-nord « coupe-coupe » se dit *garantyè*, « perles » *byu*, « savon » *samna* ; en koulango-sud « coupe-coupe » se dit *kăga-bese*, « perles » *dirigò*, « savon » *samna*, « pipe » *terhèmyo*.

3ᵉ **L'humanité, la famille.**

	Dagàri	Birifo	Gbanyan	Dagboma	Gouressi	Siti	Dégha
être humain	ne-re	nyè	ni-ri	ni-ri	nuhobinĭ	no-lo	nè
homme	dawa	dăba	dăba	dō	bara	ba-lo	bo-nŏ
femme	porho	porho	porho	parha	halò	hănŏ	hānŏ
enfant	be-bile	bi-bile	bi-bile	. . . .	. . . .	. . . .	bi-kala
père	sa	sa	sa	ba	ko	. . . .	yă
mère	ma	ma	ma	ma	ma	. . . .	nă
fils, fille	bi, bye	bi, bye	bi, be	bia	ambye	bi	bye, bi
chef	dāna	dāna	. . . .	. . . .	nāba	. . . .	. . . .
esclave	. . . .	ñyorhŏ	ñyorhŏ	. . . .	ñyŏmŏ	. . . .	. . . .

	Lobi	Dyan	Gan	Tara	Kyan	Koul.-nord	Koul.-sud
être humain	tibeli	imbi	nepe	mvè	ne	ñyŏ	ñyŏ-hŏ
homme	kōni	wo	ko	ba-no	ba-nu	jhyènŏ	hènŏ
femme	kyere	karo	ara	hăno	ănu	yerhè	yerè
enfant	bi-sani	dagbèbo	. . . .	hugu	huku	. . . .	. . . .
père	gya	gya	. . . .	mă	myă	dida	da
mère	na	ni	. . . .	nă	nă	nă	nă
fils, fille	bi	bi	bi	bi-ya	bi-o	bi-o	bi
chef	. . . .	. . . .	puntarĭ-ko	bè	bè	panasyè	üesè
esclave	. . . .	. . . .	. . . .	. . . .	. . . .	zarha	zarha

Notes. — 1. On trouve aussi pour « homme, être humain » en birifo *ni-sala*, en gbanyan *ni-sălo*, en dégha *nè-lo* et *ne-be*. — 2. « Frère » se dit *kyinu* en dyan, *biiyo* en koulango-nord et *vèlò* en koulango-sud. — En « pougouli » on a : femme, *halo* ou *hado* ; enfant, *be-sala*.

4° **Les parties du corps.**

	Dagâri	Birifo	Gbanyan	Dagboma	Gouressi	Siti
tête	zu	zu-rhu	zu	zo-rho	zu	ñyŏ-hŏ
cheveux	zu koba	zu-koba	zu-koba	zo-bre	....	ñyŏ-puno
yeux	niñe	nighe	niñge	nini	siña	siüi
visage	niñe-za	nighe-za	niñge-za	....	....	....
nez	nyi	nyi	nyĭ	nyē	nyu	....
oreille	tobri	tobri	tobri	toble	towi	....
bouche	nwăni	nwăre	nwăre	năgbani	nohă	nihĭ
dents	ñina	ñine	ñina	ñini	ñina	ñyele
langue	zelene	zelene	zelene	zelene	giñgele	....
cou	gbori	gbori	....	gbori	boñgo	boñge
poitrine	....	....	....	....	bigya	gbeñi
ventre	pwō	pwō	pwō	puri	loya	....
dos	pōri	puri	puri	ñyăga	....	alabahoto
main	nu	nu-rhu	nu-si	nu-hu	nŏ-ñge	nŏ-ñi
— droite	....	....	butugu	nu-dirugu	....	nŏ-ñgăde
— gauche	....	....	gwā	nu-zā	....	nŏ-ndibu
pied	năba	năba	năba	napŏ	năne	năle
peau	....	....	ganne	....	ñyine	....

	Lobi	Dyan	Gan	Tara	Kyan	Koul.-nord	Koul.-sud
tête	yŭ	ñyo-rho	tāgha	ñyŏ-hŏ	ñimo-hv	hu-o	ñgu
cheveux	yŭ-tini	ñyo-fyĭñ	....	....	....	hu-funughò	hu-ñyüiŏ
yeux	yiri	ñibere	ibye	giya	gyira	pyeye	pēgyu
nez	minkăre	hāre	dagbana	mokasi	mohĭ	săña	săñă
oreille	nu	abre	ndane	ñihăsă	ñuvădo	teñgo	teñgu
bouche	nüŏ	nobĕ	....	ñia	ñyümu	nŏ-rho	nŏ-gho
dents	nüomă	ñyindae	yeghĕ	ñimiya	ñiă	karam	karhăgbĕ
langue	delemeri	....	....	telĕbihire	telĕbihire	deleñgbo	deleñgbo
cou	fōro	ăgbŭ	....	fuele	füe	kulagye	lemigyu
poitrine	kŏkŏ	....	....	....	....	gŏ	gŏ-rhŏ
ventre	bine	humbyele	doghĕ	porho	siyă	....	....
dos	pelüi	bwă	kpena	mani	manŏ	zeka	zeka
derrière	....	....	....	....	....	gwotugo	guntugo
cuisse	....	....	....	puha	kyĕ	koko	huñko
pénis	kŭ	pyero	....	darho	dua	gbagyĕ	gbayŏ
testicules	....	....	....	da-biya	dua-bio	dorhŏ	dorho-gŏ
vagin	tĭri	kĭru	....	piro	bido	sira-kŏ	sirá-kŏ

	Lobi	Dyan	Gan	Tara	Kyan	Koul.-nord	Koul.-sud
main	ñyŏ	niŏ	deke	.....	.....	nu-ghŏ	nu-ghu
— droite	ñyŏ-bwo	ni-boy	.....	.....	.....	nü-dyoghŏ	nü-dyogho
— gauche	ñyŏ-molo	ni-myanu	.....	.....	.....	nüeko	nu-gokŏ
pied	nŏ	nekere	dèghe	.....	.....	na-rha	na-pāryo
doigt	.....	.....	.....	.....	.....	dyige	dyige
nuque	.....	.....	.....	.....	.....	leñgbo	leñgbo
épaule	.....	.....	.....	.....	.....	fèwo	nu-gŏ
sein	.....	.....	.....	.....	.....	ñyo-rhʋ	ñyŏ-ghŏ
peau	lo	.....	.....	.....	.....	.....	.....
sang	lŏmene	....,.	.....	.....	.....	.....	.....
ongle	.....	.....	.....	.....	.....	dyi-sāñā	dyi-sā

5° Animaux, plantes, aliments.

	Dagâri	Birifo	Gbanyan	Dagboma	Gouressi	Siti	Dégha
animal	nĕni	nenni	ninnŏ	nümdi	lam	....	nāma
mâle	.....	.....	.....	....	bara	bare	bare
femelle	.....	.....	.....	....	ne	ne	ne
petit	bye	bi	bi	bia	bi	bi	bi
cheval	wiri	.....	.....	wegŏ	....	....	....
bœuf	na-o, nā	nĭ	nā-fŏ	na-hŏ	na-ŏ	nā-hā	na-ŏ, nā
mouton	pere	pere	pesorho	pyorhŏ	....	awalaho	peru
chèvre	bwa	bwa	bwā	bā	buŏ	bolŏ	bōnŏ
chien	.....	.....	.....	....	....	....	pwerè
hyène	bumbori	bumburi	.....	....	....	....	....
singe	māhŏ	koko	.....	....	....	....	....
éléphant	.....	wŏ	.....	....	....	....	gbala
oiseau	.....	.....	.....	....	....	....	gimye
poulet	nwā	nüā	nwā	nū	gbāla	zahāle	dyale
œuf	nwā-gyale	nüā-gyale	nwā-gyela	nū-gala	gbāle-ala	zahā-ale	dya-ale
pintade	pini	pini	.....	....	....	....	....
poisson	.....	.....	.....	....	....	....	kèle
serpent	wŏfu	wŏfu	.....	....	....	....	....
mil (sorgho)	ki	ki	bāñgya	kyi	....	yĭra	....
maïs	kamani	kamani	.....	....	....	sorhore	gbuzugo
igname	ñyūri	ñyūri	ñyūri	ñyūri	....	pĭ	pe
arachides	simbye	simbye	sümbe	sumā	....	....	gātyè
manioc	.....	.....	bende	....	....	....	gbende
riz	.....	.....	malo	....	....	....	....

	Dagâri	Birifo	Gbanyan	Dagboma	Gouressi	Siti	Dégha
haricots	....	....	....	....	....	....	kyeku
farine	....	....	....	....	....	yïran	....
pain indigène	sā-o	sā-o	sā	sɑm	kōri	....	kwĩ
sauce	zyeri	zyeri	....	nahŏ	....	....	dori
bière de mil	dā	dā	....	....	....	....	....
sel	yārŏ	yārŏ	yārŏ	....	yesa	....	....
viande	nŏni	nenni	ninnŏ	nimdɩ	lam	....	nāma

	Lobi	Dyan	Gan	Tara	Kyan	Koul.-nord	Koul.-sud
animal	nŭni	nāno	ka	ta	tua	naā-ñgbŏ	nū-gbŏ
mâle	....	wo	....	....	....	sa	sā
femelle	....	ni	....	....	....	nhina	nhire
petit	bi	bi	....	bi-ya	bi-o	byo	bi
cheval	gāgo	gae	....	kyoro	kyo	swo	só
bœuf	nā	nā	....	nāro	nā	na	nā, nä
mouton	bana	pio	....	piro	piro	anamā	anamā
chèvre	bŭ	gbolo	....	bʋro	vio	teghe	teghe
chien	....	....	....	boni	bonu	manā	pesè
hyène	sedumo	moŏ	....	....	....	bedi	kukuzilyu
lion	....	gyŭlu	....	kyahuā	yira	gyira	bāgbārā
éléphant	....	....	....	samā	samā	tula	tulŏ
hippopotame	....	....	....	....	....	kundŭro	yŏ-tulŏ
antilope	....	....	....	....	....	buro	boromso
géomys	....	....	....	....	....	loa	lua
oiseau	....	....	....	....	....	ñimyeyo	numyeyo
poulet	yolŏ	nwā	....	kwe	kwo	zimi	zŭmyo
œuf	yolŏ-pala	no-kpā	....	kwe-bɩya	kwo-bio	zimi-fōghŏ	zŭmfoyo
poisson	....	....	....	kio-ro	kio	puro	pŭro
mil (sorgho)	gyŏ, di	*dyŏ, duŏ	syo-yè	da	duo	gode	zu-gŏ
petit mil	....	debwe	syo-firiya	....	....	koko-rho	brezuvā
maïs	wologyŏ	kombo	....	daba	baduo	sorho-zuŏ	brezugŏ
igname	puri	pwa	....	....	....	dŏ-ñgŏ	dŏ-ñgbŏ
arachides	kola, yo	gayŏ	syebege	....	....	marhatyĩ	ka-kŏ
riz	....	....	....	mi	mi	....	....
haricots	....	....	....	....	....	ka-mŏ	kāa-kpo
farine	....	munumu	mūmi	....	....	murhumŏ	murhum
pain indigène	gyŭru	dŭru	sosa	....	....	zu-ghŏ	dyi-gŏ
sauce	....	dama	nāgè	....	....	damŏ	dam
bière de mil	....	tamŏ	....	....	....	......	......

	Lobi	Dyan	Gan	Tara	Kyan	Koul.-nord	Koul.-sud
karité	. . . .	. . . .	. . . .	. . . .	. . . .	*va-kò*	. . . . . .
huile	. . . .	. . . .	*nŏme*	*ñi-ro*	*ñi*	*neigye*	*nye*
tabac	*tamba*	. . . .	. . . .	. . . .	. . . .	*asra*	*asra*
sel	*lāni*	. . . .	*syorŏgè*	*gyamŏ*	*zenŏ*	*laᾱ ñgbò*	*laᾱ-ñgbò*
viande	*nŭni*	*nāno*	*ka*	*ta*	*tua*	*naᾱ-ñgbò*	*nā-gbò*
coton	. . . .	*bᾱmiri*	. . . .	*gese*	*gese*	*gisye*	*gyetègyu*
miel	. . . .	. . . .	. . . .	*soro*	*soi*	. . . . . .	. . . . . .
hydromel	. . . .	. . . .	. . . .	*soro-ñyomŏ*	*soi-ñyŏ*	. . . . . .	. . . . . .

Note. — En « pougouli » : bœuf, *nᾱ*; mouton, *pero*; mil, *myῖ*.

REMARQUES SUR LES NOMS. — 1° *Composition.* — Les noms composés se forment par juxtaposition, le nom de l'objet possédé ou dépendant se plaçant le second, ainsi que dans le rapport de possession ou de dépendance. Beaucoup de noms sont terminés par des suffixes (*ri, re, ru, ro, ᾱ, ŏ, hᾱ, hŏ, hu, rha, rho, rhu, go, gò, ghò, gbò, kò, ge, gye, gyu*, etc.) dont il m'est impossible de préciser l'emploi et la valeur exacte; ces suffixes disparaissent le plus souvent en composition. Exemples : *yi-ri* « village », *yi-dᾱna* « chef de case » (dagâri); *zu-rhu* « tête », *zu-koba* « cheveux » birifo); *nu-hu* « main », *nu-zᾱ* « main gauche » (dagboma); *lo-rho* « village », *lo-rho-bè* ou *lō-bè* « chef de village » (tara); *yo-kò* « eau », *yò-tulò* « éléphant d'eau, hippopotame » (koulango-sud), etc.

2° *Pluriel.* — Je ne suis pas en mesure de donner les règles de la formation du pluriel. J'ai pu constater seulement que, tantôt le pluriel se forme par modification du singulier ou de son suffixe : *nela* « couteau », plur. *ndèra* (gbanyan); *ñyŏ* ou *ñyŏ-hŏ* « homme », plur. *yigwo* ou *ñyugo* (koulango); *yerhè* ou *yerè* « femme », plur. *ye* (id.); — tantôt il se forme par addition au radical d'un suffixe spécial ou par changement de la dernière voyelle du singulier en *u* : *niri* « homme », plur. *niri-bè* ou *niru* (gbanyan); *na* ou *nᾱ* « bœuf », pl. *na-u* (koulango); *bye* « jour », plur. *be-u* (id). — Il semble que l'on puisse employer indifféremment le pluriel ou le singulier devant un nom de nombre ou un déterminatif indiquant la pluralité, bien qu'en koulango on paraisse employer le pluriel de préférence dans certains cas.

III. — ADJECTIFS ET PRONOMS

Les adjectifs, comme les noms de nombre, suivent toujours le nom qu'ils déterminent, excepté les adjectifs possessifs et le démonstratif *ko* (dagâri et birifo), qui le précèdent.

	Dagâri	Birifo	Gbanyan	Dagboma	Gouressi	Siti	Dégha
blanc	*bo*	*bo, büe*	*kpèla*	....	*dapele*	....	*pulu-mŏ*
rouge	*gye*	*dyo*	*syela*	....	*dasole*	....	*sero*
noir[1]	*ble*	*biri*	*bila*	....	*dabile*	....	*gbilo*
bon	*vyele*	*vyele*	*vyela*	....	*wure*	*velo*	*wele*
moi[2]	*m*	*m*	*ne, n*	....	*n*	*me*	*me, n*
toi	*ye, e*	*ye. e*	*i, e*	*ye, e*	*i, fe*	*e*	*e, a*
lui, elle[3]	*o, a*	*o, a*	*o, a, è*	*o, a*	*o, a*	*u, o*	*o, ŏ*
nous, notre	....	....	*tinu, ti*	....	....	....	*ya*
vous, votre	....	....	*bènu*	....	....	....	....
eux, leur	....	....	*ti, a*	*bu, bo*	....	*ba*	*bʌ*
mon	*n*	*n*	*n*	....	*n*	....	*n*
ton	*e*	*e*	*e*	*e*	*i*	....	*e*
son[4]	*o, è*	*o, è*	*o, è*	*o, è*	*o, è*	....	*o*
ce,cette,ces	*ko*	*ko*	....	....	....	....	*nŏ*
tout, tous	....	....	*zza, bebye*	....	....	....	....

	Lobi	Dyan	Gan	Tara	Kyan	Koul.-nord	Koul.-sud
blanc[5]	*bulā*	*dabo*	....	*puno*	*kpuro*	*vu-ŏ*	*fu-ñgo*
rouge	*dasye*	*dasye*	....	*zŏno*	*zyŏ*	*vwā-gye*	*vā-yo*
noir	*dabiri*	*dabiri*	....	*pini*	*pini*	*mbĭ-ko*	*bĭ-ko*
grand	....	*gbè*	....	....	....	*gbŏ*	*gbŏ*
petit	....	*davotira*	....	....	....	*fĭfyĭdi*	*fĭfĭ*
bon[6]	....	*bwŏ*	....	*se*	*se*	*kyere*	*kyerè*
moi[7]	*me, mi, ni*	*me, n*	*me*	*mă, me*	*mă, me*	*mi*	*mi, me*
toi	*fĭ, i*	*fĭ, fe*	*e*	*i, fo*	*i, fo*	*u, e, i*	*u*
lui, elle[8]	*o, a*	*u, wo*	*u*	*u, a*	*u, o*	*o, e, a*	*o, a*
nous, notre	*si, sa*	....	*an*	*a*	*a*	*bi*	*bi*
vous, votre	*wi*	....	....	....	....	....	*bi*
eux, leur	*wi, u*	*yè*	....	*bè*	*bè*	*be*	*bā, ā*
mon	*mi, n*	*n*	....	*mi, n*	*mi, n*	*mi, n*	*me, n*

	Lobi	Dyan	Gan	Tara	Kyan	Koul.-nord	Koul.-sud
t..n	fi, i	fi	. . . .	wā	wā	i, yi	i, yi
son [4]	o, è	u	. . . .	. . . .	. . . .	è, c	è
ce,cette,ces	kè, kyè	u	ke	miyă	miyă	hwŏ,kwŏ	ñgo
tout, tous [6]	fyè	dyŏ	. . . .	. . . .	. . . .	pyè	. . . .

Notes. — 1. Les adjectifs qualificatifs semblent pouvoir s'employer, soit seuls, soit précédés de la particule *da*, qu'on retrouve dans des noms de tribus : *Dagāri, Dagboma, Dafyele, Dawāri*, etc. — 2. La forme abrégée du pronom de la 1re pers. peut être soit *m* devant toutes les consonnes, soit *m* devant les labiales et devant *m*, *ñ* devant les gutturales, *n* devant les autres lettres ; je l'ai indiqué par *m* dans le premier cas, par *n* dans le second. — 3. Les formes *o* et *a* ne s'emploient pas indifféremment : en dagâri, birifo, gbanyan, gouressi et lobi, *o* représente une personne ou un animal, *a* une chose ou un sujet indéterminé ; en koulango, la forme *a* est celle qu'on emploie généralement dans les phrases négatives ; en dégha, la forme *o* sert pour le sujet et la forme *ŏ* pour le régime. — 4. La forme *è* de l'adjectif possessif de la 3e pers. correspond à la forme *a* du pronom en dagâri, birifo, gbanyan, gouressi et lobi. — 5. « Bon à manger » se dit *dă* en dyan. — 6. L'adjectif démonstratif s'emploie aussi comme pronom ; en koulango cependant, le pronom démonstratif a une forme spéciale : *ăñguo* ou *ăñkwo* ou encore *ge* ou *ñge*.

IV. — LES VERBES

	Dagâri	Birifo	Gbanyan	Dagboma	Gouressi	Siti	Dégha
être (en un lieu)	. . . .	. . .	bè	bè	. . .	. . . .	lo, ro
ne pas être	. . . .	. . .	. . . .	yi	. . .	. . . .	to
être (attribut.) [1]	. . . .	. . .	na	. . . .	. . .	. . . .	lo, ro
aller	gere	gere	ua, üera	yila	mŏ	năndè	la
partir	gere, kyeni	kyeni	yeme, wèra	kyema, kyă	kyale	kăle	vulè
venir	wa	wa	wa	zo, la	la	ba	bā
venir de	iri	iri	iri	yere	. . . .	kyĭ	le
s'arrêter	zini	zia	asya	zia	kină	. . .	kye

	Dagâri	Birifo	Gbanyan	Dagboma	Gouressi	Sili	Dégha
se lever	is, iri	isihi	esigi	yesumã	si	gbolo	iri
s'asseoir	zini	zine	zènya	zinimã	honò	ñyene	so
se coucher	gã	gã	....	....	....	pè	kyò
dormir	gbiri	gbiri	....	....	....	....	kyòdom
mourir	kyi	kyi	kyi	....	suati	sewe	sewo
être fini	base	basa	sa	....	vyèle	kyohõ	....
être bon	vyele	vyele	vyela	....	wure	velo	wele
courir	....	....	zèta	zomna	....	....	kya
comprendre	wã	wã	....	....	nye	....	nõ
prendre	....	....	ñyorhõ	....	....	....	kpò
laisser	....	....	vènõ	....	....	....	gelo
tuer	ku	ku	ku	ko	sua	kpo	kpu
manger	di	di	didi	didi	di	di	di
boire	ñyu	ñyu	ñyu	ñyõ	ñyõ	ñyõ	ñyõ
appeler	yülè	yüle	yürhi	yüli	....	....	....

Autres verbes : passer, *kpè*; dire, *ka*; parler, *wu* (dagâri et birifo); — être nombreux, *bondõ*; être rare, *kake*; frapper, *lo*; aller à la chasse, *barala*; rire, *lara*; pleurer, *konã* (gbanyan); — n'être pas fini, *syèle* (gouressi); — être grand, *kane*; être petit, *doyeye*; voir, *nĩ*; donner, *tè*; attraper, *lawè* ou *laüè*; tomber, *kyülü*; demander, *dèbori*; connaître, *gye* (dégha).

	Lobi	Dyan	Gan	Tara	Kyan	Koul.-nord	Koul.-sud
être (en un lieu)	āli	ò, dyo	....	mi	mi	kho	....
ne pas être	āla	n dye wa	....	ō	ō	kha	....
être (attributif)[1]	....	õ	....	....	....	lo	lè
ne pas être	....	wa	....	....	....	....	....
aller	gala	li	yo	fè, vè	fè, vè	ya, bia	ya, biya
partir	gyala	li	yo	fè	fè	bia, ya	biya, ya
venir[2]	na, nã	ini	ba	bwe	bwe	yi	yi, da
venir de	te	....	....	lo	lo	ñgu	gu
s'arrêter	gile	ge	nene	....	....	....	....
se lever	ire	sye	ya	ni	uo	yorho	yorho
s'asseoir	togho	tyè	ta	asi	asi	enise	nese
se coucher	pi	dye	....	....	....	dyò	dyò
dormir	dare	dyeire	....	....	....	....	....
mourir	ki	ki	....	huru	wuru	pi	pi

	Lobi	Dyan	Gau	Tara	Kyan	Koul.-nord	Koul.-sud
être fini	pe	ma	syogi	mvō	vo	la	la
être bon	. . .	bwǒ	geri	se	se	kyere	kyerè
être grand	. . .	gbè-ǒ	. . .	. . .	. . .	gbǒ-ndya	gbǒ
être petit	. . .	. . .	. . .	. . .	. . .	kudi	fifi
courir	. . .	. . .	. . .	düüi	düi	syo	syo
être loin	. . .	nt	. . .	. . .	. . .	ǎsǒ	. . .
dire	. . .	so	. . .	. . .	. . .	ka	ka, kǎ
parler	. . .	kili	. . .	. . .	. . .	kǎ	kǎ
voir	yi	. . .	. . .	. . .	. . .	. . .	. . .
comprendre	nye, ni	. . .	. . .	. . .	. . .	. . .	. . .
faire	mè	. . .	. . .	. . .	. . .	. . .	. . .
vouloir	yāle	kale	. . .	. . .	. . .	meni	meni
pouvoir	. . .	pi	. . .	. . .	. . .	. . .	. . .
prendre	. . .	gbo	. . .	. . .	. . .	ti	ñgbe, ti
laisser	. . .	só	. . .	. . .	. . .	si	zelè
donner	a	. . .	. . .	a	a	ñyǎ	ñya
apporter	. . .	. . .	. . .	gbara	gbara	. . .	. . .
manger	di	gye	di	di	di	di	di
boire	ñyǒ	ñyǒ	ñyǒ	ñyǒ	ñyǒ	ne	mi
appeler	vye, üe	. . .	. . .	. . .	. . .	vógha	vógha
faire la guerre	ñki	. . .	. . .	. . .	. . .	. . .	. . .
tuer	ku	u	. . .	. . .	. . .	ko	ko
attraper	. . .	. . .	. . .	. . .	. . .	sukye	sakye
demander	. . .	. . .	. . .	. . .	. . .	wa, wè	wa

Notes. — 1. Les verbes attributifs *lo* ou *ro* (dégha), *ǒ* et *wa* dyan) et *lo* ou *lè* (koulango) se placent après leur attribut. — 2. Les Koulango emploient le verbe *yi* pour signifier « venir en un lieu, arriver » et le verbe *da* ou *dǎ* pour dire « venir faire quelque chose ».

V. — LA CONJUGAISON

	Dagàri et Birifo	Gbanyan	Dagboma
venir	wa	wa	zo
je viens, je viendrai	m wa	n nawa, m wa	n zo
je suis en train de venir	m wa na	m mǒ wa	. . . . . .
je suis venu	m wa ya	m wa ya, m wa ma	n zo yarha

	Dagâri et Birifo	Gbanyan	Dagboma
viens	*wa*	*wa*	*zo*
je ne viens pas	*m ba wa*	*m ba wa*	*m bu zo*
je ne suis pas venu	*m ba wa*	*m ba wa*	*m bi zo*
ne viens pas	*da wa*	*da wa*	*du zo*

	Gouressi	Siti	Dégha
venir	*la*	*ba*	*bā*
je viens, je viendrai	*n la*	*me ba*	*me bā*
je suis en train de venir	. . . . . .	*me ne ba*	*me le bā*
je suis venu	*n la re*	*me ba*	*me bā la, me bā i*
viens	*la*	*ba*	*bā*
je ne viens pas	*m bo la*	*me bè*	*m ma bā*
je ne viendrai pas	*m bo la*	*me bè*	*m ma le bā*
je ne suis pas venu	*m be la*	*me bè*	*me a ba, m ma bā hi*
je ne suis pas encore venu	. . . . . .	. . . . . .	*me ta bā le*
ne viens pas	*do la*	*aba ba*	*aba bā*

	Lobi	Dyan	Gau
venir	*na*	*ini*	*ba*
je viens, je viendrai	*mi na*	*m ini*	*m ba*
je suis en train de venir	*mi ne na,* *mi nare*	. . . . .	. . . . .
je suis venu	*mi na ri*	*m ini u, m inu*	*m ba ri*
viens	*i na, na*	*a ini*	*ba*
je ne viens pas	*m'a na ñga*	*m'ā ini wa*	*me m ba wa*
je ne suis pas venu	*mi na a*	*m'ā ina wa*	*me m ba a wa*
je ne suis pas encore venu	*mi na pa*	. . . .	. . . .
ne viens pas	*f'ā na a*	*nā ini wa*	*nam ba wa*

	Tara	Kyan	Koul.-nord	Koul.-sud
venir	*bwe*	*bwe*	*yi*	*yi*
je viens, je viendrai	*na bwe*	*ma bwe*	*mi yi*	*me yi*
je suis en train de venir	*mā bwe a*	*mā bwe a*	*lo mi yi*	*lè me yi*
je suis venu	*m bwe rè*	*m bwe rè*	*mi yi*	*me yi*
viens	*i bwe, do bwe*	*bwe, doho bwe*	*yi*	*yi, lè yi*
je ne viens pas	*na a bwe*	*um na bwe*	*mi a yi-y*	*me a yi-y*
je ne suis pas venu	*mā ā bwe*	*am ma ā bwe*	*mi kha yi e*	*me ā yi e*
ne viens pas	*am vo bwe*	*am vo bwe*	*ma yi-y*	*ma yi-y*
			ou *akhā yi ne*	ou *akhā yi ne*

Notes. — 1. La négation s'exprime en siti en changeant en *é* la dernière voyelle du verbe. — 2. A la 3ᵉ personne (verbe négatif en dégha), le pronom *o* se contracte souvent avec la négation *a* pour donner le son *wa* : *wa bā*, il n'est pas venu; souvent aussi, comme en siti, la dernière voyelle du verbe se change en *e* ou en *é* à la voix négative, tout en maintenant la négation *ma, a, ta*, ou *aba*. — 3. La particule négative *ã* de la 1ʳᵉ personne devient aux autres personnes un simple *n* (qui peut se changer en *m* devant une labiale et en *ñ* devant une gutturale) : *ñ n ini wa*, tu ne viens pas ; *u n ini wa*, il ne vient pas ; *yè n ini wa*, ils ne viennent pas (dyan). — 4. On voit qu'au passé négatif, en dyan, la dernière voyelle du verbe se change en *a*, de même qu'au passé affirmatif elle peut, soit se faire suivre d'un *u*, soit se changer en *u*. — 5. L'*m* qui précède le verbe est négatif; il se change en *ñ* devant une gutturale et en *n* devant toute consonne autre qu'une labiale ou une gutturale (gan). — 6. La dernière voyelle du verbe peut s'élider devant la double négation *a wa* (gan). — 7. On emploie *nam* devant *m, b, p, f, v*, et *nã* devant toute autre lettre. — 8. Les particules *do* (tara), *doho* (kyan), *lo* ou *lè* (koulango) sont en réalité des particules affirmatives qu'on pourrait traduire par « certes ». — 9. On a aussi en koulango-nord la forme *ma mi yi-y* (*ma* étant la négation de *lo*) et en koulango-sud la forme *me m yi ay*. Le *y* négatif final peut devenir *ye* ou *e* en se changer en *ne* après une nasale ; ce *y* (*ye, e* ou *ne*) se place après le régime du verbe, s'il y en a un ; mais, dans ce cas, il peut aussi disparaître ou bien se contracter avec la dernière voyelle du régime pour changer celle-ci en *e*.

Remarques générales. — Pour conjuguer n'importe quel verbe, actif ou neutre, il suffira de remplacer le verbe « venir » par le verbe choisi et le pronom de la 1ʳᵉ personne du singulier par le pronom sujet convenable, en tenant compte des notes qui précèdent. On se rappellera que la forme du présent ordinaire peut aussi s'employer pour le passé.

VI. — PLACE DES RÉGIMES.

Tout régime, direct ou indirect, sur lequel on veut insister, se place au commencement de la phrase, avant le sujet du verbe.

Sauf ce cas, le régime direct se place après le verbe ou après les particules de conjugaison ou de négation qui peuvent suivre le le verbe[1] et le régime indirect se place après le régime direct. Cependant, en *degha*, dans les phrases négatives ou interrogatives, le régime direct se place avant le verbe (entre les particules, s'il y en a, et le verbe); il semble qu'en *tara* et en *kyā*, le régime direct se place généralement avant le verbe.

En lobi et en koulango, on fait souvent précéder d'une particule de liaison l'infinitif complément d'un verbe; cette particule est *bè* ou *ba* en lobi, *le* en koulango.

En koulango, le pronom sujet se supprime souvent dans les expressions usuelles; il en est de même pour le pronom régime de la 3ᵉ personne, dans toutes les langues mossi-gourounsi.

VII. — **PHRASES ET EXEMPLES**.

1° *Dagāri et Birifo*.

Viens ici, *wa kyè* ou *wa ka*; assieds-toi par terre, *zin teñe*; lève-toi, *is*; passe, *kpè*.

Que dis-tu? *ye wu la*? il dit... *o ka...* Parles-tu dagāri? *e wu na Dagāri*? je le parle, *m wu na le*; je ne le parle pas, *m ba wu*.

J'ai compris, *m wā ya*; je ne comprends pas, *m bè wā* ou *m ba wā*.

C'est fini, *a bas' ya*; ce n'est pas fini, *a ba base*; c'est bon, *a vyele*; ce n'est pas bon, *a ba vyele*.

Il remercie, *o ka mpurifo*; merci, *m ka mpurifo*.

Quel est ton nom? *e yülè o la*? ou *è yülè bǒ*? Comment appelle-t-on cette rivière? *ko kola è yülè o la*? (cette rivière son nom est comment?)

Bonjour, *yani* (on répète ce mot plusieurs fois en frappant doucement des mains paume contre paume).

2° *Gbanyā*.

Mon père, *n sa*; ma mère, *m ma*; eh! l'ami, eh! l'homme, *n dāba*.

---

1. Voir les phrases et exemples pour quelques cas particuliers.

Viens ici, *wa za*; va-t-en, *uera* ou *üera* allons ; manger, *ua ti didi*; je bois de l'eau, *n na ñyu koõ*; d'où viens-tu? *y 'iri bori ñyi?* où vas-tu? *ñyi-ne uera?*

Comment t'appelles-tu? *e yürhi na muna?* (ton nom est comment?) comment s'appelle-t-il? *o yürhi na muna?* je m'appelle Donko, *n yürhi na Dõko*.

Je vais à la chasse, *n na mbarala*; il a tué un bœuf, *o ku ma nãfõ*. Il s'arrête, *o asya*; il se lève, *o esigi e*; il l'a frappé, *o to ma*; il frappe une femme, *o to porho*.

Il prend son couteau, *o ñyorhõ nela*; ils prennent leurs couteaux, *ti ñyorhõ ndèra*.

Il y a beaucoup de gens, *niri-bè a bebye bondõ* (hommes eux tous sont nombreux); il n'y a pas béaucoup de monde ici, *niri-bè a kake za* (hommes eux sont rares ici).

Je pars aujourd'hui, *ne ycme dini*, je partirai demain, *ne yeme byè*; je suis parti hier, *ne yeme ya zaani*.

C'est fini, *a sa ya*; ce n'est pas fini, *a ba sa*; c'est bon, *a vyela* ou *è vyela*; ce n'est pas bon, *è ba vyela*.

Je m'en vais, *m mõ wèra*; où vas-tu? *ñyi-ne uera* ou *ñyi-ni üera?* c'est au village qu'il va, *yire ni o mõ wèra*; il va au village, *o mõ wèra yire ni*; ils s'en vont tous, *ti zza wèra*.

3° *Dagboma*.

Viens ici, *zo ka*; viens vite, *zo ka mⁿ ɩ*; va-t-en, *kyema*; où vas-tu? *a yila yenna?* où est-il? *o bè yeneʔ* il est ici, *o bè ni*; il n'y est pas ; *o yi a*; il est parti, *o kyã yarha*; il n'est pas parti, *o bi kyã*.

Comment l'appelle-t-on? *o yüli bo nubo?*

Ils ont tué un bœuf, *bu ko nahõ*; ils ne l'ont pas tué, *bu bu ko* ou *bu bi ko*; ne le tue pas, *du ko*.

Merci, *nãtüma*; bonjour, *yani*.

4° *Guresi*.

Viens ici, *la a*; assieds-toi, *honõ*; assieds-toi là, *hon 'da a*; arrête-toi, *sī kinã* (lève-toi, arrête-toi).

Viens manger quelque chose, *la di kōri* (viens manger aliment); viens boire de l'eau, *la ñyõ le*.

Il est mort, *o suaï re*; c'est fini, *a vyèle*; ce n'est pas fini, *a syèle*; c'est bon, *a wure*; ce n'est pas bon, *a bo wure*.

J'ai compris, *n nye re*; je n'ai pas compris, *m be nye*.

5° *Siti.*

Ils ont tué un homme, *ba kpo nolo* ou *ba kpo nole*; un homme est mort, *nolo sewe*; il n'est pas mort, *u sewè*.

Doù viens-tu? *deri kyï?* je viens de mes plantations, *me kyï me taho m ba* (je viens de mes plantations j'arrive); où vas-tu? *e ne nāndè?* (tu vas?) ou *deri nāndè?* (où aller?) je vais au village, *me nāndè āne*; va-t-en, *e kāle*.

C'est bon, *u velo*; ce n'est pas bon, *u velè*; c'est fini, *o kyohŏ*; ce n'est pas fini, *o kyohè*.

6° *Degha.*

Mon père, *m yā*; ma mère, *n nā*; mon fils, *m bye*.

Va, *valè*; viens, *ba*; arrête-toi, *kye*; lève-toi, *iri*.

Donne-le moi, *tè me*; je ne te le donnerai pas, *m ma e le tè* (je ne pas toi donnerai : le pronom régime se place entre la négation *ma* et la particule *le*).

Il est tombé par terre, *o kyülü hare*; il n'est pas tombé, *o a kyüle* ou *wa kyüle*.

C'est bon, *o wele*; ce n'est pas bon, *wa wele*; il est grand, *o kane*; il n'est pas grand, *o a kane*.

Ils ont tué un homme, *ba kpu nèlo*; ils n'ont tué personne, *ba a nè mpwè* (eux ne pas homme tuer); ne le tue pas, *aba ŏ mpu*.

Il est mort, *o sewo*; il n'est pas mort, *o a sewè*.

Ils sont venus, *ba bā la*; ils ne sont pas encore arrivés, *ba ta bā le*.

Comment appelle-t-on cette chose? *ko nŏ o sonā alè ro?* (chose cette son nom comment est?) comment appelle-t-on cet homme? *nè nŏ o sonā alè ro?* on l'appelle Sâfou, *o sonā Sāfu*.

As-tu vu cet homme? *a bono nŏ nï?* je ne l'ai pas vu, *m ma ŏ nï*; je l'ai vu, *n nï ŏ*; j'ai vu une femme, *n nï hanŏ di*.

Je te demande si tu as compris, *n dèïori : a nŏ hï?* (je demande : tu as compris?) je n'ai pas compris, *m ma nŏ hï*; je comprends, *n nŏ*.

Je ne le connais pas, *m ma ŏ ñgye* ; je le connais, *ñ gye ŏ* ou *ñ gyem ŏ.*

Comprends-tu le dégha ? *e le nŏ degha*? comprends-tu le dyoula ? *e le nŏ degene*? comprends-tu le nafâna ? *e le nŏ nafâne*? comprends-tu l'abron ? *e le nŏ buhĭ*?

Où est-il ? *lo o do ro* ? (pour *le o le ro* ou *le o la lo*, où il où est) ; il est ici, *o lo bĭla* ; il n'est pas ici, *o to bĭla* ; il est au village, *o lo bwe bi* ; où vas-tu ? *le e la*? c'est aux plantations que je vais, *koo me la* ; je vais au village, *me la bwe bi* ; d'où viens-tu ? *le e le ra*? (pour *le e le la*, d'où es-tu venu) ; c'est de Bondoukou que je viens, *Butugu n le.*

Salutation : *iyāni* ou *gyāni* ou *gyānu* (réponse : *yā*).

7° *Lobi.*

Aujourd'hui, *ni* ; demain, *kyŏ* ; après-demain, *gye-be* ; hier, *gye-ālè.*

Chose, *tŏ* ; cette chose, *tŏ ñkyè* ; cet homme, *tibeli kè* ou *tibile kyè.*

Comment appelle-t-on cet homme ? *tibeli kè mŏ u vyè*? son nom est Guié, *o yiri Gye.*

Marche vite, *gala korokore* ou *gyala korokore* ; viens, *i nä* ou *i na* ; viens manger, *i na si di gyüru* (toi viens nous mangerons aliment) ; viens manger des ignames, *i na bè di puri* (toi viens pour manger ignames). Donne-moi de l'eau pour boire, *a mi ñyŏni, n ñyŏ* (donne moi eau, je boirai).

Comprends-tu le lobi ? *ñ ni re Lobi ri*? je comprends, *me nye re* ou *me ni re* ; je ne comprends pas, *m'a nye ñga.*

Je l'ai vu, *mi yi ri*; je ne l'ai pas vu, *m'a yi ga.*

Il est en train de dormir, *a pi ne dare* (il est couché en train de dormir) ; il est mort, *a ki ri* ; il n'est pas mort, *a ki a* ou *a ki pa.*

Il a tué tous les hommes, *o ku ri tibile fyè o* (o explétif) ; ne tue pas cet homme, *f'ä ñku a tibeli kè.*

Que veux-tu ? *eñyè ñ ñyāli*? je veux acheter un pagne, *me yale n ti kiñkyeni (ti* « acheter ») ; il n'y a pas de pagnes, *kiñkyen 'a äla* ; il y a des pagnes dans notre village, *kiñkyeni äli sa di* ; où est-il ? *ka ä* ? (pour *ka a äli*?) il est à la maison, *a äli kyoro.*

Va l'appeler, *gala ba üe o* (va pour appeler) ; il vient tout de suite, *a na hcne*; où vas-tu ? *ka ñ ñgala* ? d'où viens-tu ? *ka ñ te*?

je viens de Bouna, *ni te re Gbōna*; je vais à Diébougou, *mi ñgala Dyebugu.*

C'est fini, *a pe re*; ce n'est pas fini, *a pe pa.*

Ils font la guerre, *wi ñki re*; ils font une maison, *u mè re kyoro* ou *wi mè re kyoro.*

J'ai bien faim, *komere funerè nenè kpè* (je ne puis donner l'analyse de cette phrase).

8° *Dyñ.*

Va, *a li*; viens, *a ini*; assieds-toi, *a tyè*; lève-toi, *a sye*; couche-toi, *a dye*; arrête-toi, *a ge*; parle, *a kili.*

Il est grand, *gbè õ*; c'est bon à manger, *dã õ* (bon être : on n'exprime pas en général le pronom sujet indéterminé); c'est bon, *bwò*; ce n'est pas bon, *u m bò wa* ou *u n dã wa* (ce n'est pas bon à manger : le pronom s'exprime dans les phrases négatives).

Que veux-tu? *mana fi kule?* c'est du mil que je veux, *duõ ñ kale*; prends-le, *a gbo*; laisse, ne le prends pas, *a só, nã gbo wa.*

Viens manger, *a ini gye dŭru* (viens manger aliment); boire de l'eau, *ñyõ ñumu.*

Tue cette hyène, *a u moõ u*; ne la tue pas, *fe nã u wa*; je ne la tuerai pas, *m'ã u wa.*

Il est mort, *ki u*; il n'est pas mort, *u ñ ki wa.*

Cet homme qui est là, *imbi u wo ò mõmõ* (homme ce il est là).

Il y a de l'or, *mara dyo*; il n'y a pas d'or, *mara n dye wa.*

Il vient, *ini*; il est venu, *inu*; ils sont tous venus, *yè dyõ inu*; personne n'est venu, *imbi nu ina wa* (homme aucun est pas venu).

C'est fini, *ma o* (*o* explétif); ce n'est pas fini *u m ma wa.*

C'est loin, *āli nĭ u*¹ (être être loin); ce n'est pas loin, *u n nĭ wa.*

Que dis-tu? *mana fi so?* je dis que... *me so do...* ou *m'aso do* (souvent on fait précéder le verbe d'un *a*, au présent comme à l'impératif).

Parles-tu dyan? *fi kili Dyãn?* je ne sais pas parler dyan, *m'am pi kili Dyãnu wa* (je ne peux pas parler dyan : on voit que le régime se place entre le verbe et la négation *wa*).

---

1. La particule *u* qui indique le passé sert aussi à affirmer l'action ou l'état à n'importe quel temps : *ki u*, il est certainement mort, il *u* fini de mourir. La négation *wa* (*u a*) n'est autre chose que la négation de *u*.

9° *Gă.*

Viens ici, *ŏa fa*; assieds-toi, *e ta*; lève-toi, *ya*; va-t-en, *yo*; viens manger, *ba an di* (viens nous mangerons).

C'est fini, *syogi ri*; ce n'est pas fini, *ke bo* (cela reste).

C'est bon, *ke geri*; ce n'est pas bon, *ke ñ gera wa.*

10° *Tara.*

Mon père, *mi mă*; ton père, *wă mă*; ma mère, *n nă.*

Apporte un mouton, *piro gbara.*

C'est très bon, *u se hanïya*; c'est bon, *u se*; ce n'est pas bon, *u a se* (*u a mimu*, ce n'est pas bon à manger); ils ne sont pas bons, *bĕ a se.*

Viens ici, *bŵe e*; va-t-en, *do fè*; assieds-toi, *i asi*; lève-toi, *i ni*; où vas-tu? *fo vĕ we?* (tu vas où?); d'où viens-tu? *fo lo we?* où va cet homme? *miyă mvè we*; je vais au village, *mă vè a lorho.*

Il est mort, *a huru.*

J'ai faim, *inŭ mi*; j'ai très faim, *inŭ mi hăna*; as-tu faim? *inŭ vo?* donne-moi de l'eau, *a me a ñyŏ* (donne-moi pour boire).

Il y a de la viande, *ta mi hè* (viande est ici); il n'y a pas de viande, *ta ō miomio* (viande n'est pas du tout); où es-tu? *fo mi na-we?* il est par terre, *mi tiñi*; il est chez lui, *mi zi* ou *mi azo* (être maison : le pronom sujet de la 3ᵉ personne se supprime très souvent).

Comment appelle-t-on cela? *gyenue byeo?* (nom comment?) quel est son nom? *a gyenue?*

Aujourd'hui, *ziya*; hier, *hĭhŭ*; demain, *giro.*

C'est fini, *mvō rè*; tu manges, *fo a di*; il court, *o a dŭŭi* (on place souvent un *a* devant le verbe au présent, à l'impératif et à l'infinitif, comme en dyan).

11° *Kyă.*

Mon père, *mi myă*; ton père, *wă myă*; ma mère, *n nă.*

Apporte un mouton, *piro gbara.*

C'est très bon, *u se hăre*; c'est bon, *u se*; ce n'est pas bon, *ma u se* ou *am u ă se.*

Viens, *doho bwe*; va, *doho fè* ou *do fè*; assieds-toi, *doho asi*; lève-toi, *doh'uo*; où vas-tu? *doho vè we?* (certes aller où?) d'où vient-il? *o lo we?* je vais au village, *mã mvè a lõ* ou *mã mbo a lõ*; où va t-il? *o fè we?*

Il est mort, *doho wuru* (certes être mort); il court, *doho düi*.

J'ai faim, *inũ mi na* (faim est dans-moi) ou *inũ gbè na*; tu as faim, *inũ-fo*; donne-moi à boire, *a me m'a ñyõ* (voir pour *a* placé avant le verbe le dernier exemple *tara*); viens manger, *bwe a di*.

Il y a de la viande, *tua mi hè*; il n'y a pas de viande, *tua õ monaye.*

Où est-il? *mi we?* (être où?) il est par terre, *mi tũ*; il est chez lui, *mi zõ.*

Comment l'appelle-t-on? *a gyenue?* ou *gyenue?*

Aujourd'hui, *zèré*; hier, *ĩmu*; demain, *giro.*

C'est fini, *vo.*

12° *Kulãgo* (Bouna).

Les Dyoula, *Sorho* ou *Sorhorho*; les Assanti, *Sãndisorho*; les Abron, *Boghãbo*; les Européens, *Yevwã* ou *Yevwĩ* (les Rouges).

Parles-tu koulango? *u kã ñkulãñyo?* es-tu Koulango? *Kulã-mbyo e lo?*

Tu es bon, *u kyere*; tu n'es pas bon, *u a kyere-y*; tu es méchant, *u gya*; c'est bon, *o kyere*; ce n'est pas bon, *a a kyere-y*; il est méchant, *e gya* ou *o gya.*

Tu es gros, *u gbõ-ndya*; tu n'es pas gros, *u a ybo-ne*; c'est loin, *ãsõ*; ce n'est pas loin, *ãsõ-ye* ou *e kudi* (c'est court).

Cet homme, *ñyõ hwõ*; un homme rouge, *ñyõ vwã* ou *ñyõ vuãgye*; cette chose, *zuñghò hwõ* ou *zuñghò kwò.*

Comment appelle-t-on cela? *zuñghò kolè mi wa* (chose nom je demande) ou *zuñghò kolè bè?* (chose nom comment?)

Où va ce chemin? *bwãngo kwò al'a kha ya?* (chemin ce où il est allant?) il va aux plantations, *bia khañyõ.*

D'où viens-tu ? *alo u ñgu ?* je viens du village, *mi ñgu ãngo-kò re*; où vas-tu? *alo ya?* je vais à la montagne, *mi ya bo-kò le.* Viens ici, *yi fay* ; va-t-en, *ya fi*; assieds-toi, *énise*; lève-toi, *yorho*; marche vite, *bia kpõkpõ.*

Donne-le moi, *ñyã fay* (donne ici); je ne te le donnerai pas, *ma mi ñyã ãngwe* (*ma* est négatif; *ãngwe* est pour *ãngwo ye*, *ye* étant la particule de négation).

Prends-le, *ti è* ou *ti e.* Je tue un homme, *mi ko ñyŏ*; ne le tue pas, *akhă ko e ne*; un homme est mort, *ñyŏ e pi*

Que demandes-tu ? *bèla u wa* ? rien, *govè elè* ; je demande du sel, *mi wé laăñgbò.*

C'est fini, *o la* ou *o lla* ; ce n'est pas fini, *kha la e* ; que dis-tu ? *u ka bè* ? où est-il? *kho a c* ? (être où? *e* est explétif, *a* « où » devient *alo* ou *ala* quand il y a mouvement, de même que *bè* « comment? » devient *bèla* « quoi? »); il est ici, *kho lo fi* (être certes ici); il n'est pas ici, *kha fay e.*

Quel est ton nom ? *u yi kola bè* ? (toi ton nom comment ?)

Ils s'en vont tous, *be ya pyè.*

13° *Kulăgo* (Bondoukou).

Les Dyoula, et en général tous les Musulmans, *Sorhò* (d'où le nom de la ville de *Sorhòbăgo*, le village des Musulmans); les Assanti, *Sănisorhò*; les Abron, *Boghăbo*; les Européens, *Bureni* (mot abron).

Mon père, *n da* ; ma mère, *n nă*; mon fils, *m bi.*

Es-tu Koulango? *Kulăñgo lè u*? parles-tu dyoula? *u kă Sorhògho* ? parles-tu koulango? *u kă Kulă-gho* ? je ne parle pas, *mi a kă ñge-y* (je ne parle pas cela); je le parle, *lè me kă ñge.*

C'est bon, *o kyerè* ; ce n'est pas bon, *a a kyerè-y*; il est gros, *o gbŏ* ; il n'est pas gros, *a a gbo-ne*; c'est fini, *o la* ; ce n'est pas fini, *a a la-y.*

Une chose blanche, *zu fu-ñgo*; une chose noire, *zu-ñgo bĭ-ko.*

Comment appelle-t-on cela? *zuñgo bă kara zi* ? (choses leur nom comment ?) c'est un pagne, *gyatarha lè.* Comment t'appelles-tu ? *lè ă kă u zi* ? (certes on dit toi comment ?) on m'appelle Kouadio, ou *bă vógha m Kwadyò.*

Où vas-tu? *lè u ya hay* ? (certes tu vas où?) je vais au village, *lè mi ya ăñgo-n*; d'où viens-tu? *lè u gu hay*? je viens des plantations, *mi gu khăni di*; je viens au village, *lè mi yi ăñgo-n.*

Viens ici, *yi fay*; viens voir, *dă le yi* (viens pour venir); viens manger, *da le di*; va-t-en, *lè ya.*

Donne-moi de l'eau pour boire, *ñya m yokò le mi*; viens le chercher, *yi ñgbe ge*; que veux-tu? *lè bèla u meni*? je veux mes affaires, *mi meni me zuñgo*; je veux du sel, *mi meni laăñgbò.*

J'ai tué un homme, *me ko ñyŏhŏ*; je ne l'ai pas tué, *me m ko a-y*; il est mort, *o pĭ*; il n'est pas mort, *ă pĭ e*.

Marchez, *biya ou bia*.

Aujourd'hui, *da*; demain, *kăso*; après-demain, *dèri*; hier, *byekya*; avant-hier, *honigerefiñyŏ*. — Matin, *dekyigè*; midi, *berèkerè*;soir, *yekyiniñgò*. — Un jour, *bye taa*; deux jours, *beu bila*; trois jours, *beu să*.

Beaucoup d'hommes, *ñyugo berepo*; beaucoup de femmes, *ye bolopō-ko*; beaucoup de bœufs, *nău nipo*.

Salut (en arrivant dans un village ou dans une case), *tugbăda* (répété). — Réponse : *ohēda*.

Bonjour (le matin), *dagwa* (répété); réponse : *gwāda*. — Bonjour (à midi), *berèkerèda*; réponse : *tirăda*. — Bonsoir : *dăman* (répété); réponse : *măleda*.

Adieu, *mi ya ben li*; réponse : *u beni hēda*.

Merci, *mi gyase leda*; réponse : *bère*.

CHAPITRE VIII

Les langues étrangères.

Sous cette dénomination, je range les langues qui, bien que parlées à la Côte d'Ivoire et dans les pays voisins par un certain nombre d'habitants, appartiennent à des familles dont l'habitat propre se trouve situé en dehors de la région qui nous occupe. Ces langues sont le *hausa*, le *pular*, l'arabe, le « pigeon-english » et le « petit nègre ». Je ne m'étendrai pas à leur sujet, les trois premières ayant été maintes fois étudiées et les deux autres n'étant que des patois de langues européennes.

1° *Hausa*. — Le haoussa est l'une des langues nègres les plus développées, en même temps que les plus harmonieuses et les plus faciles à apprendre. Nombreux sont les ouvrages qui en traitent. Ses principales particularités sont : l'emploi de formes spéciales pour le féminin des noms, adjectifs et pronoms ; la diversité des pluriels de ses substantifs ; la richesse de ses formes verbales et de ses termes abstraits. L'habitat propre des Haoussa se trouve entre le Niger Oriental et le Bornou, du Sahara au confluent de la Bénoué et du Niger ; mais, aussi doués pour le commerce que les Soninké et les Dyoula, les Haoussa se sont répandus fort loin dans toutes les directions et possèdent dans toute l'Afrique centrale des colonies prospères, où leur langue est parlée par eux et souvent par une partie des autochtones.

A la Côte d'Ivoire, on trouve des Haoussa à Bondoukou, à Bouna, à Groumânia, à Marabadyassa ; à la Côte d'Or, on les rencontre à Coumassie, à Ouonki, à Kintampo, à Salaga, à Oua, à Gambagha ; dans le 2e territoire militaire, ils ont des colonies à Diébougou, à Bobo-Dioulasso, etc. La langue parlée dans ces différentes villes ne diffère pas sensiblement de celle parlée dans le Haoussa propre, à part quelques expressions locales assez rares d'ailleurs. En général les articulations *ch* et *tch* se prononcent plutôt *sh* et *tsh* ou même *ky* : *shi na tafi*, « il vient » ; *matshe, matye* ou *makye*, « une femme ».

Sur les marchés de Kintampo, Salaga et Oua, le haoussa est la langue usuelle ; à Bondoukou, il est parlé par tout le monde dans le quartier des teinturiers, qui sont, soit des Haoussa, soit des Kanouri du Bornou. C'est aussi la langue officielle des tirailleurs anglais, bien qu'il y ait très peu de vrais Haoussa parmi eux. — Les Dyoula appellent les Haoussa *Maraba* ou *Malarha*.

2° *Pular*. — La langue parlée par les gens que nous appelons des noms divers de Toucouleurs, Peuhls, Foulah, Foulani, Fellatah, etc., est désignée par eux-mêmes sous le nom de *pular* (poular) ; ils donnent le nom de *Al-pular* ('al pular ou *hal pular*, parler poular) à l'ensemble des peuples qui parlent cette langue, quelle que soit leur couleur ou leur origine, réservant les appellations spéciales de *Pullo* (pluriel *Fulbe*) à ceux d'entre eux qui sont demeurés pasteurs (comme ils l'étaient tous sans doute à l'origine), de *Laobe* à ceux qui exercent des métiers manuels et enfin de *Fula-ñke* (mot sosinké employé seulement en Afrique Occidentale) aux gens d'origine poular qui ont oublié leur langue pour adopter un dialecte mandé et qu'on rencontre principalement dans le Bondou, le Bambouk, le Dinguiray, le Fouta-Diallon, le Ouassoulou, le Minian.

Ils semblent ne faire entre eux aucune distinction de couleur : certains sont presque blancs, d'autres sont rouges, d'autres sont noirs ; les uns ont les cheveux lisses, d'autres les cheveux crépus ; les uns ont les yeux bleus, d'autres les yeux bruns ou noirs. Mais ils considèrent tous les hommes parlant le poular comme formant une seule tribu.

Suivant les pays où ils habitent, les Poular ont ou n'ont pas de noms de famille ; ceux qui habitent parmi les Mandé ont des noms de famille spéciaux, bien que plusieurs de ces noms (Diallo, Sidibé, Sissé, Diakité, etc.) se rencontrent aussi chez les Manenka et les Soninké et surtout chez les Foulanké.

Ils ne font pas la distinction que nous faisons entre Peuhls et Toucouleurs ; ainsi nous avons coutume de dire que les Toucouleurs ont fait la guerre aux Peuhls dans le Massina ; pour eux, il s'agissait simplement d'une guerre entre deux tribus poular de même race. Le nom de « Toucouleur », vient du mot *Tokolor* ou *Tukulœr*, employé par les Ouolof pour désigner tous ceux qui parlent poular, qu'ils soient rouges ou noirs, mot qui peut-être doit être identifié avec *Tekruri* « Soudanais »; quant au mot « Peuhl » ou « Peul », c'est simplement le mot *Pullo* mal prononcé.

La racine de leur nom est *ful* (singulier *pul*); de là viennent les mots *pul'ar* (*pul'al* ou *pul-hal*, langue de Poul), *Pul'o* ou *Pullo* (un Poul), *Ful-be* (des hommes Foul). Les peuples de langue poular sont appelés *Fila* ou *Fula* ou *Fulani* par les Mandé, *Ba-Filatshe* (pluriel *Fulawa* ou *Fulani*) par les Haoussa, *Filata* par les Kanouri du Bornou.

La langue poular est une. Mais à cause de l'immensité de son domaine (on trouve des gens parlant poular depuis le Ouadaï à l'est jusqu'au bas Sénégal à l'ouest, et depuis la limite sud du Sahara jusque près de l'équateur), à cause aussi d'un fait que, à l'exception de quelques groupements, les gens de langue poular ne forment en général qu'une faible minorité dispersée au milieu de tribus de langues diverses, les idiotismes sont nombreux dans chaque groupe, certains mots étant spéciaux à un groupe et peu usités ou inconnus dans les autres. Cependant un Poular du Sénégal peut converser sans grande difficulté avec un Poular du Sokoto, comme j'en ai eu la preuve plus d'une fois.

Quelle que soit l'origine des Foulbé de race pure, il est bien certain que la langue poular n'a rien de commun avec les langues des autres peuples de race blanche qu'on rencontre en Afrique, Sémites ou Hamites; au point de vue des radicaux, on peut lui trouver quelques analogies, peut-être purement accidentelles, avec certaines langues nègres (en mettant de côté, bien entendu, les emprunts faits par le poular aux langues nègres voisines et par celles-ci au poular); mais cette langue a des caractères bien spéciaux, qui la mettent à part parmi tous les idiomes parlés en Afrique. Les principaux de ces caractères sont : l'altération de la consonne initiale de la racine pour former des pluriels ou des dérivés; la distinction nette, au point de vue morphologique et désinenciel, des noms se rapportant à l'homme et de tous les autres mots (genre hominin et genre brute de Faidherbe); l'importance considérable des suffixes et le rôle joué par les suffixes d'individualisation, et dont le résultat se manifeste en phénomènes que l'on a attribués à tort à des fantaisies euphoniques, par exemple dans l'accord des prétendus adjectifs avec les noms, enfin le rapport de possession ou de dépendance marqué par simple juxtaposition, le nom du possesseur se plaçant le second (ce dernier caractère seul est commun au poular et aux langues sémitiques et hamitiques, ainsi d'ailleurs qu'au haoussa). Ces caractéristiques de la langue poular ont été très nettement indiquées par M. le Dr Tautain, actuellement Secrétaire général de la Guinée française, dont le travail est certainement le meilleur qui ait été publié sur cette langue.

Les pays où l'on rencontre des gens de langue poular sont principalement : le Ouadaï et les pays voisins à l'est du Tchad, où ils sont surtout pasteurs et n'occupent aucune situation politique ; — le sud du Baguirmi, le Logone, l'Adamaoua, où ils sont pasteurs également, mais où certains d'entre eux occupent des situations politiques et religieuses importantes ; — le Bornou, où ils sont simplement pasteurs ; — le Kano, le Sokoto, le Gando, où ils sont à la fois pasteurs et guerriers et où ils ont acquis la suprématie politique et religieuse ; — les pays du nord de la Boucle du Niger (Torodi, Liptako, Hombori, Djilgodi, Mossi, Yatenga, etc.), où on les rencontre, tantôt en groupes indépendants, pasteurs, guerriers et marabouts, tantôt en groupes plus ou moins vassaux des tribus au milieu desquelles ils se livrent à l'élevage, tantôt par familles isolées de pasteurs, tantôt enfin à l'état nomade, pasteurs et caravaniers ; — les pays de la haute Volta, où ils sont en général pasteurs, tantôt sédentaires, tantôt nomades, gardant des troupeaux pour le compte de propriétaires indigènes ou étrangers ; les pays entre le haut Bandama et le haut Niger, où ils sont pasteurs, caravaniers et quelquefois cultivateurs ; — le Massina, où ils sont guerriers, cultivateurs et pasteurs ; — le Ségou et les pays Bamana et Soninké, où ils sont pasteurs et cultivateurs et ont été guerriers et conquérants ; — le Fouta-Diallon et les pays voisins, où ils sont surtout pasteurs et cultivateurs ; — le Fouta-Toro et le Rip, où ils sont pasteurs et cultivateurs, et en général indépendants.

La majorité des gens de langue poular est musulmane, bien que certains groupes isolés soient demeurés païens, surtout les groupes où les Foulbé blancs sont en nombre supérieur aux Foulbé noirs.

Parmi les musulmans, les uns, surtout les noirs, sont dévots et font du prosélytisme ; les autres, surtout ceux qui sont uniquement pasteurs et les nomades, ont un islamisme au contraire très tolérant et très superficiel.

A la Côte d'Ivoire, on rencontre des gens de langue poular à Bondoukou (commerçants et convoyeurs de troupeaux), à Bouna (convoyeurs de troupeaux), dans le cercle de Kong (pasteurs) et à la côte (commerçants). Les caravanes composées de Poular viennent principalement de Ségou, du Massina, de San, de Ouahabou, de Boromo.

3° *Arabe.* — Dans la région qui nous occupe, l'arabe n'est parlé réellement que par les quelques Maures du Sahel sénégalais qui viennent échanger du sel et des bœufs contre des colas. Un grand nombre de Noirs musulmans connaissent l'arabe et le connaissent même bien mieux qu'on ne le croit généralement, mais, en dehors de quelques formules et compliments de politesse, ils ne s'en servent presque jamais en conversation. Ceux mêmes qui sont les plus versés dans cette langue éprouvent une grande difficulté à la parler, faute d'habitude : on peut exactement comparer leur cas à celui de nos latinistes qui voudraient parler latin.

En tout cas, l'arabe parlé dans le Soudan occidental, qu'il soit parlé couramment par des Maures ou ânonné par des Noirs, est l'*arabe écrit ou arabe littéral.* Les dialectes parlés du Maghreb et de l'Orient sont inconnus et ne seraient pas compris. On parle en prononçant toutes les voyelles et en employant les cas, les temps et les formes de la langue écrite, quoique en les employant de façon très irrégulière et souvent fantaisiste.

Mais si l'arabe, en tant que langue parlée, n'a qu'une importance négligeable, il en a une considérable en tant que langue écrite. Si l'on met de côté les Noirs européanisés élevés dans nos écoles et la petite tribu des Vaï, on est forcé de constater que les Nègres de l'Afrique Occidentale n'ont qu'une seule langue écrite à leur disposition : l'arabe. Cette langue est répandue parmi tous les mulsumans des villes, Mandé et Haoussa ; les écoles où on l'enseigne sont nombreuses ; et je pourrais citer plusieurs imâms (vulgairement *alami*) et marabouts de la Côte d'Ivoire qui connaissent mieux l'arabe et l'écrivent plus correctement que beaucoup de marabouts algériens de second ordre.

Les arabisants noirs sont de plus, en général, des calligraphes remarquables. Le type d'écriture le plus en usage parmi eux se rapproche du coufique et est fort différent de l'écriture maghrébine et de celle des calligraphes Sénégalais.

Quoi qu'on en ait dit, les musulmans de l'Afrique Occidentale ne se servent pas des caractères arabes pour écrire les langues indigènes : les marabouts mandé, haoussa ou foulbé parlent le mandé, le haoussa ou le poular, mais n'écrivent que l'arabe. Tout à fait exceptionnellement, ils écriront dans leur langue, en y adaptant de leurmieux l'écriture arabe, quelques essais poétiques de courtes traductions de poèmes arabes, ou surtout des notes destinées à aider le professeur lorsqu'il explique à ses élèves, dans la langue locale, un passage du Coran ou un texte juridique ou théologique. Ce ne sont là que des traductions littérales qui ne peuvent en aucune façon être données comme spécimens de la langue locale, attendu qu'on y a conservé les tournures arabes; c'est de cette nature que sont la plupart des prétendus spécimens de littérature haoussa publiés par le chanoine Robinson et qu'aucun Haoussa n'est capable de comprendre. L'alphabet arabe se prête d'ailleurs fort mal à la transcription des langues soudanaises, qui possèdent un grand nombre de consonnes et d'articulations tout à fait étrangères à l'arabe, et où les voyelles sont nombreuses et ont une importance considérable alors que l'écriture arabe, n'en peut représenter que trois. Parmi les centaines de manuscrits qui me sont passés sous les yeux au Libéria, à la Côte d'Ivoire et à la Côte d'Or, je n'ai trouvé qu'une page en langue poular, deux feuillets de traductions juxtalinéaires en langue mandé et deux lignes en haoussa : tout le reste était en arabe. J'ai vu de nombreuses correspondances, soit adressées à des Européens, soit échangées entre indigènes : toutes absolument étaient en langue arabe.

Aussi la connaissance de l'arabe écrit est-elle éminemment utile dans les pays de l'Afrique occidentale où se trouvent des musulmans, car elle permet de correspondre directement avec les chefs et les personnages influents.

Comme les Maghrébins, les arabisants de l'Afrique occidentale

Lettres.	Nom local.	Valeur.	Lettres.	Nom local.	Valeur.
ا	alifu, lifu	a	ڧ	kafu, (gafu)	k, (g)
ب	ba	b	کﺐ	kifu	k
ت	ta	t	ل	lamu	l
ث	sa, (tya, kya)	s, (ty, ky)	م	mimu	m
ج	gyimu	gy	ن	nunu	n [6]
ح	ha	h [1]	ة	he	h [muet]
خ	ha, (ka)	h [2], (k)	و	wau, (üau, vau)	w, (ü, v)
د	dalu	d	ي	ya	y
ذ	dyalu	dy, (gy)	ﭖ	kpa	kp, (p)
ر	ra	r	ڢ	gba	gb
ز	zinu	z	ة	ta marbutatu	t [6]
س	sinu	s	ء	'amza	[aucune valeur] [8]
ش	sinu, (shinu)	s, (sh) [3]	ـ	wasila	a, (e) [9]
ص	sòlu	s [4]	ء	gyezimu	(a, i, u) [10]
ض	lòlu, (dòlu)	l, (d)	ـ	tasedïdu	[comme chez
ط	tò	t		ou sadda	les Arabes]
ظ	zha, (gya)	zh [5], (gy)	ـ	madda	id.
ع	ainu	[aucune valeur]	ـ	fatiha	id.
غ	ghainu	gh, g, (rh)	ـ	kesira	id.
ف	fa	f	ـ	lamma	id.

1. Expiration beaucoup moins forte que celle du ح prononcé régulièrement. —
2. Même son que le ح : l'articulation kh existe dans quelques langues nègres, mais
pas chez les Dyoula. — 3. Son de l's ordinaire ou plus rarement de l's légèrement
chuinté. — 5. Son du z légèrement chuinté. — 6. On omet toujours le point sur
le noun final. — 7. On omet souvent les points sur cette lettre. — 8. Le hamza
s'omet la plupart du temps sur l'alif, mais s'écrit toujours sur le ouaou et le ya,
ce dernier perdant alors ses points; le ya final perd aussi souvent ses points; le ya
jouant le rôle d'alif d'union les perd toujours. — 9. On remplace souvent le ouesla
par un fatha; même si on écrit régulièrement un ouesla, il est rare qu'on ne lui
donne pas un son vocalique; le plus souvent, on l'omet et on prononce l'alif
comme un a. — 10. En général on prononce régulièrement sans voyelle la consonne qui porte le djezm, mais quelquefois on donne à cette consonne l'un des
sons a, i ou u. Comme les voyelles, le djezm s'omet généralement dans l'écriture.

et centrale emploient le ‍ۏ avec le point sous la lettre et le ‍ۏ avec un seul point. Ils font quelquefois usage d'un ‍ر surmonté de trois points pour représenter l'articulation *gb*, lorsqu'ils transcrivent des noms propres indigènes, et d'un ‍ب à trois points pour représenter l'articulation *kp*. En général ils ne vocalisent pas leurs textes ou ne le font qu'en partie ; lorsqu'ils le font, d'ailleurs, ils emploient très souvent les voyelles sans discernement, même lorsque le texte est très correct au point de vue des consonnes. S'ils introduisent des mots étrangers à l'arabe, des noms propres par exemple, ils les vocalisent presque toujours.

Je donne ci-dessus un tableau des noms que les musulmans de Bondoukou donnent aux lettres et signes de l'alphabet arabe, en indiquant la valeur phonétique accordée le plus couramment par eux à ces lettres et signes. Les noms ou valeurs entre parenthèses sont moins fréquents que les autres.

La voyelle nasale ‍ً ou ‍ٍ se prononce en général comme la voyelle simple correspondante. — Les consonnes ne portant aucun signe, comme le ‍ل de l'article précédant une lettre solaire, se prononcent en général comme si elles portaient un djezm ; cependant on entend aussi la prononciation régulière, consistant à omettre ces consonnes et à redoubler la lettre solaire, s'il y a lieu.

Voici maintenant quelques exemples de prononciation de mots arabes et de noms indigènes transcrits en arabes :

أَلَّذِينَ *alladyīna* ; أَرْضْ *artu* ; آلضَّالِّينَ *allāllīna* ; آلرَّجُلُ *alra-gyulu* ou *arragyulu* ; ثَلَاثَةٌ *salāsatu* ; هُوَ *uwa* ; شَرِيبٌ *sarīfu* ou *sharīfu* ; أَيْضًا *aylan* ou *ayla* ; عَلِيٌّ *aliyu* ; قَدِيمًا *kadīma* ; مُحَمَّدٌ *Mohammadu* ; مُحَمَّدٍ *Mohammadi* ; مُحَمَّدًا *Mohammada* ;

وُنَ *Gbona* (Bouna) ; غ *Gho* (Kong) ; غُطُغْ *Ghotogho* ou *Gotogo* (Bondoukou) ; بُتُغُ *Butugu* (Bondoukou) ; يَغَّلْ *Kparhala* ou *Kpaghala* (Pakhalla, Koulango) ; يَلَغْ *Kpalarha* ou *Kpalagha* ; جِمِنْ ou ذِمِنْ *Gyimini* (Djimini) ; كُوو *Koüi* (nom abron) ; كُذّ *Kwadyo* (nom abron) ; سَمَرُ ou سَغَمُرُ *Syamoru* (Samori).

4° *Pigeon-English.* — On a coutume de dire qu'un grand nombre de Nègres de la côte parlent anglais : il importe de préciser. Un grand nombre de Nègres de la côte parlent en effet une sorte de patois dérivé de l'Anglais, mais un Anglais arrivant d'Angleterre pour la première fois est à peu près incapable de les comprendre et de s'en faire comprendre. Je ne parle pas, bien entendu, des Noirs européanisés qui ont été élevés dans les écoles de Sierra-Leone ou de la Côte d'Or et qui parlent un anglais passable, souvent même fort correct.

Mais pour ce qui est des Krou de la côte, des Avikam de Lahou, des Alaguian de Jacqueville, des Zéma et des Fanti du bord de la mer non élevés à l'école, ceux d'entre eux qui sont sensés parler anglais, ne parlent en réalité que cette langue encore plus simplifiée que l'anglais lui-même, que les hommes les plus primitifs apprennent avec une promptitude étonnante, qui est répandue sur presque toutes les côtes du globe, en Chine comme en Afrique, et qu'on a coutume d'appeler le *Pigeon-English*, nom bizarre qui lui a été donné en Extrême-Orient. J'ai dit que ce dialecte ou patois est fort simple : un Européen sachant l'anglais l'apprendra donc très vite, mais encore faut-il se donner la peine d'en saisir le mécanisme et les expressions spéciales si l'on veut comprendre et être compris.

Je n'entreprendrai pas de donner ici la grammaire ni le vocabulaire du *Pigeon-English*, mais j'en noterai quelques particularités : d'abord les verbes sont toujours invariables et s'emploient généralement à l'infinitif : *I be sick*, je suis malade ; *he be sick*, il est malade ; *he leave to-morrow*, il partira demain ; — on emploie pourtant assez fréquemment une forme spéciale pour le passé, en se servant pour cela du mot *done* « fait, fini » : *he done go*, il a fini d'aller, il est parti ; — la négation s'exprime soit à l'aide de *no*, soit à l'aide de *do* (pour *do not, don't*) : *he no come*, il ne vient pas ; *I do know* (prononcé « aï do no »), je ne sais pas ; — on n'emploie ni genres, ni nombres : *he* veut dire à la fois « il, elle, ils, elles », au masculin, au féminin et au neutre ; quelquefois on entend *she* ayant le sens masculin aussi bien que féminin ; *you* veut dire « toi » et « vous », comme en anglais du reste ; on emploie cependant *we* pour « nous » et quelquefois *they* pour « ils, elles » ; — on fait un grand usage du mot *get* ou *got* : *I got sick*, je suis tombé malade ; *I no get buy yams*, je n'ai pas trouvé à acheter d'ignames ; — plusieurs mots s'emploient très couramment avec un sens fort éloigné de celui qu'ils ont en anglais : *which* veut dire « qui ? » ou « quel ? » ou « quoi ? » ; *them* veut dire « ce, cette, ces » : *them thing*, cette chose, *them man*, cet homme ; *leave* veut dire « partir » et *live* (prononcé de même « liv ») veut dire « rester, demeurer, habiter » ; *find* veut dire « chercher » et *look* veut dire à la fois « regarder », « voir » et « trouver », en sorte qu'on entendra des phrases comme celles-ci : *he no live, he done go* ou *I find him but I no look him*, qui doivent se traduire « il n'est plus là, il est parti », « je l'ai cherché mais ne l'ai pas trouvé » ; — la particule *to* devant les infinitifs se supprime toujours ; en tant que préposition, elle est remplacée souvent par la préposition *for* ou se supprime : *he go town*, il va au village ; *he live for come*, il est sur le point de venir. — On emploie souvent des mots qui ne sont pas anglais, comme *save* (prononcé « savé »), « savoir connaître » ; *chop* (prononcé « tchop ») « manger » ; *dash* « cadeau », etc.

Quant à la prononciation, elle varie suivant les tribus, mais en général la lettre *h* ne se fait pas sentir, le *th* doux se prononce *d* et le *th* dur se prononce *t* ; on nasalise souvent les voyelles et on supprime des consonnes : *my friend* se prononce fréquemment « ma frein ».

5° *Petit-nègre.*

Le petit-nègre est au français ce que le *Pigeon-English* est à l'anglais. Il est parlé par nos tirailleurs et nos employés et domestiques indigènes, et à peu près de la même façon au Tonkin et en Afrique occidentale, ce qui tendrait à prouver qu'il est la simplification naturelle et rationnelle de notre langue si compliquée. Il faut un certain temps au Français arrivant de France pour comprendre les Noirs qui soi-disant parlent français, notamment les interprètes, et surtout pour s'en faire comprendre. Que de domestiques ont été punis pour négligence ou insubordination qui étaient étaient seulement coupables de ne pas comprendre le français de France !

On dit souvent que c'est nous qui avons inventé le petit-nègre et que, si nous parlions aux Noirs un français correct, ils parleraient de même. Ce raisonnement est puéril : si nous ne voulons parler à un noir qu'un français correct, il sera plus d'un an avant de pouvoir nous comprendre, et quand il nous comprendra enfin, il nous répondra en petit-nègre : voilà la vérité. (Je ne parle pas bien entendu d'un Noir auquel on apprendrait le français de façon régulière). Notre langue est sans contredit l'une des plus compliquées qui soient au monde : l'orthographe y est, autant qu'en anglais, en désaccord perpétuel avec la prononciation, et nous avons en outre une syntaxe hérissée de difficultés et d'anomalies et une morphologie où les exceptions sont plus souvent appliquées que les règles. Comment voudrait-on qu'un Noir, dont la langue est d'une simplicité rudimentaire et d'une logique presque toujours absolue, s'assimile rapidement un idiome aussi raffiné et illogique que le nôtre? C'est bel et bien le Noir — ou, d'une manière plus générale, le primitif — qui a forgé le petit-nègre, en adaptant le français à son état d'esprit. Et si nous voulons nous faire comprendre vite et bien, il nous faut parler aux Noirs en nous mettant à leur portée, c'est-à-dire leur parler petit-nègre.

Cela ne consiste pas d'ailleurs à abîmer le bon français en mettant simplement le verbe à l'infinitif et en disant « moi » au lieu de « je », comme il est d'usage de le faire dans les phrases que les journaux humoristiques mettent dans la bouche des « sauvages »; il faut évidemment n'employer que les formes les plus simples des mots, mais surtout il faut n'employer que les mots exprimant des idées que les Noirs peuvent comprendre. J'ai entendu un officier, nouveau-venu dans l'armée coloniale, qui tenait à ses tirailleurs le discours suivant : « Moi exiger de tirailleurs obéissance passive! vous bien comprendre moi ? » Et le sergent indigène, qui d'ailleurs avait des lettres et savait que l'une des formes de l'obéissance passive consiste à toujours comprendre ses supérieurs, répondit au nom de la troupe : « Ils ont tous bien compris. » En réalité ils n'avaient rien compris du tout, et si l'officier avait parlé en bon français, ils n'auraient pas compris plus mal. Mais ils auraient compris si l'officier leur avait dit par exemple : « Quand je commander quelque chose, je veux vous faire ce quelque chose tout de suite; quand on commander un tirailleur faire quelque chose et tirailleur là il dit : Moi y a pas moyen faire ça, ou : Moi y a pas connaît, ou : Moi y en a malade, tirailleur là il est pas bon, je metter lui salle police. »

Les principales caractéristiques du petit-nègre sont : l'emploi
des verbes à leur forme la plus simple (infinitif pour les verbes de
la 1ʳᵉ conjugaison, participe passé ou impératif ou encore infinitif
ramené à la 1ʳᵉ conjugaison pour les verbes des 2ᵉ, 3ᵉ et 4ᵉ conjugaisons) : je parler, je fini, je vois ou je vu, je vouler, je permis, je défendu ou je défender ; — négation exprimée simplement par le mot
« pas »placé après le verbe : il parti pas, pour « il n'est pas parti » ;
— suppression des distinctions de genres et de nombres ; — suppression de l'article ou son maintien perpétuel, en faisant une sorte
de préfixe du nom : son maison ou son la-maison ; — usage considérable du verbe « gagner » et de l'expression « y a » ou « y en
a » (pour « il y a, il y en a ») comme particule verbale : moi y a
gagné perdu (j'ai perdu), lui y a gagné crevé (il est mort), il a gagné gros (il est devenu gros), femme là il a gagné ventre (cette
femme est enceinte), il a gagné petit (elle a eu un enfant) ; — emploi fréquent de mots empruntés au français populaire ou à la terminologie maritime : mirer (regarder), amarrer (attacher), etc. ;
— emploi du mot « là » comme démonstratif ; — suppression fréquente des « à » et « de » ou leur remplacement par la préposition « pour » : moi parti village (je vais au village), le fusil mon
camarade ou mon camarade son fusil ou le fusil pour mon camarade (le fusil de mon camarade).

La prononciation varie suivant les tribus. En général les Noirs
ont au début une grande difficulté à terminer un mot par une consonne et ajoutent une voyelle (é, i, ou le plus souvent) ou changent
l'e muet final en l'une de ces voyelles : tablé (table), assietti (assiette), caissou (caisse) ; pour le même motif, ils prononceront *i*
pour « il », parti pour « partir », *piti* pour « petit », etc. Ils remplacent souvent l'u par un i, eu par é, un par in : vi (pour vu), in
pé (pour un peu). Beaucoup remplacent le ch par un s et le j par
un z.

BIBLIOGRAPHIE

Cette bibliographie n'a trait qu'aux ouvrages de linguistique ou renfermant une partie linguistique et ne concerne que les langues ou dialectes dont il est question dans cet ouvrage. Je n'ai pas la prétention qu'elle soit complète, cependant je ne crois pas avoir commis beaucoup d'oublis.

Par principe je n'ai fait figurer aucune traduction de la Bible ni aucun abécédaire, *primer* ou livre de prières, à moins que ces sortes d'ouvrages ne fussent accompagnées d'un vocabulaire ou de notes grammaticales. Ces traductions, en effet, n'ont absolument aucune valeur au point de vue de l'étude des langues nègres et sont régulièrement incompréhensibles pour les indigènes.

Je cite en commençant quelques ouvrages ayant trait à un grand nombre de langues, afin de n'avoir qu'à les indiquer par le nom de l'auteur suivi d'une partie du titre chaque fois que j'aurai l'occasion de les mentionner.

Abréviations :

J. A. O. S. = *Journal of the American Oriental Society.*
J. R. G. S. = *Journal of the Royal Geographical Society.*
Z. A. S. = *Zeitschrift für Afrikaniche Sprachen.*
Z. A. O. S. = *Zeitschrift für Afrikanische und Ozeanische Sprachen.*
Z. A. O. O. S. = *Zeitschrift für Afrikanische, Ozeanische und Ostasiatische Sprachen.*

Ouvrages ayant trait à un grand nombre de langues :

T. E. Bowdich. — *Mission from Cape-Coast Castle to Ashantee.* — London, 1819, in-4. (Renferme des numérations souvent fort incorrectes en un certain nombre de langues ou dialectes de la Côte d'Or et des pays voisins.)

Mrs. H. Kilham. — *Elementary sounds or general spelling lessons.* — London, 1827, in-12. (Courts vocabulaires souvent incorrects.)

La même. — *Specimens of dialects of African languages spoken in the Colony of Sierra-Leone.* — London, 1828, in-12. (Mêmes vocabulaires que dans l'ouvrage précédent, avec quelques additions.)

J. Clarke. — *Specimens of dialects.* Short vocabularies of languages and notes of countries and customs in Africa. — London, 1849, in-8. (Nombres et quelques mots en une quantité considérable de dialectes, mais le plus souvent incorrects.)

S. W. Koelle. — *Polyglotta africana* or a comparative vocabulary of nearly three hundred words and phrases in more than one hundred distinct African languages. — London, 1854, gr. in-fol. (La valeur des vocabulaires est très inégale ; en général ils sont plus ou moins sujets à caution.)

J. G. Christaller. — *Sprachproben aus dem Sudan*. (Z. A. S., III). —
Berlin, 1889, gr. in-8. (Nombres et mots en un certain nombre de langues du
bassin de la Volta, avec des notes d'ensemble; le travail est bon en général,
mais l'auteur a commis une erreur, que j'ai rééditée d'après lui dans mon
Manuel agni, en confondant en un même groupe et sous le même nom de
guañ ou *gwă* certains dialectes kyi de la basse Volta et de la haute Côte d'Or
avec les dialectes mossi-gourounsi du Nta ou Gondja).

I. — LANGUES DES LAGUNES

Mékyibo (Vétéré). — Néant.

Ahouré (Akapless). — Père Bailleul. — *Petit dictionnaire de la langue
abouré*. — Dabou, 1902. (J'ignore si cet ouvrage a été mis en circulation.)

Akyè (Attié). — C. Dreyfus. — *Six mois dans l'Attié*. — Paris 1900, in-12.
(Renferme un vocabulaire du dialecte bodé.)
　　　Père Méraud. — *Essai sur la langue attié*. — Dabou, 1902, in-18.
(Dialecte neddin.)

Goua (Mbâto) et Kyama (Ebrié). — Néant.

Alaguian. — M. Delafosse. — *Manuel agni* (voir III, groupe agni; renferme
un court vocabulaire alaguian).

Avikam (Brignan). — A. W. Hanson. — *On a vocabulary of Avekvom*, Ivory
Coast. (*Philological Society Proceedings*, IV). — London, 1848-50, in-8.
　　　J. L. Wilson. — *Comparative vocabularies of some of the principal
Negro dialects of Africa*. (J. A. O. S., vol. 1, n° IV). — New-Haven, 1849,
in-8. (Vocabulaire avikam sous le nom de *kwakwa*.)
　　　Clarke : voir *avikum* (n° 119, page 20), *pandan* (n° 158, page 12),
Cape-Lohou (n° 219, page 24) et *banda* (n° 220, page 24).

Ari (Abidji), Abè et Adyoukrou. — M. Delafosse. — *Manuel agni* (voir III,
groupe agni; renferme de courts vocabulaires ari et abè et quelques mots
en adyoukrou).

Ahizi. — Néant.

II. — LANGUES KROU

Étude d'ensemble. — G. Thomann. — *Manuel néouolé* (voir au néouolé;
cet ouvrage renferme de courts vocabulaires de la plupart des dialectes
de la famille krou).

1° Groupe bété.

Dyida. — Clarke : voir *wawi* (n° 328, page 28).

Kouaya. — Clarke : voir *friesko* (n° 77, page 18) et *friesco* (n° 204, page 14).

Godyé. — Clarke : voir *Kotrahu* (n° 75, page 18).

Néouolé. — Clarke : voir *grabwa* (n° 73, page 18 ; n° 159, page 12 et page 37),
bukra (n° 74, page 18 ; n° 160, page 12 et n° 202, page 14), *andone*
(n° 76, page 18) et *grand-drewin* (n° 203, page 14).

G. Thomann. — *Essai de manuel de la langue néouolé* parlée dans la région du Sassandra (Côte d'Ivoire). — Paris, 1904, gr. in-8. (Renferme une grammaire, des vocabulaires, une chrestomathie et une notice ethnologique et ethnographique.)

Kouadia, Bêté et Boboua. — G. Thomann. — *Manuel néouolé* (voir plus haut ; renferme de courts vocabulaires de ces dialectes).

2° Groupe bakoué.

Étude d'ensemble. — Fr. Muller. — *Die Sprachen Basa, Grebo und kru im Westlichen Afrika.* — Wien, 1877, in-8.

G. Thomann. — *Manuel néouolé* (voir au néouolé ; renferme de courts vocabulaires comparatifs des dialectes bakoué).

Bakoué. — Koelle : vocabulaire bakoué sous le nom de *gbë*. G. Thomann (voir plus haut).

Houané (Victory) et Pia (San-Pédro). — G. Thomann (voir plus haut).

Abrioui (Béréby). — Clarke : voir *Grand-Bereby* (n° 71, page 18).

P. du Chaillu. — *Voyages et découvertes dans l'Afrique Équatoriale.* — Paris, 1863, gr. in-8. (Renferme une numération abrioui sous le nom de *baolobo*.)

G. Thomann (voir plus haut).

Plaoui (Plapo et Babo). — Kilham : voir le vocabulaire *appa*.

Clarke : voir *barboe* (n°ˢ 65 et 68, page 18) et *tabu* (n° 69, page 18),

G. Thoiré. — *Recueil de quelques mots, phrases en usage, nombres et verbes empruntés au dialecte plaoui.* — San-Pédro (Côte d'Ivoire), 1901, in-4. (Inédit.)

Téoui (Tépo). — Kilham : voir le vocabulaire *tapua*.

Grébo. — J. L. Wilson and Mrs. Wilson. *A small elementary school book.* — Monrovia, 1835.

The missionaries of the American Board of commissioners for foreign missions. — *A vocabulary of Greybo words.* — Fair-Hope (Cape Palmas), 1837, in-8.

Les mêmes. — *First reading book of the Greybo language.* — Fair-Hope, 1837, in-12.

Les mêmes. — *A brief grammatical analysis of the Grebo language.* — Fair-Hope, 1838, in-8.

Les mêmes. — *A revised edition of the first reading book.* — Fair-Hope, 1838, in-12.

Les mêmes. — *Third reading book.* — Fair-Hope, 1840, in-16.

Les mêmes. — *The first part of the Grebo reader*, with notes and a dictionary for the use of beginners. — Cape Palmas, 1843.

J. L. Wilson. — *Comparison between the Mandingo, Grebo and Mpongwe dialects. (Bibliotheca Sacra and Theological Review*, vol. IV, n° XVI). — New-York, 1847, in-8.

Le même. — *Comparative vocabularies* of some of the principal Negro dialects of Africa. (J. A. O. S., vol. I, n° IV). — New-Haven, 1849, in-8. (Renferme un vocabulaire grébo.)

CLARKE : voir *grebo* (n° 67, page 18 et pages 35 et 59), *barboe* (n° 70, page 18) et *sigli* (page 35).

KOELLE : vocabulaire *krebo*.

J. PAYNE. — *Dictionary of the Grebo language*. — New-York, 1860, in-12,

Le même. — *Grebo grammar*. — New-York, 1864, in-12.

Le même. — *Dictionary of the Grebo language* (2ᵈ édition). — Philadelphia, 1867, in-12.

J. G. AUER. — *Elements of the Gedebo language*. — Stuttgart, 1870, in-8.

FR. MULLER. — *Die Sprachen Basa, Grebo und Kru*. — Wien, 1877, in-8.

Krao (Krou). — KILHAM : vocabulaire *kru*.

Geronimo USERA Y ALARCON. — *Ensayo gramatical del idioma de la raza africana de Ñano, por otro nombre Cruman*. — Madrid, 1845, in-8.

CLARKE : voir *kunga-kru* (n° 62, page 18), *nabwa-kru* (n° 64, page 18), *kru* (n° 66, page 18 et page 36) et *sigli* (n° 72, page 18 et page 59).

KOELLE : vocabulaire *kra*.

R. F. BURTON (F. R. G. S.). — *Wanderings in West-Africa*. — London, 1863, 2 vol, in-12. (Court vocabulaire krao dans le 2ᵉ vol.)

FR. MULLER. — *Die Sprachen Basa, Grebo und Kru*. — Wien, 1877, in-8.

G. von der GABELENTZ. — *Kru-Sprache*. (*Allg. Encycl. v. Ersch. u. Gruber*, Sect. II, Bd. 40.)

Gbassa (Bassa). — KILHAM : vocabulaire *bassa*, notamment dans les *Specimens*.

La même. — *Lessons in Bassa and English*. — London, 1828.

W. G. CROCKER. — *Grammatical observations on the Bassa language*. Edina, 1844, in-16.

CLARKE : voir *bassa* (n° 63, page 18 et page 35).

KOELLE : vocabulaire *basa*.

FR. MULLER. — *Die Sprachen Basa, Grebo und Kru*. — Wien, 1877, in-8.

Givi (Gibby, Quéah). — Néant.

Dé. — KOELLE : vocabulaire *dewoi*.

III. LANGUES AGNI-ASSANTI

Étude d'ensemble. — J. G. CHRISTALLER, CH. W. LOCKER and J. ZIMMERMANN. — *A dictionary of English, Tshi and Akra*. — Basel, 1874, in-8. (Vocabulaires fanti, assanti, akim, akouapim, gan et adangbé.)

J. G. CHRISTALLER. — *Die Volta-Sprachen Gruppe*. (Z. A. S., I). — Berlin, 1887, gr. in-8. (Vocabulaires gan, adangbé, gouan et assanti, avec notes.)

A. B. ELLIS. — *The Yoruba-speaking peopler of the Slave-coast of West-Africa*. — London, 1894, in-8. (L'appendice renferme une comparaison des langues kyi, gan, éhoué et yorouba.)

M. Delafosse. — *Manuel agni* (voir au groupe agni ; VII° partie : Considérations ethnologiques et philologiques).

1° Groupe gan-adangbé (intermédiaire entre la famille agni-assanti proprement dite et la famille éhoué).

Gan (Accra). — Bowdich : numération *akra*.

R. Rask. — *Vejledning til Akra-Sproget på kysten Ginea* med et Tillseg om Akwambuisk. — Kiöbenhavn, 1828, in-12.

Clarke : voir *ghah* (n°⁵ 86, 92 et 93, page 18 et page 37) et *Gold-Coast* (n° 149, page 10).

J. Zimmermann. — *A grammatical sketch of the Akra or Gã language.* — Stuttgard, 1858, 2 vol. in-8.

R. Burton. — *Wit and wisdom from West-Africa.* — London, 1865, in-12. (Renferme des proverbes gan avec traduction.)

Christaller, Locker and Zimmermann (voir à : étude d'ensemble).

H. Johnson and J. G. Christaller. — *Vocabularies of the Niger and Gold-Coast.* — London, 1886, in-12. (Renferme un vocabulaire gan.)

J. G. Christaller. — *Volta-Sprachen* (voir à : étude d'ensemble).

Le même. — *Sprachproben* (voir au début de la bibliographie ; numération gan).

J. G. Christaller und H. Bohner. — *Uebungen in der Akra oder Gã-Sprache.* — Berlin, 1890, in-8.

A. B. Ellis. — *The Yoruba-speaking peoples* (voir à : étude d'ensemble).

Adangbé (adan-mé). — Koelle : vocabulaire *adampe*.

J. Zimmermann. — *A grammatical sketch* (voir au gan ; renferme un appendice sur le dialecte adangbé).

Christaller, Locker and Zimmermann (voir à : étude d'ensemble).

J. G. Christaller. — *Volta-Sprachen* (voir à : étude d'ensemble).

Le même. — *Sprachproben* (numération *adãme*).

2° Groupe kyi.

Gomous et Aboutou. — Bowdich : numération *afutu*.

H. Johnson and J. G. Christaller. — *Vocabularies of the Niger and Gold-Coast.* — London, 1886, in-12. (Vocabulaire *obutu*.)

J. G. Christaller. — *Volta-Sprachen* (voir à : étude d'ensemble ; vocabulaire *guañ* et notes sur les dialectes gomoua et aboutou).

Fanti. — W. J. Muller. — *Die Afrikanische, auf der Guineischen Gold-Cust gelegene, Landschafft Fetu.* — Nürnberg, 1675, in-8. (Vocabulaire fanti d'Afoutou.)

J. Corry. — *Observations upon the windward coast of Africa, with vocabulary.* — London, 1807, in-4.

Bowdich : numération fanti.

W. Hutton. — *Nouveau voyage dans l'intérieur de l'Afrique*, traduit de l'anglais, par le chevalier Thorel de la Trouplinière. — Paris, 1823, in-8. (Vocabulaire fanti.)

KILHAM : vocabulaire fanti.

J. BEECHAM. — *Ashantee and the Gold-Coast and the inhabitants.* — London, 1841, in-12. (Vocabulaire fanti.)

E. NORRIS. — *Outline of a few of the principal languages of Western and Central Africa.* — London, 1841, in-8 obl. (Vocabulaire fanti.)

CLARKE : voir *koromanti* (n°° 84 et 96, page 18 ; 128, 133, 138, 139 et 140, page 10 ; 298, page 26 et page 36), *agua* (n°° 78, page 18, et 154 page 12), *egua* (n° 82, page 18), *fanti* (n°° 80 et 91, page 18 ; 156, page 12 ; 376, page 30 et page 34) ; *agouna* (n° 89, page 18), *elmina* (n° 90, page 18) et *amina* (n° 81, page 18).

J. L. WILSON. — *Comparative vocabularies of some of the principal Negro dialects of Africa.* (J. A. O. S., vol. I, n° IV). — New-Haven, 1849, in-8. (Vocabulaire fanti.)

CHRISTALLER, LOCKER and ZIMMERMANN (voir à : étude d'ensemble).

J. G. CHRISTALLER. — *Grammar of the Asante and Fante language called Tshi.* — Basel, 1882, in-8.

Le même. — *Dictionary of the Asante and Fante language called Tshi.* — Basel, 1882, in-8.

Le même. — *Sprachproben* (numération fanti).

A. B. ELLIS. — *The Tshi-speaking peoples of the Gold-Coast of West-Africa.* — London, 1887, in-8. (Quelques notes sur la langue fanti.)

Le même. — *The Yoruba-speaking peoples* (voir à : étude d'ensemble).

R. M. CONNOLLY. — *Social life in Fanti land.* (*Journal of the anthropological Institute of Great Britain*, XXVI). — (Renferme des remarques linguistiques.)

Akouamou. — R. RASK. — *Vejledning til Akra-Sproget på kysten Ginea med et Tillseg om Akwambuisk.* — Kiöbenhavn, 1828, in-12.

CLARKE : voir *aquimbo* (n° 94, page 18).

Akouapim. — CLARKE : voir *akripon* (n° 87, page 18).

H. N. RIIS. — *Elemente des Akwapim-Dialects der Odschi-Sprache.* — Basel, 1853, in-8.

Le même. — *Grammatical outline of the Oji language, with special reference to the Akwapim dialect.* — Basel, 1854, in-8.

CHRISTALLER, LOCKER and ZIMMERMANN (voir à : étude d'ensemble).

J. G. CHRISTALLER. — *Negersagen von der Goldküste.* (Z. A. S., I). — Berlin, 1887, gr. in-8. (Deux contes en akouapim, avec traduction et notes.)

Ouassa. — CLARKE : voir *warsah* (n° 132, page 10) et *warsaw* (n°° 93, page 18 ; 169, page 12 ; 253, page 32 ; 318, page 28 et 374, page 30).

Anoum et Latè. — J. G. CHRISTALLER. — *Volta-Sprachen* (voir à : étude d'ensemble ; vocabulaire des dialectes anoum et laté sous le nom de *guañ* ou *gwã*).

Akim. — CLARKE : voir *akkim* (n° 88, page 18).

CHRISTALLER, LOCKER and ZIMMERMANN (voir à : étude d'ensemble).

Assanti. — BOWDICH : numération *ashantee* et quelques notes.

Kilham : vocabulaire *ashanti*.

Clarke : voir *ashanti* (n°s 79, page 18; 157, page 12 et page 34).

Koelle : vocabulaire *asante*.

R. Burton. — *Wit and wisdom from West-Africa.* — London, 1865, in-12. (Renferme des proverbes assanti avec traduction.)

Christaller, Locker and Zimmermann (voir à : étude d'ensemble).

J. G. Christaller. — *Grammar of the Asante and Fante language* (voir au fanti).

Le même. — *Dictionary of the Asanta and Fante language* (voir au fanti).

Le même. — *Volta-Sprachen* (voir à : étude d'ensemble; vocabulaire assanti).

Le même. — *Sprachproben* (numération assanti).

Okouaou. — Clarke : voir *quako* (n° 144, page 10).

Koranza. — Bowdich : numération koranza mélangée de gbanyan sous le nom de *inta*.

Clarke : voir *dagamba* (n° 289, page 32).

Christaller. — *Sprachproben* (numération koranza mélangée de gbanyan sous le nom de *guañ*).

Abron de l'est. — Bowdich : numération *burum*.

Clarke : voir *trubi* (n°s 83, page 18; 167, page 12; 234, page 14 et page 49).

Christaller. — *Sprachproben* (numération *broñ*).

Assini (Assine), Kyéfo (Tufel), Amansi, Adansi, Denguira, Aa, Takima, Doma, Abron de l'ouest et Oti : néant[1].

3° Groupe zéma.

Zéma (Amanaya ou Appollonien). — Bowdich : numération *amanaya*.

Christaller. — *Sprachproben* (numération *amanahia*).

M. Delafosse. — *Manuel agni* (voir au groupe agni; renferme un court vocabulaire zéma).

Aanta. — Bowdich : numération *ahanta*.

Clarke : voir *ahanta* (n° 85, page 18).

4° Groupe agni.

Baoulé et étude d'ensemble. — M. Delafosse. — *Essai de manuel de la langue agni.* — Paris, 1901, gr. in-8. (Renferme une grammaire, des vocabulaires, une chrestomathie et une notice ethnologique et philologique.)

1. **Logba.** — D. Westermann. — *Die Logbasprache in Togo.* (Kurzer Abriss der Grammatik und Texte). — (Z. A. O. O. S , VII, 1). — Berlin, 1903, in-8. — Le dialecte logba, qui semble faire la transition entre le groupe gan-adangbé, les langues kyi et les langues mossi-gourounsi, est parlé dans le Togo, au nord et au nord-est d'Avatimé. Je n'ai pu faire figurer ce dialecte dans ma classification des langues agni-assanti, l'étude de M. Westermann ayant paru après l'achèvement du présent ouvrage.

18

Assoko (Assinie). — F. Jeand'heur. — *Vocabulaire français-agni.* — Paris, 1893, pet. in-32.

Aféma (San-mvi). — Bowdich : numération *aowin.*

Père Bonhomme (J. M. J.). — *Petits exercices préparatoires pour l'étude de l'agni.* — Lyon, 1901, pet. in-18.

Autres dialectes. — Néant.

IV. LANGUES MANDÉ.

Étude d'ensemble. — Dr. A. Steinthal. — *Die Mande-Neger Sprachen.* — Berlin, 1867, in-8. (Étude comparée du malinké, du vaï et du sosso.)

J.-B. Rambaud. — *La langue mandé.* — Paris, 1896, in-8.

M. Delafosse. — *Essai de manuel pratique de la langue mandé ou mandingue.* — Paris, 1901, gr. in-8. (Les trois premières parties sont consacrées au dialecte dyoula, la quatrième est un essai d'étude comparée des principaux dialectes mandé.)

1° Groupe mandé-tamou.

Soninké (Marka, Sarakolé). — Th. Dwight. — *Remarks on the Sereculehs.* (*American Annals of education,* oct. 1835.)

X. — *Vocabulaires guiolof, mandingue, foule, saracole, séraire, bagnon et floupe,* recueillis à la Côte d'Afrique pour le service de l'ancienne Cie Royale du Sénégal et publiés pour la première fois d'après un manuscrit de la Bibliothèque Royale. (*Mémoires de la Société Ethnologique,* II.) — Paris, 1845, in-8.

Clarke : voir *serawuli* (n° 28, page 16).

Koelle : vocabulaire *gadjaga.*

Dr. H. Barth. — *Der verlorene Sohn in der Sprache von Shetun ku Scfe oder der Azarareye Sprache.* (*Zeitschrift der Deutschen Morgenländischen Gesellschaft,* IX.) — 1855. (Texte traduit dans le dialecte soninké de Tichit, avec des notes.)

Gal Faidherbe. — *Vocabulaire d'environ 1.500 mots français avec leurs correspondants en ouolof de Saint-Louis, en poular du Fouta et en soninké (sarakhollé) de Bakel.* — Saint-Louis, 1860, in-8, obl. (et dans *Annuaire du Sénégal pour 1860,* Saint-Louis, in-18).

Le même. — *Vocabulaire sarakolé ou soninké.* (*Annuaire du Sénégal,* 1864.)

Le même. — *Notes grammaticales sur la langue sarakolé ou soninké.* (*Annuaire du Sénégal,* 1881.)

Le même. — *Langues sénégalaises.* — Paris, 1887, in-18. (Notice grammaticale et vocabulaire soninké.)

Cap. Pietri. — *Les Français au Niger.* — Paris, 1885, in-8. (Quelques notes sur le dialecte soninké.)

Dr Tautain. — *Note sur les trois langues soninké, banmana et mal-*

linké ou mandingké. (*Revue de linguistique et de philologie comparées*, Paris, 1887.)

G. BASTARD. — *Essai de lexique pour les idiomes soudanais.* (*Revue Coloniale*, mai 1900.). — Paris, in-8. (Vocabulaire soninké.)

M. DELAFOSSE. — *Manuel mandé* (voir à : étude d'ensemble ; IV° partie, chap. VIII).

Bozo. — Néant.

2° GROUPE MANDÉ-FOU.

Sya (Bobo-Dioula), Gbin et Ngan. — Néant.

Mouin (Mona). — M. DELAFOSSE. — *Manuel mondé* (voir à : étude d'ensemble ; IV° partie, chap. IX : court vocabulaire mouin).

Kouéni (Lo, Gouro). — J. EYSSÉRIC. — *Rapport sur une mission scientifique à la Côte d'Ivoire.* (*Nouvelles archives des missions scientifiques*, tome IX.) — Paris, 1899, in-8. (Quelques mots kouéni.)

M. DELAFOSSE. — *Manuel mandé* (voir à : étude d'ensemble ; IV° partie, chap. IX : quelques mots kouéni).

Guio (Ouobé). — KOELLE : vocabulaire *gio.*

Gbêlé (Nguéré, Manon). — KOELLE : vocabulaire *mano* ou *mana.*

Kpêlé (Gbéressé). — KILHAM : vocabulaire *pessa.*

CLARKE : voir *pessa* (n° 22, page 1 et page 36) et *baru* (n° 286, page 32).

KOELLE : vocabulaires *gbandi* et *gbese.*

P. du CHAILLU. — *Voyages et aventures dans l'Afrique Equatoriale.* — Paris, 1863, gr. in-8 (numération *bouzé*).

J.-B. RAMBAUD. — *La langue mandé* (voir à : étude d'ensemble ; numération *berese*).

Loma (Toma). — KOELLE : vocabulaire *toma.*

J.-B. RAMBAUD. — *La langue mandé* (voir à : étude d'ensemble ; numération et quelques mots *toma*).

Oueïma. — Néant.

Mendé (Kosso). — KILHAM : vocabulaire *kossa.*

CLARKE : voir *mendi* (n° 16, page 4 ; 30 et 32, page 16), *dwama* (n° 18, page 4 ; 27, page 16), *kossa* (n° 19 et 20, p. 4 ; 31 et 34, page 16 ; 45, page 16), *baru* (n° 293, page 26), *pessa* (n° 33, page 16), *iawifulu* (n° 301, page 28 et 278, page 32), *kangga* (n° 317, page 28), *kissi* (n° 279, page 32), *karu* (n° 280, page 32) et *kossa* (page 36).

A. W. HANSON. — *On the Vei and Mendi dialects.* (*Philological Society Proceedings*, IV). — London, 1848-50, in-8.

KOELLE : vocabulaire *mende.*

P. du CHAILLU. — *Voyages* (voir au kpêlé ; numération *kos*).

J. F. SCHOEN. — *Grammar of the Mende language.* — London, 1882, in-18.

Le même. — *Vocabulary of the Mende language.* — London, 1884, in-12.

Landorho (Loko). — KOELLE : vocabulaire *landor'o.*

Dyaloaké. — CLARKE : voir *manua* (n° 24, page 16), *tshamba* (n° 25, page 16), *jallunkan* (n° 29, page 16), *tshambo* (n° 44, page 16).

KOELLE : vocabulaires *soso-solima* et *tene*.

E. MAGE. — *Voyage dans le Soudan Occidental.* — Paris, 1868, in-8. (Numération et quelques mots.)

Sosso (Soussou). — E. BRUNTON. — *A grammar and vocabulary of the Susoo language.* — Edinburg, 1802, in-8.

KILHAM : vocabulaire *sussu*.

CLARKE : voir *susu* (n°s 15; 28 et 30, p. 3; n°s 21 et 22, page 16; n° 60, page 18 et page 34), *bangullan* (n° 23, page 16) et *rio-nuncs* (n° 26, page 16).

KOELLE : vocabulaire *soso-kisekise*.

Dr. H. STEINTHAL. — *Die Mande-Neger Sprachen* (voir à : étude d'ensemble).

H. M. STANLEY. — *Through the Dark Continent.* — London, 1878, 2 vol. in-8. (Le tableau qui termine le 2e vol. renferme un court vocabulaire *susi*).

J. H. DUPONT. — *Outlines of a grammar of the Susu language.* — London, 1882, in-12.

J.-B. RAIMBAULT. — *Dictionnaire français-soso et soso-français.* — Rio-Pongo, 1885, in-18.

J.-B. RAMBAUD. — *La langue mandé* (voir à : étude d'ensemble ; numération et quelques mots sosso).

FAMECHON. — *Notice sur la Guinée Française* rédigée pour l'Exposition Universelle de 1900. (Courte mais excellente note sur la langue sosso.)[1].

3° GROUPE MANDÉ-TAN.

Noumou, Ligbi et Huéla. — Néant.

Vaï (Veï, Vèou). — CLARKE : voir *vy* et *vey* (n°s 21, page 6; 39 et 40, page 16; 381, page 30), *sandu* (n° 297, page 26) et *kanga country* (page 57).

F. E. FORBES and E. NORRIS. — *Despatch communicating the discovery of a native written character at Bohmar, accompanied by a vocabulary of the Vahie or Vei language and alphabet.* — London, 1849, in-8.

S. W. KOELLE. — *Narrative of an expedition into the Vy country of West-Africa*, and the discovery of a system of syllabic writing. — London, 1849, in-8.

A. W. HANSON. — *On the Vei and Mendi dialects.* (*Philological Society Proceedings*, IV). — London, 1848-50, in-8.

---

[1]. Je mentionne ici le vocabulaire *boko* de KOELLE dans le *Polyglotta Africana*, qu'il donne comme parlé dans la région de Kayoma et Boussa et qui semble appartenir au groupe mandé-fou.

E. Norris. — *On Koelle's discovery of a written African language* (*Ibid.*).

F. E. Forbes. — Fac-similé d'un manuscrit en langue vaï. — London, 1851, in-18.

Le même. — *Discovery and vocabularies of the Vahie and Dahoman languages.* — London, 1851, in-8.

S. W. Koelle. — *Outlines of a grammar of the Vei language.* — London, 1853, in-8.

Le même. — *Outlines of a grammar of the Vei language, together with a Vei-English vocabulary* and an account of the discovery and nature of the Vei mode of syllabic writing. — London, 1854, in-8.

Le même. — *Polyglotta* : vocabulaire vei.

P. du Chaillu. — *Voyages* (voir au kpêlé; numération *vesey*).

Dr. H. Steinthal. — *Die Mande-Neger Sprachen* (voir à : étude d'ensemble).

J. Büttikofer. — *Das Zahlensystem der Vey.* (*Internationales Archiv für Ethnographie*, I, 1888.)

J.-B. Rambaud. *La langue mandé* (voir à : étude d'ensemble; numération et quelques mots vaï, avec des notes grammaticales).

M. Delafosse. — *Les Vaï, leur langue et leur système d'écriture.* (*L'Anthropologie*, tome X.) — Paris, 1899, in-8. (Renferme quelques notes grammaticales, une étude sur l'alphabet vaï et le tableau des caractères.)

Le même. — *Manuel mandé* (voir à : étude d'ensemble, IV° partie, chapitre VI).

Momolu Massaquoi. — *Phonetic chart of the Vei characters.* — Ghendimah (Gallinas), 1900 (1 feuille).

Dyoula. — Bowdich : numération dyoula de *Kong*.

M. Delafosse. — *Manuel mandé* (voir à : étude d'ensemble; renferme une grammaire, des vocabulaires et un texte dyoula et un essai d'étude comparée du dyoula avec les autres dialectes mandé).

Bamana (Bambara). — Bowdich : numération *bambarra*.

J. Dard. — *Dictionnaire français-wolof et français-bambara.* — Paris, 1825, in-8. (Même ouvrage, 2° édition. Dakar, 1855, in-8.)

E. Norris. — *Outline of a vocabulary* of a few of the principal languages of Western and Central Africa. — London, 1841, in-8 obl. (Vocabulaire *bambarra*.)

Clarke : voir n 19 et 20, page 16.

Koelle : vocabulaire *bambara*.

Dr. H. Steinthal. — *Die Mande-Neger Sprachen* (voir à : étude d'ensemble; quelques notes sur le dialecte bamana et des exemples).

Cap. Pietri. — *Les Français au Niger.* — Paris, 1885, in-8. (Notes grammaticales sur le bamana.)

G. Binger. — *Essai sur la langue bambara* parlée dans le Kaarta et le Bélédougou, suivi d'un vocabulaire. — Paris, 1886, in-18.

Père E. Montel. — *Dictionnaire bambara-français.* — Saint-Joseph-de-Ngazobil, 1886, in-18.

Le même. — *Éléments de la grammaire bambara.* — Saint-Joseph-de-Ngazobil, 1887, in-18.

Dr Tautain. — *Note sur les trois langues soninké, banmana et mallinké* (voir au soninké).

Missionnaires de Ségou (Pères Blancs). — *Catéchisme bambara suivi d'un vocabulaire.* — Paris, 1897, in-18.

Un missionnaire (A. Toulotte). — *Essai de grammaire bambara* (idiome de Ségou). — Paris, 1897, in-18.

G. Bastard. — *Essai de lexique* pour les idiomes soudanais (voir au soninké; vocabulaire bamana).

M. Delafosse. — *Manuel mandé* (voir à : étude d'ensemble; IVe partie, chap. iv).

Toronkè. — Koelle : vocabulaire *toroñka.*

Khassonkè. — J.-B. Rambaud. — *La langue mandé* (voir à : étude d'ensemble; mots et expression khassonhè indiqués par la lettre k).

G. Bastard. — *Essai de lexique* (voir au soninké; vocabulaire khassonkè).

M. Delafosse. — *Manuel mandé* (voir à : étude d'ensemble; IVe partie, chap. V).

Manenka (Malinké, Mandingue). — Bowdich : numération *mandingo.*

J. Dard. — *Grammaire wolofe.* — Paris, 1826, in-8. (L'appendice contient des remarques sur le mandingue.)

X. — *African lessons, Mandingo and English.* — London, 1827, in-8 (dialecte de la Gambie).

M. Macbrair. — *A grammar of the Mandingo language,* with vocabularies. — London, 1837, in-8 (dialecte de la Gambie).

E. Norris. — *Outline,* etc. (voir au bamana; vocabulaire *mandingo*).

X. — *Vocabulaires guiolof, mandingue, foule, saracole,* etc. (voir au soninké).

J. L. Wilson. — *Comparison between the Mandingo, Grebo and Mpongwe dialects* (voir au grébo).

Le même. — *Comparative vocabulaires* of some of the principal Negro dialects of Africa. (J. A. O. S., vol. I, n° IV). — New-Haven, 1849, in-8. (Vocabulaire *mandingo.*)

Jomard. — *Remarques et recherches géographiques sur le voyage de Caillié* dans l'Afrique centrale, suivies des vocabulaires recueillis par René Caillié. — Paris, s. d., in-8. (Dialecte malinké du nord.)

Clarke : voir *mandingo* (n°s 10 à 14, page 6; 12 à 17, page 16 et page 34). *maninga* (n° 18, page 16) et *sokko* (n° 59, page 18).

Koelle : Vocabulaires *Kabuñga* (dialecte de l'ouest) et *mandeñga* (dialecte du sud).

P. du Chaillu. — *Voyages* (voir au kpèlè ; numération en malinké du Saloun et du Baol).

Dr. H. STEINTHAL. — *Die Mande-Neger Sprachen* (voir à : étude d'ensemble).

H. M. STANLEY (voir au sosso; vocabulaire *mandingo*).

Dr TAUTAIN. — *Note sur les trois langues soninké, banmana et mallinké ou mandingké* (voir au soninké).

R. BASSET. — *Essai sur l'histoire et la langue de Tombouctou et des royaumes de Songhaï et Melli.* — Louvain, 1888, in-8.

Le même. — *Vocabulaire sangaran* recueilli à Victoria (Rio-Nunez). (Inédit; dialecte malinké du Sangaran ou Sankaran).

J.-B. RAMBAUD. — *La langue mandé* (voir à : étude d'ensemble; grammaire et dictionnaire des dialectes du nord et du sud).

Un père de la congrégation du Saint-Esprit. — *Essai de dictionnaire pratique français-malinké.* — Saint-Michel-en-Priziac, 1896, in-12.

Le même. — *Essai de grammaire malinkée.* — Saint-Michel-en-Priziac, 1897, in-8.

J.-B. RAMBAUD. — *Des rapports de la langue yoruba avec les langues de la famille mandé.* (*Bulletin de la Société de linguistique de Paris,* n° 44, 1897.)

Père ABIVEN. — *Grammaire malinké.* — Paris, 1900.

Le même. — *Dictionnaire malinké-français.* — Paris, 1900.

Le même. — *Dictionnaire français-malinké.* — Paris, 1900.

M. DELAFOSSE. — *Manuel mandé* (voir à : étude d'ensemble; IV⁰ partie, chap. ii; dialecte du Dinguiray).

Sidianka. — CLARKE : voir *limbu* (n° 34, page 6 et n° 32, page 28). KOELLE : vocabulaire *djaluñka*.

Ouassoulounka. — KOELLE : vocabulaire *kañkañka.*

E. PÉROZ. — *Dictionnaire français mandingue.* — Paris, 1891, in-16 carré. (Dialecte de Bissandougou.)

J.-B. RAMBAUD. — *La langue mandé* (voir à : étude d'ensemble; quelques mots et expressions spéciaux au Ouassoulou.)

M. DELAFOSSE. — *Manuel mandé* (voir à : étude d'ensemble; IV⁰ partie, chap. iii).

Minianka. — KOELLE : vocabulaire *kono* (manianka mélangé de vaï).

M. DELAFOSSE. — *Manuel mandé* (voir à : étude d'ensemble; IV⁰ partie, chap. vii).

Minianka, Konianka et Maou. — Néant.

V. — LANGUES SÉNOUFO.

Néant.

VI. — LANGUES MOSSI-GOUROUNSI.

Étude d'ensemble. — CHRISTALLER. — *Sprachproben* (voir au début de le bibliographie).

280   **BIBLIOGRAPHIE**

1° GROUPE MOSSI.

Gourma. — KOELLE : vocabulaire *gurma* .

    F. DUBOIS. — *Vocabulaire gourma.* (*Bulletin du Comité de l'Afrique française*, juillet, 1898.) Paris, in-4.

Morho (Mossi). — BOWDICH : numération *mossi.*

    CLARKE : voir *mose* (n° 292, page 26) et *wirimose* (n° 285, page 32).

    KOELLE : vocabulaire *mose.*

    F. DUBOIS. — *Vocabulaire mossi.* (*Bulletin du Comité de l'Afrique Française*, juin 1898.) — Paris, in-4.

    R. BLUZET. — *Vocabulaire de la langue du Mossi précédé de notes grammaticales.* (*Renseignements coloniaux et documents publiés par le Comité de l'Afrique Française*, supplément au n° de mars 1901 du Bulletin du Comité.) — Paris, in-4.

Birifo. — CLARKE : voir *yana* (n° 42, page 16).

Gbanyan (Nta, Gondja). — BOWDICH : mauvaise numération gbanyan sous le nom de *ingwa.*

    Von FRANÇOIS. — *Sprachproben aus dem Togoland* (Z. A. S., II). — Berlin, 1888, gr. in-8. (Court vocabulaire *banjaue*, gbanyan mélangé de koranza et de haoussa.)

    CHRISTALLER. — *Sprachproben* (mauvaises numérations *nta* et *banjaue*).

Daghoma (Dagomba). — BOWDICH : mauvaise numération *dagwumba.*

    CLARKE : voir *dagombo* (n° 217, page 24).

    KOELLE : vocabulaire *koama* (?).

Samo. — BOWDICH : numération *kumsallahoo.*

    X. — *Vocabulaire mossi.* (*Bulletin du Comité de l'Afrique Française*, avril 1899.) — Paris. in-4. (Court vocabulaire samo du Yatenga sous le nom de mossi.)

    Autres dialectes : (Ouléoulé, dagari, kipirsi, nonouma) : néant.

2° GROUPE GOUROUNSI.

Gouressi. — CLARKE : voir *nibulu* (n° 383, page 30 et page 53).

    KOELLE : vocabulaire *guresa.*

Bariba. — KOELLE : vocabulaire *barba.*

Kaouri. — KOELLE : vocabulaire *kaure.*

Manpoursi. — CLARKE : voir *tshamba* (n°ˢ 43, page 16 et 224, page 14).

    KOELLE : vocabulaires *djelaña, kiamba et legba* (?).

    Autres dialectes (siti, dégha, kyâlo) : néant.

3° GROUPE LOBI.

Lobi. — KOELLE : vocabulaire *bagbalañ.*

    Autres dialectes (pougouli, dyan, gan, myorou, kyéfo, dorhossyè, karaboro) : néant.

4° Groupe bobo.

Boua (Bobo-Fing). — Koelle : vocabulaire *yula*.
Kyan (Bobo-Gbè). — Koelle : vocabulaire *kasm*.
 Autres dialectes (nyénigué, tara ou Bobo-Oulé) : néant.

5° Groupe koulango.

Koulango (Pakhalla) de Bondoukou. — Bowdich : mauvaise numération koulango sous le nom de *gaman*.
 Clarke : voir *boutuku* (n° 171, page 12).
 Christaller. — *Sprachproben* (mauvaise numération koulango sous
le nom de *gaman*.

VII. — LANGUE HAOUSSA.

Bowdich : numérations *haussa, kallaghee* et *quolla-liffa*.
 J. Grey Jackson. — *An account of Timbuctoo and Houssa* by El Hage Abd
Salam Shabeeny (1787), with letters descriptive of travels through West and
South Barbary and across the Atlas by J. Grey Jackson (1792-95), also frag-
ments and anecdotes, chapters on the languages of Africa, supplementing the
preceding work. — London, 1820, in-8 (2 maps).
 Kilham. — Vocabulaire *housa*.
 E. Norris. — *Outline*, etc. (voir au bamana; mauvais vocabulaire *haussa*).
 H.-D. Trotter, W. Allen and Dr. Thomson. — *Narrative of the Govern-
ment expedition to the Niger, 1841*. — London, 1848, 2 vol. in-8. (Vocabu-
laires par le Dr. Latham.)
 J. F Schoen. — *Vocabulary of the Haussa language*. — London, 1843,
in-8.
 Le même. — *Grammar of the Haussa language*. — London, 1862, in-8.
 Le même. — *Dictionary of the Haussa language with appendices of Haussa
literature*. — London, 1876, in-8.
 Le même. — *Haussa reading-book with grammar and vocabularies*. —
London, 1877, in-8.
 Le même. — *Magana Hausa*, native literature, or Proverbs, tales, fables,
historical fragments in the Hausa language, with a translation in English. —
London, 1885-86, in-18.
 Le même. — *Appendix to the Dictionary of the Hausa language published
1876*. — London, 1888, in-8.
 Le même. — *Grammatical sketch of the Hausa language*. (*Journal of the
Royal Asiatic Society*, XIV, ii).
 Clarke : voir les nᵒˢ 35 à 39, page 6; 47 à 50, page 16; 51, 52, 53 et
55, page 18; 269, 270, 271 et 299, p. 26; 352, page 30, et pages 35 et 59.
 J. Richardson. — *Narrative of a mission to Central Africa* with Dr. Barth
and Dr. Overweg (1850-51). — London, 1851, in-8. (Renferme un vocabulaire
haoussa.)

X. — *Progress of the African mission.* — London, nov. 1851. (Vocabulaire haoussa avec textes.)

Dr. H. BARTH. — *Vocabularies of the Haussa and Emghedesia languages.* (J. R. G. S., XXI.) — London, 1851.

Le même. — *Sammlung und Bearbeitung Central-Afrikanischer Vokabularien.* — Gotha, 1866, 2 vol. in-4. (En allemand et en anglais; renferme un assez long vocabulaire haoussa, avec des notes grammaticales et philologiques.)

KOELLE : vocabulaires *housa-kano* et *kadjīna.*

W. B. BAIKIE. — *Narrative of an exploring voyage up the Kwora and Bi'nue* (Niger and Tsadda), in 1854, with ethnological, philological, etc., appendices. — London, 1856, in-8.

Le même. — *Observations on the Hausa and Fulfulde languages.* — London, 1861, in-8.

H. M. STANLEY (voir au sosso; vocabulaire *soudan or hawusa*).

G. A. KRAUSE. — *Proben der Sprache von Ghāt.* (*Mittheilungen der Riebeckschen Niger Expedition,* II.) — Leipzig, 1884, in-8. (Renferme des textes en tamacheq et haoussa, avec traduction et notes grammaticales et philologiques).

J. M. LE ROUX. — *Essai de dictionnaire français-haoussa et haoussa-français.* — Alger, 1886, in-4 (autographié).

J. NUMA RAT. — *Introductory grammar of the Haussa language.* — London, 1889, in-12.

A. DIRR. — *Manuel pratique de langue haoussa.* — Paris, 1895, in-18.

Ch. H. ROBINSON. — *Specimens of Hausa literature.* — Cambridge, 1896, gr. in-8.

Le même. — *Hausa grammar, with exercises, readings and vocabulary.* — London, 1897, in-12.

CH. H. ROBINSON and W. H. BROOKS. — *Dictionary of the Hausa language. Vol. I. Hausa English.* — Cambridge, 1899, in 8.

Les mêmes. — *Dictionary of the Hausa language. Vol. II. English-Hausa.* — Cambridge, 1900, in-8.

R. BASSET. — *Rapport sur les études berbères et haoussa* (1891-97). (*Actes du XIe Congrès des Orientalistes,* Section V.)

GALTIER. — *Le pronom affixe de la 1re personne du singulier en haoussa.* (*Actes du XIe Congrès des Orientalistes,* Section V).

J. LIPPERT. — *Rabah.* (*Mittheilungen des Seminars für Orientalische Sprachen,* II). (Biographie de Rabah en haoussa par Mohammed Bachir El-Rhâti.)

Le même. — *Bibliographische Anzeigen : Dictionary of the Hausa language by C. H. Robinson and W. H. Brooks.* (*Mittheilungen des Seminars für Orientalische Sprachen,* IV, 3.) — Berlin, 1901, in-8. (Critique sévère mais juste du dictionnaire de Robinson.)

PREIL. — *Kurzes Haussa-Wörterverzeichniss aus dem Hinterland unserer Togocolonie.* (Cité par Lippert dans l'article précédent.)

R. PRIETZE. — *Zwei Haussa Texte.* (Z. A. O. S., III).

M. DELAFOSSE. — *Manuel de langue haoussa ou Chrestomathie haoussa* précédée d'un abrégé de grammaire et suivie d'un vocabulaire. — Paris, 1901, in-12.

R. W. MILLER. — *Hausa notes.* — London, 1901.

E. C. MARRÉ. — *Die Sprache der Haussa.* Grammatik, Uebungen und Chrestomathie sowie hausanisch-deutsches und deutsch-hausanisches Wörterverzeichniss. — Wien, 1901.

R. PRIETZE. — *Sprichwörter der Haussa.* (Z. A, O. O. S., VI, 4, et VII, 1.) — Berlin, 1902-03, gr. in-8. (Texte et traduction allemande.)

W. H. BROOKS and L. H. NOTT. — *Batu na abubuan Hausa,* translated by. — London, 1903.

VIII. — LANGUE POULAR.

KILHAM : vocabulaire *fula.*

G. D'EICHTAL. — *Histoire et origine des Foulahs ou Fellans.* (*Mémoires de la Société d'Ethnologie,* tome I.) — Paris, 1841, in-8. (Comparaison du poular avec les langues de l'archipel malais et de l'Océanie.)

E. NORRIS. — *Outline,* etc. (voir au bamana; vocabulaire poular).

X. — *Vocabulaires guiolof, mandingue, foulo, saracole,* etc. (voir au soninké).

CLARKE : voir n°⁵ 1 à 5, page 6; 1 à 6, page 16 et pages 35 et 58.

M. MACBRAIR. — *A grammar of the Fulah language with vocabularies.* — London, 1854, in-16.

KOELLE : vocabulaires *pulo-timbo, salum, goburu* et *kano.*

C. J. REICHARDT. — *Three original Fulah pieces* in Arabic letters, in Latin transcription and in English translation. — Berlin, 1859, in-8.

Gal FAIDHERBE. — *Vocabulaire d'environ 1500 mots français avec leurs correspondants en ouolof de Saint-Louis, en poular du Fouta et en soninké.* (Voir au soninké.)

W. B. BAIKIE. — *Observations on the Hausa and Fulfulde languages.* — London, 1861, in-8.

P. DU CHAILLU. — *Voyages,* etc. (voir au kpêlé; numération poular).

Dr. H. BARTH. — *Sammlung und Bearbeitung,* etc. (voir au haoussa; grammaire et vocabulaire *fulfulde*).

C. A. L. REICHARDT. — *Grammar of the Fulde language.* — London, 1876, in-8.

Le même. — *Dictionary of the Fulde language.* — London, 1876, in-8.

Dr A. CORRE. — *Idiomes du Rio-Nuñez.* — Paris, 1877, in-8. (Court vocabulaire foulah.)

H. M. STANLEY (voir au sosso; vocabulaire *sakatu*).

Gal FAIDHERBE. — *Langues du Sénégal.* (*Revue de linguistique et de philologie comparées,* XIV.)

Le même. — *Grammaire et vocabulaire de la langue poul.* — Paris, 1882, in-18.

O. de Sanderval. — *De l'Atlantique au Niger par le Foutah-Djallon.* — Paris, 1882, gr. in-8. (Vocabulaire poular.)

Le même. — *Soudan Français, Kahel, avec recueil de mots foulahs.* — Paris, 1893, in-8.

G. A. Krause. — *Ein Beitrag zur Kenntniss der Fulischen Sprache in Afrika.* — Leipzig, 1884, in-8.

Cap. Pietri. — *Les Français au Niger.* — Paris, 1885, in 8. (Renferme des remarques linguistiques sur le poular.)

E. Vohsen. — *Proben der Fulah-Sprache.* (Z. A. S., I, 3). — Berlin, 1887, gr. in-8.

T. G. de Guiraudon. — *Notes de linguistique africaine : les Puls.* — Vienne, 1888, in-8.

Le même. — *Bolle Fulbe. Manuel de la langue foule.* — Leipzig, 1894, in-18.

Dr Tautain. — *Contribution à l'étude de la langue foule (poular).* (*Revue de linguistique et de philologie comparées.*) — Paris, 1889-90, in-8.

E. Gibert. — *Étude de la langue des Pouls.* (*Revue de linguistique, XXXII, XXXIII et XXXIV.*)

R. Arnaud. — *Contribution à l'étude de la langue peuhle ou foullaniyya.* (*Bulletin de la Société de Géographie d'Alger, 5 et 6.*) — Alger, 1901.

XI. — LANGUE ARABE.

Parmi la quantité d'ouvrages publiés sur la langue arabe, je me contenterai de citer les deux suivants, le premier parce qu'il est remarquablement clair et précis, le second parce qu'il traite spécialement de l'arabe des Maures du Sahel Sénégalais.

O. Houdas. — *Précis de grammaire arabe.* — Paris, 1897, in-8.

L. Galland. — *Grammaire d'arabe régulier à l'usage des officiers des troupes de la marine (autographiée).* — Cherbourg, 1898, 2 vol. in-8 carré.

X. — PIGEON-ENGLISH et PETIT-NÈGRE.

Néant.

TABLE DES MATIÈRES

ANGERS. — IMP. A. BURDIN ET Cᵉ 4, RUE GARNIER.

CARTE LINGUISTIQUE
DE LA CÔTE D'IVOIRE
ET DES PAYS LIMITROPHES
par Maurice Delafosse
Echelle
Limites des Colonies étrangères
Limites de la Côte d'Ivoire
Limites approximatives des familles linguistiques
Ernest LEROUX, Éditeur.
MANENKA
OUASSOULOUNKA
KONIANKA
OUEIMA
SÉNÉRÉ
TABBA
BOUA
GOURESSI
BOUBBANGSI
MAMPOURSI
Sansanné-Mango
DAGBOMA
Yendi
Zou-mouroupo
Karaga
Sikasso
TORONKE
SYA
DOUGOULI
DYAN
LOBI
KYÉFO
DORNOSSYE
BIRIFO
ANYAN
Salaga
Kraigo
ABRON
KORANZA
NAFANA
HAFANA
NOHOLO
IRGOBATO
MBUIN
KARABORO
KOMONO
Bouna
KOULANGO
TAFI
KPALARHA
GUIO
NTAKIMA
OKOUAHOU
BAKOU
BOBOUA
GBÉLÉ
DYOULA
TAKPOU
BONI
BAOULE
MORONOU
AYOUNIN
ASSAYÉ
DENGUIRA
ASSANTI
KOUMAN-si
ADANSI
AKIM
AKOUAPIM
ANAM
ADAN-FO
LATÉ
OUABSA
KYÉFO
ASSINI
ZEMA AANTA
FANTI
OKOU
BRÉBO
ABRI-DYAN
BODI
KOUDYA
Volta Noire
Volta Blanche
Volta